西方制度的历史变革研究丛书

英国土地制度史

沈汉 著

山东教育出版社
·济南·

图书在版编目（CIP）数据

英国土地制度史／沈汉著 . —济南：山东教育出版社，2022.12
（西方制度的历史变革研究丛书）
ISBN 978-7-5701-1454-2

Ⅰ.①英…　Ⅱ.①沈…　Ⅲ.①土地制度－经济史－研究－英国　Ⅳ.①F356.19

中国版本图书馆CIP数据核字（2020）第206981号

XIFANG ZHIDU DE LISHI BIANGE YANJIU CONGSHU
YINGGUO TUDI ZHIDU SHI
西方制度的历史变革研究丛书

英国土地制度史　　　　　　　　　　　　　　　沈 汉 著

主管单位：山东出版传媒股份有限公司
出版发行：山东教育出版社
　　　　　地址：济南市市中区二环南路 2066 号 4 区 1 号　　邮编：250003
　　　　　电话：（0531）82092660　　　网址：www.sjs.com.cn
印　　刷：山东临沂新华印刷物流集团有限责任公司
版　　次：2022 年 12 月第 1 版
印　　次：2022 年 12 月第 1 次印刷
开　　本：710 毫米×1000 毫米　1/16
印　　张：28.5
字　　数：350 千
定　　价：138.00 元

（如印装质量有问题，请与印刷厂联系调换）印厂电话：0539-2925659

作者简介

沈 汉

　　1949年生，江苏常熟人，教授。著作有《英国议会政治史》（合著）、《欧洲从封建社会向资本主义社会过渡研究——形态学的考察》（合著）、《西方国家形态史》、《英国宪章运动史》、《西方社会结构的演变——从中古到20世纪》、《20世纪60年代西方学生运动》（合著）、《英国土地制度史》、《资本主义史——从世界市场形成到经济全球化》（主编）、《资本主义史》（3卷）、《中西近代思想形成的比较研究》、《非资本主义、半资本主义和资本主义农业——资本主义时代农业经济组织的系谱》、《世界史的结构和形式》、《西方国家制度史和国家理论研究——从文艺复兴到20世纪初》等。译著有《资本主义社会的国家》（主译）、《近代国家的发展》、《共有的习惯》（合译）、《合法性的限度》（主译）、《宗教与资本主义的兴起》（主译）。

前言

本书系以土地制度作为观察角度，来理清英国中世纪以来农业制度发展变化的线索。这一研究思路，是在对英国农业史有了一些看法后确定的。

英国作为世界上最先完成工业革命的国家，长期以来被人们认为是资本主义农业发展的典型范例。人们认为英国和欧洲其他国家的资本主义起源于农业。但是我在读了一些英国农业史的书籍后，感觉英国农业史的问题很复杂，不像我们过去认识的那样简单，如土地所有权、大地产内部的经营方式以及使用雇佣劳动的规模等都需要仔细考察，资本主义时代英国农业经济的组织形式亦需要从实际情况出发加以概括，资本主义是否起源于农业的问题亦需要讨论。

我还认识到，国内学者在研究英国农业史时，有一种偏重从生产力或纯经济的角度来研究的倾向，不大注意对以土地制度为中心的乡村社会关系的研究。这样，英国农业史研究就缺失了一些角度和内容。就我的理解，马克思主义政治经济学的研究方法不仅应当关注生产力方面，而且也应当关注对生产关系如土地所有权、领有制度和经营方式等方面。

在农业史研究中如何对待土地法，国内学者在研究农业史时对此看法不一。有的学者曾提出，不应当过多地从法律表现上来考察所有制，否则会走上资产阶级法学派的错误道路。如胡如雷先生称："封建土地制度的研究是一个政治经济学问题，我们不应当过多地强调经济问题的法权方面，也就是应当遵循马克思的教导，不是从法律的表现上来考察所有制关系，而是从社会–经济实际来考察所有制关系。否则，就会走上资产阶级法律学派的错误道路。"[①]傅衣凌先生称："马克思对于所有制的解释，早就指出不应该从它的'法律表现'来考察，而应该从'生产关系'出发揭露它的现实的经济本质。"[②]两位先生的见解似有偏颇。土地制度作为历史上一个国家一个时期的重要制度，反映了一定的社会关系。统治者及其国家用立法的形式对其重要原则作出规定，以保护本集团的利益和协调社会经济秩序。农业史研究中重视土地法同实际实行的土地制度之差别自然十分重要，但却没有理由反过来排斥对土地法的研究。土地法包含了对土地所有权和相关人的从属关系的规定。对农业经济关系的研究，不能缺少对土地法的理解。马克思在强调经济是基础的同时，并未忽视对法的研究。譬如，他说过："法的关系也像国家的形式一样，既不能从它们本身来理解，也不能从所谓人类精神的一般发展来理解，相反，它们根源于物质的生产关系，这种物质的生产关系的总和。"[③]"财产是和一定的条件，首先是同以生产力和交往的发展程度为转移的经济条件有联系的，而这种经济条件必然会在政治上和法律上表现出

① 胡如雷：《中国封建社会形态研究》，生活·读书·新知三联书店1979年版，第10页。
② 傅衣凌：《明清封建土地所有制论纲》，上海人民出版社1992年版，第8页。
③［德］马克思：《〈政治经济学批判〉序言》，见《马克思恩格斯选集》（第1卷），人民出版社1972年版，第8页。

来。"①"每当工业和商业的发展创造出新的交往形式","法便不得不承认它们是获得财产的新方式"。②法国历史学家马克·布洛赫则指出:"错综复杂的法律关系是中世纪领主制的特征。"③我以为,把对土地法的考察作为研究农业史的一种思路,并非就落入了资产阶级法学派的窠臼。

新经济史学派强调政治制度和绝对产权制度在经济史上起作用的观点,这一学派把英国经济发展拿来当作论证上述论点的一个典型化范例,在我国影响深远。我国的一些历史学者把西方法作为一个整体,但他们没有看到封建法和罗马法的差别,④把罗马法关于绝对私人财产权的概念照搬到了对英国土地制度的研究,他们认为到近代初期,英国已形成了绝对的私有财产权。实际上,在英国中世纪的封建法体系中,并没有罗马法中关于绝对私人财产权的概念,而17世纪英国革命又未彻底废除封建法,所以,绝对产权概念在当时的英国并未确立。以上的问题使我认识到,英国农业史研究中需要注意土地法的问题,需要借助土地法的知识,弄清楚英国农业发展的脉络。

在此书的写作开始时,鉴于目睹了历史证据与理论假说之间的距离或矛盾,于是,我在工作手册上拟定了这样的工作原则,即"不把流行的既定结论作为研究的出发点,避免先入为主地用史料来证明已有的结论,而是回过头去,从农业史的资料和著作的阅读开始,重新

---

①《马克思恩格斯全集》(第3卷),人民出版社1960年版,第412页。

②《马克思恩格斯全集》(第3卷),人民出版社1960年版,第72页。

③[法]马克·布洛赫:《法国农村史》,余中先、张朋浩、车耳译,商务印书馆1991年版,第99页。

④ 霍尔顿指出,"封建法不能简单地解释为罗马法的派生物","罗马法是一个与中世纪欧洲社会差别甚大的社会的产物"。(R. J. Holton, The Transition from Feudalism to Capitalism. Macmillan, 1985. p. 19.)

思考问题，相信自己的阅读印象，敢于得出自己的结论"，"抛弃一切先验的模式和理论，根据具体的个案材料，说明英国农业经济是怎样发展起来的，它的经济组织和结构模式经历了怎样的变化"。我想，这是一种较为可靠的历史研究的做法。出于这一方法论的原则，我要求自己去掌握较多的关于庄园、租佃制、地产经营等的个案研究资料，使自己了解历史细节和历史的多样性，以便能反映英国农业史的真实情况。

本书作为一本综述性的著作，涉及的历史时期较长。我把对英国农业发展道路的概括作为研究重点。由于条件限制，本书使用的资料绝大部分是英国学者的专门著作和论文。此外，我也读到了18世纪末英国各郡农业的调查报告。这批调查报告的来源是这样的，1793年在英国成立了以J.辛克莱为主席、阿瑟·扬为书记的"农业协理会"。该协理会在议会拨给少量资金的情况下，在全国范围内进行了较为全面的调查工作，对英格兰的40个郡、威尔士北部、威尔士南部、马恩岛、泽西岛和根西岛进行了调查。第一次调查在1793—1794年进行，第二次调查从1804年开始，到1817年结束。阿瑟·扬本人进行了苏塞克斯郡、索福克郡、埃塞克斯郡、诺福克郡、林肯郡、牛津郡和赫特福德郡的调查，写出了调查报告。荷兰德写出了柴郡的调查报告。博伊斯写出了肯特郡的调查报告。帕金森写出了亨廷顿郡和拉特兰郡的调查报告。威廉·皮特写出了北安普敦郡、莱斯特郡、伍斯特郡和斯塔福德郡的调查报告。威廉·史蒂文森写出了多塞特郡的调查报告。查尔斯·瓦科弗写出了德文郡及怀特岛的调查报告。约瑟夫·普里姆利写出了希罗普郡的调查报告。古奇写出了剑桥郡的调查报告。罗伯特·洛厄写出了诺丁汉郡的调查报告。托马斯·巴特勒写出了贝德福郡的调查报告。查尔斯·哈索尔写出了蒙默斯郡的调查报告。威廉·梅弗写出了伯克郡的调查报告。约翰·普里斯特写出了白金汉郡的调查报告。托马斯·拉奇写出了格洛斯特郡的调查报告。贝利和卡利写出了诺森伯兰郡的调查报告。约翰·密德尔顿写出了中塞克斯郡的调查报告。约翰·霍尔特写出了兰开斯特郡的调查报告。沃根写出了康沃尔郡的调查报告。辛格写出了邓弗里斯郡的调查报告。约翰·亨德森写出了凯恩内斯郡的调查报告。约翰·史密斯写出了阿盖尔郡的调查报告。罗伯特·克尔写出了贝里克郡的调查报告。1808年，威廉·马歇尔奉J. 辛克莱之命，对上述各郡的调查报告加以整理汇编，写成了《呈农业协理会的各郡报告的评论和摘要》五卷。这批调查报告在1800年前后出版，到20世纪60年代有一部分再版。本书写作时还使用了1968年英国农业渔业部汇纂出版的《1866—1966年大不列颠一个世纪的农业统计资料》一书中的数据。

英国土地制度史是一只真正的"坚果"，它的研究难度很大。土地制度在英国各地差异很大。英国学者认为，它在许多方面至今还是模糊不清的。E. P. 汤普森说，在这个领域可以说"没有一种现成的经过经验验证的模式可供使用"[①]。而我看到的资料有限，对它的认识刚刚开始，书中的错误和疏漏定有不少，希望得到学界的批评指正。

在这一问题的研究过程中，我曾先后征询过北京大学陈振汉教授、英国曼彻斯特大学社会学系西奥多·沙宁教授、英国雷丁大学乡村史中心主任泰德·柯林斯教授的意见。书稿初成后，我特请北京大学历史系马克垚教授为本书审稿。马教授不辞辛劳，仔细审读了书

---

① E. P. Thompson, Custom in Common. London, Merlin Press, 1991. p. 204.

稿，提出了意见。我根据马先生的意见修改了文稿，并增删了某些章
节。我的研究生帮助我将书稿录入了计算机。

此书的部分内容，我曾以《16世纪英国农业资本主义发展的典型
性及其他》为题，于2004年12月在北京大学一次国际学术讨论会上做
报告，文中论点得到与会国外和国内学者的认同。这篇文章发表在
《现代化研究》2005年第3期上。我还以《近代英国国民经济中农业
的结构和性质问题》为题，于2005年6月在北京大学召开的以"现代
化进程中的农业和农民：理论热点与国际经验"的研讨会上做报告。

该课题在2000年获国家社会科学基金立项资助。此外，还得
到了英国学术院和王宽诚基金（British Academy and K. C. Wong
Fellowship），德国马克斯-普朗克研究院（Max-Planck Institute,
Germany）所属欧洲法律史研究所（法兰克福）及历史研究所（哥
廷根），德国学术交流基金（DAAD），奥地利维也纳大学法学院
（Law Faculty, University of Vienna）的资助。英国雷丁大学乡村史
中心（Rural History Centre, University of Reading），英国东盎格利亚
大学历史学院（School of History, University of East Anglia），德国
明斯特大学法学院（Law Faculty, University of Münster），曾作为东
道主接待了我，并允许我在那里做短期研究工作。我的这项研究工
作先后承蒙琼·瑟尔斯克博士（Dr. Joan Thirsk）、朗西曼勋爵（Lord
W. C. Runciman）、明格教授（Professor G. E. Mingay）、柯林斯教
授（Professor E. J. T. Collins）、柯林·戴维斯教授（Professor Colin
Davis）、威廉·布劳内德尔教授（Professor Dr. Wilhelm Brauneder）、
雷纳·舒尔兹教授（Professor Dr. Reiner Schulze）、米夏埃尔·施

托莱斯教授（Professor Dr. Michael Stolleis）、哈特穆特·利曼教授
（Professor Dr. Hartmut Lehmann）等学者的热诚帮助。

在此，我谨向在此书写作过程中所有帮助过我的基金会、学者和
机构表示诚挚的感谢。

目　录

第一章
中世纪土地占有制和耕作制度

　　土地所有权，即土地的私人财产权，是一个不断演进的概念。封建习惯法的核心概念，不是关于财产而是关于相互之间义务的。[①]在英国中世纪的法律中，对于土地所有权和占有权（保有权）没有明确地加以区分。这与罗马法相应的内容有着截然不同的特点。

　　罗马法在所有权和占有权之间有明确的区分。在罗马法中，所有权是一个严格的概念。一个人要么享有所有权，要么不享有所有权，如果这个人享有所有权，他就有占有、使用和处理所有权的全权。罗马法承认对于奴隶和土地的绝对所有权，在罗马法中，不存在"受限制的"所有权。根据罗马法，脱离所有权的占有只受到有限的保护。罗马法的这些规定不适用于封建制度下的土地保有制。因为在封建土地保有制中，每一块土地都受到封建等级制中上级与下级权力的限

----

　　① S. F. C. Milson, The Legal Framework of English Feudalism. Cambridge University Press, 1976. From E. P. Thompson, Custom in Common. London, Merlin Press, 1991. p. 127. 简·惠特尔指出："绝对的财产所有权观念是近代资本主义的产物。在前资本主义社会，土地权是与政治和经济关系密切联系的。"（Jane Whittle, The Development of Agrarian Capitalism：Land and habour in Norfolk, 1440−1580. Oxford, Clarendon Press, 2000. p. 29.）

制。授予某领主的土地以他提供军役为条件，并且，在他死后，如果他的继承人不支付"继承税"，他的上级领主有权收回。因此，这块土地很难说是这个领主"拥有的"土地。[1]罗马法只承认地主与佃户之间存在的个人契约关系，所有者允许佃户租用他的土地并交纳相应的地租，但佃户在租地上不拥有任何法律规定的利益。[2]

英国中世纪的法律缺少关于土地所有权的规定。柯里指出，在英格兰，提及"土地所有权"在严格意义上是不正确的。一个人不能拥有土地本身，而只能拥有土地的财产权。在法律上，所有的土地都直接或间接地属于国王。这个概念来源于诺曼征服后建立的封建制度。[3]梅因指出，封建概念的主要特征是它承认双重所有权，为封建领主的高一级所有，与土地占有者低一级的财产权或地产权共存。[4]梅特兰认为，在英国，封建主义不只是一种政治体系，也是一种土地持有制度。领主和封臣这种个人关系含有一种不可分割的所有权关系。封臣持有领主的土地，因此他有服役的义务；领主则对土地有重要的权力。土地的完整所有权在封臣与领主之间被分割了。全国形成了这样一种体系：顶端是作为所有人的领主的国王，国王以下是他的直接封臣或总佃户，他们是佃户的领主，后者可能是另一些佃户的领主，等等，一直到最低一级的土地持有者。[5]辛普森指出，英国法学

---

① [美] 哈罗德·J. 伯尔曼：《法律与革命——西方法律传统的形成》，贺卫方、高鸿钧、张志铭、夏勇译，中国大百科全书出版社1996年版，第547—548页。

② A. D. Hargreaves, An Introduction to the Principles of Land Law. London, 1963. p. 43.

③ J. M. Currie, The Economic Theory of Agricultural Land Tenure. Cambridge U. P., 1981. p. 169. notes to chapter 1, no. 1.

④ Alan MacFarlane, "The Cradle of Capitalism: The Case of England." in Jean Baecher, John A. Hall and Michael Mann, (eds.), Europe and the Rise of Capitalism. Oxford, Basil Blackwell, 1988. p. 193.

⑤ F. W. Maitland, The Constitutional History of England. Cambridge U. P., 1919. pp. 143–144.

家从未接受过国王拥有一切土地这个前提，那显然是一种现代的概念或提法。当时英国的法学家认为，国王是这个国家所有租户的领主。国王作为领主，拥有其他领主所有的一般权利（如把无继承人的财产收归国家），同时还拥有作为最高领主所特有的权利（如没收的权利）。[①]

1066年9月28日，征服者威廉一世在英格兰南部苏塞克斯的佩文西登陆，10月14日在哈斯丁斯以东打败国王哈罗德的军队。这年圣诞节，威廉一世在威斯敏斯特教堂加冕为英格兰国王。威廉一世认为，自己与法王菲利浦一世具有同等的立法权，即他是他所控制的所有土地的所有者，拥有统治权和所有权。这意味着威廉一世可以在国土上为所欲为，即拥有土地的使用权及取得土地产生的利益的权利，他可以在土地上种庄稼或盖房屋，还可以同意他人按照他的条件占有土地。[②]这样，在诺曼征服时期，在英格兰形成了一种所有的土地都为某些领主拥有，但最终为国王拥有的观念；[③]同时形成的还有所有公共财产属于国王，国王又不能作为一个私人拥有财产的观念。[④]

英格兰历史文献中没有内容广泛的成文土地法。通过当时法典中的一些细目，可以看出关于土地所有权和保有权的一些内容及其特点。当时相关的主要文献是土地宪章和令状，但是从中无法找到有关土地法的明确规定和精确的表述，其记载含糊、浅显、不集中。11世纪关于土地制度和法律的最好表述，不过是对当时习惯的成文描述，

---

① A. W. B. Simpson，A History of the Land Law. Oxford，Clarendon Press，1986. p. 47.

② J. Oxley-Oxland and R. T. J. Stein，Understanding Land Law. Sydney，Law Book Company Limited，1985. p. 3.

③ A. W. B. Simpson，A History of the Land Law. Oxford，Clarendon Press，1986. p. 3.

④ D. R. Denman，Origins of Ownership：A Brief History of Land Ownership and Tenure in England from Earliest Times to the Modern Era. London，1959. pp. 64-65.

没有严格意义上的成文法。关于英格兰君主的土地所有权，官方文件含糊其词。[1]英国中世纪的律师很务实，他们并不过多地关心国王作为最高土地所有者的法律地位，他们在解决土地问题时，不像罗马法学家那样，从绝对所有权的观念出发，而是严格遵守内容繁杂的关于保有权的观念。[2]

土地保有权和所有权是两个不同的概念。所有权是一个统一的法治社会的概念。在这个社会中，人们对土地或其他形式的财产的权利都取决于国家，而不是依赖于其他任何权威。这些权利随着规范各种交易并解决法律地位平等的当事人之间争议的一般规则进行调整。而保有权则是一个社会范围较小的概念。在这里，各种权利均取决于对其领地具有完全控制权的领主。佃户受领主支配，除了领主迫使他和他的继承人承担的义务以外，他没有任何权利。他不能通过自己的交易把他享有的任何权利授予他人，他只能将其权利交给可能接纳这些权利的领主。原则上必须由领主来决定谁是土地的保有人。[3]

英格兰土地法的上述特征，应该说是与英国国家形成过程和权力结构的特征密切相联系的。12世纪以前英国和欧洲其他国家和地区一样，教皇在国家权力结构中占有重要的地位。此外，这个时期英国国家尚处于整合过程中，旧时各小王国的法律，如韦塞克斯人的法律、麦西亚人的法律和丹麦区的法律仍在起作用。王权的至上地位尚未确

---

① A. D. Hargreaves, An Introduction to the Principles of Land Law. London, 1963. p. 44.

② Frederick Pollock and F. W. Maitland, The History of English Law: Before the Time of Edward I. Cambridge University Press, 1896. p. 25.

③ [英] S. F. C. Milson, Historical Foundation of the Common Law. London, Butterworths, 1981. p. 100. 并参见 [英] S. F. C. 密尔松：《普通法的历史基础》，李显冬、高翔、刘智慧、马呈元译，中国大百科全书出版社1999年版，第102页。

立。当时国家缺乏正规的立法机构，国王只是偶尔发布法令，而且发布法令时通常还需得到主教、贵族和其他显要人物的同意。从1066年到1154年，英国国王立法的数量不多，征服者威廉一世颁布的法律只有几项。亨利一世统治30年，仅有几项法律被保存了下来。[①]以上这些都是影响英格兰早期土地立法不健全的因素。

中世纪有这样的观念，即土地最终只是从上帝那里得来的一种托管财产，不能私自加以利用或粗暴地加以使用。[②]在西欧封建主义的框架下，地主和附庸者的关系是一种契约关系，双方都有约定的自由，也有相应的权利和义务。[③]在中世纪的英国，取得土地保有权是有条件的，取得封地的人要承担一定的封建义务，如向领主行臣从宣誓礼和表示忠诚、交纳特享税和继业税、承认领主的监护权，无继承人的地产将被充公没收。[④]

在诺曼人统治时期，英格兰的土地保有权可分为三类：自由民拥有的自由保有权（包括军事保有权、宗教保有权、自由无兵役保有权或世俗保有权）、为期数年的保有权、依附于庄园的维兰和茅舍农拥有的低级保有权。

军事保有权是以服兵役为条件享有的对土地的保有权，它是自由保有权中最高级的一类保有权。这类持有土地者对领主承担的义务包括：向领主表示忠诚、行效忠宣誓礼、交纳继承税（即在每个佃户在

---

① D. R. Denman, Origins of Ownership: A Brief History of Land Ownership and Tenure in England from Earliest Times to the Modern Era. London, 1959. p. 53.

② Joyce Youings, Sixteenth-Century England. Penguin Books, 1984. p. 53.

③ Frederick Pollock and F. W. Maitland, The History of English Law: Before the Time of Edward I. Cambridge University Press, 1968. I. pp. 296, 310. 并参见［德］马克斯·韦伯：《论经济与社会中的法律》，张乃根译，中国大百科全书出版社1998年版，第167页，注18。

④ A. W. B. Simpson, A History of the Land Law. Oxford, Clarendon Press, 1986. pp. 15-19.

死后交纳一笔款项）；交纳国王特享税（即在国王处于危难时交纳为国王赎身的钱，或在领主的长子封为骑士及长女婚嫁时征收的税贡；把无继承人的佃户土地归还领主）；当佃户被处死或被褫夺公权时没收其土地；在佃户死后而其继承人年幼时由领主实施监督权；婚姻决定权（即领主有权为佃户年幼的后代选择妻子或丈夫）。按军事保有权持有土地者，还要向国王承担从龙赋（亦称大赋，即为国王服军役）、军需赋（亦称小赋，即为国王提供某种小额军需品）。①

宗教保有权，是指向教会提供的为其永远所有的捐助产或免费捐赠产，是属于教会的土地权。当教会拥有无条件继承的不动产时，不需要尽义务，只要为授予者祈祷即可。此后，爱德华一世第七年颁布的《永久授业权条例》中止了上述做法。但直至今日，在此条例之前，许多授予教会和宗教团体的土地仍按照这种古旧的宗教保有权持有。②

自由无兵役保有权其持有者是盎格鲁—撒克逊时代的索克曼，即那些应当出席法庭的自由人的后代。法学家利特尔顿对于自由无兵役保有权曾这样写道："在古时，相当多的佃户以每个月为领主犁地或耕种为条件租种土地……因为在服役时使用他们的犁，这种租佃制便称为无兵役租佃制。以后，经领主的要求和佃户的同意，可交现金替代此种服役，即转化为年地租。但是，无兵役租佃制的名称仍然继续使用。在某些地方，佃户仍然用犁为领主耕地。"③在诺曼征服后最初的一段时期，按自由无兵役保有权领有土地者需交纳一定数量的货

① B. W. Adkin, Copyhold and Other Land Tenures of England. London, 1919. pp. 31-32. A. W. B. Simpson, A History of the Land Law. Oxford, Clarendon Press, 1986. pp. 7-15.

② B. W. Adkin, Copyhold and Other Land Tenures of England. London, 1919. p. 33. A. W. B. Simpson, A History of the Land Law. Oxford, Clarendon Press, 1986. p. 11.

③ A. W. B. Simpson, A History of the Land Law. Oxford, Clarendon Press, 1986. p. 12.

币地租，并在领主的地产上从事一些农业劳动。他们要向领主表示忠诚，交纳继业税和特享税，并在领主之子被封为骑士或女儿结婚置嫁妆时纳贡。他们要出席领主法庭。他们犯叛国罪或重罪时土地将被没收，领主对其未成年儿女不承担监护权。[1]起初，佃户不得在其有生之年转让或部分转让他的土地，也不能以遗嘱的形式在其死后转让他的土地。1290年的《土地完全保有权条例》提出："从今以后，每个自由人随意出售的土地或寓所或其中的一部分将是合法的。"[2]允许佃户在其有生之年把土地转授给别人。此后，1506年的《用益权条例》取消了上述规定。但5年以后亨利八世颁布的《遗嘱法》又批准了这种权利。[3]

为了防止和克服封建再分封制度的弊端，1285年制定了《限定赠与法》。该法令通过复杂的条文，提出了一个人在获得一份赠与地产之后，在他的有生之年，拥有其绝对的土地所有权。但同时规定，这种地产永久不得转让。[4]为了保护封建领主地产附着的权利，1290年议会通过了《土地完全保有权条例》。这个条例允许每个拥有无条件继承不动产的佃户即自由人有权出售他们的土地或其中的一部分，并要保证买者不是向他们，而是向所获得土地的直接领主履行同样的义务。这一条例的公布，中止了任何对土地进行再分封的企图，并阻止了任何自由持有农从那时起成为中层封建主，以增加从国王那里直接

---

① B. W. Adkin, Copyhold and Other Land Tenures of England. London, 1919. pp. 33-34. A. W. B. Simpson, A History of the Land Law. Oxford, Clarendon Press, 1986. pp. 11-12.

② A. W. B. Simpson, A History of the Land Law. Oxford, Clarendon Press, 1986. p. 51.

③ B. W. Adkin, Copyhold and Other Land Tenures of England. London, 1919. pp. 34-35.

④ F. Pollock, The Land Law. London, Macmillan, 1896. p. 80. 并参见［英］S. F. C. 密尔松：《普通法的历史基础》，李显东、高翔、刘智慧、马呈元译，中国大百科全书出版社1999年版，第188页。

持有土地的封建主的人数的趋势。[①]

这样，英格兰的封地便有了两种保有权。最初授予封地时的无条件继承的不动产，即一个人被授予一处地产后，只要他活着就享有对土地的保有权，即土地完全保有权。土地保有人去世后，原则上领主可以将保有地收回，然后授予新的土地保有人，即这种土地保有权的持有时间不得超过土地保有人的有生之年。而在1290年《土地完全保有权条例》制定后，出现了有条件继承的不动产，即土地保有人去世后，其保有的土地可以传给他的继承人，但继承权只到他的直接后代为止，并且土地不能出售。如果佃户死后没有子女，或者直接子女为继承问题发生争论，土地就要交还授予他的领主。[②]

土地制度史包括自然史和社会史两个方面。本书的主要研究兴趣是在土地制度史的政治经济学方面，但也无法忽略英国土地的自然耕作制度。格雷指出，"土地制度"一词原来的意义，是表示教区居民划分和耕作他们的可耕地的方式。[③]对土地制度的研究首先应当从土地耕作制度的自然史开始，然后再对土地制度中表现出来的社会关系和所有权问题展开研究。土地制度的自然经济史是土地制度的社会政治史的基础。[④]另外，从土地耕作制度中可以看出一个地区

---

① B. W. Adkin, Copyhold and Other Land Tenures of England. London, 1919. p. 13. 并参见〔英〕S. F. C. 密尔松：《普通法的历史基础》，李显东、高翔、刘智慧、马呈元译，中国大百科全书出版社1999年版，第117页。并参见S. H. Steinberg and I. H. Evans, (eds.), Steinberg's Dictionary of British History. Edward Arnold, 1970. p. 310.

② B. W. Adkin, Copyhold and Other Land Tenures of England. London, 1919. pp. 14–15. 并参见〔英〕S. F. C. 密尔松：《普通法的历史基础》，李显东、高翔、刘智慧、马呈元译，中国大百科全书出版社1999年版，第106页。

③ H. L. Gray, English Field System. Harvard U. P., 1959. p. 3.

④ R. A. Butlin, The Transformation of Rural England, 1500–1800, A Study in Historical Geography. Oxford U. P., 1982. p. 43.

农业耕作水平的高低和生产力的发展水平。这对于研究劳动者的被剥削程度及其分化程度不无裨益。如果再现历史是历史研究第一步目标的话，那么再现土地耕作制度的历史图景便是土地史研究工作必不可少的第一步。

英国的土地耕作广泛实行了轮种制，主要的类型分为两圃制和三圃制。

两圃制即两圃轮种法，即把土地均等地分成两部分，每年耕种可耕地的二分之一，余下一半休耕，第二年轮转。在1000年以前罗马帝国所属的地中海沿岸便曾实行这种制度。13世纪及以后，两圃制在英格兰广泛推广。三圃制即三圃轮种法，即把土地均等分成三部分，轮流播种冬播作物、春播作物以及休耕。即每年耕种可耕地的三分之二，余下的三分之一休耕。在耕种的那部分土地上，分别种植冬季作物和春季作物。在实行三圃制的教区，每块公簿持有地亦分成三份几乎同等大小的地块。[①]《亨莱的田庄管理》一书中曾谈到这种三圃制："土地划分成三块，一块冬播，一块春播，一块休闲。"[②]

据说查理曼大帝实施过三圃轮作制，此后推广到欧洲西部。但是史学家无法证实英格兰在1100年已在实行三圃制农耕制度，有可能那个时期三圃制已在英格兰出现。[③]格雷认为，相比较而论，两圃制起源的时间更早，但缺乏足够的资料证明某些学者提出的在诺曼征服以

---

① H. L. Gray，English Field System，Harvard U. P.，1959. pp. 26-27.

②［英］伊·拉蒙德、W. 坎宁安编：《亨莱的田庄管理》，高小斯译，王翼龙校，商务印书馆1995年版，第41页。

③［英］约翰·克拉潘：《简明不列颠经济史：从最早时期至一七五〇年》，范定九、王祖廉译，上海译文出版社1980年版，第77-80页。

前就存在两圃制。^①

根据都铎王朝和斯图亚特时期的土地概览，两圃制庄园大多分布在高地地区，从柯茨高尔山一直到英吉利海峡，在柯茨高尔山东麓，在牛津郡许多地区都实行两圃制。^②在格洛斯特郡的查尔顿阿波特庄园和韦斯顿伯特庄园，多塞特郡的吉林汉教区，伯克郡阿希伯里的格拉斯通伯里庄园，怀特岛的韦洛教区，在萨默塞特郡柯茨高尔山麓的巴思以南到南斯托克都采用了两圃制。^③威尔特郡格拉斯通伯里庄园在亨利八世9年的调查表明，那里有若干两圃制的教区。那份概览非常详细，对教区上地块的位置和面积都有详细的记述。^④

在都铎王朝和早期斯图亚特王朝，已有不少郡实行了三圃制。在萨默塞特郡东南部的4个教区马托克、赫斯特、科特和鲍尔亨顿，都有独立的三圃制耕地。在鲍尔亨顿的29户公簿持有农中，有10户拥有的耕地和牧场都平均分布在三圃之中。在苏塞克斯郡的东部的阿尔弗里斯顿和布拉钦顿庄园实行了三圃制。^⑤在北安普敦郡，实行三圃制的有赫姆普劳、米德尔和阿比庄园。^⑥在南约克郡的埃洛顿实行了三圃制。达勒姆的英格尔顿是实行三圃制的庄园。有充分的证据表明，在赫福德郡，斯托克小修道院庄园和斯托克顿庄园实行了三圃制。^⑦在希罗普郡，克里奥伯里庄园的莫莱和普里斯莱村的土地实行了三圃制。^⑧

---

① H. L. Gray, English Field System. Harvard U. P., 1959. pp. 24, 51.

② H. L. Gray, English Field System. Harvard U. P., 1959. p. 29.

③ H. L. Gray, English Field System. Harvard U. P., 1959. pp. 30–31.

④ H. L. Gray, English Field System. Harvard U P., 1959. p. 24.

⑤ H. L. Gray, English Field System. Harvard U. P., 1959. pp. 33–34.

⑥ H. L. Gray, English Field System. Harvard U. P., 1959. p. 35.

⑦ H. L. Gray, English Field System. Harvard U. P., 1959. p. 36.

⑧ H. L. Gray, English Field System. Harvard U. P., 1959. p. 37.

在16世纪，在密德兰地区还存在着四圃轮作制，即一块地每年耕作其中四分之三。在离艾冯河不远的韦尔福德和马斯顿西卡村，在沃里克郡的艾德明顿教区、格洛斯特郡的斯坦顿教区和朗尼教区都存在过四圃耕作制。在艾德明顿，四块土地分别被称为"亨伯""哈伯里尔""米德尔"和"内特"。在斯坦顿教区，四块土地分别被称为"中部""南部""北部"和"霍尼伯恩"。[①]

在詹姆士一世统治时期，据记载在约克郡的德温特和布雷顿有五圃制存在。有时一个佃户在其中三块土地上有自己的耕地，有时在四块或五块土地上有自己的耕地。[②]18世纪中叶在牛津郡存在过八圃轮作制。[③]

英国的农耕制度从两圃制到三圃制的转变，是由于要求可耕地生产出更多农产品而发生的。例如在格洛斯特郡和牛津郡，到16世纪至18世纪才放弃两圃制。以后出现的三圃制反映了农业的进步。但是，许多地区仍存在大量两圃制耕作方式。直到很晚这些地区采取的新的土地耕作方式还不是三圃制而是四圃制。[④]

在南密德兰地区，有20份10世纪至11世纪的宪章可以证明当时南密德兰的7个郡存在过有公用可耕地的敞地制度，其中有一两处可能实行了两圃制。[⑤]在诺曼征服时期，这里是两圃制占主导地位。12世纪后期和13世纪，若干证据表明，一些教区的可耕地实行了两圃制和

---

① H. L. Gray，English Field System. Harvard U. P.，1959. pp. 88-89.

② H. L. Gray，English Field System. Harvard U. P.，1959. p. 193.

③ H. J. Gray，English Field System. Harvard U. P.，1959. p. 133.

④ H. L. Gray，English Field System. Harvard U. P.，1959. p. 73.

⑤ H. L. Gray，English Field System. Harvard U. P.，1959. p. 61.

三圃制。①到13世纪至14世纪初出现了向三圃制的转化。但是，在13世纪和14世纪，两圃制向三圃制的转化只走出了最初的一步，三圃制在这个地区还不占统治地位。到16世纪还可以发现两种耕作制度在那里并存，大规模向三圃制转变是在16世纪以后。②

在密德兰地区，土地耕作制在各地差别很大。在南沃里克郡和伍斯特郡占主导地位的耕作制是四圃制，它是从早期的两圃制发展而来的。在伍斯特郡它发生在16世纪中叶。在沃里克郡南部存在过两圃制。在沃里克郡北部和东北部、斯塔福德郡东南部都实行了三圃制。③

在其他一些地区，从两圃制到三圃制的转变发生在13世纪至16世纪期间。例如，在北安普敦的霍尔登比、德雷顿和埃文利教区，此期间发生了从两圃制向三圃制的转变。剑桥郡的利特尔顿到亨利八世时已实行了三圃制。④

在议会圈地的前夜，在牛津郡大多数地区两圃制已经消失了。1809年阿瑟·扬向农业部提供的关于农业状况的报告中没有提到还存在两圃制。⑤

18世纪圈地留下的一些地图反映了当时一些教区的耕作制度正在从两圃制向三圃制转变。⑥例如，在林肯郡的斯托平原、白金汉郡的帕德伯里平原发生了从两圃制向三圃制的转变。⑦1758年牛津郡皮丁

① H. L. Gray，English Field System. Harvard U. P.，1959. pp. 61–62.

② H. L. Gray，English Field System. Harvard U. P.，1959. pp. 78，81–82，110.

③ R. A. Butlin，The Transformation of Rural England，1500–1800，A Study in Historical Geography. Oxford U. P.，1982. p. 44.

④ H. L. Gray，English Field System. Harvard U. P.，1959. pp. 78，133.

⑤ H. L. Gray，English Field System. Harvard U. P.，1959. p. 124.

⑥ H. L. Gray，English Field System. Harvard U. P.，1959. p. 75.

⑦ H. L. Gray，English Field System. Harvard U. P.，1959. p. 76.

顿的资料表明，当地实行了三圃制，可耕地被分成了种小麦、种豆和休闲的地块。[①]1796年的圈地资料表明，莱斯特郡的特威福德的土地已分成三圃。特威福德和皮丁顿的土地耕作在13世纪到18世纪逐渐从两圃制转变为三圃制。[②]

根据阿瑟·扬在1808年的记述，查尔格罗夫村实行的是三圃制农耕。1841年时，查尔格罗夫地区有土地2338英亩，其中三分之二是可耕地，有将近五分之一是草地和牧场，草地和农场后来经圈地划分为3个农场。[③]

在中世纪的苏格兰，在耕地相对固定下来后，耕地有了"内田"和"外田"之分。"内田"是固定的，犁成长条地，通常由不同的佃户轮流耕种，绝大部分肥料都施在内田。它的外围则是牧场，在那里不时开垦出半固定的"外田"，少量肥料可能也施在外田。外田耕种到不能生产、需要休耕时为止。开垦外田是十分艰苦的工作，开垦出来的土地被犁成星条地，分配给开垦这些外田的内田耕作者耕种。在苏格兰实行的这种内田和外田制度，其痕迹不仅在盎格鲁—丹麦人居住过的约克郡的东区、凯尔特人居住过的康沃尔地区可见，在中世纪英格兰其他一些地区也可以看到。这种制度一直残存到18世纪末期。[④]

在苏格兰的外田和内田耕作中，有和英格兰类似的多圃制度。在东洛锡安，外田被分成五块、六块或七块，划分的数量依土地的肥沃程度而定。在丹巴顿，有时内田实行四年轮作制。在埃尔郡，土地种

---

① H. L. Gray，English Field System. Harvard U. P.，1959. p. 76.

② H. L. Gray，English Field System. Harvard U. P.，1959. p. 78.

③ H. L. Gray，English Field System. Harvard U. P.，1959. p. 19.

④ [英] 约翰·克拉潘：《简明不列颠经济史：从最早时期到一七五〇年》，范定九、王祖廉译，上海译文出版社1980年版，第69—70页。

一年牧草，然后种一年大麦和两季燕麦。在珀斯郡，实行豌豆（或蚕豆）与大麦和燕麦轮作。[①]一般来说，苏格兰耕作制度和英格兰很相似。内田可耕地实行三圃轮作制，但三轮都是种植作物，未有休耕之说；外田实行五年耕种、五年休耕，以恢复地力。苏格兰土地耕作制似乎具有英格兰公地的特征。[②]

英国各个地区的耕作制度形成了一个土地耕作制度的系统，它反映了农业发展水平的差异。在这个系统的两端，一端是像苏格兰外田那样未圈占的荒芜的敞地，它们只有一部分被短期耕作过。另一端是近代圈地形成的封闭的农场，它们被密集化地耕作利用。处于这两极中间的，有从敞地到被圈占的土地的不同种类的耕作制度，反映了不同程度的土地利用情况。[③]

---

① H. L. Gray，English Field System. Harvard U. P.，1959. p. 160.

② H. L. Gray，English Field System. Harvard U. P.，1959. p. 162.

③ H. L. Gray，English Field System. Harvard U. P.，1959. pp. 403−404.

第二章
土地保有权和各种身份的土地持有者

    中世纪西欧封建社会是一个等级制社会，它有自己的运行法则即有自己的经济学。西欧封建社会和近代资本主义社会相比，在政治和经济的关系上是头脚倒置的。如A·古列维奇所说，在这种社会体系中，"一切社会范畴首先都是法律范畴"，"一个人价值的大小主要不是取决于他财产的多少，而是取决于他被赋予的权力的大小"，"封建社会是一个按法律定等级的社会"，"在封建社会，法律把社会结构高度程式化了"。①在英国封建领主制下，土地有不同的法律规定性，土地持有者则有不同的身份规定性。关于乡村土地关系的文献和法律，充满了上述内容。尽管中世纪英国乡村土地持有者贫富之别显而易见，但今天的研究者却难以用经济分类的术语一一对应地去诠释当时土地持有者的类型，而只能按照当时的分类术语去叙述与不同的土地持有方式相联系的不同身份的土地持有者，以及他们不同的权利和义务。

    在英格兰最初的封建制度中，存在着对自由租地拥有自由保有权

---

    ① [苏] A·古列维奇：《中世纪文化范畴》，庞玉洁、李学智译，庞卓恒校，浙江人民出版社1992年版，第197页。

的自由佃农。地位比这个群体低的有不自由的佃户即维兰，他们对不自由的租地拥有不自由的保有权。中世纪后期绝大多数地产上劳役的消失，导致了两种主要租地范畴的出现。第一类是有不同期限的租佃权。第二类是习惯保有权，这类农民也支付地租来持有租地，但是，租户为每个庄园古旧的习惯所控制，包括交纳地租，原先承担的各种义务，以及他的亲属对其持有权的继承权。[①]到15世纪末，不自由保有权被称为公簿持有保有权。之所以这样称呼这类保有权，是因为这些不自由佃户的法定权利被记录在地方习惯法法庭的簿册上，他们自己则持有一个副本。到中世纪末，英格兰人还承认另一种新的保有权，即租地保有权，农民根据一定的条件租借占有土地。这样，英格兰在乡村便有了几种保有权：自由持有保有权、公簿持有保有权和租借持有保有权。[②]自由持有农由国家的普通法管理，公簿持有农则由庄园法庭的习惯法来管理。[③]此外，自治城市中还有自治市民土地保有权。

第一节 自由持有保有权和自由持有农

取得自由持有保有权有两种方式：一是通过履行骑士义务取得军

---

① E. B. Fryde, Peasants and Landlords in Later Medieval England, 1380-1525. Stroud, Alan Sutton, 1996. p. 227.

② J. Oxley-Oxland and R. T. J. Stein, Understanding Land Law. Sydney, Law Book Company Limited, 1985. p. 103.

③ J. Oxley-Oxland and R. T. J. Stein, Understanding Land Law. Sydney, Law Book Company Limited, 1985. p. 41.

事保有权，一是通过无兵役租佃制取得保有权。[①]可以把自由持有保有权定义为根据王国的普通法，通常是在国王统治下自由地持有土地。根据这种方式持有土地的人可以在一个确定的时间里不受限制地使用土地，在此期间按规定服役或无须服役。自由持有保有权就其基本权利又可分为三类：第一类，持有无条件继承的不动产权；第二类，持有限定继承人的土地保有权；第三类，拥有终身保有权或其他限定时限的保有权。[②]

　　无条件继承的不动产权是最常见的地产自由保持权。某人自己持有土地，他身后一代继承人可以继承地产。这是英格兰法律规定的最高级的土地保有权形式。拥有这种土地保有权的人，可以完全不受控制地处置他的地产，无条件继承的不动产权利不得被随意剥夺。如果一个人的无条件继承不动产权被剥夺，他可以提起诉讼要求恢复这种资格。无条件继承不动产是持有者拥有的绝对的和永久的地产。如果一个拥有无条件继承不动产权的佃户未留下遗嘱便死去了，并且没有继承人，地产要归还给土地的领主（通常是国王）。领主有资格接受效忠宣誓，佃户通常向领主行效忠宣誓礼。当领主不是国王时，佃户每年向领主交纳一笔免役租，或者在佃户死后交纳价值等于一年免役租的劳役代役租。如果土地是属于庄园的，佃户通常对属于庄园的荒地拥有共有权（即取得共有土地上部分产品的权利）。根据无遗嘱继承法，地产向下传递给长子。在继承次第上，儿子通常在女儿之前享有继承权，长子在幼子之前享有继承权。但如果没有男性后代，而只

---

① B. W. Adkin，Copyhold and Other Land Tenure of England. London，1919. p. 42.

② J. Oxley-Oxland and R. T. J. Stein，Understanding Land Law. Sydney，Law Book Company Limited，1985. p. 14.

有几个女儿,诸女儿则作为共同继承人均等分享继承物。如果佃户没有子嗣,遗产传递给最亲近的男性亲属。若没有男性亲属,地产则均等地由同一次第的女性继承人共同继承。[1]

有相当一部分土地的授予是有限定继承人的土地保有权条件的。也就是说,持有这种土地的时间以持有者本人和他的继承人在世为限。若在持有者死后没有直系继承人,地产要归还授予地产者或授予者的继承人。

拥有无条件继承不动产权的佃户与限定继承人的保有权持有者相比,有以下几点差别:第一,前者可以不受控制地处置他的财产,而后者既不能让渡财产,也不能违背限定的继承权;第二,前者可以随意把地产遗赠给他中意的任何人,后者则不能随意遗赠地产;第三,对二者来说,在其一生中都要对欠债承担责任;第四,前者在持有者死后,地产传递给他个人的代表,并对所有债主承担责任,而后者在死后地产传递给继承人,免除除了欠国王的以及对土地承担责任者的债务外所有的债务;第五,前者可以以他乐意的方式把土地租借给他人,后者只拥有终身佃户的土地租借权,即出租土地21年,出租矿山6年,出租房屋99年;第六,前者拥有不受限制的出售权利,后者拥有终身佃户出售租地的权利。

拥有终身保有权的自由持有地不能被继承,对土地的租期限于佃户的有生之年,或指定的另外一人或多人的有生之年。当一块地产作为终身租借地被授予时,被授予者可以说成是从授予者那里持有他的地产,而授予者能够在他认为适当的情况下,保留要求地租和服役等

---

[1] B. W. Adkin, Copyhold and Other Land Tenure of England. London,1919. p. 45.

权利。终身租借地还附有这样的权利：对荒地负有责任，对庄稼有收益权，对固定的附属物（如房屋、树木）的权利和让渡权（把土地转租给其他人的权利）。

诺曼征服以后，总佃户的土地争执由大会议处理。12世纪到13世纪，从大会议中发展出了普通法。从大会议中分出三个王室法庭，即高等法院、高等民事法院和税务法庭。自由持有保有权属于普通法管辖的范围。到15世纪末，所有自由佃农关于土地的争执由高等民事法庭和大法官法庭审理。[①]

另外，有一种习惯自由持有地。这种地产是庄园地产的一部分，它们早年是由庄园领主按照庄园习惯授予自由持有保有权的。但习惯自由持有地不是根据庄园领主的意愿而持有的，这些佃户的义务是固定的和规定下来的。他们的权利通常记载在庄园法庭案卷上，他们自己持有副本。他们每年向领主交纳直接税，还要交纳租地继承税和承担其他义务。习惯自由持有农尽管属于自由持有农，但他们与公簿持有农相似。与公簿持有权一样，他们的保有权也随附一些权利，但他们的土地未经领主同意不得租佃出去。[②]习惯自由持有农与普通的自由持有农有很大的差别，这表现在：第一，习惯自由持有农从庄园领有土地，而普通自由持有农从国王或中层封建主那里领有土地；第二，习惯自由持有农由庄园习惯法管理，而普通自由持有农由普通法管理；第三，习惯自由持有农的土地财产权通常由庄园案卷记载下来，而普通自由持有农的权利由地契来

---

① J. Oxley-Oxland and R. T. J. Stein, Understanding Land Law. Sydney, Law Book Company Limited, 1985. p. 223. B. W. Adkin, Copyhold and Other Land Tenure of England. London, 1919. p 42.

② B. W. Adkin, Copyhold and Other Land Tenure of England. London, 1919. pp. 115-116.

证明；第四，习惯自由持有农的土地让渡用交出或许可进入以及其他方法进行，而普通自由持有农的土地转让通过转让证书进行；第五，习惯自由持有农向领主交纳地租和服役，而普通自由持有农原则上不服劳役，而要向国王表示忠诚；第六，习惯自由持有农死后无继承人时，土地交还领主，而普通自由持有农则把土地交还给国王或中层封建主；第七，在没有专门的习惯法批准的情况下，习惯自由持有农不得出租土地一年以上，而普通自由持有农出租土地的权利不受限制；第八，习惯自由持有农土地上的矿藏属于庄园领主，而普通自由持有农地产上的矿藏属于佃户本人。①

第二节　公簿持有保有权和公簿持有农

公簿持有保有权是从维兰保有权和习惯保有权演变而来的。格雷认为，公簿持有保有权是重新形成的维兰租佃权。中世纪英国法律把作为一种保有权的维兰制和作为一种个人身份的维兰制相区别。一个自由人可以根据维兰保有权持有土地，也可以根据自由保有权持有土地。②一个人的维兰保有权实际上意味着他需要向领主提供不自由的义务。如果一个自由民通过维兰义务持有一块土地，那么，根据中世纪的法律，在他与领主发生矛盾时，普通法法庭无法保护他的所有物，甚至在他与一个外来户发生冲突时，也无法得到普通法法庭的保

---

① B. W. Adkin, Copyhold and Other Land Tenure of England. London, 1919. p. 116.

② C. M. Gray, Copyhold, Equity and the Common Law. Harvard U. P., 1963. p. 5.

护并保证得到赔偿。尽管偶尔有自由人以维兰身份持有土地，但绝大多数维兰租用地都由维兰持有。维兰的不自由保有权属于习惯法管理的范畴。庄园习惯法有关于不自由保有权的规则，规定并确认维兰的权利，庄园法庭保护维兰佃户。①

在14世纪后半叶和15世纪最初的几十年，农奴制瓦解，地主和他们的维兰佃户的关系发生着变化，促使了地主按契约出租土地做法的发展。佃户用地租的方式取代劳役。当时许多地主知道，与佃户单独交易，可以防止或者至少减缓附属于他们的农民离去。早期出现的租佃制，通常期限较短。地主可能希望随着租地权的终止，可以回归到更为苛刻的保有权条件。但是大量事实表明，这种情况并没有发生。对于佃户来说，短期租佃制对其状况没有直接的改进，因为其没有保证佃户可以更新其租约。如果佃户不合领主的意愿，领主可以在租地期到期时驱逐他们。诚然，佃户此时可寻求王室法庭的保护，但在实践中佃户与领主打官司很难获胜。②

随着保有权发生变化，习惯术语也在发生变化。在14世纪末，如果习惯租用地被授予世袭保有权，自然使用屈辱性的词"崽子们"来称呼被束缚佃户的后代。以后，这个词逐渐被先前用于指称自由佃户亲属的词"继承人"代替。以后，渐渐地用"受让人"一词代替"继承人"一词，表明佃户有"转租"的权利。但提及习惯保有权时，常常加上"根据领主的意愿"这样的话作为结束。这清楚地说明这些

---

① C. M. Gray，Copyhold，Equity and the Common Law. Harvard U. P.，1963. pp. 6-7.

② E. B. Fryde，Peasants and Landlords in Later Medieval England，1380-1525. Stroud, Alan Sutton，1996. pp. 228-229.

人不是自由租佃者。他们不可能得到国王的普通法的保护。[①]在威尔伯顿，到15世纪中叶，称租佃者为"持有副本的人"变得非常普遍。1452年的一份调查提及，凯普西的若干佃户持有记载他的租用地文件的副本。同样是在1452年，在汉普顿路西的两项调查中发现了两个佃户的副本。[②]在拉姆齐修道院的档案中，"副本"一词最初是在1450年至1451年出现在修道院财务管理人的账务记录中，以后它的出现就很频繁。[③]到了15世纪末，在大地主地产管理中，佃户持有副本成为当时的常用语。例如，在威斯敏斯特的某些庄园，根据其持有的副本提出要求的佃户，被庄园主要求出示其持有的文件副本。在15世纪后半叶，拉姆齐修道院所有庄园的习惯保有权都变成公簿持有保有权。[④]

到15世纪后期，普通法律师在法律范畴内把习惯保有权明确定义为"公簿持有保有权"。[⑤]当时著名的法学家托马斯·利特尔顿爵士在1481年出版的《保有权》一书中对"公簿持有保有权"作了简单的阐述。

公簿持有保有权可以定义为在庄园领主控制下，根据庄园法庭案卷规定的庄园习惯，并按照庄园领主意志实行的一种基本的土地保有权。公簿持有保有权与自由持有保有权的主要区别在于，公簿持有保

---

① E. B. Fryde, Peasants and Landlords in Later Medieval England, 1380-1525. Stroud, Alan Sutton, 1996. p. 230.

② E. B. Fryde, Peasants and Landlords in Later Medieval England, 1380-1525. Stroud, Alan Sutton, 1996. p. 231.

③ E. B. Fryde, Peasants and Landlords in Later Medieval England, 1380-1525. Stroud, Alan Sutton, 1996. p. 233.

④ E. B. Fryde, Peasants and Landlords in Later Medieval England, 1380-1525. Stroud, Alan Sutton, 1996. p. 233.

⑤ E. B. Fryde, Peasants and Landlords in Later Medieval England, 1380-1525. Stroud, Alan Sutton, 1996. p. 227.

有权的转让必须在领主的习惯法庭上进行，因此，这些地产的特别权利被记录在庄园法庭的簿册上。每块公簿持有地都必须是属于古代庄园的土地，根据有记忆以来的习惯法，它可以转让。领主可以在任何时候把他掌握的土地作为公簿持有地授予佃户。[1]

公簿持有保有权可分为三类：第一类是可继承的公簿持有权，第二类是终身公簿持有权，第三类是期限为数年的公簿持有权。[2]如果对公簿持有地的持有超过了规定的年限，它就会成为不动产。复杂的庄园习惯限制了公簿持有保有权，使公簿持有地不能成为拥有全权的完整的财产形式。在许多情况下，庄园习惯不利于维护佃户的利益。领主通过佃户租地的改变获得相当多的利益，而佃户并没有像自由持有农那样从中获得全部利益。佃户可以把他持有的地产交还给领主，领主也可以把无继承人的公簿持有地收回。公簿持有权落入领主之手后，他可以重新授予别的佃户。[3]

可继承的公簿持有权按照习惯法授予无条件继承权。由于缺乏专门的习惯法，公簿持有权的继承次第依照关于继承的普通法规则。在英格兰各地，习惯各不相同。在肯特郡，绝大多数土地实施均分传赎租地法，每一代男性作为土地的共同继承人。[4]而在英格兰其他地区相当多的庄园中，实行末子继承制。这种制度在苏塞克斯、萨里、中

① E. B. Fryde, Peasants and Landlords in Later Medieval England, 1380-1525. Stroud, Alan Sutton, 1996. pp. 117-118.

② E. B. Fryde, Peasants and Landlords in Later Medieval England, 1380-1525. Stroud, Alan Sutton, 1996. p. 119.

③ E. B. Fryde, Peasants and Landlords in Later Medieval England, 1380-1525. Stroud, Alan Sutton, 1996. pp. 120-121.

④ B. W. Adkin, Copyhold and Other Land Tenure of England. London, 1919. p. 123.

塞克斯和伦敦附近的庄园十分流行，在其他地区也有实行。①和自由
持有地一样，继承公簿持有地的未成年继承人可以得到监护，领主可
以拥有这种监护权或指定别的监护人，当被监护人年满14岁，监护权
即告结束。以后，年幼的继承人有权按习惯法选择别的监护人。②拥
有无条件继承不动产权的佃户通常有转手土地的全权，可以不受阻碍
地出售公簿持有地。在出售所继承的公簿持有地时，出售者无权把他
拥有的法定财产权转手给购买者，转手必须通过庄园领主。没有领主
的同意，任何租地不得转手，如果领主认为转手方式不适当，或者新
的租佃条件有损于领主利益的话，可以拒绝接受新的佃户。③可继承
的公簿持有地的持有者有权把他的财产抵押给他人。④公簿持有农把
他的公簿持有地产出租给其他人受到很多限制。按照关于公簿持有权
的一般习惯，他只能出租公簿持有权一年，除非他得到领主关于更改
租期的许可。庄园习惯法可能会规定固定数额的土地转手的租费。在
没有相关习惯法规定的庄园，领主可以提出他乐意的条件。也有一
些庄园有特别的习惯法允许佃户不经领主同意出租公簿持有地9年、
11年或21年。⑤在绝大多数庄园，佃户有权定下传递公簿持有权地产
的遗嘱，在某些庄园佃户则没有这种权利。⑥关于终身公簿持有农，
领主有权授予数代人相继持有保有权，不过每一代人继承这块公簿持
有地时，需要支付一笔固定数额的更新租契的地租。在某些时候，佃

① B. W. Adkin, Copyhold and Other Land Tenure of England. London, 1919. p. 124.
② B. W. Adkin, Copyhold and Other Land Tenure of England. London, 1919. p. 126.
③ B. W. Adkin, Copyhold and Other Land Tenure of England. London, 1919. p. 127.
④ B. W. Adkin, Copyhold and Other Land Tenure of England. London, 1919. p. 132.
⑤ B. W. Adkin, Copyhold and Other Land Tenure of England. London, 1919. p. 134.
⑥ B. W. Adkin, Copyhold and Other Land Tenure of England. London, 1919. p. 136.

户有权利提名他的继承者。在英格兰北部，一些佃户拥有为期一年的租佃权。而在英格兰西部诸郡，佃户持有数代人之久的保有权非常普遍。[①]至于为期数年的公簿持有权，租期通常定为12年。在许多情况下，这类公簿持有农在到期并支付数额固定的更新地契的地租后，可以延长租佃期，他们常常有权使后代继承他的公簿持有权。[②]

公簿持有农在持有地产的同时，享有一定的权利并承担一定的义务，这些都是由庄园习惯法规定的。

公簿持有农为了取得附带的特权，在不同场合要向庄园领主交纳多重租费。这可细分为以下几种：

第一，入地费，即获得许可最初持有租地时，要交纳一笔款项。这依照各庄园专门的习惯法而定，入地费数额各地相差甚大。如果公簿持有农是在本庄园购买一处地产的话，按照习惯法，他要交纳数额相当于3年、4年或7年的土地产出价值的入地费。[③]如果是几个佃户合买一块公簿持有地，要征收特别的入地费。对于为期数代人的公簿持有地来说，公簿持有农死后，他的继承人在继承土地时要交纳更新租契的地租。[④]在英格兰北部的许多庄园，公簿持有农的租地权是由几代佃户和接纳他们的领主共同拥有的。在这种情况下，佃户不仅要交纳许可他持有土地的入地费，在领主死后新领主继承地产时，庄园每个佃户还要交纳更新租契的地租。当公簿持有农要求行使比庄园习惯

---

① B. W. Adkin, Copyhold and Other Land Tenure of England. London, 1919. p. 139.

② B. W. Adkin, Copyhold and Other Land Tenure of England. London, 1919. p. 140.

③ B. W. Adkin, Copyhold and Other Land Tenure of England. London, 1919. pp. 146-147. 附注：同是"fine"一词，在不同场合似有不同含意，都译为"罚金"似有不妥。这里按其意思译为"入地费"。

④ B. W. Adkin, Copyhold and Other Land Tenure of England. London, 1919. p. 150.

赋予的更多特权，如砍伐木材、让渡土地、延长土地租期等时，他们要向领主请求许可。如果领主认为要求适当，佃户要交纳一笔款项，以取得领主许可。①

第二，公簿持有农在某些时候要向领主交纳租地继承税。与公簿持有农相联系的租地继承税产生于盎格鲁—撒克逊时期的习惯法。当时自由持有农要向他的维兰提供必要的农耕家畜，在维兰死后再归还自由持有农。稍迟一些，当继承人继承公簿持有农的地产时，产生了新的习惯，即领主不再收回所有的家畜，而只是取走一头通常是最好的家畜。当公簿持有权取代维兰保有权之后，对租地收取租地继承税就成为关于公簿持有地的习惯法的一部分。习惯保有权是领主登记佃户土地时便拥有的权利，领主有权在发生某些事件时索取某些属于佃户的物品。租地继承税可分为三种：第一种是租地继承义务，它本质上属于一种地租，包括领主在佃户死后其持有的地产转交继承人时可以取走一头最好的牲畜或拿走一件物品；第二种是当公簿持有农不交纳租地继承税时，可提起诉讼，或扣押（而不是夺取）某种特别的家畜；第三种是租地继承习惯，指领主有权根据庄园习惯向公簿持有农索要家禽、家畜。②

第三，公簿持有农在继承其祖先承租的地产或买下地产时，要向庄园领主交纳一笔费用，其数额在无持有农兵役租佃制条件下为一年的免役租费用。③

第四，公簿持有农每年要向庄园领主交纳地租，其中包括免役租

---

① B. W. Adkin, Copyhold and Other Land Tenure of England. London，1919. p. 153.

② B. W. Adkin, Copyhold and Other Land Tenure of England. London，1919. pp. 154-155.

③ B. W. Adkin, Copyhold and Other Land Tenure of England. London，1919. p. 160.

和直接地租。公簿持有农如不交纳，领主可扣押其财物或可在以后6年中提起诉讼。但在事情发生12年后，则取消领主的追诉权。如果公簿持有农在相当长时间里不交纳地租并遵守其他习惯法，该处地产就要被认为是自由持有地，并可假定持有人拥有产权。当领主获得一块公簿持有地并以公簿持有地出租后，他就不得再增加古代沿袭下来的地租和义务，而必须保持如初。[①]

第五，在初次租赁土地或更换领主时，公簿持有农要向领主表示忠诚，包括对领主宣誓效忠并遵守庄园习惯法。[②]

第六，公簿持有农有义务参加庄园法庭的诉讼案审理。如果需要，他们可参加陪审团。[③]

公簿持有权还有某些附带的权利。公簿持有农有占有并安全地使用公簿持有地的权利，可根据习惯对领主或其他侵入他的公簿持有地，阻碍他安全使用土地的人提出侵害诉讼。只要公簿持有农遵守庄园习惯法，他就会得到法律充分的保护。反之，领主就有权没收其持有地。[④]

根据习惯法，公簿持有农有义务维护他的占有地，不让土地荒芜。这是公簿持有农租佃土地的先决条件。领主在两种情况下可以没收公簿持有农占有的地产。一是当佃户死去或让渡他的土地，而他的继承人或让渡对象未能承租土地；二是佃户有违背租佃制的错误行为。[⑤]公簿持有地的租户有责任维持他的租地的边界，不得移动界

---

① B. W. Adkin, Copyhold and Other Land Tenure of England. London, 1919. p. 161.

② B. W. Adkin, Copyhold and Other Land Tenure of England. London, 1919. p. 161.

③ B. W. Adkin, Copyhold and Other Land Tenure of England. London, 1919. p. 162.

④ B. W. Adkin, Copyhold and Other Land Tenure of England. London, 1919. p. 163.

⑤ B. W. Adkin, Copyhold and Other Land Tenure of England. London, 1919. p. 165.

标，也不得圈入更多的土地，如果未能履行这一职责，他的租地将被领主没收。如果作为佃户的公簿持有农取得土地权，那么维持土地边界的义务便取消。^①如果佃户不能按期交纳地租和更新契约的地租，或不履行出席庄园法庭和陪审团会议的义务，其持有地将被没收。^②1870年以前，如果佃户犯有叛国罪或重罪，其持有的地产要被庄园领主收回。如果公簿持有农死后未留下遗嘱或死后没有继承人，地产归还给庄园领主。领主在收回地产之前，必须作出必要的宣布，而在领主收回公簿持有农的土地后，他必须偿清死去佃户的债务。关于长在公簿持有地上的树木和地下矿藏的权利归属，不同庄园的习惯法有不同的规定。一般庄园的习惯法认为树木和矿藏都属于领主，佃户不经领主同意不得砍伐树木。但一般情况下，给予佃户砍伐一些木材修理房屋和做燃料用，取砂石作修缮用，以及取泥炭做燃料的权利。上述材料在法律上称为"必需供给品"。而另一些庄园则给佃户较大的权利，他们有砍伐木材和开采矿藏的全权。^③

公簿持有农和庄园其他佃户有权在庄园土地上庄稼收割后的可耕地上放牧牲畜，但各庄园对此有不同的习惯法规定。有的庄园对于何时可在荒地上放牧，以及允许在哪些可耕地上放牧有限制。^④

庄园的荒地是属于庄园领主的财产，埋藏在荒地地面以下的矿藏和荒地上生长的树木都属于领主。庄园佃户在荒地上没有任何财产权，有使用土地产品的共有权，但没有出售这些产品的获利权。基于习惯佃户的共有权利，庄园领主能够按其意愿在荒地上做任何事情，

---

① B. W. Adkin, Copyhold and Other Land Tenure of England. London, 1919. p. 169.

② B. W. Adkin, Copyhold and Other Land Tenure of England. London, 1919. p. 170.

③ B. W. Adkin, Copyhold and Other Land Tenure of England. London, 1919. pp. 171, 176.

④ B. W. Adkin, Copyhold and Other Land Tenure of England. London, 1919. pp. 177–178.

但不得妨碍这种共有权，而只要这种共有权依然存在，实际上便禁止圈占荒地。[①]

公簿持有农和其他习惯佃农对庄园荒地的权利有多种，这些权利附着于根据庄园习惯法授予的租佃权。他们可以从领主的庄园荒地上取得某些权利，包括荒地的共有权、泥炭采掘权、取得必需供给品的权利、捕鱼权、狩猎权、挖掘权等。公簿持有农的这些权利是附属于他的保有地的。他们是根据庄园习惯法的规定，而不是根据庄园领主的授予或命令拥有这些权利的。如果公簿持有农失去其租地，便立即失去这些权利。[②]

通常人们似乎认为，所有英国中世纪的农民都处于法律身份的壁垒中。如果是自由民，那么就可以自由流动、自由让渡财产及付较低的地租租种土地；而如果不是自由农民，那么就要服劳役、交纳入地费和法庭的罚金、封建地租、磨谷费等，并且不能从庄园中迁移出去。关于中世纪英国乡村农民的法律身份到底有多重要，史学家有不同的看法。希尔顿认为，中世纪后期"庄园文件中在保有权和身份上如自由民和维兰的分类仍然是重要的……要求自由是1381年起义的一个重要的口号"[③]。而爱德华·米勒在论及13世纪伊利主教的地产时说，"相对来说，调查员不大注意个人身份并把它作为对农民分类时考虑的问题"[④]。但实际上，这种对农民的身份束缚已不那么严格。在达勒姆郡东南部，曾要求在小修道院地产上的非自由佃农发誓不离开庄园。1374年赫瑟尔登的维兰尤斯塔斯·弗里斯特林的儿子罗伯特

---

① B. W. Adkin, Copyhold and Other Land Tenure of England. London, 1919. p. 187.

② B. W. Adkin, Copyhold and Other Land Tenure of England. London, 1919. pp. 190−191.

③ R. H. Hilton, The English Peasantry in the Later Middle Ages. Oxford U. P., 1975. p. 24.

④ R. H. Hilton, The Decline of Serfdom in Medieval England. London, Macmillan, 1969. p. 24.

曾到庄园法庭在村民面前作出此种宣誓,接受达勒姆小修道院和女修道院的司法裁决,决不离开当地。但是,很少有证据能证明非自由农民被强制居留在他出生的村庄。确实偶尔有让维兰返回他们土地的命令,但主教和小修道院只下过少量这种命令。[①]维兰住在其他村庄的例子很多,并没有命令他们都得返回原先居住的村庄。今天,众多的历史学家已不怀疑中世纪后期非自由农民可以让渡土地这个事实。在达勒姆郡东南,各种类型的持有非自由土地的佃农看来都能自由地按照自己的愿望处置他们的土地。[②]

在中世纪的英国,在土地保有权和农民的身份之间并没有一一对应的关系。如惠特尔指出的,土地与佃户的身份并不总是吻合的。[③]在这个问题上,不同地位之间有所差别。在英国中世纪,没有任何证据可以表明,禁止维兰持有自由土地或禁止自由民持有维兰土地。1284年诺福克郡格雷森豪尔庄园的一项决定确认,维兰无须领主许可便可以转手自由土地。1303年陪审员宣布:"这个法庭的习惯法允许领主的维兰凭领主的许可向自由民出售他们租用的土地。"诚然,这个庄园现存的资料已无法证明自由土地与维兰土地的区别是如何形成的,但残存的庄园法庭的一个案例记录表明,改变土地的属性不是

---

① Tim Lomas, "South-East Durham: Late Fourteenth and Fifteenth Centuries." in P. D. A. Harvey,(ed.), The Peasant Land Market in Medieval England. Oxford, Clarendon Press, 1984. p. 284.

② Tim Lomas, "South-East Durham: Late Fourteenth and Fifteenth Centuries." in P. D. A. Harvey,(ed.), The Peasant Land Market in Medieval England. Oxford, Clarendon Press, 1984. p. 285.

③ Jane Whittle, The Development of Agrarian Capitalism: Land and Labour in Norfolk, 1440-1580. Oxford, Clarendon Press, 2000. p. 30.

不可能的。①土地保有权与农民身份关系的复杂性并非起始于1348至1349年的黑死病。12世纪和13世纪，律师和普通法法庭在规定维兰的不自由和随附权利的无资格时，曾把分类简单化和标准化。但是，他们也发现了其中的错杂，他们区别了生来便是的维兰和根据保有权确定的维兰，指出了在自由的或不自由的佃户持有自由土地和不自由土地时，可以有4种划分法。②

　　土地保有权与农民身份的关系应当说有一个复杂的转变过程。在达勒姆郡1347到1348年自由土地均为自由佃户持有，黑死病以后，相当数量的自由土地转到非自由佃户手中。1382至1383年的地租簿列出的11名持有自由土地的佃户看来都是维兰。大概是黑死病以后缺少劳动力，使一些非自由的佃户有机会获得自由土地，但绝大部分自由土地仍在那些有自由身份的人手中。这样，在当时的达勒姆东南部形成了这样的图谱：自由持有农构成了佃户的最上层；在他们之下是大量有人身自由但持有非自由土地的佃户；在阶梯的最下层是一个人数较少的群体，他们是没有自由人身份的维兰。③在达勒姆东南部，绝大部分佃农都持有非自由保有地。到14世纪中叶，他们中绝大部分人都有人身自由。④

---

　　① P. D. A. Harvey,（ed.）, The Peasant Land Market in Medieval England. Oxford, Clarendon Press, 1984. p. 42.

　　② P. D. A. Harvey, "Conclusion." in P. D. A. Harvey,（ed.）, The Peasant Land Market in Medieval England. Oxford, Clarendon Press, 1984. pp. 331-332.

　　③ Tim Lomas, "South-East Durham: Late Fourteenth and Fifteenth Centuries." in P. D. A. Harvey,（ed.）, The Peasant Land Market in Medieval England. Oxford, Clarendon Press, 1984. pp. 281-282.

　　④ Tim Lomas, "South-East Durham: Late Fourteenth and Fifteenth Centuries." in P. D. A. Harvey,（ed.）, The Peasant Land Market in Medieval England. Oxford, Clarendon Press, 1984. p. 279.

第三节 租借地保有权和租地农

租借地保有权是在有限的租借期内，由直接地主依法享有的土地利益。租借地保有权依据的是出租人和承租人之间的契约，契约的期限制约着这种租佃关系。[1]

租借地保有权和自由持有保有权之间有很多不同之处。租借地保有权属于法人财产权或准不动产权，而自由持有保有权属于不动产权。租借地的所有者并未拥有土地的充分所有权，也没有依法占有土地，只不过对土地有契约规定的权利。而自由持有农通常拥有对土地的充分所有权，并且总是依法占有土地。租借地保有权由位于国王和佃户之间的一个或多个大土地所有者拥有，而自由持有保有权则直接由国王拥有。租借地保有权由土地法和确定的租借条件管理，而自由持有保有权则只由土地法管理。租借地保有权对判决确定的债务负有法律义务；自由持有保有权则根据威斯敏斯特第二条例，对法庭判定承担义务，并且根据以后在1838年通过的判决法令，对衡平法院的判决承担义务。租借农死后，租借地保有权转到法定遗嘱继承人手中，自由持有保有权则直接转到法定继承人手中。违反永久租地权的法规不适用于租借地保有权。租借地保有权可没收，自由持有保有权不能没收。租借地保有农需承担义务和交纳地租，自由持有农只向国王效

---

[1] B. W. Adkin, Copyhold and Other Land Tenures of England. London, 1919. p. 75.

忠。租借地持有农应对土地荒芜负责，并履行所有协议，他做他愿意做的事的权利受土地出租人的限制；自由持有农则能做他愿做之事，他的权利不受限制。①

租借地保有权有不同的租借条件。有的土地租借期确定为数年，有的确定为按照领主意愿租借土地。按照领主意愿的租借权可随时被领主中止。按照领主意愿的租借权可由专门的契约确定下来，这种契约既可以是口头的，也可以是书面的，以表明领主同意出租而佃户同意承租。②在通常情况下，按照领主意愿租佃土地根据一种默契。③默契租佃权佃户的地位在根据领主意愿租佃土地的佃户之下。二者不同之处在于，后者根据权利占有土地，而前者没有占有土地的权利。爱德华·柯克把这类佃户定义为"一种根据权利耕种土地，但没有拥有它的权利"的佃户。这种租借权未经契约确认，租借权无法被分派或转租。④根据领主意愿的租佃权是一种与为期数年的租借权不同的租借权，这种租借权没有明确的期限，根据双方的意愿可以终止这种租借权；而为期数年的租借权则有明确的限定期限。而经领主默许的租借权则是比租期任意的租借权在法律上地位更低的租借权，它通常发生在租借期已经结束，而佃户在没有得到领主或所有者同意的情况下仍然持有土地之时。⑤

租借地保有权在理论上与习惯法毫无关系，因为这种保有权是双方自由谈判缔结契约的结果，它以契约的形式记载下来，双方各持有

---

① B. W. Adkin, Copyhold and Other Land Tenures of England. London, 1919. pp. 77-78.

② B. W. Adkin, Copyhold and Other Land Tenures of England. London, 1919. p. 78.

③ B. W. Adkin, Copyhold and Other Land Tenures of England. London, 1919. pp. 78-79.

④ B. W. Adkin, Copyhold and Other Land Tenures of England. London, 1919. p. 79.

⑤ B. W. Adkin, Copyhold and Other Land Tenures of England. London, 1919. p. 80.

一份契约文本,租借权可持续数代人,由1至3个指定姓名的人租借耕种土地。在英格兰西部属于教会的地产上,租借地保有权是有限期的,但通常租期较长,在契约所提到的三代人死后,结束其租期。这种情况在1500年前后很普遍。这种长租期对于租佃双方都有利。诚然,在当时社会急剧变动的情况下,谁在这种交易中能够获利是一场赌博。事实上,绝大多数佃户希望在一两名列入契约的佃户尚活着时便更新契约,而地主则有准备不履行义务,因此,大量的租借农对于租地很担心。承租租借地还要承担大量的习惯义务,如把诉讼案提交法庭、交纳租地继承税等,但很少有劳役。租户最初的入地费通常比地租数额要大,这是双方谈判和讨价还价的主要内容之一。但双方通常都按照习惯的市场状况来定。这笔费用通常采取分期付款方式来支付。到1500年时,租借地保有制广泛实行,地主和租户之间谈判的方式对于地主和佃户的关系产生了很大影响。农场的出租推动了维兰保有权的终结。因为当一个领主屈尊与其佃户进行谈判时,他就很难再声称农民的人身和他们的财产是受领主控制的。[①]

根据亨利八世到伊丽莎白一世时期对十余个郡共118个庄园的调查,在全部6203户农民中,租地持有农为785户,占户数的12.6%。其中,在英格兰北部的诺森伯兰郡和兰开郡的13个庄园中比例较高,在全部1754户农民中,租地持有农有346户,占19.04%。在英格兰中部的斯塔福德郡、莱斯特郡和北安普敦郡比例稍低,在1505户农民中租地持有农有213户,占14.2%。在英格兰南部的威尔特郡、汉普郡和另外10个郡的1580户农民中,租地持有农为148户,占9.3%。在英格兰

---

① Joyce Youings,Sixteen-Century England. Penguin Books,1984. pp. 49-50.

东部的诺福克郡和索福克郡，调查的1364户农民中有78户属于租地持有农，占户数的5.7%。[①]托尼指出，在有的地方，租地持有农的比例要大一些。如1568年在萨默塞特郡的4个庄园和德文郡的1个庄园中，租地持有农占农民的20%。1626年在罗其代尔大庄园中，租地持有农为315人，比自由持有农（64人）和公簿持有农（233人）要多。[②]

在16世纪，租地持有农在土地承租期间得到法律的保护，有的地方其租期达到92年。但当庄园土地由没有凭据的按照领主意愿租种土地的佃户持有时，或自营地短期出租给某些佃户时，领主可以收回租地。因此，托尼指出，到16世纪，一些租地持有农和按照领主意愿租种土地的佃户成为被驱逐的阶级。[③]

第四节　维兰及其消失

在13世纪的英格兰，有五分之三的人口为不自由身份。[④]从1350到1450年，农奴制在很大程度上从英格兰的庄园中消失了。[⑤]其中1380到1420年是农奴制被侵蚀的主要阶段。在1380年以前，农奴身份非常普遍，而到了1420年以后，拥有农奴身份的人已很少。1440年以

---

① R. H. Tawney, The Agrarian Problem in the Sixteenth Century. New York, 1928. p. 25.

② R. H. Tawney, The Agrarian Problem in the Sixteenth Century. New York, 1928. p. 284.

③ R. H. Tawney, The Agrarian Problem in the Sixteenth Century. New York, 1928. pp. 283-284.

④ John Hatcher, "English Selfdom and Villeinage." in Past and Present. 1981. p. 7.

⑤ R. Hilton, The Decline of Serfdom in Medieval England. London, Macmillan, 1969. pp. 34-35.

后，不自由身份的人的存在成为反常的现象。①1348年以后，不再有新的农奴家庭产生。②

农奴制反映了领主最终控制从属于他的农业劳动者的能力。13世纪，绝大多数地产上的习惯佃户都是维兰身份，这是一种被奴役身份。当庄园法庭的书记在簿册上写下维兰的姓名时，通常要提到他的身份，并强调维兰身份依据其出身。在15世纪50年代到16世纪40年代，维兰的子女也列入表册。解放维兰要有正式的手续，在授予证书的同时要在主教和小修道院的注册簿上记录。传统的解放维兰的证书通常都说解放维兰和他的后代。据推测，有时农奴争取解放或者否认其维兰身份要付一笔钱。

法学家格兰维尔和布莱克顿曾认为，维兰不能将自己的财产转让给他的继承人。他们当时没有注意到此类案件转由教会法庭和庄园法庭审理，而在某些情况下国王的法庭承认习惯可以取代法律的事实。维诺格拉多夫曾认为："维兰没有自己的财产，因而不能进行财产转手。"海厄姆斯详细研究了关于维兰的普通法，分析了国王法庭对维兰继承权的处理。他指出，在普通法中没有适用于维兰的继承制，但在实践中，维兰把土地转给继承人并且自己也继承土地，他们的这种权利为庄园法庭所支持。他认为，在立法理论和实际的运作之间存在较大的裂隙。维兰对土地和商品的继承权既为习惯法所支持，也得到教会的支持。教会鼓励自由处置土地，而习惯法则反对让渡土地。

到15世纪，维兰和非维兰在经济地位上的差别已很小。1340年议

---

① Jane Whittle, The Development of Agrarian Capitalism: Land and Labour in Norfolk, 1440–1580. Oxford, Clarendon Press, 2000. p. 37.

② Eric Kerridge, Agrarian Problems in the Sixteenth Century and After. London, 1969. p. 90.

会取消了不自由农民向领主交纳的佃租。此后，二者都要支付货币地租和其他习惯租费。这时，与维兰有关的主要负担是要交纳结婚费，此外维兰未经许可不得离开庄园。

维兰的数量随时间推移逐渐减少。例如，在伍斯特主教的肯普西地产上，记载维兰的数目1400年为19人，1476年为10人，1514年为5人，以后则不见有维兰的记载。在怀特斯通地产上，维兰在1377至1399年为24人，1430至1476年为14人，1520年为7人，1538年为6人。[1]

维兰制衰落和维兰数量减少的主要原因是维兰家族绝后，同时又不再确定新的维兰。前者又有两种情况，一种情况是维兰没有子女，另一种情况是维兰只有女性后代，而女性后代的子女不那么容易继承维兰身份。海厄姆斯的研究表明，在13世纪已确定这样的习惯，一个具有维兰身份的妇女与另一个自由人结婚或者维兰妇女生活在一块自由持有地上，她就会被免除维兰身份。[2]例如在肯普西庄园，在1476年有两户维兰的名字消失了，他们是布莱克和斯宾塞。1476年时，托马斯·布莱克有3个女儿，而瓦尔特·斯宾塞已有60岁，并且膝下无子女。[3]

维兰的解放亦有多种途径。一些维兰因为对领主"服务特别好"而被领主解放，但绝大多数维兰是通过赎买获得解放，某些地产资料显示，维兰的赎金数额很大，有的地区高达10英镑。因此，出得起钱赎买维兰身份的，一般是殷实的佃户。1514年肯普西的调查表记载："……理查德·潘廷通过庄园法庭赎买……使自己得到解放。"在

---

① C. C. Dyer, Lords and Peasants in a Changing Society, The Estates of the Bishopric of Worcester, 1380-1540. Cambridge U. P., 1980. p. 270.

② P. R. Hyams, "The Proof of Villein Status in the Common Law." Economic History Review, Ixxxix, 1974. pp. 721-749.

③ C. C. Dyer, Lords and Peasants in a Changing Society, The Estates of the Bishopric of Worcester, 1380-1540. Cambridge U. P., 1980. p. 271.

1380至1450年间有74名维兰的解放被记载下来。1450年前后，来自弗拉德伯里的维兰理查德·塞弗格"否认他的维兰身份，证明他是自由人"，他出示了他是私生子的证据，最终赢得了这起诉讼。[①]

研究者发现，1485年时，至少在30个郡的400个庄园中有维兰存在。在伊丽莎白一世在位的最初10年，在21个郡的100个庄园中仍有维兰。[②]诺福克郡东北部庄园法庭的案卷表明，1440到1460年，在所研究的7个庄园中至少6个庄园存在维兰家庭。1490到1500年在5个庄园中有维兰家庭。1520到1530年有1个维兰家庭。[③]

1536年，英国议会上院讨论了一项关于在王国普遍解放维兰的法案。这是自1381年以来议会第一次讨论取消维兰制一般立法的提案。[④]

到了16世纪，尽管在英国许多地方农民的劳役义务已用货币来折算，但是在一些地方仍然存在劳役义务。在兰开郡和约克郡西区，如南牛顿庄园，劳役仍然存在。在诺森伯兰郡属于泰恩默思小修道院的庄园，直到修道院解散，每个佃农都得在每年谷物收获的第一时间去服劳役。1568年在威尔特郡的瓦申庄园，公簿持有农的劳役仍然很重。持有1威尔格（20英亩）土地的佃户需要为领主在冬天耕1.5英亩地，要为领主洗羊毛和剪羊毛，每个公簿持有农要为领主收割1英亩草地的青草。每个公簿持有农还要为领主收割1英亩小麦和1英亩大

---

① C. C. Dyer, Lords and Peasants in a Changing Society, The Estates of the Bishopric of Worcester, 1380-1540. Cambridge U. P., 1980. p. 272.

② D. Macculloch, "Bondmen under the Tudors." in C. Cross, D. M. Loades and J. J. Scarisbrick, (eds.), Law and Government under the Tudors. Cambridge U. P., 1986. p. 93.

③ Jane Whittle, The Development of Agrarian Capitalism: Land and Labour in Norfolk, 1440-1580. Oxford, Clarendon Press, 2000. p. 37.

④ E. B. Fryde, Peasants and Landlords in Later Medieval England, 1380-1525. Stroud, Alan Sutton, 1996. p. 238.

麦。1628年在兰开郡的一个庄园，每个耕地的农民每年有义务带上牲畜和车，并带上一个劳动力在领主的自营地服两天劳役。1602年，在诺森伯兰郡的埃泰尔庄园，仍然存在"被束缚的维兰的劳役"。庄园要求佃户从主人的房舍和院子里向外运粪，为他放牧奶牛，搬运煤泥，耕地，而没有工资报酬。

第五节 自治市民土地保有权

在英国，除了乡村的土地保有权外，还有一种自治市民土地保有权。在盎格鲁—撒克逊时代，自治市民取得土地保有权要支付地租。在诺曼征服以后，对这种保有权随附的权利有严格的限制。外来移民被拒绝参加城市商业和政治活动。自治市民交纳各种城市税，因此享有各种自治市民的特权。根据自治城市的习惯法，享有特权的自治市民享有的土地能够自由出售、分割、遗赠。享有这种土地保有权的自治市民无须承担任何封建的或维兰随附的负担，需要负担的义务仅有向选举产生的自治城市的官员支付正常的免役地租。随着封建主义的发展，自治市民土地保有权和无兵役租佃保有权的差别增大。自治市民土地保有权的一个特点是免除了封建地产随附的权利，再一个特点是自治市民保有地产可以流动。[①]

---

① M. de W. Hemmeon，Burgage Trenure in Medieval England. Harvard U. P.，1914. pp. 4–5. S. H. Steinburg and I. H. Evans，（eds.）. Steinberg's Dictionary of British History. Edward Arnold，1970. p. 52.

第三章
庄园制

第一节　庄园和村庄

庄园是中世纪欧洲农村广泛存在的一种经济组织形式。英语中"庄园"（manor）一词来源于法语manoir，最初这个词的含意是庄园的房舍。英语中的"庄园"一词，伴随着庄园的历史发展其含意也在发生变化。1086年土地调查之后，"庄园"一词有双重含意，一是指一块居留地，一是指一个生产管理单位。希尔顿认为，从11世纪后期起，"庄园"一词开始指谓一种制度，这种制度的核心是乡村领主和农民的关系。[①]梅特兰认为，关于"庄园"一词精确的法律上的定义到13世纪时还未确立，尽管此时庄园在农业管理和司法领域都已经在起重要作用了。[②]

[①] E. A. Kosminsky, Studies in the Agrarian History of England in the Thirteenth Century. Oxford，Basil Blackwell，1956. p. 70.

[②] Rodney Hilton, "The Manor" in Journal of Peasant Studies. Vol. I（1），1973. p. 107.

在英吉利法中，庄园被规定为具有组织男爵法庭这种随附权利的地产。庄园是封建制度之下一种保有权单位。英吉利法在理论上认为庄园起源于国王的授予物。国王把一块土地授予他的一个臣民及其继承人，接受这块封地的领主要向国王履行骑士义务。被授予者通常要在其土地上建筑一座宅邸，随着时间推移便形成了一座庄园。这个领主又可以把其中的部分土地授封给别人，这些人称作佃户。[①]庄园领主的土地保有权是一种从属性的保有权，国王是国家全部土地的最高所有者。[②]

到15世纪前后，"庄园"一词开始具有第三层含意，它指佃户在其上耕作的一块地产，而领主通过私人的庄园法庭对庄园佃户行使司法裁判权。因此，日后大法官爱德华·科克认为，"男爵法庭是庄园主要的支撑者或支柱"。[③]

庄园制度是英国封建社会的社会和经济支撑物，统治者通过庄园从占居民大多数的农业劳动者那里榨取财富并维持社会秩序。[④]

维诺格拉多夫曾认为，典型的庄园与小村庄是重合的，因此它代表了一个乡村团体。[⑤]后人的研究表明，情况并不像维诺格拉多夫所说的那样简单。根据科斯敏斯基的研究，剑桥郡的110个村庄中，只有12个与庄园重叠。在亨廷顿郡56个村庄中，有29个与庄园重叠，而有27个与庄园不重叠。而在29个与村庄吻合的庄园中，有19

————————————

① J. W. Molyneux-Child, The Evolution of the English Manorial System. Lewis, 1987. p. 37.

② Paul Vinogradoff, The Growth of the Manor. London, 1911. p. 308.

③ J. W. Molyneux-Child, The Evolution of the English Manorial System. Lewis, 1987. p. 1；P. D. A. Harvey, Manorial Records. London, British Record Association, Revised edition, 1999. p. 2.

④ Jane Whittle, The Development of Agrarian Capitalism：Land and Labour in Norfolk, 1440-1580. Oxford, Clarendon Press, 2000. p. 28.

⑤ Paul Vinogradoff, The Growth of the Manor. London, 1911. p. 361.

个是修道院所属的庄园，只有10个是世俗领主的庄园。在贝德福郡25个庄园中，只有2个庄园是与村庄重叠的，而其他庄园的地域均超过了一个村庄，占有了其他村庄的部分土地。在白金汉郡北部46个村庄中，有23个与庄园相重叠。在沃里克郡，有52个庄园与村庄重叠，而有57个庄园不与村庄重叠。在牛津郡，庄园与村庄重叠的例子较多，有191个庄园与村庄重叠，而有111个庄园与村庄不重叠。在科斯敏斯基的调查中，在总共784个村庄中，有351个村庄与庄园重叠，而有433个村庄与庄园不重叠，即村庄与庄园不重叠的数目达到调查总数的一半。[①]

英格兰不少老庄园与它所在的村庄是重叠的。伊利主教拥有的一座庄园便属于这种类型。1251年对它的调查表明，庄园主的农场有372英亩可耕地，以及草地、牧场、一个使用风力和水力的磨坊，自营地上有一个960只羊的畜群。24名自由佃农主要支付货币地租，他们中一些人也承担不多的临时性劳役。24名拥有半威尔格土地的维兰支付小额地租，还得每周3天到领主自营地上服劳役，并且要在播种和收获时节无条件地去为领主耕地劳作。4名茅舍农在收获时节每周要额外为领主干两天活。[②]但是也有一些庄园包括了不止一个村庄，规模很大。例如，约克郡的韦克菲尔德庄园面积有150平方英里，它包括了桑德尔、奥赛特、霍尔恩、斯坦利和苏尔比村。再如，达勒姆的切斯特庄园，它包括了切斯特、赖顿、惠卡姆、惠特本、克利顿、纽顿、普劳斯沃思、博尔顿、厄佩思、盖特谢德和弗

---

① E. A. Kosminsky, Studies in the Agrarian History of England in the Thirteenth Century. Oxford, Basil Blackwell, 1956. pp. 73-74.

② E. Miller and J. Hatcher, Medieval England: Rural Society and Economic Change, 1086-1348. Longman, 1978. p. 185.

兰姆韦尔盖特村。[1]

一个庄园与另一个庄园的地域关系也很复杂。在庄园之间划分边界有时很困难。有时一个庄园的领地与另一个庄园的领地互相交错。有时同一块地属于两个或更多的庄园。例如，约翰·赫维斯在贝德福郡密尔顿村教会军事团体护理人员所属的土地上拥有2.5海德和1威尔格土地，他还在同一村庄中从莱斯特伯爵那里拥有1.5海德和半威尔格土地。[2]庄园领主常常也作为自由佃户从其他人的庄园租种土地。例如上面谈到的赫维斯，他除了自己在密尔顿村拥有庄园外，还从同一个村庄罗伯特·德·卡梅拉的庄园租种四分之三威尔格土地。反之，罗伯特·德·卡梅拉则又在约翰·赫维斯的庄园持有四分之一威尔格的土地，并在附近的瑟利村的一个庄园持有四分之一威尔格的土地。[3]

有的庄园中还有小庄园。例如，白金汉郡斯图克利村表面上是属于格洛斯特伯爵的庄园，但在这个庄园中的6个自由持有农的土地持有很复杂，每个人都有自己的自营地，有承租他的土地的自由持有农甚至维兰，可以认为他们拥有小庄园。再如，在牛津郡的泰晤庄园中，约翰·克利福德拥有一个小庄园，他有自己的维兰和庄园法庭，这个小庄园附属于林肯主教的泰晤庄园。小庄园的领主被看作大领主的自由持有农。有时他们有义务出席大领主的庄园法庭，并付给大领

---

[1] Mark Bailey，（ed.），The English Manor c. 1200–c. 1500. Manchester U. P.，2002. p. 7.

[2] E. A. Kosminsky，Studies in the Agrarian History of England in the Thirteenth Century. Oxford，Basil Blackwell，1956. p. 76.

[3] E. A. Kosminsky，Studies in the Agrarian History of England in the Thirteenth Century. Oxford，Basil Blackwell，1956. pp. 76–77.

主或多或少的地租。①

在英国封建社会中，庄园领主对不同类型的佃农和不同类型的土地有不同的权利。领主对佃户的权利通常是由法律和习惯规定的。在实际生活中，领主的权利受到与农民团体的关系的影响，领主的权利并非不受限制。一个领主可以诉诸最极端的形式，用暴力对付他的佃户，但佃户也可以用公开反叛的形式表示抵抗。②

早期庄园的领主权大小和庄园规模各有不同。一般说来，国王拥有很多大庄园，但国王的庄园对农民的义务要求较少。而封建教会拥有的大庄园对被奴役的农民压迫较甚，世俗领主拥有的庄园通常较小，他们对庄园农民的索取也不高。在英格兰中部以南和密德兰地区有许多属于本厄迪克派修道院和保守的大地主的庄园，在那里领主对农民的压迫较深。而在英格兰西南部、东部以及北部，有许多属于乡绅的小庄园，这些庄园对农民压迫较轻。③

大庄园如埃塞克斯的王家哈维林庄园，它占地16000英亩，由于王室对这个庄园直接控制较少，自由的自治农民享有较多的自由权利。他们可以自由地进行土地交易。在1251年，有将近五分之一的佃户持有50英亩或更多的土地，这在当时算是不小的地产了。因为一般认为，在1200至1350年间，持有13.5英亩土地便够一个农民之家生活需要。50英亩的土地可为佃户生产足够维生的粮食和其他物品，同时可出售一些产品取得现金，以支付地租和其他用货币支付的义务。而

---

① E. A. Kosminsky, Studies in the Agrarian History of England in the Thirteenth Century. Oxford, Basil Blackwell, 1956. p. 78.

② Jane Whittle, The Development of Agrarian Capitalism: Land and Labour in Norfolk, 1440—1580. Oxford, Clarendon Press, 2000. p. 29.

③ Mark Bailey, (ed.), The English Manor c. 1200—c. 1500. Manchester U. P., 2002. p. 8.

在1251年，哈维林庄园有45%的佃户持有14英亩或更多土地。[①]1352至1353年，哈维林有85户佃户持有土地在30到100英亩之间，他们被视为富裕的自耕农或绅士，还有75户佃户持有的土地在14到30英亩之间，另有17户佃户持有的土地在100英亩以上。[②]到14世纪中叶，哈维林所有的佃户都被视为具有自由民身份，他们非常像自由持有农。一个拥有习惯持有权的佃户可以按照其意愿自由出售、买进、出租或再分割他的土地，他可以在庄园法庭登记后把他的土地转让给任何他选择的继承人。在哈维林，作为佃户的丈夫和妻子存在合伙租佃权。如果丈夫亡故，妻子只需要到庄园法庭表示效忠，而无须支付特别费用便可以持有全部租地。女儿也可以继承这块租地。哈维林的地方习惯法不禁止在家庭之间转手持有地。[③]

中世纪早期世俗封建主领有的庄园以小庄园居多。根据1279年百户村案卷，在所调查的1031个庄园中，可耕地面积在500英亩以下的为小庄园，共有664个，占庄园总数的65%。可耕地面积在500至1000英亩的为中等庄园，共229个，占庄园总数的22%。可耕地面积在1000英亩以上的为大庄园，有139个，占庄园总数的13%。其中，小庄园的面积之和占全部调查庄园总面积的29%，小庄园平均面积为507英亩。中等规模庄园平均面积为675英亩。大庄园的总面积占所调查庄园面积的41%，大庄园平均面积为1600英亩。大庄园在地域上常

① M. K. McIntosh, Autonomy and Community：The Royal Manor of Havering, 1200-1500. Cambridge U. P., 1986. pp. 98-99.

② M. K. McIntosh, Autonomy and Community：The Royal Manor of Havering, 1200-1500. Cambridge U. P., 1986. p. 116.

③ M. K. McIntosh, Autonomy and Community：The Royal Manor of Havering, 1200-1500. Cambridge U. P., 1986. pp. 118-119.

常与一个村庄相重叠。①

诺福克郡霍卡姆的希尔霍尔庄园是一个小庄园。它由一个大宅院、14英亩自营可耕地、一座风磨坊、一个市场、一个集市、143英亩非自由佃户持有地、179英亩自由佃户持有地，以及在某些指定土地上的放牧权构成。再如哈肯庄园，它位于一个小村子，拥有一座宅院、30英亩自营地、在某些指定土地上的牧羊权、20英亩非自由农民持有地和115英亩自由农民持有地。②当领主庄园的面积不大而且分布很紧凑时，领主的工作就像今天的农场主。他也可以自己仅仅持有自营地，而把其他土地出租给佃户耕种。在整个中世纪，英格兰有不计其数的这种小地产。③在剑桥郡，小庄园在庄园中占很高的比例，达35%，而大庄园占庄园总数的31%。④

第二节　庄园的土地

庄园的土地一般有四种类型：公地、自营地、维兰持有地和自由持有地。在大庄园中，领主的自营地、维兰持有地和自由持有地的比

① E. A. Kosminsky, Studies in the Agrarian History of England in the Thirteenth Century. Oxford, Basil Blackwell, 1956. pp. 97-98. S. H. Rigby, English Society in the Later Middle Ages: Class, Status and Gender. London, Macmillan, 1995. p. 45.

② Mark Bailey, (ed.), The English Manor c. 1200-c. 1500. Manchester U. P., 2002. p. 6.

③ P. D. A. Harvey, Manorial Records. London, British Record Association, Revised edition, 1999. p. 4.

④ E. A. Kosminsky, Studies in the Agrarian History of England in the Thirteenth Century. Oxford U. P., 1956. p. 98.

例分别为25%、51%和23%。而在小庄园中，领主自营地、维兰持有地和自由持有地的比例分别为41%、32%、27%。公地则是坐落在自营地之外未被任何佃户持有的土地。^①领主和佃户都有权在公地上放牧牲畜和采集燃料。

　　领主的自营地是庄园领主留作自己使用的土地，也是领主居所之所在。自营地是唯一的严格意义上的领主的地产。自营地以领主的住宅为中心，包括一个家庭农场。自营地上的产品用来维持领主及其家庭生活。通常领主只占有庄园全部可耕地的一部分。自营可耕地由农民或维兰提供劳役来耕种。在早期，许多庄园有奴隶，他们全天在领主自营地上劳作。很快奴隶消亡了，于是，庄园领主自营地所需的劳动力，一部分由领主的佃户提供劳役，另一部分由一小批固定的以世袭附庸形式居住在领主土地上的劳动力提供。领主每年付给这些固定的雇佣劳动力少量货币工资和谷物作为报酬。^②有许多材料说明，这些出身于农民的劳动者群体系因战争、灾害以及自身犯罪而从社会中被抛出来。^③庄园制度最引人注目的特点是，它从一开始便出现服劳役制度，即农民向领主提供劳动力，有时一周为两到三天。^④领主向这些农民提供小块土地，农民耕种这些土地，收获物归自己所有，但他们不得耽误在领主自营地上的工作。^⑤庄园领主在庄园管理中常常

---

　　① E. A. Kosminsky, Studies in the Agrarian History of England in the Thirteenth Century. Oxford U. P., 1956. pp. 97-98；S. H. Rigby, English Society in the Later Middle Ages：Class, Status and Gender. London, Macmillan, 1995. p. 45.

　　② J. W. Molyneux-Child, The Evolution of the English Manorial System. Lewis, 1987. p. 21.

　　③ Paul Vinogradoff, The Growth of Manor. London, 1911. p. 229.

　　④ Paul Vinogradoff, The Growth of Manor. London, 1911. p. 231.

　　⑤［英］伊·拉蒙德、W. 坎宁安编：《亨莱的田庄管理》，高小斯译，王翼龙校，商务印书馆1995年版，第4-5页。

依靠管家或地产管事，通过他们指导耕作、收获和修缮房屋等事务。管家执行庄园领主的命令，时时维护领主的利益。庄园管家或管事必须熟悉有关农作的知识，了解当地的习惯，善于协调领主的管理事务和民众权力。[①]

有的庄园如威廉·马斯切斯的庄园，土地主要是自营地。他把130英亩土地由自己持有，而把约50英亩土地租给自由佃农耕种。一个独居的维兰持有半英亩土地，他每周要服两天劳役。

阿格尼斯·德·斯卡勒斯的庄园仅有的佃户是6名小自由持有农，他们共拥有14英亩土地。她的农场实际上由面积114英亩的家庭农场构成。但是，也有的庄园根本就没有领主自营地。例如北安普敦郡的拉克斯顿庄园和布尔威克庄园便是如此。[②]

有的庄园拥有大片的自营地，例如，伯里圣爱德蒙兹男修道院长在索福克郡科尼韦斯顿拥有一座庄园。1279年时，这个庄园由一座大宅院、340英亩可耕自营地、18英亩自营牧场、1英亩自营草地、8英亩自营林地、2英亩泥炭采掘场、1座风车构成。他还拥有教会受俸牧师的推荐权和其他诸种权利。他的不自由农民持有430英亩可耕地、40英亩灌木丛生的荒地和5英亩草地。他的庄园中的自由民，持有69英亩可耕地和一点沼泽地。[③]

英格兰早期的庄园有一些共同的特点。例如，庄园自成一个经济单位，与外界没有什么联系。领主尽可能地使庄园自给自足。领主消费并贮存庄园内生产出来的产品，他注意充分利用庄园本身的资源，

---

① Paul Vinogradoff, The Growth of Manor. London, 1911. p. 228.

② E. Miller and J. Hatcher, Medieval England: Rural Society and Economic Change, 1086-1348. Longman, 1978. p. 185.

③ Mark Bailey, (ed.), The Medieval Manor c. 1200-c. 1500. Manchester U. P., 2002. p. 6.

努力使之不必从外部购买物品。林肯郡主教圣·罗伯特·格罗斯泰斯特在1240年前后为林肯郡伯爵夫人拟定的地产管理条例，就贯彻了领主须精细地了解和管理庄园土地的出租、利用、赋税、地租、动产和不动产等财产，每年凭借自己的财产来生活的经营指导思想。[①]当时，当地的商业活动多半是在一年一度的交易会上进行的。由于交通闭塞，其他的交易机会很少。此外，领主能向市场交易提供的产品也较少。他需要首先留足一家人的口粮，在丰收年景可向市场提供余粮。如果粮食价格很低，他自然不愿把多余的粮食卖出去。当然，庄园领主不得不通过贸易换取金属和盐。通常庄园领主用作销售的剩余产品只占全部收获物的很少一部分。至于农民，他们必需的口粮和操办酒席招待领主全家之所需，已占去其全部收成的很大一部分，所剩无几。以上只是一个庄园的情况。随着时间推移，庄园不再处于孤立状态，加之生产力逐步提高，向市场出售大部分产品已成为庄园常见的事情。随之而来，领主也就能够收取现金以代替劳役。以现金抵折劳役的做法在诺曼征服以前似已出现。[②]

第三节　庄园法庭

到目前为止，研究者发现的英格兰最早的庄园法庭记录出现在13

---

① ［英］伊·拉蒙德、W. 坎宁安编：《亨莱的田庄管理》，高小斯译，王翼龙校，商务印书馆1995年版，第86-99页。

② ［英］伊·拉蒙德、W. 坎宁安编：《亨莱的田庄管理》，高小斯译，王翼龙校，商务印书馆1995年版，第8-9页。

世纪30年代和40年代。^①庄园领主把建立起来的庄园法庭作为沟通庄园成员的媒介,以满足庄园中的自由农民越来越多的诉讼要求,同时通过庄园法庭来保证领主对依附农民的领主权。早期庄园法庭的活动似乎没有记录。但到了13世纪,随着全国范围内的法律改革和对地产管理的加强,庄园成文记录发展起来,到13世纪末,庄园法庭制度也迅速成熟。^②这时,庄园领主试图把部分自由佃农的讼案从刚刚出现的王室法庭分离出来,改在庄园法庭进行审理。这样做,既增加了领主的收入,又行使了领主的自治权。此外,13世纪第二个25年关于维兰的普通法的发展,也推动了领主加强档案记录,以便更好地榨取庄园的不自由农民。加强庄园法庭是他们达到这个目的的一种手段。到15世纪以前,任何领主只要拥有足够的佃户,同时有足够的事务需要处理,都可以召集庄园法庭。^③

庄园法庭有的时候在露天召开,有的时候在教区教堂举行,但更多的时候在庄园宅邸的大厅中召开。^④

庄园法庭在理论上说务必每三周召集一次,以便记载佃户承担的劳役。但实际上它常常是每年召集两次。^⑤在一些大庄园,在15世纪以后频繁地召集庄园法庭,但它的事务通常集中在春季和秋季主要的

① Zvi Razi and Richard M. Smith, "The Origins of the English Manor Court Rolls as a Written Record: A Puzzle." in Zvi Razi and Richard M. Smith, (eds.), Medieval Society and the Manor Court. Oxford, Clarendon Press, 1996. pp. 45, 48.

② Mark Bailey, (ed.), The English Manor c. 1200-c. 1500. Manchester U. P., 2002, pp. 168-169.

③ Zvi Razi and Richard M. Smith, (eds.), Medieval Society and the Manor Court. Oxford, Clarendon Press, 1996. pp. 45-48.

④ Mark Bailey, (ed.), The English Manor c. 1200-c. 1500. Manchester U. P., 2002. p. 169.

⑤ C. Howell, Land, Family and Inheritance in Transition: Kibworth Harcourt 1280-1700. Cambridge U. P., 1983. p. 28.

开庭期加以处理。在一些小庄园，因为没有众多的庄园争端需由庄园法庭来审理，所以庄园法庭开庭较少。庄园法庭是以庄园领主的名义召集的，但实际上只有小领主出席庄园法庭。在绝大多数情况下由一名高级地产官员或一名管家负责主持庄园法庭和控制其程序，庄园法庭严格按规则管理，庄园官员和佃户都了解其法律程序。但是，庄园没有正规法官和陪审团。在晚期，由庄园的佃户集体推选出一个陪审团进行审案工作。陪审团宣誓遵守庄园的特别习惯、对领主的义务，以及有关继承不自由持有权的规则等。①

早期庄园法庭审理的案件主要是自由佃户之间的民事诉讼，特别是关于赔偿损失和土地交易方面的民事诉讼。此后，审理的范围很快扩展到调节领主和不自由农民之间关系的诸种事务，对新领主行宣誓效忠礼，记录土地交易，解决财产权的争端，对不顺从的佃户危害领主财产的行为进行起诉，征收如租地继承税等奴役性的租税，选举庄园官员并控制其行为，以及维护庄园习惯。此外，庄园法庭也审理农民之间个人投诉的案件。此后，审理范围扩大到非自由农民之间投诉的案件，诸如债务、侵害土地的事件、损失赔偿、毁谤事件等。有的庄园法庭还根据地方处理农耕事务中产生的争端，惩处那些违犯规则的人，②诸如违反习惯在敞地中进行农耕，让户内垃圾污染道路和河流，侵占公有牧场和荒地的行为。③庄园法庭实际上兼有司法审判和行政管理两种职能。

---

① J. W. Molyneux-Child, The Evolution of the English Manorial System. Lewis，1987. p. 39；Mark Bailey,（ed.），The English Manor c. 1200-c. 1500. Manchester U. P.，2002. p. 170.

② Mark Bailey,（ed.），The English Manor c. 1200-c. 1500. Manchester U. P.，2002. pp. 169-170.

③ J. W. Molyneux-Child, The Evolution of the English Manorial System. Lewis，1987. p. 40.

庄园法庭是一种精巧的制度，不能从现代意义上去理解它的"法庭"职能。梅特兰在率先对庄园法庭案卷调查后得出结论说："它是一种真正的司法审判，一种庄园习惯的管理，它不纯粹是展示作为维兰租佃权所有人和其他维兰所有人的领主的意愿，它对领主权如此行事并非宽容。"梅特兰的意思是说，庄园法庭并非简单、直接地代表领主的意志，而具有某种脱离庄园领主，调节领主与佃户关系的职能。他的这种意见后来并非为所有学者所接受。另一方面，那些庄园民众在参与司法审判时处于相当麻烦的法律地位，因为普通法把他们视为领主的财产，而领主的管家主持着法庭的程序。[1]

庄园法庭的权威有几个历史来源。在诺曼征服以前，君主曾授予地主广泛的对农民的权力，如审判抢劫罪和强奸罪等严重犯罪案件的权力。封建习惯法给予所有庄园领主在尚未组织法庭时审理庄园佃户间争端的权力。[2]

在召集庄园法庭时，通常强制性地要求自由农民出席庄园法庭，但各地庄园的要求稍有差异。[3]

庄园法庭的收入是领主收入的一个重要来源。一个小的世俗庄园法庭每年可收入1英镑上下。有许多庄园法庭年收入可达若干英镑。大庄园如诺福克的格莱森豪尔庄园法庭在1285至1299年间每年收入在30到47英镑之间。[4]随着时间的推移，庄园法庭管辖的事务渐少，其

---

① Lloyd Bonfield, "The Nature of Customary Law in the Manor Courts of Medieval England." in Comparative Studies in Society and History, Vol. 31, 1989. pp. 515–534.

② J. W. Molyneux-Child, The Evolution of the English Manorial System. Lewis, 1987. pp. 39–40.

③ Mark Bailey, (ed.), The English Manor c. 1200–c. 1500. Manchester U. P., 2002. p. 170.

④ Zvi Razi, "Manorial Court Rolls and Local Population: A East Anglia Case Study." Economic History Review, Vol. 40, 1996. pp. 759–762.

收入也相应地减少。例如，15世纪60至70年代，赫福德郡斯坦顿庄园法庭的年收入还不到14世纪时年收入的一半。在伍斯特主教地产上，庄园法庭收入与13世纪90年代大致相当，但到15世纪中叶收入减半，以后到16世纪初，随着入地费的上涨，庄园法庭的收入有所恢复。1419至1420年庄园法庭收入占庄园总收入的6%，1506到1507年这一比例下降为4%。[1]但这种趋势并不统一。在几个诺福克庄园中，布利克林庄园1463至1464年庄园法庭的收入占庄园总收入的13.5%，1471到1472年时为11.2%。赫文罕主教庄园在1462至1463年，庄园法庭收入占庄园总收入的16.6%，1468至1469年时下降为8.2%，但到1532至1533年时又上升到13.6%。萨克斯索普劳恩德霍尔庄园法庭收入占庄园总收入的百分比，在15世纪中叶到16世纪呈上升趋势，1448到1449年占3.7%，1503到1504年占2.9%，1513到1514年占5.6%，1543到1544年占23%。在萨克斯索普米克尔豪尔庄园也有类似的趋势。这个庄园法庭收入占庄园总收入的比例，1440至1441年为11.5%，1549至1550年为7.6%，1570至1571年为13.6%。[2]影响庄园法庭收入的因素也多种多样，例如，庄园是否控制了管辖范围内的司法审判，庄园持有的习惯保有地的数量，以及出租土地收取地租的数额大小等等。但总的说来，到15世纪，庄园法庭的重要性和权力日渐衰落，强制实施庄园法庭的决定也日渐困难。[3]

---

① C. Dyer, Lords and Peasants in a Changing Society, The Estates of the Bishopric of Worcester, 680-1540. Cambridge U. P., 1980. pp. 174-175.

② Jane Whittle, The Development of Agrarian Capitalism: Land and Labour in Norfolk, 1440-1580. Oxford, Clarendon Press, 2000. p. 50. Table2. 2.

③ Mark Bailey, (ed.), The English Manor c. 1200-c. 1500. Manchester U. P., 2002. p. 185.

第四节　庄园个案

我们将按照时间顺序来观察英格兰各地区一些庄园个案，以便具体地了解英格兰的土地关系和经济组织形式。

汉普郡的克劳利庄园是在909年授予温切斯特主教的，赠与是免费的。因此，作为庄园领主的温切斯特主教对国王承担提供60名骑士的义务（有时是40名骑士），以此作为领有汉普郡克劳利庄园的回报。在12世纪时，领主曾用交纳代役租的方式代替服骑士义务。亨利三世（1216—1272）曾授予温切斯特主教彼特·德·罗克斯一系列附带的特权，主教因为领有庄园要承担若干封建义务。[①]

"土地调查册"时期，克劳利庄园有6个维兰、20个奴隶、25个bordar，他们都属于农奴和不自由人，未得到领主同意不得离开庄园，也不得把他们的女儿嫁出去，他们在庄园法庭上只能充当被告的角色。此后，这些人转化为习惯佃户的一部分。13世纪以后，克劳利庄园大约有50名佃户。[②]克劳利庄园的习惯佃户分两类，在南克劳利庄园称雅兰持有者，在北克劳利庄园称法新持有者。前者每人持有16英亩法定土地，后者持有5.5英亩法定土地。雅兰持有者是自由持有地的耕作者，而法新持有者本质上是茅舍农，他们把大部分时间用于

---

① N.S.B. Gras and E.C. Gras, The Economic and Social History of An English Village（Crawley, Hampshire）A. D. 909-1928. Cambridge, Harvard U. P., 1930. p. 53.

② N.S.B. Gras and E.C. Gras, The Economic and Social History of An English Village（Crawley, Hampshire）A. D. 909-1928. Cambridge, Harvard U. P., 1930. p. 48.

为领主服习惯劳役和干法定的重活，每人持有2英亩休耕地和4英亩庄稼地，这些土地生产的谷物尚不足以维持生活。[1]在中世纪的克劳利庄园，没有很多关于自由民的证据。这里有一个教区长是自由民，但他出生于别处，大概是个外来户。持有南克劳利地产的是胡氏，他是领主的审计员，可能是一个自由民。持有克劳利庄园最西端土地的一个佃户是自由人，但情况不详。[2]

关于克劳利庄园领主自营地的耕作和劳役义务问题，在1389到1390年，南克劳利庄园25名佃户中有15人承担犁地义务，但他们没有自己的犁。13世纪以后，克劳利庄园领主土地的犁耕很少由佃户作为一种专门的义务来完成。这些劳作主要是由从北克劳利庄园佃户中招募的耕地人在周日劳作完成，他们没有自己的犁，他们在领主的自营地上犁地是有收入的，领主付给他们赐金作为工资。[3]

在整个中世纪，克劳利庄园农民的保有权分为3类，即实行末子继承制的习惯保有权、租地持有保有权和自由持有保有权。到16世纪，某些习惯保有地被称作公簿持有地，但公簿持有权没有成为克劳利庄园十分重要的保有权类型。[4]

汉普郡克劳利庄园的官员较多。庄园官员中有一批居住在庄园外，他们定期为管理庄园事务来庄园工作。管家代表领主管理庄园，

---

① N.S.B. Gras and E.C. Gras, The Economic and Social History of An English Village（Crawley, Hampshire）A. D. 909-1928. Cambridge, Harvard U. P., 1930. p. 49.

② N.S.B. Gras and E.C. Gras, The Economic and Social History of An English Village（Crawley, Hampshire）A. D. 909-1928. Cambridge, Harvard U. P., 1930. p. 50.

③ N.S.B. Gras and E.C. Gras, The Economic and Social History of An English Village（Crawley, Hampshire）A. D. 909-1928. Cambridge, Harvard U. P., 1930. pp. 39-40.

④ N.S.B. Gras and E.C. Gras, The Economic and Social History of An English Village（Crawley, Hampshire）A. D. 909-1928. Cambridge, Harvard U. P., 1930. pp. 54, 56.

他也住在庄园外，每年两次来庄园召集百户村巡回审判法庭，时间分别在快乐日和秋季的圣马丁节，庄园支付他来庄园的开支，其工资由领主从专门的基金中支出。当时一个管家往往负责几个庄园。管家至少有两种职责，一是在法庭开庭期间到庄园来召集庄园法庭，一是在13和14世纪和执事一同负责庄园的账目，他的工资的一部分由克劳利庄园支付。[1]再一个官员是监督员，其职责不十分明了，可能是监督土地和家畜。庄园还有会计检察官。[2]庄园官员中最重要的是执事，这个官职在尚无记载时便有了，从1208年到19世纪，庄园文件中记载了执事的活动。到近代，执事可能经常由佃户选举产生。他致力于管理庄园，整理账目，通过各种收入来源使庄园利润增加。起初执事同管家共同负责账目，有时则独立负责。1795年圈地以后，执事的作用便不再那么重要。在中世纪，执事持有的土地免交地租，他接受佃户的正规服役。庄园领主一年付给他5先令的工资，加上一只羊羔和一块奶酪。执事是克劳利庄园最有能力的人，他负责庄园的买卖，管理一应事务，并且充当农场管家。15世纪当庄园自营地和牲畜出租时，被克劳利的执事租下了。[3]在15世纪末到16世纪初，克劳利庄园一度还有一个地租征收人，当时这个官员独立于执事。从1466年到19世纪，克劳利庄园有什一税征收员。[4]此外，克劳利庄园还有地位较低

---

① N.S.B. Gras and E.C. Gras, The Economic and Social History of An English Village（Crawley，Hampshire）A. D. 909~1928. Cambridge，Harvard U. P.，1930. p. 22.

Hockday（快乐日，中古时期英国纪念战胜丹麦人的纪念假日。）

② N.S.B. Gras and E.C. Gras, The Economic and Social History of An English Village（Crawley，Hampshire）A. D. 909~1928. Cambridge，Harvard U. P.，1930. p. 23.

③ N.S.B. Gras and E.C. Gras, The Economic and Social History of An English Village（Crawley，Hampshire）A. D. 909~1928 . Cambridge，Harvard U. P.，1930. pp. 23~24.

④ N.S.B. Gras and E.C. Gras, The Economic and Social History of An English Village（Crawley，Hampshire）A. D. 909~1928. Cambridge，Harvard U. P.，1930. p. 24.

的管理人员，如奶场女工、奶酪保管员、啤酒保管员、酒窖保管员、田野谷场保管员、耕夫和铁匠等。①

剑桥郡的奇普纳姆庄园在"土地清查册"时期，庄园有19户维兰，另外还有从事自营地耕作的6名奴隶。②1279年时奇普纳姆庄园有143户佃户，居民人口在650至700人之间。③到13世纪末，在奇普纳姆庄园，自由佃农只占农户很小的比例。自由持有地占庄园可耕地的10%，最大的一块自由持有地为90英亩。庄园领主自营地占可耕地的36%，维兰领有地占可耕地的54%。④

在黑死病爆发之前，这里便已出现居民人口减少的现象。地主经常无法使佃户履行习惯劳役义务，使得土地制度朝着有利于佃户而不利于地主的方向转变。从1381年到1446年，奇普纳姆的习惯保有地都转变为租地保有地，到1433年，持有耕地的佃户都转为通过支付货币地租在数年内持有土地，这些自由持有农都免除了劳役义务。⑤早年一户维兰通常持有15英亩土地。此时庄园法庭在审理出租持有地时，不再阻止在一个佃户手中积聚较多的土地。例如，约翰·伦诺特在1384年持有两块面积为15英亩的土地，1392年他又持有另一块15英亩的租地。1399年，他取得另一块15英亩的租地和一座庭院。到1400年

① N.S.B. Gras and E.C. Gras, The Economic and Social History of An English Village（Crawley, Hampshire）A. D. 909−1928. Cambridge, Harvard U. P., 1930. p. 27.

② Margaret Spufford, A Cambridge Community, Chippenham from Settlement to Enclosure. Leicester U. P., 1965. p. 11.

③ Margaret Spufford, A Cambridge Community, Chippenham from Settlement to Enclosure. Leicester U. P., 1965. p. 15.

④ Margaret Spufford, A Cambridge Community, Chippenham from Settlement to Enclosure. Leicester U. P., 1965. p. 24.

⑤ Margaret Spufford, A Cambridge Community, Chippenham from Settlement to Enclosure. Leicester U. P., 1965. pp. 32−33.

他又增加了15英亩租地。[①]

在1544年对奇普纳姆庄园做调查时，自营地租户托马斯·鲍尔斯已在庄园取得举足轻重的地位。托马斯·鲍尔斯的父亲在1529年获得庄园农场46年的租佃权，他同时还是奇克桑兹格兰奇的农场主。托马斯·鲍尔斯在1544年占有庄园敞地的五分之一。他在16世纪20年代和30年代通过强占或没收占有5个农场，其中两个农场属于自由持有地农场。[②]在奇普纳姆庄园，1554年时共有47户农民，可耕地为2265英亩。其中拥有自由持有保有权的为6户，共持有土地123英亩，公簿持有农41户，共持有土地1276英亩。自营地和高地共780英亩，保有权不明的地产有86英亩。[③]

从1554到1664年间，奇普纳姆庄园上的家庭数增加了20%。与此同时，庄园大部分土地都转变为租佃保有地。在1560年时，奇普纳姆庄园领主拥有1225英亩土地，其中126英亩以租佃持有地出租，另外1099英亩土地为公簿持有地和自由持有地。到1636年时，公簿持有地和自由持有地减少到523英亩，而租佃持有地增加到702英亩，即占先前一半的公簿持有地和自由持有地转变为租佃持有地。[④]它与这个时期英格兰土地制度的一般变化趋势相符。1696年，后来成为奥福德勋爵的爱德华·拉塞尔买下了奇普纳姆庄园余下的500英亩公簿持有地。他把这

---

① Margaret Spufford, A Cambridge Community, Chippenham from Settlement to Enclosure. Leicester U. P., 1965. p. 37.

② Margaret Spufford, A Cambridge Community, Chippenham from Settlement to Enclosure. Leicester U. P., 1965. pp. 38–39.

③ Margaret Spufford, A Cambridge Community, Chippenham from Settlement to Enclosure. Leicester U. P., 1965. p. 40. Table IV, Land Tenure in 1544.

④ Margaret Spufford, A Cambridge Community, Chippenham from Settlement to Enclosure. Leicester U. P., 1965. p. 45.

部分土地租给了57个租户,其中3个约曼承租的农场面积在120至155英亩之间。^①到1712年,拥有奇普纳姆庄园土地的为18人,其中5人仅持有数英亩土地,另有26个家庭没有持有任何土地,而租地农场规模大大增加。有3个人每人持有的农场面积在290英亩以上。^②

格雷森豪尔是一个以单独的村庄为基础的庄园。它位于诺福克郡的中心地带,属于朗迪奇百户村,是这个百户村中最重要的庄园。在13世纪,格雷森豪尔先后被斯图特韦尔和福利奥特家族拥有,温德林修道院和卡斯尔·艾克里小修道院在格雷森豪尔也拥有小块土地。^③斯图特韦尔—福利奥特家族在格雷森豪尔庄园除牧场外共拥有1038英亩土地,包括6英亩自营地上的宅院,192英亩自营耕地,160英亩林地,12英亩草地和668英亩佃户租种的土地,此外,还有荒地和共有地。^④

1282年时,格雷森豪尔的土地持有者当中,有8名自由持有农。其中,韦林·德·赫福德持有包括宅院的40英亩土地,其余的自由佃农分别持有12英亩、6英亩、2英亩、0.25英亩、一座宅院和一座茅舍。自由佃户平均每户持有12.5英亩土地。福利奥特的契据上提到两个自由佃户的姓名,他们是韦林·德·赫福德赫和亚历山大·德·格雷森

---

① Margaret Spufford, A Cambridge Community, Chippenham from Settlement to Enclosure. Leicester U. P., 1965. p. 46.

② Margaret Spufford, A Cambridge Community, Chippenham from Settlement to Enclosure. Leicester U. P., 1965. p. 48.

③ P. D. A. Harvey, (ed.), The Peasant Land Market in Medieval England. Oxford, Clarendon Press, 1984. p. 35.

④ P. D. A. Harvey, (ed.), The Peasant Land Market in Medieval England. Oxford, Clarendon Press, 1984. p. 36.

豪尔。①除自由持有农外，有99名持有者，共持有土地560.25英亩。除了标准的持有土地的维兰外，余下87户非自由持有农共持有土地324.25英亩，平均每户持有土地不到3.75英亩。绝大多数持有土地在0.5英亩以下的人，实际上只拥有茅舍，没有附带任何可耕地。其他非自由持有农每人分别持有4英亩、6英亩、8英亩或12英亩土地不等。②格雷森豪尔庄园提供了最早的关于24英亩持有者的证据和佃户的名录。根据1299年的调查，有10户维兰，每户持有24英亩土地和一个标准的宅院。每个维兰都承担相同的义务，包括为领主锄草松土3天、割草3天、秋季劳作36天、犁1英亩地、用大车施肥，交纳1只火腿、5个鸡蛋、1只阉鸡、2蒲式耳燕麦。这在当时是很重的负担。这种情况一直持续到15世纪。③在1343年的租佃册上，标准的维兰租佃者是10户。④

因为在格雷森豪尔地区共有8个庄园，所以在13世纪所需庄园官员人数较多。在大多数年份，每年选举5个官员：1名执事、3名家畜围篱管理员和1名地租征收人。到了14世纪中叶，根据1343年的租地面积来摊派庄园官员，凡一块租用地或几块租用地的面积达到18英亩或36英亩便可出任执事，租用地面积达到9英亩便可出任家畜围篱管理员。⑤

在格雷森豪尔，一些佃户在持有可耕地的同时，还持有林地。若

---

① Janet Williamson, "Norfolk：Thirteenth Century." in P. D. A. Harvey, （ed.）, The Peasant Land Market in Medieval England. Oxford, Clarendon Press, 1984. pp. 37-38.

② Janet Williamson, "Norfolk：Thirteenth Century." in P. D. A. Harvey, （ed.）, The Peasant Land Market in Medieval England. Oxford, Clarendon Press, 1984. p. 37.

③ Janet Williamson, "Norfolk：Thirteenth Century." in P. D. A. Harvey, （ed.）, The Peasant Land Market in Medieval England. Oxford, Clarendon Press, 1984. p. 36.

④ Janet Williamson, "Norfolk：Thirteenth Century." in P. D. A. Harvey, （ed.）, The Peasant Land Market in Medieval England. Oxford, Clarendon Press, 1984. p. 36.

⑤ Janet Williamson, "Norfolk：Thirteenth Century." in P. D. A. Harvey, （ed.）, The Peasant Land Market in Medieval England. Oxford, Clarendon Press, 1984. pp. 52-53.

干佃户共同拥有一座磨坊,甚至有48户佃户共同拥有一座磨坊的例子。格雷森豪尔所有的佃户共同拥有从赫福德的韦林的磨坊到沃尔特之子拉尔夫的房舍之间河道中捕鱼的权利,但猎野兔的权利则为庄园领主独占。[①]

马撒姆庄园位于诺福克郡大雅茅斯西北8英里的一个村庄。马撒姆由东、西弗莱格两个百户村组成,这里地势较低,土壤肥沃,很少林地。资料表明,早在11世纪,马撒姆便是一个人口众多的村庄,有着众多的大小土地所有者。长期以来马撒姆和周围村庄的地主和佃户之间进行着土地馈赠、出租、出售和交换,使得13世纪末马撒姆的土地持有结构极为复杂。[②]1292年的调查表明,马撒姆庄园有107个租佃持有者。老的佃户持有地分两类,一类是维兰持有地,一类是实行无兵役租佃制土地。佃户持有的土地中混杂着这两类土地。[③]

1300至1500年间,康沃尔公爵领地共有17个庄园。这些庄园的结构与英格兰其他地方的庄园有很大的不同。这里的佃户不是分成自由佃户、维兰和茅舍农三类,而是分成自由佃户、协定佃户和维兰三类。[④]1337年,在康沃尔领地的17个庄园中大约有800名协定佃户,这个数字相当于这些庄园中自由佃户的3倍和维兰的10倍以上。协定佃户的地租比自由佃户和维兰的地租多6倍。协定租佃保有权在许多

① Janet Williamson, "Norfolk: Thirteenth Century." in P. D. A. Harvey, (ed.), The Peasant Land Market in Medieval England. Oxford, Clarendon Press, 1984. p. 55.

② Janet Williamson, "Norfolk: Thirteenth Century." in P. D. A. Harvey, (ed.), The Peasant Land Market in Medieval England. Oxford, Clarendon Press, 1984. pp. 61-62.

③ Janet Williamson, "Norfolk: Thirteenth Century." in P. D. A. Harvey, (ed.), The Peasant Land Market in Medieval England. Oxford, Clarendon Press, 1984. p. 63.

④ John Hatcher, Rural Economy and Society in the Duchy of Cornwall 1300-1500. Cambridge U. P., 1970. p. 52.

方面与通常的租借保有权相似。协定佃户在身份上可以是自由人也可以不是自由人。协定佃户与领主的关系要通过二者达成的契约来确定。例如，公爵要同意转让一块持有地或一座磨坊，而佃户则要同意支付一笔钱并且要履行某些特别的义务。在做法上，公爵要在法庭上完成出租手续，法庭在每个庄园7年租约到期前几个月召开。出租土地的价格由年地租和更新契约的地租构成，这两种租额原则上是可变化的，由公爵的官员和佃户双方决定。但在实践中年地租保持固定，更新契约的地租则不断修订，在7年租期的前6年按年缴纳。[①]在黑死病发生前，领主接受新佃户时，佃户要在庄园行效忠宣誓礼。公爵的下属官员在佃户行为不当或不具有佃户能力时可拒绝更新佃户的租佃权。协定佃户的租佃权不得超过其租佃期限，并且不得要求延长或更新租佃权。[②]如果一个佃户希望在租佃期未满时转让其持有地，他得找一个能为公爵接受的接替他的佃户，新来的佃户须付一笔不大的入地费，通常是8便士或12便士。[③]

在康沃尔公爵的庄园中，自由持有地在所有土地中约占三分之一。自由持有农作为一个佃户集团，由身份和财富都不同的人构成，其中既有卑微的农民农场主，也有小贵族。绝大多数自由持有农是富裕的农民，他们拥有的土地从50英亩、100英亩到600英亩或更多。他们的地租率不一致，但一般说来很低，通常持有60英亩土地交纳2先

[①] John Hatcher, Rural Economy and Society in the Duchy of Cornwall 1300–1500. Cambridge U. P., 1970. pp. 53–54.

[②] John Hatcher, Rural Economy and Society in the Duchy of Cornwall 1300–1500. Cambridge U. P., 1970. p. 55.

[③] John Hatcher, Rural Economy and Society in the Duchy of Cornwall 1300–1500. Cambridge U. P., 1970. p. 58.

令或3先令地租。此外，有的佃户直接从公爵处持有大片租地，只交纳微乎其微的地租。例如，威廉·丹尼塞克持有超过700英亩土地，还持有磨坊、摆渡权、捕鱼权等，每年只交纳地租37先令7便士。自由持有农要交纳货币地租，在每年的4个季节按比例交纳。佃户死后要交纳给领主12先令6便士，而继承其租地的下一个佃户在行臣从宣誓礼后，进入租地前，还要交纳一笔不大的"答谢金"。如果佃户没有继承人或继承人未到成年年龄，持有地要归还公爵。[1]

康沃尔公爵领地上的维兰是很典型的，他们世袭地被束缚在土地上，交纳固定的地租。改变维兰的地租的权力归领主。随着维兰家族的消失，领地上的维兰数量不断减少，公爵也不再设立新的维兰。1348至1349年的黑死病造成前所未有的死亡率，维兰人数大大减少。例如，在克利姆斯兰德庄园，1347年有19名维兰，1356年下降为13人，1364年下降为12人。到15世纪，维兰持有地与协定租佃地的价格已没有什么差别，1406年征税是最后一次对维兰佃户和协定佃户实行区别征税。此后，似乎维兰制在这里就被取消了。[2]

在14世纪到15世纪的伯克郡，庄园领主制经济中出现的抵偿劳役和出租自营地的新现象深刻地影响到依附于领主的农民的经济活动。在布赖特沃尔庄园，黑死病造成的人口减少一度增加了雇佣劳动力的比例。在伍尔斯顿庄园，黑死病导致了从劳役地租向货币地租的转变。在科尔斯希尔庄园，在1385年到1421年，劳役最终用货币折

① John Hatcher, Rural Economy and Society in the Duchy of Cornwall 1300-1500. Cambridge U. P., 1970. pp. 59-60.

② John Hatcher, Rural Economy and Society in the Duchy of Cornwall 1300-1500. Cambridge U. P., 1970. pp. 61-62.

算。①伯克郡和其他郡一样，最迟到14世纪中叶，劳役制已最终被废除。关于庄园领主自营地开始出租的时间，在科尔斯希尔庄园是在1422年，在伊斯特洛普庄园是1423年，在伍尔斯特庄园是1423年，在布赖特沃尔顿庄园是1428年，在索特韦尔斯托纳庄园是1430年，在南莫尔顿庄园是1452年，在麦克尼庄园是1471年，在英格尔菲尔德庄园是1486至1487年，在莱特库姆比里季斯庄园，早在13世纪便把自营地作为一个农场租给一批农民。大约在14世纪中叶，伯克郡庄园的大量自营地就被租出去了。②

在布赖特沃尔顿庄园，1284年的习惯法把该庄园的佃户分成几类：自由持有佃户、威尔格佃户、持有半威尔格土地的茅舍农、交纳货币地租而持有开垦土地的人等。这些佃户中有4个自由持有农（其中有1名教区长）、8名威尔格佃户和两群各持有1威尔格土地的继承人、17名持有半威尔格土地者或茅舍农、11名只持有在丛林中开垦的土地的农民、4名其他类型的茅舍农、5名持有原属于沃林福德的理查德的租地的佃户。黑死病使该庄园的人口减少。到15世纪初年，有案可查的佃户减少为29人，对土地的占有发生两极分化。③在13世纪后期到黑死病发生的这一段时期，对土地的需求迫切，入地费也较高。1281年到1344年间入地费平均为1英镑6先令8便士，佃户甚至有愿意出3英镑6先令8便士的入地费以取得租地的。而黑死病导致的人口减

① Rosamond Faith, "Berkshire: Fourteenth and Fifteenth." in P. D. A. Harvey, (ed.), The Peasant Land Market in Medieval England. Oxford, Clarendon Press, 1984. pp. 108-109.

② Rosamond Faith, "Berkshire: Fourteenth and Fifteenth." in P. D. A. Harvey, (ed.), The Peasant Land Market in Medieval England. Oxford, Clarendon Press, 1984. p. 109.

③ Rosamond Faith, "Berkshire: Fourteenth and Fifteenth." in P. D. A. Harvey, (ed.), The Peasant Land Market in Medieval England. Oxford, Clarendon Press, 1984. pp. 131-132.

少改变了这种形势，从1348年到1407年，入地费平均为16先令。①在1394到1395年间土地大量转手。在布赖特沃尔顿庄园，在1333年以后有出租土地7到12年的例子，最普遍的是出租10年。出租土地以终生为限的第一个例子在1301年出现。从1339年起，出租期长达一两代人的便很常见。在1380和1407年出现租期为3代人的例子。世袭保有权这个词于1302年在布赖特沃尔顿庄园出现，而在1348年以后发现相关例证。当然，佃户取得世袭保有权要付出更大的代价。②到15世纪，尽管大量土地是非法转手的，但庄园法庭停止实施领主的惩戒做法，为土地的市场流动提供一种方便机制。③

伍尔斯特庄园是伯克郡的另一个庄园。根据1221年的《习俗志》，伍尔斯特庄园的佃户为53人。他们中最富有的人拥有10威尔格土地，其余的佃户几乎每人持有相等大小的土地，即20英亩可耕地和7英亩山地牧场。庄园有30名茅舍农，各持有10英亩可耕地和0.5到1.5英亩的牧场。还有10名"小茅舍农"，各持有一个小庭院和不到1英亩的零星土地。此外，庄园还有3个磨坊主。如果把1349年土地持有者人数与1221年土地持有者人数做一比较，可以看出，土地持有者有四分之一死亡或迁居他处，而无地人数增加。1352年有13块面积为半威尔格的土地因为持有者得流行病致死而交还领主，此后，这13块地中有10块分割开来为2名或更多的佃户耕种。一份残存的1434年关于

① Rosamond Faith, "Berkshire: Fourteenth and Fifteenth." in P. D. A. Harvey, (ed.), The Peasant Land Market in Medieval England. Oxford, Clarendon Press, 1984. p. 132.

② Rosamond Faith, "Berkshire: Fourteenth and Fifteenth." in P. D. A. Harvey, (ed.), The Peasant Land Market in Medieval England. Oxford, Clarendon Press, 1984. p. 133.

③ Rosamond Faith, "Berkshire: Fourteenth and Fifteenth." in P. D. A. Harvey, (ed.), The Peasant Land Market in Medieval England. Oxford, Clarendon Press, 1984. p. 134.

佃户劳役折算的表格说明，持有土地的人数已急剧下降。[①]新的佃户只愿意按照有利于自己的条件承租土地，他们只愿交纳货币地租而不愿承担劳役。[②]黑死病是变化的一个重要转折点。在黑死病以后，庄园领主采取分割持有地并折算劳役的方法，以招募佃户。[③]在这个时期，如果佃户希望获得一块完整的新持有地，以较低的价格便可轻易从领主处租得。入地费一度急剧下降。在1308到1348年，绝大多数年份入地费超过13先令4便士。而从1348到1390年，只有4年的入地费达到这个标准。在15世纪，领主手中没有保留很多租地，许多土地以小块的形式出租。[④]

在南莫尔顿庄园，14世纪从维兰制向其他保有权形式的转变非常明显。1361年4名佃户来到庄园法庭，支付了直至1英镑的更新租契的地租，将自己的持有地从维兰制中解放出来，取得了终身租佃权，但这不等于赎买劳役义务，因为关于保有权改变的文件提到，"他将每天牵领主的犁"。这时，公簿持有制看来已经在这个庄园建立起来。有两例"根据成文的协议"持有土地的记载，这可能指的是有证书为凭据的自由保有权。14世纪80年代有与公簿持有制相近的签订成文协议的例子。如罗杰·布朗宁和他的妻子在1384年取得一块持有地，他们同意"按照契约"支付租地继承税，在同一个庄园法庭的文件中出

---

① Rosamond Faith, "Berkshire: Fourteenth and Fifteenth." in P. D. A. Harvey, (ed.), The Peasant Land Market in Medieval England. Oxford, Clarendon Press, 1984. pp. 122–123.

② Rosamond Faith, "Berkshire: Fourteenth and Fifteenth." in P. D. A. Harvey, (ed.), The Peasant Land Market in Medieval England. Oxford, Clarendon Press, 1984. p. 124.

③ Rosamond Faith, "Berkshire: Fourteenth and Fifteenth." in P. D. A. Harvey, (ed.), The Peasant Land Market in Medieval England. Oxford, Clarendon Press, 1984. p. 127.

④ Rosamond Faith, "Berkshire: Fourteenth and Fifteenth." in P. D. A. Harvey, (ed.), The Peasant Land Market in Medieval England. Oxford, Clarendon Press, 1984. p. 116.

现了3例这种表述。此外，1387年在庄园法庭建立长期租借权时，出现了两次这种表述。这种为承租土地支付租地继承税的做法，本质上完全不同于维兰制土地保有权。到15世纪30年代，公簿持有制已成为南莫尔顿庄园占主导的土地保有权形式，按照契约规定支付租地继承税已很普遍。例如1437年约翰·科特韦尔和妻子、儿子取得了在三代人期间租种1威尔格土地的权利，双方达成协议，领主只有在他们最后一个继承人死后，才能收取租地继承税。[1]但是，在南莫尔顿庄园，对公簿持有农法律上的保护并不意味着他们在经济上有保障。例如，15世纪30年代有5个佃农取得公簿持有权或长期租佃权，但到1501年时，他们或他们的继承人都不再持有原有的土地，他们中唯一的后人理查德·泰勒则沦为一个茅舍农。[2]

索特韦尔斯托纳庄园留下了这个时期租佃权的若干资料。这个庄园的佃户努力争取终身租借权和购买继承权，他们为此愿意付出一大笔钱。在12户佃户中有7户取得了为期三代人的租佃权。这个庄园的案卷记载了两起购买继承权的例子。一例是1422年理查德·斯莱德死后，他的寡妻放弃了对于丈夫土地的权利，于是他的母亲接受了继承权，并把它给了另一个儿子、儿媳妇和孙子。再一个例子是沃德的约翰接受了大片土地"以及继承权，给了他的妻子和儿子"。这些土地的保有权与终身租地保有权没有什么差别。关于公簿持有制的出现，这个庄园有两则引人注意的资料。一是在1422年，约翰·贝利与托马斯·多格特的寡妻结婚时，向庄园法庭出示了一

---

① Rosamond Faith, "Berkshire: Fourteenth and Fifteenth." in P. D. A. Harvey, (ed.), The Peasant Land Market in Medieval England. Oxford, Clarendon Press, 1984. p. 138.

② Rosamond Faith, "Berkshire: Fourteenth and Fifteenth." in P. D. A. Harvey, (ed.), The Peasant Land Market in Medieval England. Oxford, Clarendon Press, 1984. p. 139.

个副本，表明多格特和他的遗孀对持有地的权利。1433年在一个佃户死后，约翰·波普出示了一个文件的副本，表明他先前已被授予这个死去的佃户的土地或继承权。[①]一份关于在索特韦尔和沃特库姆比公簿持有农的名单，给出的9户佃户取得副本的时间都不早于亨利七世在位时期。尽管如此，上述材料表明，公簿持有保有权在索特韦尔斯托纳庄园出现较早。[②]

在伊斯特洛普庄园，1473年的租册上写有38名佃户的姓名，其中12人是习惯佃农，26人是自由佃农。在12名习惯佃农中，5人是小土地持有者，4人持有2威尔格土地，2人持有更多的土地，剩下1人持有多少土地未见说明。租册中对这里的自由佃农语焉不详。他们中有几个人持有的土地还不到半威尔格。有一个佃农持有1座宅院、2座茅舍和3威尔格土地。村庄中最重要的自由持有地是曼德维尔兹和亨格福特考特，这两处土地在1473年尚为习惯佃户持有地，但它们并非起源于维兰土地。亨格福特考特地块恐怕来自亨格福特的庄园领主，在1467年有7威尔格土地和广泛的放牧权。曼德维尔地块恐怕是从庄园自营地发展起来的。[③]在伊斯特洛普庄园，公簿持有制也逐渐发展起来。这里和南莫尔顿庄园一样，公簿持有制看来起源于关于租用地应付多少租地继承税的成文协议。自由持有地可以出售或出租，农民之间许多土地交易在庄园法庭外进行，土地的二次出租很普遍。1473年

---

① Rosamond Faith, "Berkshire: Fourteenth and Fifteenth." in P. D. A. Harvey, (ed.), The Peasant Land Market in Medieval England. Oxford, Clarendon Press, 1984. p. 141.

② Rosamond Faith, "Berkshire: Fourteenth and Fifteenth." in P. D. A. Harvey, (ed.), The Peasant Land Market in Medieval England. Oxford, Clarendon Press, 1984. p. 140.

③ Rosamond Faith, "Berkshire: Fourteenth and Fifteenth." in P. D. A. Harvey, (ed.), The Peasant Land Market in Medieval England. Oxford, Clarendon Press, 1984. pp. 146-147.

的地租册表明，允许11名自由佃户被允许再出租他们的持有地。①

15世纪在贝德福郡有300至400个庄园。格雷庄园是布伦汉教区3个庄园之一，它占有布伦汉教区三分之一至五分之二的土地。它有225英亩自营可耕地、66英亩教区长圣职领耕地和680英亩由佃户持有的可耕地。此外还有由佃户和领主共同使用的100多英亩草地和牧场。庄园总面积超过1100英亩，可耕地分布在3大块敞地之间，各种自由持有农的持有地并不大。②1457年的地租簿开列了该庄园的65名佃户，其中41名佃户持有习惯租地，20名佃户持有自由持有地，另有4名佃户耕种部分自营地，此外在庄园中不再持有其他土地。若干习惯佃户也持有一点自由持有地和自营地。这个庄园中自由佃户和习惯佃户的差别甚大，自由持有农持有土地只要付很少的钱。③1471年，肯特伯爵埃德蒙·格雷"强烈地重申他对于布伦汉的佃户的领主权"，实行了许可证制度，对这个庄园的佃户提出了特别的要求，试图把转让习惯租地的程序法典化。佃户在某些条件下被授予让渡土地的充分自由，租地可以整个出售或出租。但是，当佃户在转让他的部分持有地时，出售半威尔格（14英亩）土地，要交出不多于8英亩土地；出售7英亩土地时，要交出4英亩。新佃户交纳的入地费为每英亩6便士，低草地为每英亩20便士，还要向出售房舍的佃户征收特别罚金。这项许可证制度表明，领主承认在佃户中已发展起来的土地自由

---

① Rosamond Faith, "Berkshire: Fourteenth and Fifteenth." in P. D. A. Harvey, (ed.), The Peasant Land Market in Medieval England. Oxford, Clarendon Press, 1984. p. 148.

② Andrew Jones, "Bedfordshire: Fifteenth Century." in P. D. A. Harvey, (ed.), The Peasant Land Market in Medieval England. Oxford, Clarendon Press, 1984. pp. 195–196.

③ Andrew Jones, "Bedfordshire: Fifteenth Century." in P. D. A. Harvey, (ed.), The Peasant Land Market in Medieval England. Oxford, Clarendon Press, 1984. p. 197.

市场，但同时他又想控制土地的流动。[1]

莱顿巴札德庄园位于贝德福郡奇尔特恩的北部。这个庄园离伦敦的距离只有30多英里，所以伦敦的商人纷纷来这里买地。1460年，伦敦的杂货商理查德·黑尔在莱顿巴札德庄园买下土地，后把买下的地产授予他的女儿玛格丽特。此后，他又将土地出售给商人约翰·切斯特。1502年，伦敦杂货商威廉·博德利在这里买下一所宅院和园地。1505年，伦敦金匠罗伯特·阿马达斯和尼古拉·沃利在这里买下一座宅院，伦敦绸布商约翰·桑德斯和另一个伦敦商人也在这个庄园地产上投资。1508年，另一个绸布商乔治·莫诺在莱顿巴札德买下一座宅院和40英亩土地。[2]在莱顿巴札德庄园，土地交易在15世纪后期已非常频繁。1464年到1508年共进行土地交易907起，其中604起属于佃户的财产转到别的家庭，有221起的土地转手属于家庭内部继承安排，有13起属于佃户死后无继承人，而向家庭外转手。[3]总的说来，在1464到1508年，莱顿巴札德庄园的土地交易规模都不大，但有15%到20%的地产交易面积在10英亩以上。

莱顿巴札德庄园遗留下来的资料表明，在这个土地转手非常频繁的时期，庄园土地的入地费比较稳定，其征收标准也不高。在1464到1508年61例土地转手中，有23例特别租费有所上涨，但很多转手时收取的特别租费上涨很少，有22例土地转手的特别租费保持不变，有

① Andrew Jones, "Bedfordshire: Fifteenth Century." in P. D. A. Harvey, (ed.), The Peasant Land Market in Medieval England. Oxford, Clarendon Press, 1984. p. 198.

② Andrew Jones, "Bedfordshire: Fifteenth Century." in P. D. A. Harvey, (ed.), The Peasant Land Market in Medieval England. Oxford, Clarendon Press, 1984. pp. 234-235.

③ Andrew Jones, "Bedfordshire: Fifteenth Century." in P. D. A. Harvey, (ed.), The Peasant Land Market in Medieval England. Oxford, Clarendon Press, 1984. p. 237.

16例特别租费下降了。从入地费交纳标准来看，0.5英亩大小的土地1393到1398年时入地费为4至6便士；1英亩大小的土地，1393到1398年时入地费为8到10便士；3英亩大小的土地，在1393到1398年时入地费为2先令，1464到1469年时入地费为2先令，1490至1508年时入地费为1先令3便士。[①]

第五节　庄园土地和农民的流动

尽管庄园是英国封建社会乡村基本的组织单位，庄园领主制对于各种农民起着一定的制约和束缚作用，庄园大体上是自成一体的经济组织，但是，庄园土地的转手流动已经发生，商品货币关系已在成长。从13世纪开始，农民已积极地进入土地市场，成为地方经济舞台上一个重要的组成部分。农民为了取得货币以满足领主对购买商品的需要，被迫展开市场活动，为领主争取利润。[②]14世纪庄园缺少投资是一个公认的事实，所以许多庄园采取措施吸收富裕的农民进入。拉姆西修道院地产吸收富有的佃农进入，原因就是要吸收他们的资本作为来源。[③]拥有资本使得习惯佃农取得一种经济身份，这种身份被认

---

① Andrew Jones, "Bedfordshire: Fifteenth Century." in P. D. A. Harvey, (ed.), The Peasant Land Market in Medieval England. Oxford, Clarendon Press, 1984. p. 245, Table XI. Entry Fines at Leighton Buzard, 1393-1508.

② J. A. Raftis, Peasant Economic Development within the English Manorial System. McGill-Queen's University Press, 1996. pp. 4-5.

③ J. A. Raftis, Peasant Economic Development within the English Manorial System. McGill-Queen's University Press, 1996. p. 8.

为是维持庄园制度最重要的因素。拉姆齐的领主有效地管理了圣埃夫斯这个国际性的集市，他们了解到鼓励经济繁荣而不是阻挠经济繁荣可使他们更多地获利。资料表明，一些庄园已有一定的资本基础。关于拉姆齐修道院附近地区村庄的地方案卷表明，在厄普伍德村，1290年时这个村庄征集到的资金盈余为206英镑9先令7便士，其中将近60%（98英镑14先令1便士）属于村民。在维斯托，未列出领主应纳税的商品，而村民有111英镑13先令的剩余财富需纳税。①这些材料表明，在庄园经济中，农民经济也发展起来了。

到13世纪末，庄园土地的流动已非常活跃，当时在庄园法庭进行公开的土地转手。这种在庄园法庭进行的公开的土地转手比起私下进行的土地交易更为安全。当两个佃户之间地契的转让得到领主许可后，土地使用条件和期限便被记录在庄园法庭的簿册上，任何一方在发生争议时都可以查阅这个记录。庄园法庭日渐成为记录土地转手的机构。②中世纪英国庄园土地的转手，是在封建法律的框架下进行的。当时的法律理论只承认"授予"和"让渡"土地，而不承认也不提及"出售"和"购买"，但事实上土地出售非常普遍。例如，文件中有这样的话："罗哲·斯宾塞前来让渡一所宅院和维尔格（土地）的用益权给威廉·杰弗里斯，而威廉接受了它。"而这种套话也用于农民长期租借地的交易。③

---

① J. A. Raftis, Peasant Economic Development within the English Manorial System. McGill-Queen's University Press, 1996. p. 13.

② P. D. A. Harvey, (ed.), The Peasant Land Market in Medieval England. Oxford, Clarendon Press, 1984. p. 111.

③ P. D. A. Harvey, (ed.), The Peasant Land Market in Medieval England. Oxford, Clarendon Press, 1984. p. 113.

13世纪后期，马撒姆的庄园案卷记载了佃户之间大量的租地转手。1290至1292年在5个庄园法庭记载了37起租地转手，1291年至1292年记载了34起土地转手，1299年至1300年在4个庄园法庭中有21起租地转手发生。出售是佃户之间土地转手的通常形式。在马撒姆，所有的无兵役租佃制土地都可以自由转手，只有维兰持有地的转手要通过领主的庄园法庭。[①]格雷森豪尔到13世纪末土地市场已相当活跃。1283年到1284年间，法庭记载下了103起土地交易。交易的土地面积从八分之一"鲁德"到整个租用地，平均每次交易的土地不到0.5英亩。[②]

希林顿庄园是拉姆齐修道院在贝德福郡的四个庄园之一。这个庄园的佃户在15世纪频繁地进行土地交易。例如佃户约翰·沃德在1406到1450年积极地从事土地交易，他买进土地，又把它卖出去，共进行了13次土地交易。他在1426年积聚了4威尔格和12英亩零散的土地。为积聚这些土地，他付出的特别租费便达5英镑以上，他为此不知疲倦地讨价还价。[③]在阿尔希伯里庄园，从1377到1536年，共进行了747起习惯土地和其他地产的转手。其中，家庭内部在人的一生时间里进行土地转手共71次；家族内部在人死后进行的土地转手为161起；家庭在人活着时向外部的土地转手为48起；家庭在人死后向外部的土地

---

① P. D. A. Harvey, (ed.), The Peasant Land Market in Medieval England. Oxford, Clarendon Press, 1984. p. 76.

② P. D. A. Harvey, (ed.), The Peasant Land Market in Medieval England. Oxford, Clarendon Press, 1984. p. 41.

③ Andrew Jones. "Bedfordshire: Fifteenth Century." in P. D. A. Harvey, (ed.), The Peasant Land Market in Medieval England. Oxford, Clarendon Press, 1984. pp. 205, 210−211.

转手为34起。①需要说明的是，在上述土地转手中，转手土地的面积不大，有75%的转手土地面积在10英亩以下，有50%的转手面积小于2.5英亩。②

到14世纪的第二个25年，对于离家的农民采取了发放许可证的做法。对那些非主要继承人的人士和选择离开自己家所在庄园的农民，发放迁移的许可证。一些庄园主持一种错误的估计，他们认为维兰会回到原先的庄园占有土地，然后谋求解放。事实并非这样，维兰离开后，他们的财产被剥夺得干干净净，他们也割断了和出生庄园的一切联系。③

从14世纪末开始，在阿博特利普顿的各大村庄，乡村各阶层的流动迅速加强。到15世纪中叶，庄园法庭的案卷和账册表明，5个村庄中有292个以上的农民迁移出去，有的经过许可，有的未经许可。他们移居的地方多达82处。移民的去处集中在城市。其中13人去了伦敦，去拉姆西修道院地产的有30人，去亨廷顿的为12人，去圣埃弗斯的为10人，去戈德曼彻斯特的为6人，去伊利的为5人，去金斯林的为7人，去雷斯特林沃斯的为8人。还有一批移民去了离自己家庭所在的村庄仅有几英里的地方。④尽管庄园对农民的流动存在着限制，农民的流动还是加强了。

在英格兰庄园制存在的时期，尚有一部分农民不属于庄园。

---

① Andrew Jones, "Bedfordshire: Fifteenth Century." in P. D. A. Harvey, (ed.), The Peasant Land Market in Medieval England. Oxford: Clarendon Press, 1984. pp. 216–217. Table X, Transfers of Customary Land and Other Property on Arlesey Bury Manor 1377–1536.

② P. D. A. Harvey, (ed.), The Peasant Land Market in Medieval England. Oxford, Clarendon Press, 1984. p. 217.

③ J. A. Raftis, Peasant Economic Development within the English Manorial System. MeGill-Queen's University Press, 1996. pp. 115–116.

④ J. A. Raftis, Peasant Economic Development within the English Manorial System. MeGill-Queen's University Press, 1996. p. 99.

1086年时，不属于庄园的农民占6%，有6000人。1279年时这部分人占农民的10%，约为42000人。1540到1567年，这部分农民占11%—12%，约为30800人至36000人。1600至1610年，这部分农民占35%，约为1312500人。1620到1640年，这部分农民占40%，为1800000人到2200000人。[①] 拉赫曼认为，他们大抵属于无地农民。

① Richard Lachmann, From Manor to Market: Structural Change in England, 1536-1640. University of Wisconsin Press, 1987. p. 129. Table 6. 1.

第四章
租地农场的出现

在英格兰，领主出租自营地的做法很早就出现了。罗杰斯曾强调，出租自营地是中古后期英格兰土地经济的核心。但是，罗杰斯认为造成自营地出租的原因是黑死病的发生。[1]晚近的研究著作修正了罗杰斯关于这一历史现象起始时间的看法。学者们认为领主自营地的出租是一个长期形成的过程，它在13世纪末以前就已经开始了。[2]

早在12世纪和13世纪，在英格兰大地产的发展过程中，地主开始减少他们持有的自营地，把一部分自营地出租通过取得佃户交纳的地租来抵付封建义务或完全为自己所用。领主把出租其地产作为增加收入的一种手段。[3]因此，在12世纪到13世纪，领主自营地的面积明显缩小了。例如，在伍斯特主教管区，自营地产的畦数从1086年的71畦

① J. E. Thorold Rogers, A History of Agriculture and Prices in England: from the Year After the Oxford Parliament (1259) to the Commencement of the Continental War (1793). Vol. I. Oxford, 1886. p. 677.

② Barbara Harvey, "The Leasing of the Abbot of Westminster's Demesnes in the Later Middle Ages." The Economic History Review, 2nd. ser., Vol. 22, no. 1, April, 1969. p. 17.

③ Christine Carpenter, Locality and Polity: A Study of Warwickshire Landed Society, 1401–1499. Cambridge University Press, 1992. p. 51.

下降到13世纪90年代前后的65畦。① 从1086到1350年，伍斯特郡的佃户人数有较大增长。在伍斯特郡北部的阿尔夫丘奇和汉伯里庄园，佃户人数分别增加了108%和45%，而其他庄园佃户人数的增长率在13%和64%之间。在伍斯特郡，佃户的增加并无地区间差别，这些佃户是目睹租佃制的发展而从外地迁来的。②在伍斯特主教管区，许多自营地出租的比例很大，大面积的自营地连同其上的房屋一同出租。租地的租期也在延长。在15世纪初期，租地租期很少在20年以上，一般不到10年。到15世纪中期，租期延长到20年、40年或更长。到16世纪初期，租期为50年或60年的情况非常普遍，更常见的租期为70年、80年或90年，但终身出租却不多见。租期拉长使得土地对佃户的吸引力大大增加。租地的地租在15世纪初有所下降，15世纪中叶稍有上升，以后保持稳定。③

威斯敏斯特修道院院长的地产分散在伦敦附近的各郡，如伍斯特郡、格洛斯特郡、牛津郡和白金汉郡等地。1300年以后不久，威斯敏斯特修道院院长便开始把一些庄园自营地出租。而到14世纪下半叶，出租规模进一步扩大，这个时期，自营地的牧场通常与可耕地一同出租。蔡斯莱庄园的自营地在1358到1361年间出租，以后10年又加以收回。在15世纪蔡斯莱庄园自营地共出租了50年。④托顿汉庄园的自营

① C. Dyer, Lords and Peasants in a Changing Society, The Estates of the Bishopric of Worcester, 680-1540. Cambridge University Press, 1980. p. 61.

② C. Dyer, Lords and Peasants in a Changing Society, The Estates of the Bishopric of Worcester, 680-1540. Cambridge University Press, 1980. p. 85.

③ C. Dyer, Lords and Peasants in a Changing Society, The Estates of the Bishopric of Worcester, 680-1540. Cambridge University Press, 1980. pp. 210-211.

④ Barbara Harvey, "The Leasing of the Abbot of Westminster's Demesnes in the Later Middle Ages." The Economic History Review, 2nd. ser., Vol. 22, no. 1, April, 1969. p. 20. E. B. Fryde. Peasants and Landlords in Later Medieval England, 1380-1525. Stroud, Alan Sutton, 1996. p. 78.

地第一次出租是在1360年，但从1374到1391年又收回由庄园主自己经营。哈德维克庄园的自营地在1373年出租给格罗斯特商人约翰·蒙默思，共有200英亩可耕地。蒙默思在那里建立了自己的农场。他每年交纳的地租只有8英镑，到1427年仍旧是这个标准。[1]1390年以前伊斯利普庄园的自营地便已出租。[2]理查德·斯托特和托马斯·斯托特一度担任庄园的收租人，在1442到1497年成为萨顿–昂德布雷斯利庄园自营地的租户。约翰·诺里斯之子担任了艾庄园的管家，大约在1421到1481年租种了艾庄园的自营地。1373年约翰·莫尼默思和妻子伊丽莎白·莫尼默思成为哈维克庄园自营地的合租人，约翰·莫尼默思是格洛斯特的商人。老范佩奇父子在15世纪上半叶租下了帕肖尔庄园的自营地，1429年范佩奇成为伍斯特郡的骑士，以后担任了该郡的首席检察官。[3]承租庄园自营地的租户通常要承担维修自营地上房舍的责任，维修用的木材由修道院院长提供。[4]威斯敏斯特修道院地产残存的契约文件表明，租户未得到同意，不得把土地分租给其他人。[5]

1368年7月11日星期日这天，兰开斯特公爵约翰的自营地上的管家和领主委员会的成员在林肯郡的朗萨顿公爵庄园教区教堂集会，作出一项决定，把1000英亩土地、草场和牧场构成的庄园自营地，以及

---

① Barbara Harvey, "The Leasing of the Abbot of Westminster's Demesnes in the Later Middle Ages." The Economic History Review, 2nd. ser., Vol. 22, no. 1, April, 1969. p. 19.

② Barbara Harvey, "The Leasing of the Abbot of Westminster's Demesne in the Later Middle Ages." The Economic History Review, 2nd. ser., Vol. 22, no. 1, April, 1969. p. 20.

③ Barbara Harvey, "The Leasing of the Abbot of Westminster's Demesne in the Later Middle Ages." The Economic History Review, 2nd. ser., Vol. 22, no. 1, April, 1969. p. 21.

④ Barbara Harvey, "The Leasing of the Abbot of Westminster's Demesne in the Later Middle Ages." The Economic History Review, 2nd. ser., Vol. 22, no. 1, April, 1969. p. 24.

⑤ Barbara Harvey, "The Leasing of the Abbot of Westminster's Demesne in the Later Middle Ages." The Economic History Review, 2nd. ser., Vol. 22, no. 1, April, 1969. p. 26.

所有的渔场，一同出租给庄园不自由佃农及他们的不自由的继承人。后者行臣从宣誓礼后，就分租了这些土地，每年共支付162英镑4先令6便士的地租。自营地上大约1000只羊也一同出售给不自由佃户。但是到1439年的时候，从出租的朗萨德地产每年只能收到128英镑11先令6便士地租，未能达到预期的水准。[①]1392年，冈特的约翰把梅恩沃尔德庄园出租给林恩的约翰·博尔德，后者同意支付70英镑的地租。[②]托马斯伯爵在赫里福德郡弗拉姆斯德的地产出租给来自伦敦显赫家庭的尼古拉斯·派克，每年租金为40马克，但到1374年12月尼古拉斯·派克撤租退回了租地。伯爵委员会开会，随即把土地租给了伯爵被奴虐的佃户托马斯·佩恩，为期数年。条件是最初两年每年减少地租6英镑。从这里可以看出，佃户和领主在承租土地时尚有讨价还价的余地。[③]

在科茨伍尔斯南部边缘的比伯里地产，属于主教亨利·瓦尔兹尔德，1395年出租给镇长罗伯特·吉法德，后者交纳的年地租为4英镑6先令8便士。到下一任主教上任后，租地条件有些变化。罗伯特·吉法德每年要支付6英镑地租，并且按照领主的意愿租种土地，此时，由一个叫瓦尔特·思利弗特的收租人与他共同持有农场。[④]

在威尔特郡，大地主出租自营地比其他地区要来得迟。到1380

①　E. B. Fryde，Peasants and Landlords in Later Medieval England，1380−1525. Stroud，Alan Sutton，1996. pp. 76−77.

②　E. B. Fryde，Peasants and Landlords in Later Medieval England，1380−1525. Stroud，Alan Sutton，1996. p. 78.

③　E. B. Fryde，Peasants and Landlords in Later Medieval England，1380−1525. Stroud，Alan Sutton，1996. p. 79.

④　E. B. Fryde，Peasants and Landlords in Later Medieval England，1380−1525. Stroud，Alan Sutton，1996. p. 80.

年，自营地出租在威尔特郡还不那么常见。到1400年，自营地出租才在该郡的白垩地区域广泛出现，成为世俗大地产主通常的做法。1400年到1410年，该郡关于世俗庄园的25份文件中有3份涉及自营地出租。在教会地产上，领主自营地的租地经营当时尚难进行。1400年，31处属于教会的庄园地产上，只有6个处于边缘的不大的庄园出租自营地。到1420年，在教会地产上又有两个庄园出租自营地。[1]

威尔特郡庄园自营地承租人约翰·斯坦福属于富有的约曼或小乡绅，他是管理兰开斯特公爵领地的一个重要人物，是公爵领地南部的一个牧场主。他负责管理的地产包括威尔特郡的伯威克、奥尔德伯恩、科林伯恩、埃弗利的庄园，还管理多塞特郡、汉普郡和萨默塞特郡的庄园。当数年以后兰开斯特公爵不再直接过问畜牧业并出租其牧场时，约翰·斯坦福自然而然成为主要租地者之一。他花了76英镑17先令3便士买下了公爵的1074只羊，并在1423年租下了厄帕冯的牧羊场，1448年则进而租下了整个西厄帕冯。1439年他取得了位于查尔顿的一个小修道院庄园为期7年的保管权。以后，他租下了科林伯恩、埃弗利和鲁夏尔庄园。到15世纪末，约翰·斯坦福及其后人在这个地区十分显赫。[2]

在1518至1542年租下韦斯特伍德庄园的托马斯·霍顿，是布雷德福-特鲁布里奇呢绒生产区著名的呢绒商，他父亲在呢绒业中很出名。他本人因为从事呢绒业而享有名声。[3]租有庄园自营地的还有马

---

① J. N. Hare, "The Demesne Lessees of Fifteenth-Century Wiltshire." The Agricultural History Review, Vol. 29. pt. 1, 1981. pp. 1-2.

② J. N. Hare, "The Demesne Lessees of Fifteenth-Century Wiltshire." The Agricultural History Review, Vol. 29. pt. 1, 1981. pp. 8-9.

③ J. N. Hare, " The Demesna Lessees of Fifteenth-Century Wiltshire." The Agricultural History Review, Vol. 29. pt. 1, 1981. p. 9.

尔博罗的商人约翰·戈达德，1439年他租下了米尔登霍的庄园自营地。他死时为儿子留下了在马尔博罗的全部土地、地租，140英镑现金和20英镑的债权。他把大量房产和500只羊留给了女儿。[①]戈达德家族的其他一些人也租种了大量土地，这个家族迅速致富。1478年曾有人指责这个家族属于维兰。而到1510年，这个家族的托马斯·戈达德已被人们称为绅士。[②]在威尔特郡庄园自营地出租培养了一批从事大规模农业经营的殷实的农场主，他们的经营规模远远超过了习惯佃户身份的农场主。[③]

在约克郡，1399年，阿克沃斯庄园的自营地农场按照15年的期限转让给几个佃户。1425年，坦谢尔夫庄园的自营地分租给15户佃户。埃尔姆萨庄园的自营地则按50年的租期出租。出租自营地不限于世俗庄园。约克郡的封丹修道院和兰开斯特公爵在兰开斯特的地产都将牧场出租。[④]

在英格兰东部各郡，由于历史的原因，存在着大量小农经营的自营地。这个时期庄园自营地的分割出租增加了小农场的数目。在剑桥郡的格兰切斯特庄园，1437年有186英亩自营地，租给了40户以上的佃户，但自营地的出租并没有对庄园结构产生很大的影响。在英格兰东部各郡，在租地保有地一度迅速扩展后，1390至1420年，许多租地

---

① J. N. Hare, " The Demesne Lessees of Fifteenth-Century Wiltshire. " The Agricultural History Review, Vol. 29. pt. 1, 1981. pp. 9-10.

② J. N. Hare, "The Demesne Lessees of Fifteenth-Century Wiltshire. " The Agricultural History Review, Vol. 29. pt. 1, 1981. p. 11.

③ J. N. Hare, "The Demesne Lessees of Fifteenth-Century Wiltshire. " The Agricultural History Review, Vol. 29. pt. 1, 1981. p. 14.

④ J. A. Tuck, " Tenant Farming and Tenant Farmers: The Northern Borders." in Edward Miller, (ed.), The Agrarian History of England and Wales, Vol. iii, 1380-1500. Cambridge University Press, 1991. p. 598.

持有地转变成了公簿持有地、采邑农场或单纯支付地租的保有地。到
1500年时，特别在林肯郡的一些庄园，租地保有权完全转变为世袭保
有权。[1]

　　从英格兰租地农场制发展的历史来看，到黑死病暴发后一代人之
久，租地农场制尚处于发展的初期。在13世纪和14世纪，大土地所有
者，特别是教会大地主，常常把他们的庄园自营地作为大规模商业农
场来经营。[2]但到了14世纪，英格兰绝大多数大地产的农耕已无法获
利。尤其到了1370年左右，农业工人的工资开始上升，这样，大地主
从土地获得的利润下降。克里斯托弗·戴尔教授在研究了伍斯特地产
后指出，1380年以后，谷物价格下跌，使得出售谷物难以获得哪怕不
多的利润。这样，在某些地区，直接通过经营可耕地来维持一个家
庭或一个社区团体的生活和开支显得困难。[3]因此，很多自营地被出
租，土地发生转手现象。许多个案研究表明，到15世纪，许多大地产
所有者不再直接经营他们的可耕地和牧场，而把它们出租给了农场
主。[4]希尔顿评述说："一个上层农民阶级在有机会通过租种庄园自营
地以扩展其经营之前，他们的力量已经在成长。他们单个人能耕种60

　　[1] J. A. Tuck, " Tenant Farming and Tenant Farmers: The Northern Borders." in Edward Miller, (ed.), The Agrarian History of England and Wales, Vol. iii, 1380-1500. Cambridge University Press, 1991. pp. 615-616.

　　[2] C. G. A. Clay, Economic Expansion and Social Change: England 1500-1700. Cambridge University Press, 1984. Vol. I, p. 57.

　　[3] C. Dyer, Lords and Peasants in a Changing Society, The Estates of the Bishopric of Worcester, 680-1540. Cambridge University Press, 1980. pp. 113-115. Edward Miller, (ed.), The Agrarian History of England and Wales, Vol. iii, 1380-1500. Cambridge University Press, 1991. p. 575.

　　[4] F. R. H. Du Boulay, " Who Were Farming the English Demesnes at the End of Middle Age?" The Economic History Review, Vol. 17, no. 3, 1965. p. 443.

到80英亩土地，而他们祖父的父亲通常租种30英亩土地。"①庄园领主自营地的出租是中世纪经济社会史变化的一个缩影，它从一个方面反映了乡绅在经济活动中表现出极大的活力。1380至1420年是出租自营地发展的关键时期。在威斯敏斯特大教堂、坎特伯雷大教堂的小修道院、拉姆齐大教堂、达勒姆大教堂的小修道院和伍斯特主教所属的大的教会地产上出现了这种做法。1420年以后，一些世俗大地主也不再在自营地上种植谷物，②而将自营地出租。早在1314年，科克茅斯的露西家族和阿尼克的帕西男爵出租其庄园自营地的事务便已完成。达勒姆主教到1387年已经出租他的自营地。达勒姆小修道院地产上的大部分自营地到1416年出租完毕。15世纪，泰恩默思小修道院已将其大部分自营地出租给租户。③

在宗教改革前一个世纪，坎特伯雷大主教领地上的大农场主持续持有大主教在英格兰东南部的40个左右的庄园。农场主对大主教领地的经济活动提供了重要的财政来源。④庄园领主要求农场主维修现有的建筑物，有时还根据协议要求农场主盖新的房屋。⑤坎特伯雷大主教对保护可耕地、牧场、建筑物和森林有很大的兴趣，他要求农场主很好地维护租地，深耕土地，在土地中施灰泥和肥料。1518年在温布

① R. H. Hilton, The Economic Development of Some Leicester Estates in the Fourteenth and Fifteenth Centuries. Oxford U. P., 1947. p. 104.

② J. M. W. Bean, "Landlords." in Edward Miller, (ed.). The Agrarian History of England and Wales, Vol. ⅲ, 1380-1500. Cambridge U. P., 1991. p. 573.

③ J. A. Tuck, "Tenant Farming and Tenant Farmers: The Northern Borders." in Edward Miller, (ed.), The Agrarian History of England and Wales, Vol. ⅲ, 1380-1500. Cambridge U. P., 1991. pp. 587-588.

④ F. R. H. Du Boulay, "Who Were Farming the English Demesnes at the End of Middle Age?" The Economic History Review, Vol. 17, no. 3, 1965. p. 444.

⑤ F. R. H. Du Boulay, "Who Were Farming the English Demesnes at the End of Middle Age?" The Economic History Review, Vol. 17, no. 3, 1965. p. 447.

尔登，如果一个农场主清理开垦出40英亩土地，他可以在4至5年中自由砍伐木料。土地出租使得肯特、苏塞克斯、萨里许多牧场的面貌有很大改观。①

关于15世纪英国的租地农场主，可以找到许多个案。当时，进行商业性经营的牧羊农场主很多。一般来说，拥有100只以上的羊的领主都在出售羊毛。在德比郡，托马斯·巴特有500只以上的羊群（包括母羊和羊羔）。在它的南部，有牧羊场主比利斯利·特拉塞尔。在15世纪20年代，理查德·奈特利从沃里克伯爵处租了位于北安普敦郡普雷斯顿凯普恩的牧羊场，他曾向伯爵家提供了100只羊。牧羊场主还有沃里克郡南部的维尼家族和位于沃里克郡和伍斯特郡交界地带的思罗格莫顿家族。到16世纪以前，思罗格莫顿家族已在进行圈地活动。1454年圈占了库格顿的牧场，在伍斯特郡的怀克、沃里克郡的库格顿和斯帕耐尔拥有大片土地。这个家庭从牧羊业中获利很大。②大牧羊场主还有在布鲁克汉普顿拥有大牧羊场的理查德·多尔比和他的父亲休·多尔比。大约从1480年起，畜牧业成为能致富的行业，出现了更多的牧羊场主，如本尼迪克特·梅特莱、靠近莱斯特郡边界的亨利·史密斯、韦斯顿的爱德华·贝尔纳普、在朗伊钦顿的多丁赛勒家族、普林斯罗普的休格弗特家族、纳普顿的理查德·奈特利、纽博尔德雷维尔的尼古拉斯·马洛里、切斯特顿的约翰·佩托第一和约翰·佩托第二、法恩波罗的爱德华·雷利、在舒克伯格尔纳普顿的舒

---

① F. R. H. Du Boulay, "Who Were Farming the English Demesnes at the End of Middle Age?" The Economic History Review, Vol. 17, no. 3, 1965. p. 447.

② Christine Carpenter, Locality and Polity: A Study of Warwickshire Landed Society, 1401–1499. Cambridge University Press, 1992. p. 184.

克伯格家族、靠近斯特拉福的托马斯·露西等。[1]

庄园自营地的出租并不总是形成大农场。早期的维兰农场始终保持标准大小，面积通常是1威尔格，大约相当于30英亩。这种制度持续了200多年。[2]到了16世纪仍然有数量众多的小租地农场，他们持有一小块自营地，租期并不一致。有时为80年、92年或99年，有时以租户终身为限。这种小租地农在西英格兰很普遍。如在萨默塞特郡的阿布洛德，圣彼得的自营地在1515年被租给一个大农场主以前，土地被分租给17户习惯佃户。再如1568年在佩恩顿，巴顿的地产被分成小块租给51户租户，在南布伦特，土地由18户租地持有者租种。在北安普敦郡，海厄姆费勒的自营地一直由9户佃户租种。在斯塔福德郡的斯通戴尔夫，自营地由31户佃户租种。[3]在诺福克郡福恩塞特庄园，自营地从14世纪起是分成小块按照很短的租佃期出租的，以后才采取了大块出租和租期较长的出租方式。[4]

到16世纪初期，在许多庄园中，小的自营地佃户开始消失。当时较流行的做法是把自营地租给大农场主，或者租给最多3个到4个农场主。例如，1535年，由拜特修道院拥有的22座庄园中有19座庄园的自营地是租给一个佃户来耕种的。1568年在彭布罗克伯爵拥有的32座庄园中，有25座庄园的自营地是由1个佃户租种的。萨文指出，庄园领主这时很少把自营地分成小块出租给当地的佃户，通常把自营地和它

① Christine Carpenter，Locality and Polity：A Study of Warwickshire Landed Society，1401–1499. Cambridge University Press，1992. pp. 186–187.

② Joyce Youings，Sixteenth-Century England. Penguin Books，1984. p. 50.

③ R. H. Tawney，The Agrarian Problem in the Sixteenth Century. Longman，1912. pp. 204–205.

④ F. G. Davenport，The Economic Development of a Norfolk Manor，1086–1565. London，Frank Cass，1967. p. 57.

之上的房舍，有时甚至与那里的牲畜一起，转给一个租地农场主。①

庄园自营地的承租人作为一个群体，其社会来源混杂。他们中有维兰，也有骑士，有农民农场主，也有乡绅，还有少数教士和商人。有的学者分析说，租种领主自营地的人中，有三分之一是绅士，有一半左右是约曼或庄稼人，少数是伦敦商人。而面积最大的租地通常是由约曼租种的。②在承租威尔特郡14个庄园的67个家庭中，至少有26个家庭是当地的习惯佃户，占租户的39%。③在亨伯里和肯普西，被确认身份的1420年的租户中，7户是农民，1户是木匠，1户是乡绅。到1540年，情况发生了变化，在已知社会来源的13户租户中，10户是有头衔的乡绅，1户是教士，1户是伦敦市民，只有1户可能是农民，他叫托马斯·雅廷顿。在15世纪末到16世纪初，伴随着土地租期变长，租地逐渐从农民手中转到乡绅手中。这些租地的乡绅中有少数原来就是地产管理人，如这两个庄园中的约翰·沃德、托马斯·阿诺德和约翰·霍尼霍豪德。他们得到主教的恩宠，获得出租自营地的条件往往比其他租户优越。④习惯佃户或农奴对领主有从属关系，因此，确立的租地条件就较恶劣。一个例子是布雷顿的约翰·霍尔，是一个农奴。他在1410到1440年的不同时期承租过自营地，持有1雅兰习惯

---

① Alexander Savire, English Monasteries on the Eve of the Dissolution. Oxford, Clarendon Press, 1909. 转引自R. H. Tawney, The Agrarian Problem in the Sixteenth Century. Longman, 1912. p. 210.

② F. R. H. Du Boulay, " Who Were Farming the English Demesnes at the End of Middle Age?" The Economic History Review, Vol. 17, no. 3, 1965. p. 405.

③ J. N. Hare. "The Demesne Lessees of Fifteenth-Century Wiltshire." The Agricultural History Review, Vol. 29. pt. 1（1981）. p. 4. C. Dyer. Lords and Peasants in a Changing Society, The Estates of the Bishopric of Worcester, 680-1540. Cambridge University Press, 1980. p. 211.

④ C. Dyer, Lords and Peasants in a Changing Society, The Estates of the Bishopric of Worcester, 680-1540. Cambridge University Press, 1980. p. 211.

持有地。他在庄园承担差役、地方官、判定罚金的审判官等工作，按照领主意愿承租自营地。租期很短，只有4至7年，租佃权由庄园法庭监督。有时庄园法庭命令他去修缮庄园的房舍。他为租用这块自营地付出很高的地租。在15世纪最初20年中，每年的地租为20英镑或23英镑，15世纪后期稍少，每年租金为14英镑或16英镑。种种限制使他无法从承担庄园自营地中获得更多的利益。[①]

自营地的农民承租人中也有成功者，托马斯·雅廷顿便是一个。他在1471至1525年承租了克利夫庄园的自营地。一份1474至1475年的租契表明，他仅持有6英亩习惯租地。从1488年到他去世，托马斯·雅廷顿担任了庄园的各种职务，如差役、管家、庄园法庭的陪审员。1541年当自营地授予他的儿子时，其子在契约证书上被确认为约曼。这样，这个家族从小土地持有者的身份上升到地方社区的上等地位。[②]

有些自营地的承租人是商人，他们常常把从商业中获得的资金转移到农业中。理查德·贝利是布里斯托尔的商人，他在1447年承租了斯托克的自营地。北里奇的托马斯·布谢在1510年承租了威星顿的土地。伦敦市民瓦尔特·奈特在1526年承租了维克的土地。伍尔德河上斯托的托马斯·戴维斯在1508年承租了温奇库姆比布洛克的牧场等。他们都把商业中获得的资本带到乡村。[③]承租自营地的乡绅中有许多人不是由自己直接进行农业经营，而是全部加以转租。

C. Dyer, Lords and Peasants in a Changing Society. The Estates of the Bishopric of Worcester, 680−1540. Cambridge University Press, 1980. p. 212.

② C. Dyer, Lords and Peasants in a Changing Society. The Estates of the Bishopric of Worcester, 680−1540. Cambridge University Press, 1980. p. 213.

③ C. Dyer, Lords and Peasants in a Changing Society. The Estates of the Bishopric of Worcester, 680−1540. Cambridge University Press, 1980. p. 214.

承租大主教地产的自营地的租地农场主有一些个案。迈尔特·霍奇森是一个庄稼人，1514年承租了靠近沃信的塔林的300英亩地，以及所有的庄园房屋，租金为15年中每年18英镑。霍奇森以前未曾租种过大主教管区的土地，而他是一个较富有的人，所以他愿意以比其他租户每年高2英镑的租费承租这片土地。两年以后他病死了，死时没有留下遗嘱，他留下大量现金和家具，后来这些被转给了他妻子的遗嘱指定执行人爱德华·韦斯顿，随后大主教立即为爱德华·韦斯顿更新20年的租契。爱德华·韦斯顿与他的儿子约翰·韦斯顿共同耕种塔林的土地直到1553年。[①]

大约在1500年，在当地已经居住很久的纳奇布尔家族从大主教那里租种了位于威洛普和切恩的近2000英亩土地。它包括大主教在奥尔丁顿的古老庄园的部分土地。纳奇布尔家族按期交纳巨额地租，从不拖欠。当1540年奥尔丁顿开始为王室工作后，位于威洛普的地产立即以80年的租期转入约翰·纳奇布尔手中。切恩的土地落到王室财务主管托马斯·切恩爵士手中，而很有价值的自营地则从庄园中分离出来，为理查德·纳奇布尔买下。到了近代后期，纳奇布尔家族的后代于1880年被封为勋爵，当时他拥有位于肯特郡的4000英亩土地。[②]

泰晤士河两岸兰伯斯的河边低草地，以生产干草引人注目。一些此地属于大主教的土地在1528年以每英亩4先令4便士的租金，租给罗伯特·阿尔达斯33英亩。罗伯特·阿尔达斯是一个金首饰匠，他在圣玛丽·伍德诺斯教区、伦巴德街和戴根纳姆都拥有房产。他又是王室

① F. R. H. Du Boulay, "Who Were Farming the English Demesnes at the End of Middle Age?" The Economic History Review, Vol. 17, no. 3, 1965. p. 453.

② F. R. H. Du Boulay, "Who Were Farming the English Demesnes at the End of Middle Age?" The Economic History Review, Vol. 17, no. 3, 1965. p. 454.

珠宝室的总管。[1]

在汉普郡的克劳利庄园，庄园执事在1448年承租了庄园自营地农场。1503至1504年，自营地农场的收入为21英镑16先令8便士。1625到1626年自营地农场的收入为26英镑16先令8便士。1735到1790年自营地农场年收入均为21英镑16先令8便士。自营地农场的现金收入占了庄园收入的大部分。[2]最初，克劳利庄园的租地农场主是庄园执事和农奴，这种情形持续了一个世纪。到16世纪后半叶和17世纪初年，情况发生了变化，克劳利庄园出现了一些新型的外来农场主，杰勒德·弗利特伍德便是其中一个。他很富有，据记载，1646年时他的地产值3420英镑。他租种克劳利的租地农场每年要付给领主大约100英镑地租，他在汉普郡和白金汉郡还有其他地产。[3]

到16世纪中叶，土地制度变化更为明显。随着圈地运动的开始，许多领主买下自由持有农的土地，同时驱逐老的佃户，推倒其房屋。领主的自营地得到扩大。领主遂将自营地作为租地农场加以出租。租地农场的发展非常迅速。在诺福克郡16个庄园的土地上共形成了18处租地农场。在威尔特郡23个庄园的土地上形成了31个租地农场。在其他13个郡的庄园中形成了18个租地农场。这样，在上述52个庄园中共建立了67个租地农场。在这67个租地农场中，有37个面积超过200英

---

① F. R. H. Du Boulay, "Who Were Farming the English Demesnes at the End of Middle Age?" The Economic History Review, Vol. 17, no. 3, 1965. p. 454.

② "Table: Chief Items of the Lords Receipts." in Norman S. B. Gras, The Economic and Social History of an English Village（Crawley, A. D. 909-1928）. Cambridge Mass, Harvard University Press, 1930. p. 84.

③ Norman S. B. Gras, The Economic and Social History of an English Villaege（Crawley, A. D. 909-1928）. Cambridge Mass., Harvard U. P., 1930. pp. 100-101, 113, "Table Showing Genesis of Crawley Landholders".

亩，有四分之一以上的农场面积超过了350英亩。①在剑桥郡东北部的奇普纳姆，到1544年，原先的修道院庄园转入世俗人士之手。托马斯·鲍尔斯承租了庄园自营地连同牲畜农具，还有其他的土地，共有480英亩可耕地和草地。他耕种了五分之一的敞地，还租了300英亩的荒地，在公用荒地上养了2000只羊。②

托尼搜集整理了16个庄园自营地农场出租的资料。当宁顿庄园可耕地总面积为1523.5英亩，出租的自营地农场占庄园可耕地面积的27.4%，共418英亩。萨尔福德庄园可耕地总面积为856英亩，出租的自营地农场占庄园可耕地面积的34.5%，共295英亩。埃斯托维顿庄园和菲菲尔德庄园可耕地为1160英亩，出租的自营地农场占庄园可耕地面积的41.8%，共484.75英亩。韦顿韦斯顿庄园共有可耕地715英亩，出租的自营地农场占庄园可耕地面积的42.7%，共301英亩。南牛顿庄园可耕地总面积为1365英亩，出租的自营地农场占庄园可耕地面积的46.3%，共632英亩。克尼顿斯庄园共有可耕地452英亩，出租的自营地农场占庄园可耕地面积的59.3%，共268英亩。比肖普斯顿庄园共有可耕地1280英亩，出租的自营地农场占庄园可耕地面积的62.9%，共有805英亩。加姆林盖默顿庄园共有可耕地283.5英亩，出租的自营地农场占庄园可耕地面积的70.5%，共199.75英亩。温特波恩巴塞特庄园共有可耕地708.5英亩，出租的自营地农场占庄园可耕地面积的75.1%，共有532英亩。比林福德庄园共有可耕地666英亩，出租的自营地农场占庄园可耕地面积的76.1%，共有507英亩。加姆林盖阿维内斯庄园有可耕地531.75英亩，出租的自营地农场面积占庄园可耕地

① R. H. Tawney, The Agrarian Problem in the Sixteenth Century. Longman, 1912. p. 213.
② Joyce Youings, Sixteenth-Century England. Penguin Books, 1984. p. 51.

面积的79.0%，共有420.25英亩。多默阿姆庄园有可耕地960.5英亩，
出租的自营地农场占庄园可耕地面积的85.8%，共有824.5英亩。埃瓦
勒庄园共有自营地473英亩，出租的自营地农场占庄园可耕地面积的
90.5%，共有428英亩。布尔东斯巴尔庄园有可耕地190英亩，全部作
为自营地农场出租。瓦德波罗庄园有可耕地469英亩，亦全部作为自
营地农场出租。[①]在上述16个庄园中，8个庄园的三分之二以上可耕地
被辟作自营地农场出租，余下8个庄园中，有7个庄园三分之一以上的
可耕地作为自营地农场加以出租。这表明在16世纪，租地农场经营在
英格兰农村庄园中已成为占相当大比例的经营方式。

关于16世纪租地农场的规模，亦有一些地区的调查材料。

在诺福克郡16个庄园的18个农场中，面积在50至99英亩的农场为
2个，100至149英亩的为2个，150至199英亩的为3个，200至249英亩
的为1个，300至349英亩的为3个，350至399英亩的为1个，450至499
英亩的为2个，500至549英亩的为3个，700至749英亩的为1个。

在威尔特郡23个庄园的31个农场中，50英亩以下的农场为4个，
50至99英亩的农场为2个，100至149英亩的农场为4个，150至199英亩
的农场为4个，200至249英亩的农场为3个，250至299英亩的农场为4
个，300至349英亩的农场为3个，400至449英亩的农场为2个，450至
499英亩的农场为1个，500至549英亩的农场为1个，800至849英亩的
农场为1个，850至900英亩的农场为2个。

在分布于7个郡中13个庄园的18个农场中，面积在50英亩以下的
农场为2个，100至149英亩的农场为3个，150至199英亩的农场为1

---

① R. H. Tawney, *The Agrarian Problem in the Sixteenth Century.* Longman，1912. p. 259.
Table ⅶ.

个，200至249英亩的农场为3个，250至299英亩的农场为2个，300—449英亩的农场为4个，450至499英亩的农场为3个。[①]在上述农场中，有一半以上农场的面积超过了200英亩，有四分之一农场的面积超过了350英亩。托尼告诉我们，统计中有过低估算租地农场面积的情况，公地使用通常不列入租地农场的面积中。[②]

关于这个时期英国租地农场中使用雇佣劳动力的具体情况，由于缺乏系统的统计资料，难以得出一般性的结论。彼特·鲍登对这个问题作了一个估算，即一个农户凭借自己一家的力量最大限度可耕种面积为30英亩的农场，如果经营比此规模更大的农场就必须雇佣劳动力。[③]按照鲍登的标准，上述那些面积在30英亩以上的租地农场在经营时必定要使用雇佣劳动力，那么，这些大租地农场实际上已包含了资本主义成分。

① R. H. Tawney, The Agrarian Problem in the Sixteenth Century. Longman，1912. p. 212. Table Ⅷ.

② R. H. Tawney, The Agrarian Problem in the Sixteenth Century. Longman，1912. p. 213.

③ Peter Bowden, "Agricultural Prices, Farm Profits, and Rents." in Joan Thirsk, (ed.). The Agrarian History of England and Wales, Vol. Ⅵ, 1500−1640. Cambridge U. P., 1967. p. 652.

第五章
新兴地主地产的兴起

中世纪后期和近代初期英国新型的近代农业有两种突出的结构成分，即租地农场和新型商业化的大地主经营。租地农场制在前一章已有说明，这里谈一谈英国新兴地主的兴起及其商业化的农业经营。

英国新兴地主的兴起既与前一个时期形成的大租地农场主有承继关系，又与旧的封建贵族的衰落直接相联系。这个新兴地主集团有许多突出的代表，汤申家族、布鲁德内尔家族和斯宾塞家族就是其中的例子。

诺福克的汤申家族是从15世纪中叶兴起的。1452年9月，约翰·汤申一世出资500英镑，从托马斯·钱潘尼手中买下雷纳姆的哈维斯和罗西斯两个庄园。罗杰·汤申一世是汤申家族地产的真正创始人。他是个律师，从事律师事务获得很大成功，使他有足够的资金用于购买土地。罗杰·汤申一世初次购买地产是在1468年，当时他已是一个显赫的律师，刚刚结婚，妻子为他带来300英镑现金。在那个时期，庄园地产通常是通过继承和婚姻的途径传递转手，有钱欲买土地者只能等待时机。因为根据当时的习惯，土地一般不卖给陌生人，而多在朋友和熟人中转手。罗杰·汤申一世身为律师，有很好的机会，因为律师的职业往往可以得到更多的土地出售的信息。[1]1472年，罗杰·汤申一世付给乡绅帕格里夫等人120马克，买下斯卡林庄园一半土地的继承权。同一时期，他还一度举债400马克，买下位于斯波尔的帕斯顿家族的一个庄园，以后这个庄园在1474年被帕斯顿家族赎回。[2]1485年和1490年，罗杰·汤申一世从威廉·坦达尔手中分别买下了贝福德郡的沙彭荷庄园和在雷纳姆的斯卡利斯庄园。奥克斯波罗的约翰·休尔曾从罗杰·汤申一世处贷款买羊，但到期无法归还贷款，为了偿还他该付的103英镑中的80英镑，他将自己在奥克斯波罗的土地向罗杰·汤申一世抵押，并把600至700只羊交给罗杰·汤申一世。[3]1519年罗杰·汤申一世买下约翰·莱格在考斯顿的一个庄园，罗杰·汤申一世原是这个庄园的保管人。1522或1523年，罗杰·汤申一世从在林肯法学院的儿子的同事手中买下了欣德林安一块地产的继承权。[4]1525年他从罗伯特·沃尔维的遗嘱执行人手中买下位于特斯特顿的两个小庄园。一年以后，他从沃尔维的遗孀及她的第二个丈夫手中买下另一座庄园。[5]这些例子都说明，私人联系是当时促成土地买卖的重要条件。

[1] C. E. Moreton, The Townshends and Their World: Gentry, Law, and Land in Norfolk, C. 1450-1551. Oxford, Clarendon Press, 1992. p. 116.

[2] C. E. Moreton, The Townshends and Their World: Gentry, Law, and Land in Norfolk, C. 1450-1551. Oxford, Clarendon Press, 1992. p. 118.

[3] C. E. Moreton, The Townshends and Their World: Gentry, Law, and Land in Norfolk, C. 1450-1551. Oxford, Clarendon Press, 1992. p. 120.

[4] C. E. Moreton, The Townshends and Their World: Gentry, Law, and Land in Norfolk, C. 1450-1551. Oxford, Clarendon Press, 1992. p. 121.

[5] C. E. Moreton, The Townshends and Their World: Gentry, Law, and Land in Norfolk, C. 1450-1551. Oxford, Clarendon Press, 1992. p. 122.

汤申家族为扩大其地产经过了100年以上的持续努力。罗杰·汤申一世的父亲约翰·汤申一生耗资600英镑购买土地。罗杰·汤申一世本人在1468至1493年投资3800英镑购买土地，平均每年耗资超过150英镑。罗杰·汤申一世死后，他的遗孀共耗资340英镑用于购买地产。根据汤申家族罗杰·汤申二世自己的统计，从1500年到1551年，共耗资4551英镑3先令又1/4便士购买土地，平均每年90英镑。在亨利八世统治前期，他非常积极地买地，每年平均耗资137英镑。[①]

到1551年，汤申家族已经拥有了很大的地产，并从中每年获得相当的利润。都铎时期的考古学家利兰曾写到，罗杰·汤申一世获得的地产价值大约100英镑。罗杰·汤申二世扩大了家族产业，使家族大地产的年收入增加了100英镑。罗杰·汤申二世的妻子埃米每年带给家族200英镑的收入。但人们认为利兰的上述估计明显不准确，罗杰·汤申一世和罗杰·汤申二世获得的地产收入超过了人们的估计，但利兰对埃米继承的地产价值估计过高。莫尔顿认为，在亨利八世即位时，汤申家族地产每年净收入为290英镑。[②]到1551年罗杰·汤申二世去世时，他的地产（包括妻子埃米带来的地产）年收入为623英镑。[③]

地产收入只是汤申家族收入的一部分，这个家族还拥有大量动产。罗杰·汤申一世在爱德华四世在位末年是王家法院的高级律师，

---

① C. E. Moreton, The Townshends and Their World: Gentry, Law, and Land in Norfolk, C. 1450—1551. Oxford, Clarendon Press, 1992. p. 129.

② C. E. Moreton, The Townshends and Their World: Gentry, Law, and Land in Norfolk, C. 1450—1551. Oxford, Clarendon Press, 1992. p. 131.

③ C. E. Moreton, The Townshends and Their World: Gentry, Law, and Land in Norfolk, C. 1450—1551. Oxford, Clarendon Press, 1992. p. 132.

王室支付给他的年薪为41英镑6先令11便士。以后，他作为一个律师，每年至少可以得到大约250英镑的收入。有记载，在1490年米迦勒节以后的半年，他的收入共有826英镑，但不清楚来自土地的收入和来自其他方面的收入各占多少。[①]1516年底，罗杰·汤申二世自己估计他的动产将近400英镑。1524至1525年在征收给国王的特别补助金时，估算他的财产价值600英镑。[②]这个家族维持着很高的消费水平。1525年时，汤申家族共有25个家内仆役。到16世纪中叶，罗杰·汤申二世家族每年开支包括现金和实物在内为300英镑。[③]

中世纪后期的土地贵族主要是靠出租土地而不是大规模的农耕获得利益。[④]汤申家族作为新兴地主也是这样。汤申家族最重要的收入来源是出租牧羊农场。在1501年仲夏，罗杰·汤申二世出租了16个农场，其中14个农场的平均租期为5年6个月。在他有生之年，出租农场的租期曾达到20年，人口的重新增长使土地价格较以前为高。[⑤]

汤申家族大部分地产所在的诺福克，是重要的牧羊业地区。发展牧羊业是刺激汤申家族扩大地产规模的主要动力。1477年米迦勒节，罗杰·汤申一世在斯提巴德拥有463只羊，一年后他在附近买下了3座庄园并扩大了他的羊群，到1479年米迦勒节，他在那里已拥有1000只羊。1475年米迦勒节时，罗杰·汤申一世共有7000只羊。到1490年，

① C. E. Moreton, The Townshends and Their World: Gentry, Law, and Land in Norfolk, C. 1450–1551. Oxford, Clarendon Press, 1992. p. 134.

② C. E. Moreton, The Townshends and Their World: Gentry, Law, and Land in Norfolk, C. 1450–1551. Oxford, Clarendon Press, 1992. p. 134.

③ C. E. Moreton, The Townshends and Their World: Gentry, Law, and Land in Norfolk, C. 1450–1551. Oxford, Clarendon Press, 1992. p. 136.

④ C. E. Moreton, The Townshends and Their World: Gentry, Law, and Land in Norfolk, C. 1450–1551. Oxford, Clarendon Press, 1992. p. 141.

⑤ K. B. McFarlane, The Nobility of Later Medieval England. Oxford, 1973. p. 153.

他的羊超过12000只。罗杰·汤申二世在1501年米迦勒节只有4000只羊，到1510年他的羊增加到17000只。他养羊的高峰在1516年米迦勒节，当时他拥有26群共18000只羊，16世纪20年代初他的羊下降到13000到14000只之间。①

汤申家族当时主要靠出售羊毛来获取利润。来购销羊毛的主要是西诺福克人，有时还有来自贝德福郡、赫福德郡、北安普敦郡的商人。在15世纪70年代，约翰·斯科尼甚至把羊毛贩运到伦敦。②诺福克郡北部小镇林恩的商人是一些活跃的中间商，他们把汤申家族生产的羊毛特卖给诺福克的精纺绒线工业，或埃塞克斯和索福克的呢绒商。汤申家族在林恩有几个固定的主顾。1477至1478年，罗杰·汤申一世在商号贮有875英石旧羊毛和大约550英石新羊毛。这一年他出售掉所有贮存的旧羊毛和12英石新羊毛。当时出售羊毛获利甚大。1494年埃莉诺·汤申出售了将近1000英石羊毛给两个伦敦商人。1495年埃莉诺·汤申把12英石羊毛出售给索福克郡哈德利的玛格丽特·伦巴德。埃莉诺·汤申在1495年还出售了360英石羊毛给诺里奇的绸缎商人理查德·佩珀，然后转售给与佩珀有协作关系的拉文罕的呢绒商。玛格丽特在1460年提到，每担羊毛可卖到20先令，5年以后羊毛价格翻了一番。但羊毛价格也有下跌时。16世纪40年代托马斯·汤申的账目表明，他出售羊毛的收入在1544至1545年为99英镑。1547至1548年为143英镑，几年中平均出售羊毛的年收入为121英镑。1524年罗杰·汤申二世全部动产为600英镑，这年他从

---

① C. E. Moreton, The Townshends and Their World: Gentry, Law, and Land in Norfolk, C. 1450－1551. Oxford, Clarendon Press, 1992. pp. 164－166.

② C. E. Moreton, The Townshends and Their World: Gentry, Law, and Land in Norfolk, C. 1450－1551. Oxford, Clarendon Press, 1992. p. 170.

养羊得到的收入为160英镑。

诺福克郡西北是重要的大麦产地，麦芽是当地乡绅出售的重要农产品。他们不仅从陆路，也从海路把麦芽运出。15世纪中期，约翰·法斯托福爵士使用海船沿东海岸把麦芽运往伦敦。罗杰·汤申一世在15世纪70年代和80年代大量出售麦芽。1475至1476年，他共出售了300夸脱麦芽，1477至1478年他出售了664夸脱麦芽，1481至1482年他出售了455夸脱，1482至1483年他出售了267夸脱麦芽。在15世纪和16世纪，汤申家族是一个有代表性的从事商业化农业经营的新型大地主家族。

布鲁德内尔家族14世纪在牛津郡和北安普敦郡交界处拥有小块地产。罗伯特·布鲁德内尔（？—1531）是这个家族财富的奠基人。他作为幼子，从父亲处并未继承很多财产。他从事法律行业，从中获得大量收入。1503年他被任命为王室法庭有特权的高级律师。1505年他担任了巡回审判法庭的法官，1507年成为英国高等法院的法官。亨利八世即位后，他任高等民事法庭的法官，被封为骑士。1520年他进入枢密委员会，1521年成为高等民事法院首席大法官。罗伯特·布鲁德内尔把职业收入投入土地，积聚了大宗自由持有地和租地持有地。1495年他与玛格丽特结婚后，租借了莱斯特郡斯通顿威维尔的自营地和庄园房舍，便定居在那里。以后20年间，他在莱斯特郡买下4个庄园，在沃里克郡买下1个庄园，在拉特兰郡买下两个庄园，在北安普敦郡买下8个庄园。他随后把家安在北安普敦的迪恩庄园。罗伯特·布鲁德内尔还获得了相当多的租借地产。他租用了莱斯特郡布林赫斯特和伊斯顿教区长的住宅，白金汉郡切斯罕教区长的住宅，以及林肯郡卡索普庄园。1517年他又租用了彼得巴勒修道院比金地方的租地，他还租用了克罗普顿庄园等处的地产。[1]

到了17世纪，托马斯·布鲁德内尔勋爵在1603至1663年间掌管了家族的大宗财产。他对地产的管理非常出色，从1606到1642年，家族的土地收入增加一倍。托马斯·布鲁德内尔不是单靠剥削佃户和牺牲未来的利益来增加一时的收入，而是很好地研究了每个庄园的条件，制定了极明智的改良计划，促成了地产收入的增长。[2]他在庄园自营地上实行了圈地。1612年在艾斯顿庄园，他圈围了所有自营地共145.1英亩，创立了4个牧场。他把全部自营地共207英亩按照每英亩11先令的商业性地租租给租户。在霍汉庄园，托马斯·布鲁德内尔也采取了圈地措施以提高庄园的生产效率。对公地圈地以后，他采取使每个佃户持有相等土地的措施，分配给他们每个人60英亩可耕地和6英亩牧场。而佃户租种每英亩土地的地租提高了。这使他的地租收入大增。在格拉普索恩，年地租收入增加一倍。在莱斯特郡斯通顿和克兰诺庄园，佃户的地租每英亩比以前增加2先令至2先令6便士，达到7先令。[3]1607到1614年，他在莱斯特郡的庄园收入增加了1161英镑8先令9便士，在沃德地产上的收入增加了611英镑。[4]

从1606年、1607年到1635年，布鲁德内尔勋爵在迪恩和迪恩索普

① M. E. Finch, The Wealth of Five Northamptonshire Families，1540-1640. Oxford U. P., 1956. pp. 136-137.

② C. E. Moreton, The Townshends and Their World：Gentry, Law, and Land in Norfolk, C. 1450-1551. Oxford, Clarendon Press, 1992. p. 154.

③ C. E. Moreton, The Townshends and Their World：Gentry, Law, and Land in Norfolk, C. 1450-1551. Oxford, Clarendon Press, 1992. p. 161.

④ C. E. Moreton, The Townshends and Their World：Gentry, Law, and Land in Norfolk, C. 1450-1551. Oxford, Clarendon Press, 1992. p. 159.

庄园的收入从394英镑增加到601英镑，在格拉普索恩庄园的收入从151英镑增加到283英镑。在斯坦尼兹庄园的收入从153英镑增加到182英镑左右。在埃斯顿庄园的收入从108英镑增加到239英镑左右。在霍汉庄园的收入从350英镑增加到1176英镑。在马斯顿庄园的收入从85英镑增加到205英镑左右。在西斯顿庄园的收入从78英镑增加到138英镑左右。在克兰诺庄园的收入从139英镑增加到284英镑左右。布鲁德内尔勋爵地产的年总收入，从1606年、1607年的2258英镑17先令5.5便士增加到1653年的4335英镑7先令10便士。[①]

斯宾塞家族从15世纪后期起在沃里克郡东南部靠农业和畜牧业致富，成为引人注目的新兴地主。斯宾塞家族最初大约是于1461年在霍德耐尔取得一块租地，在此前后还在沃尔姆莱顿租种了蒙福德的部分土地。[②]约翰·斯宾塞一世大约1480年出生，他没有继承土地，首先在他租种的土地上养起了羊。1506年他第一次买下土地，后又在1508年买下阿尔索普的土地，从而进入北安普敦郡。他把这个郡南部维肯地方的边远的可耕地改为牧场。[③]约翰·斯宾塞一世为这个家族的昌盛打下基础。起初，约翰·斯宾塞一世是在租来的牧场上放牧，他是斯奈特菲尔德庄园的农场主，在那里住到1497年，后作为他舅舅的指定继承人搬到霍德耐尔继续从事牧羊业。[④]16世纪初年，约翰·斯宾塞一世租种了沃尔姆莱顿庄园和牧场、努尼顿小女修道院在霍德耐尔

---

① C. E. Moreton, The Townshends and Their World: Gentry, Law, and Land in Norfolk, C. 1450−1551. Oxford, Clarendon Press, 1992. p. 200, Table P.

② Christine Carpenter, Locality and Polity: A Study of Warwickshire Landed Society, 1401−1499. Cambridge U. P., 1992. pp. 136−137.

③ Joyce Youings, Sixteenth Century England. Penguin Books, 1984. p. 60.

④ M. E. Finch, The Wealth of Five Northamptonshire Families, 1540−1640. Oxford U. P., 1956. p. 38.

的土地，从爱德华·雷利爵士处租了斯通顿的牧场等土地，还租下了约翰·里斯莱的拉德布罗克庄园和拉德伯恩庄园等地，这些都是理想的适于放牧的土地。[①]租地牧羊获得的利润，使约翰·斯宾塞一世能够买下有无限继承权的土地。

1506年约翰·斯宾塞一世买下沃尔姆莱顿庄园和在芬尼克朗普顿的土地，共花去1900英镑，他在这里安下了自己的家。1508年他花800英镑买下了位于北安普敦西北6英里的阿尔索普庄园。1510年他又买下了伍德福德教区欣顿的一座庄园，以及在上、下波丁顿的庄园。次年他又取得了威肯和诺波特的庄园。1518年他花了400英镑买下了位于北安普敦郡和沃里克郡交界处的斯通顿庄园，形成了围绕着阿尔索普和沃姆利顿的斯宾塞家族的大片地产。约翰·斯宾塞一世作为一个有经验的牧羊业主，选择了理想的牧羊场作为他的地产。其中有些已经圈地并且改为牧场，另有不少是他买下后改作牧场的。善于选择土地这个优点对于约翰·斯宾塞一世的地产和财富的发展有着决定性的意义。以后，约翰·斯宾塞二世继续扩大家族的地产，1576年租下了莱斯特郡普尔特尼庄园的土地，1577年租下了沃里克郡的克拉弗顿猎苑，1589年又取得了埃尔金顿的牧场。[②]

随着地产的扩大，斯宾塞家族饲养的羊的数目骤增。1576年10月在北安普敦有3195只羊，在沃里克郡有10034只羊，共有13229只羊。1577年5月在北安普敦有3453只羊，在沃里克郡有10466只羊，共有13919只羊。1578年夏末在北安普敦有3691只羊，在沃里克郡有10563

---

① M. E. Finch, The Wealth of Five Northamptonshire Families, 1540-1640. Oxford U. P., 1956. p. 39.

② M. E. Finch, The Wealth of Five Northamptonshire Families, 1540-1640. Oxford U. P., 1956. p. 40.

只羊，共有14254只羊。①

斯宾塞家族提供给市场的产品一是羊毛，二是羊肉。1576年10月到1577年10月，提供给市场羔羊3071只，此外还有2765只其他类型的羊。②斯宾塞家族是大宗羊肉的生产者，他们直接与伦敦商人做交易，以取得较高的价格。从16世纪初年开始，约翰·斯宾塞一世每年把他的肥羊直接出售给伦敦和其他地方的商人，伦敦的羊肉铺成为他的羊群的主要买家。17世纪初年，约翰·斯宾塞二世每年要在伦敦住上一段时间，以收回产品销售的收入，他每年往往专门与伦敦一两家羊肉铺打交道。例如1611年他在伦敦的主要债务人是屠夫扎克里·卡茨·赖特先生和斯特莱顿先生。与斯宾塞家族做生意的买主可以与其定下协议，做大宗交易。例如1576到1577年，斯宾塞家族共卖给鲍尔先生1800只阉羊，一次就交货600只。③16到17世纪，伦敦食品市场的发展对羊肉的需求增长，有助于斯宾塞家族通过出售羊肉获得很丰厚的收益。

羊毛是斯宾塞家族牧羊业的另一项大宗商品。在17世纪初年，这个家族羊毛的买主大概主要是羊毛商，而且好像每年是不同的羊毛商。例如，1629年约翰·斯宾塞二世决定把当年和以后两年的羊毛全部出售给伦敦的批发商亨利·摩尔，亨利是呢绒商托马斯·赖特的合

---

① M. E. Finch, The Wealth of Five Northamptonshire Families, 1540-1640. Oxford U. P., 1956. p. 171. Appendix I. Table E "Numbers of Sheep and Lambs Kept by the Spencer".

② M. E. Finch, The Wealth of Five Northamptonshire Families, 1540-1640. Oxford U. P., 1956. p. 142.

③ M. E. Finch, The Wealth of Five Northamptonshire Families, 1540-1640. Oxford U. P., 1956. pp. 45-46.

伙人。①

在16世纪70年代到80年代，羊毛每托德②售价在14先令6便士到22先令之间。9至10只羊剪一次毛可得到1托德的羊毛。以此类推，10000只羊剪一次羊毛可卖到800到1100英镑。根据16世纪末托马斯·特雷瑟姆爵士较低的估算，养一群3000只的羊和羔羊收入为720英镑，净利润为546英镑，根据这一估算，养14000头羊一年可获净利润2632英镑。根据17世纪初约翰·斯宾塞二世的伦敦账目，1610年至1611年的冬季，他出售羊毛收入为1430英镑12先令。1611年至1612年的冬季，他出售羊毛的收入为1067英镑7先令，出售羊的收入为1539英镑，两次合计为2606英镑7先令。1612年至1613年的冬季，他出售羊毛的收入为1430英镑12先令，出售羊的收入为1228英镑13先令4便士，两项合计为2659镑5先令6便士。上述数字只是部分反映了他的收入，如果把全部交易都考虑在内，他的年收入至少有4000英镑。③羊毛的价格在17世纪最初几年达到最高点，随后就开始下跌。17世纪20年代冒险商人组织公司的羊毛出口下跌，导致了羊毛价格下跌。17世纪20年代末毛织业进一步萧条，这迫使斯宾塞家族减少其羊群，同时出租某些牧羊场。1636年初，斯宾塞家族出租在沃尔姆利顿的牧场442英亩，并把羊群卖给佃户，土地租期为12年，每年地租489英镑8先令，即每英亩地租为22先令。1637年斯宾塞家族把在阿尔索普的钦克韦尔牧场和毗邻的两块草地以年地租110英镑11先令11.5便士的租金

---

① M. E. Finch，The Wealth of Five Northamptonshire Families，1540-1640. Oxford U. P.，1956. p. 45.

② 1托德（tod）通常为28英磅。

③ M. E. Finch，The Wealth of Five Northamptonshire Families，1540-1640. Oxford U. P.，1956. p. 46.

出租4年，其羊群这时减少到原先规模的三分之一。[①]

就斯宾塞家族的收入而论，有相当一部分来自地租。在1600年，有15个庄园和许多其他较小的地产是靠租地经营。来自地租和佃户更新地契的租费的收入随着时间推移逐渐增多。[②]据估计，斯宾塞家族在17世纪初的年收入在6500到8000英镑之间。[③]但斯宾塞家族还不是英国最富有的土地所有者。根据J. P. 库伯整理的表格，查理一世统治时期23名从土地获得利益的贵族中，有7人的收入达到1000英镑或更多，有3人的收入达到2000英镑或更多。[④]

① M. E. Finch, The Wealth of Five Northamptonshire Families, 1540–1640. Oxford U. P., 1956. pp. 47–48.

② M. E. Finch, The Wealth of Five Northamptonshire Families, 1540–1640. Oxford U. P., 1956. p. 49.

③ M. E. Finch, The Wealth of Five Northamptonshire Families, 1540–1640. Oxford U. P., 1956. p. 63.

④ H. R. Trevor-Roper, "The Gentry, 1540–1640." Economic History Review, Supplement I, 1953. p. 54.

第六章

近代初期的土地关系

第一节 16世纪到17世纪的土地关系

到了近代初期，英国农民按照土地保有权的不同，基本上仍分作两类，即自由持有农和公簿持有农。公簿持有农是根据领主的意愿，按照庄园习惯法拥有土地保有权。由于近代早期绝大多数习惯佃户持有庄园法庭证明他们持有土地的资格证书的副本，他们通常被称为公簿持有农。[①]

自由持有农根据普通法而不是根据习惯法拥有土地保有权。从原来的意义上说，"自由持有"是指对一块土地拥有的期限不短于一生。拥有自由持有保有权的人要承担十分光荣的也是负担最重的骑士服兵役义务。到16世纪，这种服兵役义务或是折算成骑士捐即军役代役税，或不再实行。领有骑士封地还有其他的负担。"骑士捐附带着

---

① Eric Kerridge, *Agrarian Problems in the Sixteenth Century and After*. London，1969. pp. 34-35.

臣从宣誓礼，臣从宣誓礼附带着他们的效忠，效忠随附着服役方式；因此，臣从宣誓礼、效忠和骑士捐带出了他们受监护、婚姻关系和被救助。"当实行无兵役租佃保有权时，佃户仍需行效忠宣誓礼以表示忠诚，并向领主交纳继承地产时的交纳，通常相当于一年的地租。某些无兵役租佃保有权佃户要交纳租借地继承税。在任何一个拥有财产的自由持有农死后，由当地其他地主组成的陪审团以国王的名义调查其持有的保有权、信用、继承人的姓名。资格不符者，王室要没收其土地。①

拥有较多土地的自由持有农是农村中的富裕者，他们中一部分属于地主。他们当时关心的不是如何发展农耕，而是地租收入。自由持有农普遍实行了转租承包制。例如，在马凯特波斯沃思，16世纪末有9名无兵役租佃农，其中3名是业主。有6名自由持有农，他们招有14名转租承包人。在贝德本特，16世纪有140处自由持有地，其中47块土地为自由持有农的佃户占有，93块为转租承包人占有。1664年在塞文河上厄普顿的89个庄园的自由持有农中，有1名自由持有农手下有3名转租承包人，1名自由持有农手下有2名转租承包人，有14名自由持有农手下有1名转租承包人。在沃尔克林安，23名庄园自由持有农中，16人大概属于业主。其他的自由持有农中，1名自由持有农手下有24个转租承包人，1名自由持有农手下有15个转租承包人，1名自由持有农手下有9名转租承包人，1名自由持有农手下有2名转租承包人，另外3名自由持有农每人各有1名转租承包人。这样，7名无兵役租佃农共有53名转租承包人。②在15世纪，出租期限在30年以上的情

---

① Joyce Youings，Sixteenth Century England. Penguin Books，1984. p. 52.

② Eric Kerridge，Agrarian Problems in the Sixteenth Century and After. London，1969. p. 49.

况在转租自由持有地中占主导地位。此后到1650年，出租期限逐渐缩短，一般在3至14年之间，只有极少数土地出租期限超过21年。到17世纪末，出现了租期为1年的例子。[①]

很多土地承租人也在进行类似的转租活动。他们不光转租土地，还转租农舍。有的承租人把承租农场的一半转租出去，并同转租承担人订立契约，由后者向庄园领主交纳地租，由地主向未得到许可的转租者征税。例如，绅士约翰·厄恩利从赫福德伯爵手中承租了厄奇丰特的韦德汉普顿农场，他又把它转租给约翰·塔切，并出售了转租承租人归还的土地。[②]

这个时期绝大多数庄园中实行了公簿持有保有权，而各地实施的公簿持有保有权又有很大的差别。

在西部地区，除了汤顿狄恩河谷以外，最常见的是租期为终身或数代人的公簿持有保有制。通常领主按照习惯给予三代租户一份文书抄本，三代人可前后继承租地。有的时候，授予四五代人一份文书抄本。在另一些地方，一份抄本只给一两代人。一般来说，只有在公簿上写有姓名的人才是习惯佃户，但少数庄园有一种习惯，在授权给一个人时，允许在他的姓名后面再加上其他继承人的姓名。当然，按照数代人期限持有土地的公簿持有农，得根据领主意愿和庄园习惯法支付更新租契时的特别租费。[③]

在密德兰地区，公簿持有农的负担很重，通常可租种土地21年，但有时可达40年、61年，至少为9年。在同一个庄园中，租地期限也

① B. A. Holderness，Pre-Industrial England：Economy and Society，1500-1750. London，Dent and Sons，1976. pp. 77-78.

② Eric Kerridge，Agrarian Problems in the Sixteenth Century and After. London，1969. p. 49.

③ Eric Kerridge，Agrarian Problems in the Sixteenth Century and After. London，1969. p. 36.

会有不同。对于租种土地为期数年的公簿持有农，更新租契的特别费用由庄园领主随意确定。①

在继承土地时，几乎有一半以上的公簿持有农要交纳过户费，其数额通常不超过固定的入地费，为一两年的习惯地租。公簿持有农继承土地时交纳的上述费用必须是"合理的"，即必须合乎继承的习惯。简单地说，继承租地时交纳的特别入地费，要由契约双方和庄园所有的佃户同意并认为合理。当就过户费发生争执时，可以提交更高一级的法庭审理。普通法庭通常只允许交纳一年或一年半的地租额，但向高等民事法庭抗辩时，会判决交纳相当于两年地租的过户租费。而在提交大法官法庭审理时，会判决交纳相当于一年半土地利润的过户费。②

也有少数公簿持有农完全按照庄园习惯法庭案卷，而不是根据领主的意愿来持有土地。他们自己拥有直接的土地保有权，称为自由公簿持有权。这种保有权来自征服者威廉占领的撒克逊人自营地的保有权，它受到国王颁发的权利文书的保护。③

拥有各种保有权的农民明显存在按地区分布的特点。例如，自由持有农和可继承的公簿持有农在东盎格利亚特别普遍。自由持有农在沃里克、莱斯特的比例比在其他大多数郡要高。伍斯特郡和威尔特郡的特点是存在终身公簿持有农。④

① Eric Kerridge, Agrarian Problems in the Sixteenth Century and After. London, 1969. p. 37.

② Eric Kerridge, Agrarian Problems in the Sixteenth Century and After. London, 1969. pp. 38-39.

③ Eric Kerridge, Agrarian Problems in the Sixteenth Century and After. London, 1969. pp. 40-41.

④ J. A. Yelling, Common Field and Enclosure in England, 1450-1850. Macmillan, 1977. p. 116.

此外，在三个地区有着特别的习惯保有权。

在威尔士诸郡，混淆了普通法保有权和习惯法保有权。许多所谓的自由持有佃户，不仅要承担租地继承税，还要在女儿结婚和死亡时交纳税费。在威尔士北部，许多"自由持有农"是亨利七世1507年宪章所解放的王室和教会地产上的农奴，1603年财政法庭的命令澄清了上述混乱。它宣称，1507年宪章给予他们的只是人身解放，而没有给予他们土地。[①]

在康沃尔，除了许多终身公簿持有农以外，在古代公爵领地的17个庄园中，还存在着常规佃户。这些佃户持有的土地，由他们的长子继承，若无长子，由长女继承。常规佃户承担法庭的诉讼、习惯地租、租地继承税，在收获时为领主打短工，担任采邑总管、十户联保组的组长。他们不是凭庄园法庭的判决领有土地，而是凭为期7年的租契领有土地，每隔7年他们在特别的征税法庭更新其权利。每次更新租契时，要向领主支付固定的更新契约的特别租费。它最多达6英镑。这笔款项不是一次交清，而是与习惯地租同时，在7年的前6年中每年交纳六分之一。此外，还要交纳一种称为"新知识"的两年地租。[②]

在英格兰西北部和东北部低地及北部乡村，流行的保有权是租佃权。拥有租佃权的16岁以上身强力壮的农民要根据边境地区看守人的命令去服兵役，抵抗苏格兰人的入侵。其中某些继承下来的租地权不需交纳入地税，或者只交纳很少的固定租费，此外，要交纳更新租契

---

① Eric Kerridge，Agrarian Problems in the Sixteenth Century and After. London，1969. pp. 41-42.

② Eric Kerridge，Agrarian Problems in the Sixteenth Century and After. London，1969. p. 42.

的租费。新来的外地人要根据领主的意愿支付一笔入地费，而取得租佃权。[1]

近代初期在英格兰还广泛地存在着按照领主意愿的租佃制。在这种租佃制度下，佃户从土地获得的利益较少。这种制度当时在密德兰平原上广泛存在。领主不是把土地作为特有自由地产租给佃户，而是把地产作为单纯的物让佃户占有，允许佃户种植谷物，收获庄稼。这种租借权，通常是给予茅舍农、贫民或最穷的租地农场主。爱德华·柯克曾说到，诺曼征服后，在东北部低地区即存在这种制度，称为习惯按领主意愿的租借权。[2]

还有一种属于严格意义上的盘剥地租，是通过口头租约实行的逐年租借制。这种租佃制1560年以后在密德兰平原、维尔登河谷、皮克林河谷、剑桥郡附近的低地、英格兰西部、产牛油和奶酪地区等地发展起来。18世纪这种制度在这些地区很大程度上取代了所有其他租借形式。这种盘剥性地租很受地主和那些有被圈占的和改进的农场主的欢迎，也受那些前途未卜的农夫的欢迎。地租可随耕种的亩数而定。[3]

关于土地出租的期限，各学者看法不同。坎贝尔提出，租地的期限在英格兰西部或者远离伦敦的地区，比东部或者靠近都市的乡村要

---

① Eric Kerridge, Agrarian Problems in the Sixteenth Century and After. London, 1969. p. 43.

② Eric Kerridge, Agrarian Problems in the Sixteenth Century and After. London, 1969. pp. 45-46.

③ 埃里克·克里季认为："那种认为盘剥性地租是通过非法抬高地租来使农场枯竭的看法是不正确的。"（Eric Kerridge, Agrarian Problems in the Sixteenth Century and After. London, 1969. p. 46.）

长。①克里季则认为，在16世纪初，农场出租通常期限较长，常规租期为40年，有时达到60年或者99年。大约从1540年往后，土地租期一般变短了。在英格兰东部，土地租期为7年、14年或者21年，每7年更换一次租约。在英格兰西部，终身公簿持有地普遍存在，有时把租期定为一代人、两代人或三代人，通常是为期三代人，每一代人死后更新租约。有的地方不是简单地规定为三代人，而是把三代人的时限具体定为99年，这种习惯在西南部特别普遍。而终身公簿持有地在柴郡生产奶酪的乡村和兰开郡平原较普遍。在密德兰和英格兰北部，租期为21年或者三代人都比较常见，每7年或一代人死后更换一次租约。在王室所属地产上，各地土地的租期也有差别。密德兰地区王室地产上租期常为31年、41年甚至62年。在英格兰北部为31年。②

各种公簿持有农也进行转租经营。根据许多庄园关于终身公簿持有农的习惯法规定，公簿持有农可以在未经许可的情况下出租持有的土地一年零一天。对于那些通过继承持有土地的公簿持有农，通常允许他们在未经许可的情况下转租土地3年，有时出租土地的时间可更长。在做出3年以上的转租之前，公簿持有农有义务获得领主的许可，但常常可以见到公簿持有农不依照上述规定的违规做法。③公簿持有农转租土地的例子很多。例如，1555年6月到1557年10月间，布雷姆希尔庄园大约有50名公簿持有农在此期间发出了17份新的转租许可证。1610至1618年，在达林顿卡姆奈顿庄园有12名公簿持有农发出

———————————

① Mildred Campbell，The English Yeoman Under Elizabeth and the Early Stuarts. Kelly，1942. pp. 82−83.

② Eric Kerridge，Agrarian Problems in the Sixteenth Century and After. London，1969. p. 48.

③ Eric Kerridge，Agrarian Problems in the Sixteenth Century and After. London，1969. p. 50.

了一份转租许可证，它涉及其他7名公簿持有农的转租活动。①但是，一些庄园对公簿持有农转租土地的活动有限制。例如1639年奇斯伯里庄园举行效忠宣誓礼时，禁止在未经许可的情况下转租公簿持有地超过一年零一天。而在法赛特庄园，公簿持有租佃地不得向来自其他村庄的外来户再出租。②

第二节　公簿持有农受保护的问题

资本主义关系在农业中兴起后，占农业劳动者大多数的小土地所有者和小租佃农的命运，是一个曾为马克思主义经典作家关注的问题。就英国而论，特别涉及了公簿持有农这个群体。在16世纪的调查中，绝大多数庄园公簿持有农的数目超过了其他佃农群体的数目。在农民的土地保有权形式中，公簿持有保有权占据主导地位，而其他的保有权形式，如按领主意愿租佃土地的制度和租地持有保有权，规模和影响在16世纪都比不上公簿持有保有权。③就其历史而论，公簿持有农作为庄园的核心由来已久，是较为古旧的乡村制度的代表，而租地持有制度则是较迟才发展起来的。公簿持有农是较为稳定的农业劳动者。到了16世纪，甚至有一些庄园，除了公簿持有农外，没有其他类型的佃户。而小租地农则是以公簿持有农为基础在其外围萌芽的。

---

① Eric Kerridge，Agrarian Problems in the Sixteenth Century and After. London，1969. p. 51.

② Eric Kerridge，Agrarian Problems in the Sixteenth Century and After. London，1969. p. 52.

③ R. H. Tawney，The Agrarian Problem in the Sixteenth Century. Longman，1912. p. 289.

围绕着英国16世纪农业资本主义兴起的问题，公簿持有农土地被剥夺的问题引起学者的讨论。早在16世纪末17世纪初，便有学者提出了领主可以任意剥夺公簿持有农的租地而把他们加以驱赶的看法。例如，菲茨赫伯特说，"根据庄园习惯，按照领主意愿租种土地的佃户，是根据庄园法庭文件的副本成为佃户的，将不得不接受不利于他的错误判决的令状"[①]。公簿持有农能够而且事实上被驱赶。[②]而卡尔索普则在1635年出版的《庄园领主与他的公簿持有农的关系》的小册子中写道："如果领主法庭作出了不利于他们的错误判决，他们除了用请愿书形式向领主请求外，别无他法。"[③]苏联学者和中国学者在认识这个问题时，通常接受了在原始积累过程中可以任意使小农与其耕种的小块土地分离，而剥夺其生产资料的观点。其中症结之所在，是忽视了这个时期法律和司法制度在某种程度上对当时土地关系的保护作用。

16世纪英格兰都铎王朝实行的政治体制，属于绝对主义王权。这个时期的法治，较过去反而有所加强。罗马法的影响增大了。君主制国家对社会统治和社会秩序的控制作用虽然比不上欧洲大陆的绝对主义王权国家，却比过去有所加强。从中世纪沿袭而来的封建法系并未被摧毁，它对于保持社会秩序的稳定，保持经济社会生活的常态，继续在发挥作用。资本原始积累实际上是在封建法律的框架下逐渐展开的，它并没有冲破封建法律制约而自由发展。

实际上，公簿持有农在16世纪以后取得了在某种程度上受法律保

---

① Eric Kerridge, Agrarian Problems in the Sixteenth Century and After. London, 1969. p. 73.

② R. H. Tawney, The Agrarian Problem in the Sixteenth Century. Longman, 1912. p. 289.

③ Sir Christise Calthorpe, The Relation Between the Lord of Manor and His Copyholder. London, 1653 [1917]. p. 4.

护的地位。

从1439年开始，大法官法庭开始了一种按衡平法审理案件的趋势。在此同时，确保每个等级的身份头衔。而在此以前，尚无明确的法律身份规定。在这种背景下，维兰保有权成为公簿保有权。[1]在历史上，公簿持有农长时期被视为以维兰身份持有自由持有地的农民。到中世纪后期，公簿持有保有权作为一种新的保有权最终形成了。[2]诚然，公簿持有农地位的确定和用司法措施保护这个阶层，有着特定的历史背景，这就是亨利七世即位后，努力阻止人口减少的趋势，相应的司法措施正是为了适应这一具体目标。这个时期确立了只有在无法确认其土地习惯保有权的情况下才能驱逐农民，同时授予佃户抵御强迫他们服从圈地的权利。这种政策的变化使得旧的维兰保有权向农民业主转变。如R. C. 阿兰所指出的，在16和17世纪绝大部分密德兰地区，我们看到了农民地位的巩固而不是衰落。[3]16世纪中叶，萨默塞特在自己的地产上实行了一项特殊的得人心的土地政策。他敦促议会通过一项特别法令，给予他的庄园自营地上的公簿持有农特殊的受保护的权利。[4]1548年，通过了一项法令，法令称，"有鉴于这个王国的律师对于土地、租地或根据庄园法庭案卷出租的土地没有制定任何习惯法或者惯例，或附带的任何连带措施"，授权"以确保对被授予

[1] R. H. Tawney, The Agrarian Problem in the Sixteenth Century. Longman, 1912. p. 292.

[2] R. C. Allan, Enclosure and the Yeoman: the Agricultural Development of the South Midlands, 1450-1850. New York, 1992. p. 67.

[3] R. C. Allan, Enclosure and the Yeoman: the Agricultural Development of the South Midlands, 1450-1850. New York, 1992. p. 66.

[4] Eric Kerridge, Agrarian Problems in the Sixteenth Century and After. London, 1969. p. 294.

或租用萨默塞特公爵自营地上的佃户以保护"。[①]

公簿持有农的土地保有权的确立经历了一个漫长的过程。在13世纪，维兰保有权被普通法法庭视为根据领主意愿的保有权。当佃户因违犯庄园习惯法而触犯领主时，佃户无法得到普通法庭的保护和赔偿。[②]公簿持有农得到普通法庭的保护开始于这些法庭强行实施反对领主的庄园习惯法。大法官法庭是第一个接受公簿持有农申诉的法庭。从15世纪90年代起，大法官便下令，当公簿持有农成为庄园习惯法的牺牲品时，为其恢复旧有权益。普通法法庭从16世纪中叶开始接受公簿持有农的请愿。但是直到16世纪末，普通法法庭才使公簿持有农恢复被侵害的土地。而在更早的时候，公簿持有农尚无法从这些法庭得到帮助，因为当时恢复土地保有权的赦令只提供给自由佃户。到了16世纪后期，也允许公簿持有农进行诉讼来取得类似的恢复土地保有权的命令。[③]这样，公簿持有农争取自己权益的斗争形势发生了很大的变化。在15世纪，他们只能靠领主与公簿持有农之间的协议来确认其保有权。而到了17世纪，公簿持有农在很大程度上能够依靠司法

[①] Eric Kerridge，Agrarian Problems in the Sixteenth Century and After. London，1969. p. 294. footnote 2.

[②] R. C. Allan，Enclosure and the Yeoman：the Agricultural Development of the South Midlands，1450−1850. New York，1992. p. 68.

[③] R. C. Allan，Enclosure and the Yeoman：the Agricultural Development of the South Midlands，1450−1850. New York，1992. p. 69. 关于公簿持有农何时得以通过普通法法庭的诉讼取得对自己保有权的保护，历史学家对此有不同看法。格雷在《公簿持有农：衡平法和普通法》（哈佛大学出版社1963年版），J. R. 贝克尔在《约翰·斯佩尔曼的报告》（J. R. Baker，（ed.）. The Reports of Sir John Spelman, 2vols，1976−1978，Vol. ii），辛普森在《土地法史》中持上述观点。但埃里克·克里季在《16世纪及以后的土地问题》（1969年）中坚持认为，大法官法庭和普通法法庭在更早的时候已进行了干涉。克里季的观点没有被广泛地接受（参见R. C. Allan，Enclosure and the Yeoman. p. 69.）

裁决来保障公簿持有保有权。①

在16世纪提交大法官法庭的众多公簿持有农的请愿书中，持续不断地要求确认庄园习惯法。诺森伯里亚郡安布尔庄园的公簿持有权佃户提出，庄园习惯法认为全家族中最近的亲属应当作为父亲的租地的继承人，更新租契的特别租费应当限制在两年土地租额内。但是，土地调查官驳回了他的要求，声称"我们无法确认他们拥有任何可继承的地产"。也有一些地方的公簿持有农非常幸运，他们成功地敦促庄园领主正式承认习惯法，或者使其证实它的存在符合庄园法庭的规定。1567年，温切斯特大教堂的副主教和教士会以及158名公簿持有农佃户经过诉讼后，在克隆达尔庄园签订协定，一致同意规定的地租、更新契约的特别租费和可继承的公簿持有权以后应当永远被承认和得到尊重。②埃尔斯韦克庄园的佃户就其地产的性质同庄园领主进行了诉讼斗争，他们根据习惯法的记载，要求保证在父亲死后，儿子继续从事租地上的农业耕种，庄园法庭确认了这一习惯法。③

在16世纪和17世纪，涉及公簿持有农的主要问题不是年地租，而是庄园领主征收的佃户更新租契时的特别租费和土地转手时的过户费，后者数额比年地租额要高得多。当时在很多庄园中，公簿持有农的入地费和更新租契的特别租费是不固定的。例如，在诺福克和索福克郡13个庄园中的11个，佃户的入地费和更新租契的特别租费都未固定下来。④这样就为领主盘剥公簿持有农留下了极大的余地。

① R. C. Allan, Enclosure and the Yeoman: the Agricultural Development of the South Midlands, 1450-1850. New York, 1992. p. 69.

② R. H. Tawney, The Agrarian Problem in the Sixteenth Century. Longman, 1912. p. 295.

③ R. H. Tawney, The Agrarian Problem in the Sixteenth Century. Longman, 1912. p. 296.

④ R. H. Tawney, The Agrarian Problem in the Sixteenth Century. Longman, 1912. p. 300.

　　16世纪在库伯兰郡和威斯特摩兰郡，绝大多数庄园更新租契的特别租费不是按习惯法确定的，而是通过领主与农民之间协商取得一致意见后定下来的，它常常是专横的，领主可以随心所欲地确定其标准。有时更新租契的租费可达到年地租的20倍。①

　　在16世纪，领主向佃户征收越来越高的更新租契的租费。例如，在1530年至1531年间，珀西家族要求他们的习惯佃户交纳相当于1年地租或1年半地租的更新租契的租费，这比15世纪末的标准明显要高。佃户与领主之间在更新租契的租费问题上的紧张关系在1536年"求恩朝觐"起义中突出表现出来，民众起来集体强迫领主接受较为温和的更新租契的租费标准。16世纪末，佃户经常抱怨领主征收过高的更新租契的租费。1584年，洛厄斯沃特庄园、布拉肯斯维特庄园和撒克思维特庄园的佃户，向法庭提出申诉，控告爱德华·赫伯特爵士的妻子玛丽在此前14年间两次出售庄园（实际上是假出售），每次都向佃户征收一次入地费。实际上赫伯特爵士是假出售的共谋，假装把土地出售给另一个绅士，然后，再把庄园反购回来。几年以后，大法官法庭颁布了一项规则，宣布如果一个领主把整个庄园出售，就不应当征收转手费。1589年在请求法庭的一起诉讼案中，佃户乔治·布莱米尔指控卡莱尔主教说，租地继承人本应交纳相当于两年原地租的过户费，但是，现在主教要求他们支付"极难容忍的无法习惯的过户费"，由于布莱米尔拒付高额的过户费，卡莱尔主教试图驱逐他。②

　　伊丽莎白一世统治末年，威斯特摩兰郡克罗斯比加勒特庄园要求

---

　　① Andrew B. Appleby, "Agrarian Capitalism or Seignerial Reaction? The Northwest of England, 1500-1700." American History Review, Vol. 20, No. 3, 1975. p. 583.

　　② Andrew B. Appleby, "Agrarian Capitalism or Seignerial Reaction? The Northwest of England, 1500-1700." American History Review, Vol. 20, No. 3, 1975. pp. 584-585.

佃户交纳相当于3年或5年的年地租，作为更新租契的特别费用。而领主甚至要求佃户交纳12年的年地租，作为更新租契的特别费用。双方争执不下，提交大法官法庭。这时大法官法庭取折中态度，下令佃户支付相当于9年的地租作为更新租契的特别费用。[①]

在17世纪开始时，大法官法庭作出一项决定，库伯兰夫人的佃户无须在领主死后付一笔入地费，便可持有可继承的地产。这项决定对这些佃户有很大的意义，因为在16世纪，诺森伯兰伯爵的公簿持有农佃户支付的过户费变得相当高。[②]

17世纪哈利法克斯教区一些公簿持有农对庄园征收的这种转手的租费日渐不满。在韦克菲尔德庄园，庄园习惯法未规定土地转手费，而听任领主按自己的意愿来规定。土地转手费甚至出现逐渐增加的现象。为此，1606年成立了一个王室委员会来调查佃户关于将土地转手费固定下来的要求。该庄园属下的一个墓地看守区雇了一个律师并起草了一份文件提供给王室委员会，它指出，根据该庄园的概览，在爱德华二世时代对土地转手费已有规定，但不幸的是，规定为庄园领主弃置不用，而采用了另一种自行规定。希珀霍默墓地看守区也雇了一个当地律师去搜集证据查询档案。但国王的兴趣却是增加其岁入。为此，枢密院在1608年11月18日颁发一道命令，规定了很高的土地转手费，定为35年的地租。每个佃户应当分两次付清。1608年12月又发布一道命令，规定每个佃户应在次年2月2日前付清款项。没有哪个佃户

---

① R. W. Hoyle, "Lords, Tenants, and Tenant Right in the Sixteenth Century." Northern History, Vol. 20, No. 1, 1984. p. 42.

② R. H. Tawney, The Agrarian Problem in the Sixteenth Century. Longman, 1912. p. 299.

赞成这种解决办法。[1]

在威尔特郡的6个庄园和萨默塞特郡的一个庄园中，更新租契时交纳的特别地租上涨得很快。1520到1530年，平均每英亩土地佃户交纳的更新租契的特别地租为1先令3便士，而1540到1549年上升为每英亩2先令11便士，即增加了100%以上。1550至1559年佃户每英亩交纳的更新租契的特别租金则为5先令6便士。1560到1569年，每英亩土地更新租契的特别租金为11先令，较之16世纪50年代又增加了几乎100%。[2]

在查理一世统治时期，北惠特利庄园的200名王室佃户深受领主实施的盘剥性地租剥削之苦，他们雇了一个律师就他们更新自营地租契时纳款的数额进行谈判，但谈判的结果无助于佃户。相反，领主出于自身利益还把更新租契时交纳的租费标准提高了。[3]

1603年以前，当英格兰和苏格兰两个国家关系较为紧张时，在英格兰北部的诺森伯兰郡、威斯特摩兰郡、库伯兰郡、兰开郡、达勒姆郡，佃户们以一种多少带些特权的保有权方式持有土地。这些佃农之所以能享有特别有利的保有权，是因为当时他们对国王和国家承担了边境地区的防务义务，而国王不希望边境各郡的居民过于贫穷，以至于无力置备武器和马匹。这种租佃权，根据各庄园的习惯法而定，在一个庄园与另一个庄园之间差别较大。一般来说，佃户交纳的地租和更新租契时交纳的特别租费数额都较低，并且常常数额是固定的，佃户对他们的领主承担的义务不多，拥有这种保有权的佃户可以很容易

---

[1] Matha J. Ellis, "A Study in the Manorial History of Halifax Parish in the 16th and 17th Centuries." Yorkshire Archeological Journal, XL, 1960. part 1, 2, pp. 259-260.

[2] R. H. Tawney, The Agrarian Problem in the Sixteenth Century. Longman, 1912. p. 306.

[3] R. H. Tawney, The Agrarian Problem in the Sixteenth Century. Longman, 1912. p. 302.

地将保有权转手。与英格兰其他地方的习惯佃户不同，英格兰北部的佃户可以自由地部分或全部出售其租佃权，公开换取现金。在伊丽莎白一世在位时期，这里的习惯佃户可以请求国王保护他们，使其免遭领主过度的苛捐杂税，而国王有时会站在习惯佃户一边。[①]

伊丽莎白女王去世后，苏格兰国王詹姆士六世入主英格兰，称詹姆士一世。詹姆士一世在1604年任命了一个委员会，去确定英格兰和苏格兰的边界，并对边境地区的习惯法、保有权及国王地产的价值做调查。1604年的调查关于哈博特尔庄园的概览没有提到佃户在开始租种土地时要交纳一笔入地费，也没有提到佃户更新租契的地租究竟是固定的还是按照领主意愿而定。[②]1605年以后，作为当地佃户租佃权基础的防守边境的义务已不需要，这样，佃户租佃权的存在也成了问题。1611年以后，当地土地持有人霍华德·德·瓦尔顿勋爵竭力结束租佃权，意在将有租佃权的佃户变为按照领主意愿租种土地的佃户。1614年初，瓦尔顿与要求沃克庄园租佃权的阿布罗斯·查尔顿和约翰·埃林顿之间展开一场讼案。但瓦尔顿勋爵在取得租佃权的诉讼案中未能取得成功。作为法庭的北方委员会承认在沃克和哈博特尔庄园实行的习惯法继续有效，支持佃户的租佃权要求。[③]

1603年后，英国王室采取了破坏习惯佃户受保护的地位，使习惯佃户在交纳一笔款项后转化为租地持有农的政策。习惯佃户在法律上

[①] S. J. Watts, "The Tenant-Right in Early Seventeenth-Century Northumberland." Northern History, Vol. Ⅵ, 1971. pp. 65-66. Annette Bagot, "Mr. Gilpin and Manorial Customs." Transaction of the Cumberland and Westmorland Antiquarian and Archaeological Society. 1962. pp. 224-245.

[②] S. J. Watts, "The Tenant-Right in Early Seventeenth-Century Northumberland." Northern History, Vol. Ⅵ, 1971. pp. 68-69.

[③] S. J. Watts, "The Tenant-Right in Early Seventeenth-Century Northumberland." Northern History, Vol. Ⅵ, 1971. p. 73.

受保护的地位遭到破坏。1620年7月28日，詹姆士一世发布了一项王室宣言，表示不再保护佃户的习惯保有权。宣言说："有鉴于敕令和法律判决时常宣布和规定的，自从这两个名声很好的王国已经非常幸福地合并，租佃权……已无条件地……失效和取消……然而，却不断有关于租佃权或习惯地产可继承的讼案提出，根据这些要求，由此……双方承认无须加以责备，并且由于贫穷……可以造成骚乱和煽动性的尝试；我们……向我们全能的审判者［上帝］建议，出其不意地袭击并中止这种性质的争吵和诉讼。并且［下令我们的官员］把所有的地产，无论是终身租佃的还是由数代人租佃的，根据同一份契约征收转手费或改进地租。"王室宣言要求所有各郡领主遵循王室的榜样，出租他们的土地，并且建议，不要再论及为边境防卫服役的租佃权或习惯地租。这份王室宣言在结束部分表达了这样的希望："很好地履行职责的佃户会被审慎的领主善待。如果他们不是这样，衡平法院将'废弃'领主。"①

　　出于对王室宣言的不满和保护自身利益的需要，1621年1月，肯达尔的100多名佃户在斯塔夫利教堂起草了一份给国王和议会的请愿书，表明威斯特摩兰的农民维护其租佃权的要求。随后提交议会。当地地主也提交了自己的议案。1622年6月，詹姆士一世致函达勒姆和卡莱尔主教，要他们敦促北方巡回法庭的法官否决佃户关于租佃权的要求。1622年11月7日，星室法庭（star court）指责北方佃户"非法集会，并发表诽谤性文件"，"以反对国王陛下关于取消保有权和在威斯特摩兰边境服役的宣言"。但是佃户们认为自己无罪，他们强调，

_____

① J. F. Larkin and P. L. Hughes,（eds.）, Stuart Royal Proclamation. Vol. I：1603–1625. Oxford U. P., 1973. pp. 488–490.

他们持有的是可继承的习惯地产。这时，高等民事法庭的大法官亨利·霍巴特与王室法庭的其他法官表示不同意国王的意见，而决定支持肯达尔佃户的要求。随后，詹姆士一世写信给星室法庭法官，强调特权法庭没有资格审理肯达尔土地保有权案。1625年7月，霍巴特和星室法庭的其他法官接受了詹姆士一世的意见，他们答复国王说："我们认为，今后在这类关于入地许可、契据或财产随附权利的案件中，应当不再提及租佃权，而且，根据国王陛下对此事的宣言和指示的意思，从此以后永远忘记它。"法官们决定，伊丽莎白女王时期的租佃权，今后不再作为法律基础。1621年6月，财政法庭宣布，布雷德谢德的佃户关于租佃权的诉讼要求无效。以后，沃克庄园和哈博特尔庄园佃户案也遭到相似的判决，这些佃户只能接受租地制或按照领主意愿租佃土地。在此同时，其他诺森伯兰郡的佃户也不再享有习惯法支持的有特权的租佃权。到内战前夜，租佃权在诺森伯兰郡已彻底消失了。[①]

在珀西家族地产上，领主强迫习惯佃户转为租地持有者，他们得交纳相当于习惯地租数额双倍的特别租费。这种要求遭到佃户的拒绝。佃户们认为，他们应当用法律来捍卫他们的继承权。[②]1625年以后，尽管没有强制性地否认佃户的继承权并把他们转为租地持有者，但是，更新租契时的特别租费构成了对佃户沉重的压力。除珀西家族外，其他许多领主都向佃户征收数额等于20年或者30年地租的更新契约的特别租费或入地费。亨星汉庄园的佃户每7年要支付一次相当于7

---

① S. J. Watts, "The Tenant-Right in Early Seventeenth-Century Northumberland." Northern History, Vol, Ⅵ, 1971. pp. 73-87.

② Andrew B. Appleby, "Agrarian Capitalism or Seignerial Reaction? The Northwest of England, 1500-1700." American History Review, Vol. 20, no. 3, 1975. p. 588.

年地租的更新地契的特别租费。到16世纪末，在吉尔斯兰德男爵的利弗斯戴尔庄园，一般来说，更新租契的特别地租相当于20年到30年的年地租额，最高时可达到旧时地租的96倍。在王室所属的庄园内，更新租契的特别租费则定得温和些。[1]

在剑桥郡的威尔伯顿庄园，地租长期以来是固定的。1609年时公簿持有农的地租与亨利七世时规定的地租是一样的，每24英亩土地附带少量的低草地和一定的放牧权，须付地租20先令。在土地价值已大大上涨的情况下，这对公簿持有农是十分优惠的。自营地仍然以8英镑的旧地租额出租。按照当时的商业性地租或盘剥性地租计算，估计地租应为66英镑13先令9便士。[2]

1642年12月16日，长期议会就一份旨在剥夺威斯特摩兰、库伯兰、达勒姆、纽卡斯尔和北安普敦居民租佃权的报告宣布说，这完全是错误的。它宣布说："他们从未有这样的剥夺或破坏上述佃户权利的意向，或者对那些坚持他们特殊习惯的人抱有成见。"[3]

近代初期英国的一部分公簿持有农开始向自由持有农转化的问题，是英国土地史中一个引人注目的问题。

公簿持有农向自由持有农的转化，是历史的进步现象。[4]而租地持有农的出现，本身表现出一种修改和摧毁庄园制的迹象。[5]公簿持

---

① Andrew B. Appleby, "Agrarian Capitalism or Seignerial Reaction? The Northwest of England, 1500-1700." American History Review, Vol. 20, No. 3, 1975. p. 591.

② W. H. R. Curtler, The Enclosure and Redistribution of Our Land. Oxford, 1920. p. 119.

③ A. H. Johnson, The Disappearance of the Small Landowner. Oxford U. P., 1909. p. 70.

④ R. W. Hoyle, "Lords, Tenants, and Tenant Right in the Sixteenth Century." Northern History, Vol. 20, No. 1, 1984. p. 54.

⑤ Matha J. Ellis, "A Study in the Manorial History of Halifax Parish in the 16th and 17th Centuries." Yorkshire Archeological Journal, XL, 1960. p. 261.

有保有权可以简单地公式化表述为"根据庄园习惯和领主的意愿持有土地"。虽然公簿持有农持有一份庄园法庭文簿的文件附件，但他们仍然在某种程度上受领主支配，而自由持有农的自由所有权的法律地位是毋庸置疑的。自由持有农的法律地位有极大优越性，其社会地位也比公簿持有农高得多。公簿持有农成为自由持有农之后，他的土地便成为自由持有地，其土地被"授予公民权"，这意味着他可以毫无保留地把土地遗赠给自己的继承人。

英国的公簿持有农是通过赎买的方式来解脱作为中世纪维兰身份残余物，在租佃权中和租佃权之外受领主束缚的身份制残余的，使自己成为自由持有农。这种公簿持有农被"授予公民权"的过程，与易北河以东、中东的农奴解放在程度上有所不同，但赎买的方式却有相近之处。这一赎买过程使我们感觉到在近代初期英国农民各阶层之间的差别仍是如此之大，一些农民阶层离自由农民的距离还是那么远。如本书后来的章节将要阐明的，英国的公簿持有农的解放，即向真正的自由农民的转变，是通过漫长的整个近代时期才最终在法律上完成的。

在公簿持有农向自由持有农转化一事上，17世纪初王室调查委员会的调查表明，较富裕的佃户甚至愿意支付相当于80年地租的费用以换取自由持有农的身份。1607年4月在苏瓦比有7名公簿持有农，在希珀霍姆也有7名公簿持有农愿意付出总数545英镑的费用以换取他们的自由，即一个人最高可付出80英镑的费用。[①]

收藏在坦普尔·纽塞姆文件中的一些材料表明，在1609到1641年

① Matha J. Ellis, "A Study in the Manorial History of Halifax Parish in the 16th and 17th Centuries." Yorkshire Archeological Journal, XL, 1960. p. 263.

间，发放了85份"授予公民权"的证书。根据这些证书，在哈利法克斯庄园，有90名公簿持有农获得了自由。在1609年8月颁发了43份授予公民权的证书。少数公簿持有农为取得解放证书付了几先令费用，但大多数公簿持有农付资甚多，每人付出的费用从5到100英镑不等，还有少数人付出了200英镑。1657年11月10日，海普通斯塔尔庄园的领主乔治·萨维尔爵士也采取了收取更新地契的特别罚金以"授予公民权"的做法，以此使公簿持有农转变为自由持有农。①

在南密德兰地区，更多的土地是按照有收入权益的租地制出租，而不是按照公簿持有地出租。在这种有收益的租地制条件下，年地租很低。而对于承租这种土地的农民来说，作为其主要负担的是在开始承租土地时要支付大笔的入地费。这种租地通常按3年租期出租，而到17世纪中期以后，租地期限变长。在整个密德兰，通常庄园自营地都按有收入权益的租地制出租。到18世纪，领主完全用为期数代人的租地制代替了为期数代人的公簿持有制。②在北安普敦郡和莱斯特郡，习惯土地的占有者在近代早期通常是按有收入权益的租地制而不是公簿持有制持有土地。③

这种有收入权益的租地保有权是可靠的。霍兹沃斯指出，从15世纪开始，英国的法庭便承认佃户有权利"从容地享受权利"。④有收入权益的租地持有者可以选择为期数代人的租佃期限，或在数年租期情

---

① Matha J. Ellis, "A Study in the Manorial History of Halifax Parish in the 16th and 17th Centuries." Yorkshire Archeological Journal, XL, 1960. p. 264, footnote 1.

② Christopher Clay, "Lifeleasehold in the Western Counties of England 1650-1750." Agricultural History Review, Vol. 29. pp. 83-96.

③ R. C. Allan, Enclosure and the Yeoman: the Agricultural Development of the South Midlands, 1450-1850. New York, 1992, p. 70.

④ Sir W. S. Holdsworth, A History of English Law. Vol. 7. London, 1937. pp. 251-254.

况下以遗赠土地的方式来控制租地的继承权。有收入权益的租地制度主要受限制之处在于,它不能像公簿持有地那样分租给别人。例如,1606年规定,禁止租地农转让过户或分租租地。[①]但是,有收入权益的租地农有保护他们租地的办法。从中世纪开始,为期数年的有收入权益的租地农就能够和公簿持有农一样通过物权诉讼恢复对其财产的占有。1449年的一项决定允许佃户在租佃期内通过收回不动产的诉讼以恢复对土地的占有。[②]在大法官干预保护公簿持有农时,也确立了对有收入权益的租地农保有权的保护。[③]

[①] Sir W. S. Holdsworth, A History of English Law. Vol. 7. London, 1937. pp. 281-282.

[②] J. Baker, The Reports of Sir John Spelman, 1976-1978. Vol. II. pp. 180-183.

[③] R. C. Allan, Enclosure and the Yeoman: the Agricultural Development of the South Midlands, 1450-1850. New York, 1992. p. 71.

第七章
早期圈地运动

人们对某个历史事件和历史时期的估计和印象常常会受到某种有影响的作品的重大影响，那些对于历史事件富于感情色彩的文字会使后人在历史评价时产生偏差。人们对16世纪圈地运动的印象一度也处于这种状况。

描写16世纪英国圈地运动的最有影响的著作当数托马斯·莫尔的《乌托邦》。莫尔写《乌托邦》，起始时间不早于1514年，完成时间不晚于1516年9月。他是在出使欧洲大陆期间利用闲暇时间撰写这部著作的，回国后完成了这部著作，并在1516年秋季出版。当时的书名是《关于最完美的国家制度和乌托邦新岛的既有趣又有益的全书》。①莫尔出于一个人文主义者对社会和人类的关怀及对未来乌托邦社会的美好设想，严厉地抨击和描述了当时进行的圈地运动及奴虐人的制度造成的严重的英国社会问题。

莫尔的《乌托邦》描述了英国圈地运动。他写道，那些圈地的

①［苏］И·Н·奥西诺夫斯基：《托马斯·莫尔传》，杨家荣、李兴汉译，商务印书馆1984年版，第91页。

地主、绅士，"他们过着闲适奢侈的生活，对国家丝毫无补，觉得不够，还横下一条心要对它造成严重的危害。他们使所有的地耕种不成，把每寸土地都圈起来做牧场，房屋和城镇给毁掉了，只留下教堂当作羊栏，并且好像他们浪费于鸟兽园囿上的英国土地还不够多，这般家伙还把用于居住和耕种的每块地都弄成一片荒芜"①。

"因此，佃农从地上被撵走，为的是一种确是为害本国的贪食无餍者，可以用一条栅栏把成千上万亩地圈上。有些佃农则是在欺诈和暴力手段之下被剥夺了自己的所有，或是受尽冤屈损害而不得不卖掉本人的一切。这些不幸的人在各种逼迫之下非离开家园不可——男人、女人、丈夫、妻子、孤儿、寡妇、携带儿童的父母，以及生活资料少而人口众多的全家，因为种田是需要许多人手的。嗨，他们离开啦，离开他们所熟悉的唯一家乡，却找不到安身的去处。他们的全部家当，如等到买主，本来值钱无多，既然他们被迫出走，于是就半文一钱地将其脱手。"②

"他们在流浪中花完这半文一钱之后，除去从事盗窃以致受绞刑外（这是罪有应得，你会说），或是除去沿途讨饭为生外，还有什么别的办法？何况即使讨饭为生，他们也是被当作到处浪荡不务正业的游民抓进监狱，而其实他们非常想就业，却找不到雇主。他们是对种田素有专长的，可是找不到种田的活，由于已无供耕种的田。一度需要多人耕作才产粮食的地，用于放牧，只要一个牧人就够。"③

莫尔用"羊吃人"来概述圈地运动的后果。他写道："你们的

---

① ［英］托马斯·莫尔：《乌托邦》，戴镏龄译，商务印书馆1982年版，第21页。
② ［英］托马斯·莫尔：《乌托邦》，戴镏龄译，商务印书馆1982年版，第21—22页。
③ ［英］托马斯·莫尔：《乌托邦》，戴镏龄译，商务印书馆1982年版，第22页。

羊，一向是那么驯服，那么容易喂饱，据说现在变得很贪婪，很凶蛮，以至于吃人，并把你们的田地、家园和城市蹂躏成废墟。"[1]

莫尔在《乌托邦》中对英国圈地运动的描写产生了很大的影响。现在看来，过去对16世纪上半叶宗教改革和圈地运动在英国造成的农村经济和社会变革程度和农业资本主义发展水平，有估计过高的倾向。一些学者认为，英国在16世纪已经是资本主义尤其是农业资本主义的典型国家，这与历史事实有偏差。英国的圈地运动前后经历了300多年的过程。16世纪的圈地是整个圈地运动重要的起始阶段，但尚不是决定性的阶段。16世纪圈地运动的规模远比不上17世纪。从封建主义向资本主义过渡时期英国的乡村经济关系较为复杂。

敞田指若干所有者的土地混杂地分散分布的大片土地。在圈地运动开展之前，敞田在英格兰普遍存在。研究土地制度史的学者霍默在1766年写的《论圈围公田时确定业主各自特定部分的性质和方法》一书中给"敞田"下了一个定义："敞田就是几个所有主的土地混杂地分散开来的大片土地。"敞田是敞着的，没有围垣的田，它与那些圈围起来而能自主的地产是相对立的。敞田掌握在几个都拥有各自契据的所有者手中，他们拥有土地的保有权形式可能各不相同。例如，有的人拥有土地所有权，而有的人是通过永久租赁的方法占有土地，他们的土地并没有构成一个不可分的整体。这些土地"混杂地散布着"，它们分成许多小块，彼此混杂地交错在一起，这是敞田制最明显的特点。例如，1750年威廉·卢卡斯拥有的地产是由47块分散在镇区各处的地段所组成的。这些长方形地块的每一块都是以一条长而窄

① ［英］托马斯·莫尔：《乌托邦》，戴镏龄译，商务印书馆1982年版，第21页。

的带形地呈现出来，而每条带形地又被一条细长的浅草与相邻的带形地隔开。它平均大小是40竿长，4竿宽，约合200米长，20米宽，面积为1英亩。这种带形地往往分成两个长约20竿的相等部分，这种地段就叫"牛路"。①这种地段延伸的方向与犁路的方向一致，在每一尽头处均留有一块供犁头转回的地方。这种敞田制的耕地分布，使农民的耕作非常困难，每个农民与他周围人的土地十分密切地连接着，错杂地混在一起，没有邻人的帮助就无法从事耕作。每块土地插在他人的土地中间，各人的地块之间不可能设立围篱，使得履行与土地相关的义务也十分复杂。但各地块之间用一些狭窄的不耕种的地带隔开，而各地块的生产当然毫无争执地归其主人进行。敞田制是一种较为原始的土地耕作和占有方式。②

对于敞田，瑟尔斯克描述说："可耕地和草地按照耕作者分成条块，他们中每个人占有分散在土地上的若干条块。"可耕地和草地在收获后及下一个季节中对所有平民共同放牧其牲畜都是开放的。在公地上进行耕作必须遵守某些规则。例如，使冬季播种的作物和春季播种的作物在不同的区域生长。公地上有共有的牧场和荒地，条地耕作者有权在那里放牧牲畜，采集木材，采集其他东西，如石

---

① [法] 保尔·芒图：《十八世纪产业革命——英国近代大工业初期的概况》，杨人楩、陈希秦、吴绪译，商务印书馆1983年版，第112—113页。"牛路"（Oxgang）是指一头牛在一天内所耕地的面积，在不同的地区一头牛所耕地的面积也不同。在英国的不同地区，带形地的叫法各不相同。在苏格兰和诺森伯兰，被称为"rigs"，在林肯郡被称为"selions"，在诺丁汉郡被称为"lands"，在多塞特郡被称为"lawns"，在威斯特摩兰被称作"dales"，在剑桥郡被称为"balks"，在萨默塞特郡被称作"raps"，在苏塞克斯被称为"pauls"，在北威尔士被称为"loons"，等等。参见Lord Ernle, English Farming, Past and Present. Heinemann and Frank Cass. 1961, p. 24.

② [法] 保尔·芒图：《十八世纪产业革命——英国近代大工业初期的概况》，杨人楩、陈希秦、吴绪译，商务印书馆1983年版，第112—113、115—116页。

头、煤及其他他们用得上的东西。通过耕作者的会议确定在这块地
上的活动者须得遵守的制度，这种集会或是召开庄园法庭，或是某
些地方的村庄会议。①

"圈地"一词原来的意义，是指在土地四周用连续的篱笆、栅
栏、墙或沟渠把那些敞田和公地圈围起来，用重新分配的办法把分散
的地块合并起来，形成彼此完全分开的独立的地产。在圈地的初期阶
段，它是改善土地耕作和经营的自然经济的技术性措施。而随着圈地
运动的发展，它愈益带有明显的社会性并引起下层农业劳动者的怨言
和不满。从历史上看，圈地至少包括三种不同的活动：第一，圈围广
大的敞田；第二，圈围正规的公地；第三，逐渐侵占森林地、沼泽地
和其他荒地。②因此，正如瑟尔斯克所指出的，"圈地"这个概念，是
一个非常松散的论及土地处理和土地使用变化的词语。圈地在不同地
区产生的经济和社会后果差别很大。③

在中世纪很早的时候，圈地便已开始，如对荒地的圈占，对小片
林地的开发。1235年的《默顿条例》和1285年的《第二威斯敏斯特条
例》写道：授权庄园领主圈占自由佃户不需要的荒地。④黑死病爆发
以后，劳动力一度短缺，土地出现剩余。但这种情况没有持续很久。

① Joan Thrisk, "The Common Field." Past and Present. No. 29，1964. p. 3. 转引自［法］
保尔·芒图：《十八世纪产业革命——英国近代大工业初期的概况》，杨人楩、陈希秦、吴绪
译，商务印书馆1983年版，第112页。

② ［英］约翰·克拉潘：《简明不列颠经济史：从最早时期到一七五〇年》，范定九、王祖
廉译，上海译文出版社1980年版，第271页。

③ Joan Thirsk, "Enclosing and Engrossing." in Joan Thirsk,（ed.），Agrarian History of
England and Wales，Vol. 4，1500-1640. Cambridge U. P.，1967. p. 200.

④ Joan Thirsk, "Enclosing and Engrossing." in Joan Thirsk,（ed.），Agrarian History of
England and Wales，Vol. 4，1500-1640. Cambridge U. P.，1967. p. 201；W. E. Tate，The English
Village Community and the Enclosure Movement. London：Victor Gollancz，1967. p. 44.

在一个多世纪的经济停滞以后，人口重新开始增长。在人口增长影响下，从1470年起，土地价格开始上涨。到17世纪初年这种趋势变得非常突出。尽管人口的增长在一个地区与另一个地区相差甚大，但它无疑是一种全国性的普遍现象。例如，莱斯特郡人口在1563到1603年增长了58%，哈福德郡的74个教区的人口也有类似的增长率。在阿克霍姆岛，埃朴沃斯庄园在1590到1630年增加了100座农舍。在同一个地区的米斯特尔顿，40年间新建了30座农舍，饲养家畜的数量也大大增长。有的地区能够吸收增长的人口，而有的地区则不然。人口增长引起了土地争端，当时发生了不计其数的关于共有权的诉讼案件，各地实行了限制家畜饲养数量的措施。在人口增长和农业繁荣的压力下，对荒地的需求增加了。①

公地制度在历史上起源于欧洲实行领主制的心脏地区。13世纪后期，公地制度在英格兰的中部和南部平原非常流行。但是，在不列颠岛的北部和西部高原沼泽地区，农民较少受地区土地所有制的影响，公地制度与它们附带的共有的束缚比较薄弱或完全不存在。②在英格兰中世纪各郡各教区广泛存在的公用可耕地和公用荒地，经常是集体的或公共的所有物，没有明确的主人。它们大部分处于未开垦的状态。在满是荆棘的荒野里，长着杂草、灌木和金雀花，沼泽里长满了芦苇，还有一些是泥炭地，在沙石上偶尔长有树木。公地有时也包括较有价值的土地，人们可在那里放牧母羊、饲养公牛或牡马。尽管公

---

① Joan Thirsk, "Enclosing and Engrossing." in Joan Thirsk, (ed.), Agrarian History of England and Wales, Vol. 4, 1500-1640. Cambridge U. P., 1967. p. 201; pp. 204-205.

② Richard C. Hoffman, "Medieval Origins of the Common Fields." in William N. Paller and Eric L. Jones, (eds.), European Peasants and Their Markets. Essays in Agrarian Economic History. Princeton U. P., 1975. p. 27.

地的价值总的来说不高，但农民从其上获得很多收益，农民可以利用共有地上的放牧权，在其上放牧牲畜，尤其是放羊。如果公地上长着树木，他们可以砍伐木材来修理房屋或建栅栏。他们还拥有公地上的池塘和河流中的捕鱼权，以及在公有的沼泽地中挖取泥煤的权利。小租佃农持有土地很少，他们可以在公地上开垦土地，以取得一定的种植收获物补充租地收入的不足，作维生之用。妇女可在公地上拾枯木做燃料。贫穷的织工可以在公地上摊晒漂洗染色的布帛，穷人可在公地上用轻便材料搭盖简易的小屋，在那里栖身，经默许搭盖的小屋数量增长很快。[1]在公地的管理方面，从来对于维持公用耕地与牧场之间的比例没有强制性的固定规定。在需要的时候，可以通过协议，改变土地的使用方式，把可耕条地改成公用草地，或者把公用牧场改作耕地。16世纪在许多以牧业为主的地区，存在大量的公地，而乡村社区则不时就改变土地的用途作出决定。[2]

其实，在15世纪时，英格兰的一些地区便有把耕地圈围起来改作农场的做法。当时人们看到，在土地上种草比种植谷物需要的劳动力要少些。到15世纪末，人口再次增长，耕地被改为牧场或草地。随着耕地的急速减少，农业劳动者中许多人失业，同时也出现一些荒芜衰落的村庄。有利可图的畜牧业使大农场主在公用草地上饲养过多的牲畜，他们用非法的手段占有土地，并驱赶平民。小农和被雇佣人员由于这种或那种原因失去耕地，小村庄完全无人居住，较大的村庄人口

---

① F. Seebohm, English Village Community. Cambridge U. P., 1983. p. 12；Erwin Nasse, The Agriculture Community of Middle Ages and Inclosures of the Sixteenth Century in England. London, 1872. p. 8.

② Joan Thirsk, "Enclosing and Engrossing." in Joan Thirsk, (ed.), Agrarian History of England and Wales, Vol. 4, 1500-1640. Cambridge U. P., 1967. pp. 201, 206.

也严重减少。①到15世纪后期，便可以听到对圈地的抱怨之声。1414年，诺丁汉郡达林顿和拉格耐尔的国王佃户便向议会提出反对圈地的请愿书。1459年，沃里克郡歌祷堂牧师劳斯便就圈地造成乡村人口减少向议会提出请愿书。他在《英格兰国王史》中评述并批评了他所在的沃里克郡因圈地造成人口减少的问题，他列举了大都处于南沃里克郡的62个庄园、教区、村子和区的名录，指出在那里部分或全部由于圈地而衰落或人口减少，有的村庄如康普顿斯科平则完全消失了。②

在都铎王朝时期先后建立了几个圈地调查委员会。调查委员会的报告提供了一批关于圈地运动的数据。可惜这些圈地调查委员会提供的数据不完整。其中，1517至1519年的圈地调查委员会的调查涉及23个郡，但是，这23个郡残存的调查文件也不完整。1548年圈地调查委员会报告的残存部分，只包括沃里克郡和剑桥郡。1566年圈地调查委员会的报告只有关于莱斯特郡和白金汉郡的不完整的资料。1607年对密德兰地区7个郡进行了调查，调查结果是由陪审团提供的，这些资料的精确性存在问题。

根据1517至1519年圈地调查委员会在10个郡进行调查的结果，在诺丁汉郡80个村庄中，圈地4470英亩，被毁农舍71座，因圈地而流离失所的有188人。在沃里克郡70个村庄中，圈地9694英亩，农舍被毁189座，流离失所的为1018人。在莱斯特郡的49个村庄中，圈地5780.5英亩，被毁农舍136座，流离失所的为542人。在北安普敦郡112个村庄中，被圈占的土地为14018.5英亩，被毁农舍345座，流离

---

① Joan Thirsk, "Enclosing and Engrossing." in Joan Thirsk, (ed.), Agrarian History of England and Wales, Vol. 4, 1500–1640. Cambridge U. P., 1967. p. 210.

② W. E. Tate, The English Village Community and the Enclosure Movement. London, Victor Gollancz, 1967. p. 63.

失所的人数为1405人。在牛津郡107个村庄中，圈地11873英亩，被毁农舍176座，流离失所的居民720人。在白金汉郡70个村庄中，被圈占的土地为9921英亩，被毁农舍160座，流离失所的居民为887人。在贝福德郡36个村庄中，圈地面积为4137英亩，被毁农舍89座，流离失所居民309人。在伯克郡86个村庄中，圈地面积6392英亩，被毁农舍116座，流离失所的居民588人。在林肯郡63个村庄中，被圈占土地4866.5英亩，被毁农舍70座，流离失所的居民158人。在诺福克郡122个村庄中，圈占土地9334英亩，被毁农舍70座。[①]

1607年圈地调查委员会获得的资料限于密德兰地区7个郡。在沃里克郡的28个村庄中，圈占并转为牧场的有5373英亩，被毁农舍62座，流离失所者为33人。在莱斯特郡的70个村庄中，圈占并改为牧场的有12209.75英亩，被毁农舍151座，流离失所者120人。在北安普敦郡118个村庄中，圈占并改为牧场的有21335.5英亩，被毁农舍201座，流离失所的为1444人。在白金汉郡56个村庄中，圈占并改为牧场的有7077.5英亩，被毁农舍29座，流离失所者86人。在亨廷顿郡的52个村庄中，圈占并改为牧场的有7677.5英亩，被毁农舍59座，流离失所者290人。在林肯郡被圈占并改为牧场的有13420英亩。[②]

从南密德兰地区的圈地史来看，在1450至1524年和1574至1674年，圈地运动形成了两次高潮。其中1450至1524年圈地面积为182824英亩，1525至1574年圈地面积为62044英亩，1575至1674年圈地面积

① I. S. Leadam, The Domesday of Inclosures, Vol. I, 1517–1518. Kennikat Press, 1971. pp. 38, 40.

② E. F. Gay, "Inclosures in England in the Sixteenth Century." Quarterly Journal of Economics, XVII, 1903. p. 581; J. D. Gould, "The Inquisition of Depopulation of 1607 in Lincolnshire." English History Review, LXVII, 1952. p. 395.

为477500英亩。[1]

摧毁村庄和驱赶居民是圈地运动最严重的后果，它造成了大批村庄荒芜，人口减少。贝雷斯福德和赫斯特指出，在南密德兰地区，1450至1524年圈地摧毁村庄156座，1525至1574年摧毁村庄19座，1575至1674年圈地摧毁村庄54座，圈地运动期间共有370座村庄被废弃。它在当地的影响持续到19世纪，这里人口密度很低。[2]

到20世纪，学者们对16世纪密德兰地区圈地的规模作了重新估算。其中，北安普敦郡的耕地面积为382000英亩，经重新估算的圈地面积（按千英亩约数）为166000英亩，圈地占可耕地面积的43.5%。贝福德郡的耕地面积为181000英亩，经重新估算的圈地面积为57000英亩，圈地占可耕地面积的31.5%。白金汉郡的耕地面积为286000英亩，重新估算的圈地面积为68000英亩，圈地占可耕地面积的23.8%。沃里克郡的耕地面积为346000英亩，经重新估算的圈地面积为60000英亩，圈地占可耕地面积的17.3%。莱斯特郡的耕地面积为318000英亩，经重新估算的圈地面积为40000英亩，圈地占可耕地面积的12.6%。林肯郡的耕地面积为800000英亩，经重新估算的圈地面积为81000英亩，圈地占可耕地面积的10.1%。亨廷顿郡的耕地面积为140000英亩，经重新估算的圈地面积为61000英亩，圈地占可耕地面积的43.6%。牛津郡的耕地面积为287000英亩，经重新估算的圈地面

---

[1] Robert C. Allen, Enclosure and the Yeoman: The Agricultural Development of the South Midlands, 1450-1850. New York, 1992. p. 31. Table 2-1, "The Chronology of Enclosure in the South Midlands, 1450-1850".

[2] Robert C. Allen, Enclosure and the Yeoman: The Agricultural Development of the South Midlands, 1450-1850. New York, 1992. p. 40, Table, 3-1, "Enclosure and Deserted Villages". M. Beresford and J. G. Hurst, (eds.), Deserted Medieval Villages: Studies. London, Lutterworth, 1971.

积为95000英亩，圈地占可耕地面积的33.1%。伯克郡的耕地面积为275000英亩，经重新估算的圈地面积为51000英亩，圈地占可耕地面积的18.6%。诺丁汉郡的耕地面积为319000英亩，经重新估算的圈地面积为36000英亩，圈地占可耕地面积的11.3%。根据上述估算，密德兰地区总面积为5912000英亩，10个郡的耕地面积共为3334000英亩，重新估算的圈地面积为715000英亩，圈地面积占可耕地面积的21.4%。①

英格兰在中世纪很早的时候便开始对荒地、小片林地、共有地进行圈占和开发。因此，也就产生了最早的关于圈地的立法规定。1235年的《默顿条例》第4章写道："授权庄园领主在荒地上给他们的佃户留下足够的牧场后，圈占剩余的土地，但领主必须证明佃户留有足够的牧场并有进出土地的道路。"1285年的第二威斯敏斯特法规扩展了1235年的《默顿条例》的相关内容。它称："授权庄园领主在用作其他庄园共有牧场的荒地上在没有被特别授权取得共有荒地的情况下进行反对邻人的圈地。同时要保证防止建立新的共有权。""在有风车、羊栏、牛奶坊的地方，扩充一个法庭是必要的。此后，人们不能抱怨条例对共有牧场新的侵占。"如果根据这个法令进行圈地，树篱被推倒，可以扣押邻近教区的财物以补偿损失。②

梅特兰和波洛克称，在《默顿条例》以前似乎在公地上享有权利

---

① John E. Martin, Feudalism to Capitalism：Peasant and Landlord in English Agrarian Development. Macmillan, 1986, p. 135.

② Gilbert Slater, The English Peasantry and the Enclosure of Common Fields. p. 323. 波洛克和梅特兰评述说："不用怀疑《默顿条例》和第二威斯敏斯特条例确定了立法原则，领主自由持有荒芜的土地，其结果便是根据明白的意义或推论，平民所有的权利都是来自他的领主。"（F. Pollock and F. W. Maitland, The History of English Law, Before the Time of Edward I. Cambridge U. P., p. 270.）

的自由持有者,可以拒绝他的领主圈占四分之一雅兰的土地或荒地。[①]
单个农夫可以努力通过圈地来摆脱共有农耕对他的束缚,按照他自己
的意愿更好地使用圈占的土地。所以,亨利三世第二十年制订的《默
顿条约》可以称为第一个圈地法。[②]1290年议会案卷记载了罗杰·德布
雷抱怨霍姆·德·乔姆圈占了原先的共有荒地并提高了它的地租,因
而使他和其他人的家畜无处觅食。在此稍前,莫里斯·伯克莱勋爵通
过交换的办法,把他分散的土地调换到一起,巩固了他的自营地。[③]伯
克莱的后继者托马斯第二在1281至1320年继承管理这块地产期间,为
使自己和佃户获得更多利益,鼓励他们交换地块,以使其土地集中,
便于耕作管理。同时,他把每英亩地租从4便士和6便士提高到1先令6
便士。[④]

据福恩塞特庄园案卷的记载,1404年,当地有相当一批佃户圈占
了他们在敞地上的土地,使其羊群的规模有很大增长。[⑤]但1405年,
福恩塞特的若干佃户被罚款2先令2便士,因为"他们圈占土地的行
为违反了上述庄园习惯法。按照诉讼,庄园佃户在那里不能占有公
地"。[⑥]在15世纪和16世纪,当地佃户继续圈占土地。根据1565年的调

---

① F. Pollock and F. W. Maitland, The History of English Law, Before the Time of Edward I. Cambridge U. P., 1896. I. p. 622.

② W. H. R. Curtler, The Enclosure and Redistribution of Our Land. Oxford, Clarendon Press, 1920. p. 83.

③ W. H. R. Curtler, The Enclosure and Redistribution of Our Land. Oxford, Clarendon Press, 1920. pp. 83-84.

④ W. H. R. Curtler, The Enclosure and Redistribution of Our Land. Oxford, Clarendon Press, 1920. p. 84.

⑤ W. H. R. Curtler, The Enclosure and Redistrabution of Our Land. Oxford, Clarendon Press, 1920. p. 84.

⑥ W. H. R. Curtler, The Enclosure and Redistrabution of Our Land. Oxford, Clarendon Press, 1920. p. 66. footnote1.

查，此时福恩塞特已有三分之一到二分之一的土地被圈占，每处圈地的面积为3到13英亩，绝大多数属于可耕地。

1414年，诺丁汉郡达利顿和拉格耐尔的佃户抱怨理查德·斯坦霍普强行圈占他的所有土地、草地和牧场，要他们负连带责任。他们向议会提出反对圈地的请愿书。[1]

促使提高土地利用率和实行圈地的一个重要原因是人口的增长。黑死病爆发以后，劳动力一度短缺，土地出现剩余，但这种情况没有持续很久。在一个多世纪的经济停滞以后，人口重新开始增长。在人口增长的影响下，从1470年起，土地的价格开始上涨。尽管人口的增长在一个地区与另一个地区相差甚大，但这无疑是一种全国性的普遍现象。在16世纪，密德兰地区的人口已相当稠密。在伍斯特郡，除了夏恩伍德森林以外，已没有荒地存在。[2]莱斯特郡人口在1563到1603年间增长了58%。哈福特郡的74个教区的人口也有类似的增长率。在阿克霍姆岛，埃朴沃斯庄园的居民观察到，1590到1630年，增加了100座农舍。在同一个地区的米斯特尔顿，40年间新建了30座农舍，饲养家畜的数量也大大增长。有的地区能够吸收增长的人口，而有的地区则不然。人口增长引起了土地争端，当时发生了不计其数的关于共有权的诉讼案件，各地实行了限制家畜饲养数量的措施，在人口增长和农业繁荣的压力下，对荒地的需求增加了。[3]

进入都铎王朝后，英国的毛织业有了较快的发展。随之而来的对

---

① W. E. Tate, The English Village Community and the Enclosure Movement. London，1967. p. 63.

② Joan Thirsk,（ed.）, The Rural Economy of England，Essays. London，1984. pp. 75−76.

③ Joan Thirsk, "Enclosing and Engrossing." in Joan Thirsk,（ed.）, Agrarian History of England and Wales，Vol. 4，1500−1640. Cambridge U. P.，1967. pp. 204−205.

羊毛的需求使得16世纪生产羊毛的利润比任何其他农产品要高。当时的记载中对此缺乏系统性的统计资料，但当时代人多有评述。例如，1539年菲茨赫伯特说："在所有的牲畜中，饲养羊获利最多。"但是，1551年以后毛织品贸易衰落，它给呢绒生产者以很大的打击。于是，农场主生产的兴趣则由羊毛转为肉类和奶酪，如英格兰西部和西北部在1590年以后便是这样。在16世纪，英国城市发展很快。伦敦开始沿着泰晤士河扩展。城市对多种产品的需求增加了。西部各郡和西约克郡呢绒产地人口增长。伯明翰周围的金属制造业和达勒姆煤矿的发展，为农产品、肉、奶酪提供了需求和市场。①

生产更多的农产品并提供市场，促使圈地运动进一步展开。对于地主来说，圈地以后，土地的价格上升，地租也可以相对提高。约翰·诺顿提出，圈地以后的1英亩土地，产出抵得上1.5英亩公地。亨利·贝斯特在1641年说，圈地以后的土地价值相当于同等面积公地价值的3倍。圈地可以使农场主增加收益。

在圈地运动中，两种性质不同的圈地交织在一起。一类是开垦和改造残存的荒地。有的时候是出于建立鹿苑和猎苑的目的，并非为了把荒地改造为可耕地。另一类是将敞地上的分散条地集中起来，以进行理性化的耕作。但这两种圈地都会导致触动荒地的共有权，带来社会问题。圈占土地改作牧场来放羊或放牛，可以获得很好的收益。但小土地所有者、公簿持有农会被驱赶离开土地，他们的房屋被推倒，村庄人口会减少，村民可能成为流浪者。因此圈地运动在16世纪就成

---

① Joan Thirsk, (ed.), "Enclosing and Engrossing." in Joan Thirsk, (ed.), Agrarian History of England and Wales, Vol. 4, 1500–1640. Cambridge U.P., 1967. pp. 210–211. Joan Thirsk. "Tudor Enclosures." in Joan Thirsk, (ed.), The Rural Economy of England. London, 1984. pp. 66–67.

为一个主要的社会和政治问题。

圈地产生的恶劣社会后果在亨利七世初年便反映到议会中来。当时一份提交议会的请愿书写道："羊和牛马在赶着上帝勤劳的子民。"《农夫的对话》中写道："自绅士成为畜牧业者后，贫穷的工匠从未快乐过。"在这种背景下，议会通过两项法令。1488年通过的法令是针对地方性圈地运动的。它担心像怀特岛那样，圈地导致居民人数减少。"许多城镇和村庄被夷为平地，天地为壕沟围绕，变成饲养牛的牧场。"公地被圈占，农场落入个别人手中，居民的减少会影响到为国家的服务。而1489年通过的一项圈地法令名为"反对夷平市镇的法令"，又称"圈地条例"。它直接表示反对推倒房屋，把用于农耕的土地改为牧场。它抱怨说："作为王国最重要的社团之一的农民被摧毁了，教堂被摧毁了，敬奉上帝的仪式被撤销，没有人为下葬的人祈祷了。"①

1514年和1515年通过的议会法令再次指出圈地的危害，圈地"推倒和摧毁了王国的村庄，把那些照例已经过施肥、耕作和生长作物的土地夷为牧场。"它强调，从本届议会开始，被摧毁的房屋要立即重建，圈占的土地要立即恢复为耕地。②

1515年，大量收购土地并把耕地变为牧场的做法引起人的关注。伦敦的官员调查了谷物出口问题。他们担心在首都会出现谷物短缺。1517年沃尔西任命一个委员会来调查人口减少的问题。该委员会调查

---

① W. H. R. Curtler, The Enclosure and Redistribution of Our Land. Oxford, Clarendon Press, 1920. pp. 85-86.

② E. Nasse. On the Agricultural Community of the Middle Ages and Enclosures of the Sixteenth Century in England. London, 1872. p. 76. A. E. Bland, P. A. Brown and R. H. Tawney, (eds.), English Economic History. Documents. London, 1914. pp. 260-262.

了英格兰北部4个郡自1485年以来村庄和房屋被推倒的情况，以及耕地改为牧场的数量。1518年，沃尔西发布大法官令，规定在40天内废除自1485年以来所圈占的土地，除非圈地者能证明其圈地能使社会受益，违反命令者罚款100英镑。1528年又发布宣言，下令废除自1485年以来在所有地产上建立的圈围土地的树篱、沟渠和壕沟。1583年颁布的法令说到，很多租地和大畜群集中在少数人手里，因此地租上涨，耕地荒芜，房屋被摧毁，无力养家糊口的人多得惊人。有人拥有5000只或6000只或10000只或20000只羊，有人甚至拥有24000只羊。以后，任何人拥有的羊不得超过20000只，超过这个数目，每只羊要罚款3先令4便士。[①]这项法令看起来很严厉，但未有实效。

1536年又颁布法令，法令规定，如果地主不起诉拆毁农舍和使耕地变成牧场的佃户，国王就要作为直接领主采取行动，即国王将起诉一切圈地者，而不管他们是不是国王的佃户。这个法令在哈福德郡、剑桥郡、林肯郡、诺丁汉郡、莱斯特郡、沃里克郡、拉特兰郡、北安普敦郡、贝德福郡、牛津郡、伯克郡、伍斯特郡和怀特岛付诸实施。[②]

1549年3月8日，拉提默尔主教在宫廷向爱德华六世抱怨说，先前有居民住的地方，现在只有牧羊人和他的狗。他责备那些贵族、圈占土地者、兼并土地者和提高地租者，他们使英国的自耕农地位下降为奴隶。伯纳德·吉尔平责备乡绅们"把那些看来并没有罪过的穷人赶出他们的住处，并说土地属于他们自己，然后把穷人像坏人一样逐出他们的故乡。成千上万的先前拥有很好的房屋的人现在在英国逐户乞

① A. E. Bland, R. A. Brown and R. H. Tawney, (eds.), English Economic History. Documents. London, 1914. pp. 264-266.

② Joan Thirsk, (ed.), Agrarian History of England and Wales, Vol. 4, 1500-1640. Cambridge U. P., 1967. p. 228.

讨。从来没有过如此多的绅士和如此多的不仁慈者"。[①]

1536年，英格兰北部农民在"求恩巡礼"的旗帜下发动反叛。农民起事的主要原因是对于宗教改革尤其是对解散修道院带来的社会后果不满。修道院及其农场在当时常常构成乡村经济社会生活的中心。当弗内斯修道院被解散后，当地居民感到了生活的困难。在弗内斯修道院解散之前，农民向修道院贡献多种物资，他们相应地也可以从修道院得到许多物资，如60桶淡啤酒、30打（360只）下等小麦面包，制犁的铁、修房屋用的木材，以及其他农具。此外，持有犁的每个人被允许每天送两个人去修道院的斋堂吃晚饭，所有的佃户被允许把子女送到修道院的学校去上学，并且每天在斋堂中吃晚餐。如果儿童有学习才能，会被选为修士，或者优先给他提供一个修道院的职位。弗内斯修道院还支付修理沃尔尼岛堤岸的费用。而修道院解散后，当地贫苦的乡村社会和农民得不到任何帮助。

反叛农民的再一个不满是对解散修道院后领主权和土地所有权的变化不满。而圈地看来只是其中一个较小的原因，主要的原因是对习惯佃农权利和责任的变化不满。习惯保有制是英格兰北部4个郡普遍实行的保有制。它使得当地的佃农承担义务，在需要之时提供边境服役，以防苏格兰人入侵，他们在承担这些义务时，也取得比南部的习惯佃农多得多的权利。1536年反叛的农民聚集在当卡斯特时，他们提出的主要要求是，根据习惯租佃权的规定，他们应当持有在马夏姆郡、柯尔比郡和尼德戴尔的土地，而更新契约时交纳的款项应当限定在两年地租总额内。他们对地租的提高进行攻击，要求自亨利七世第

---

① E. Nasse, On the Agricultural Community of the Middle Ages and Enclosures of the Sixteenth Century in England. London, 1872. p. 77.

四年以来圈围的土地应当开放。

更新租契时征收的费用或过户费，是除了地租外佃户一项很大的负担，提高更新租契的费用或过户费，是领主一种常用的手段。其目的是扩大领主的持有地或者农忙的租地后出租给别的佃户收取更高的地租。为达到获利的目的，具有商业头脑的英格兰地主将租期定为几年或不断修改租地条件，使自己在物价变动中获利。[①]

17世纪初年，把耕地改为牧场的做法在密德兰遇到很大的阻力，发生了影响很大的1607年农民反圈地骚动。对此斯托记载道："大批民众突然在北安普敦郡聚集起来，随后，相类似的许多人在沃里克郡，有的群众则在莱斯特郡聚集起来。他们狂暴地推倒和摧毁树篱、填满沟渠，开放他们所有原来是敞开的用于耕种的公地和土地。在北安普敦郡、沃里克郡和莱斯特郡，动乱的人群力量日益增大，有的地方聚集了上千的男人、妇女和儿童。在沃里克郡的希尔莫顿达到3000人。这些骚乱的民众尽其力量去弄平和打开围圈的土地，但他们不触犯任何人身、物品，也不采取暴力行动。并且，他们所到之处，一般来说都由邻近的居民供给食品。居民送给他们的运货马车不仅装着食品，还装着准备好的铲子和铁锨，以使他们迅速完成他们正在进行的工作。"这些人把自己称作"平等派"或"掘土派"，并且发表了《致所有其他掘土派》的宣言，谴责圈地造成了人口减少。他们抗议说，圈地危及其生活及生存。此后，国王派来的军队绞死了掘土派的

---

① Joan Thrisk, (ed.), Agrarian History of England and Wales, Vol. 4, 1500—1640. Cambridge U. P., 1967. pp. 219—220. 参见［英］约翰·克拉潘：《简明不列颠经济史：从最早时期到一七五〇年》，范定九、王祖廉译，上海译文出版社1980年版，第284—285页。

领袖雷纳兹，许多他的追随者也被处死。①

1607年农民反圈地起义使得当局再次派出圈地调查委员会到7个郡去，这7个郡是北安普敦郡、沃里克郡、莱斯特郡、亨廷顿郡、贝德福郡、白金汉郡和林肯郡。各郡的报告中，林肯郡的报告已经遗失。调查表明，在沃里克郡的28个村庄中，圈占并转为牧场的有5373英亩，被毁农舍62座，流离失所者为33人。在莱斯特郡的70个村庄中，圈占并转为牧场的有12209.75英亩，被毁农舍151座，流离失所者为120人。在北安普敦郡的118个村庄中，圈占并转为牧场的有21335.5英亩，被毁农舍201座，流离失所者为1444人。在白金汉郡的56个村庄中，圈占并转为牧场的有7077.5英亩，被毁农舍29座，流离失所者为86人。在亨廷顿郡的52个村庄中，圈占并转为牧场的有7677.5英亩，被毁农舍59座，流离失所者为290人。在林肯郡，圈占并转为牧场的有13420英亩。就调查反映的情况来看，抱怨不是集中在对共有牧场和荒地的圈占，而是对公地的圈占上。同时，抱怨还集中在大量收购农场上。1607年，《思考》的作者指出，罪恶不是圈地本身，而是对农场的尊重。随后，星室法庭作出决定，认为造成人口减少是对普通法的触犯。②

在16世纪的圈地过程中，在一些零星圈地的地区，公地逐渐被取消。在这些地区，协议圈地很流行。哈蒙德曾评论说："通过自愿的

---

① W. H. R. Curtler, The Enclosure and Redistribution of Our Land. Oxford, Clarendon Press, 1920. pp. 131-132.

② W. H. R. Curtler, The Enclosure and Redistribution of Our Land. Oxford, Clarendon Press, 1920. p. 132.

协议逐渐圈地与18世纪那种翻天覆地的圈地作用有所不同。"①1589年在约克郡布雷德福荒原进行圈地时，所有的佃户聚集在荒原上，他们毫无异议地一致达成一项圈地协议。在兰开郡，通过协议交换条地通常是圈占公地的序幕。与此同时，公用牧场划分给各教区，然后在一致认可的条件下在个人之间划分。划分公地的典型例子是1608年利瑟姆庄园的32个居民同庄园领主达成协议。领主同意让他的佃户拥有持有地同等面积的公有荒地，另外再加100英亩，使租户接受圈地。只要租户付得起地租，便允许向租户出租尽可能多的土地。再一个例子是雷庄园，领主爱德华·斯坦利允许他的佃户每人圈占3英亩的公地牧场而不支付地租，因为那里土地很多。所以，圈地是在一种平静的气氛中进行的。②有的地方圈地是由一些人提出动议。如在兰开郡的罗森代尔对小块的可耕条地的圈占，系由佃户提议，领主同意。这些圈地大多数只引起很小异议或没有异议。

在另一种情况下，渴求取得土地的地主花钱以买得佃户的同意。例如1582年莱斯特提丁沃斯的地主威廉·布罗卡斯便通过授予"各种赏金和按照价格出租土地"，以取得他与佃户的合作。③

在协议圈地时期，关于争取圈地措施可以提高生产效率的观念成为人们的一种共识，这是协议圈地得以和平地进行的背景。霍汉庄园的圈地充分说明了这一点。1613年10月5日，霍汉庄园的21名农夫（农场主）全体签署了一封给庄园领主托马斯·布鲁德内尔的

---

① J. A. Yelling, Common Field and Enclosure in England, 1450-1850. Macmillan, 1977. p. 117.

② Joan Thirsk "The Farm Region of England." in Joan Thirsk, (ed.), Agrarian History of England and Wales, Vol. 4, 1500-1640. Cambridge U. P., 1967. p. 83.

③ Joan Thirsk, Tudor Enclosure. London, 1958. p. 6.

信件，陈述了他们由于土地分散在公地中，无法很好地利用这些土地。他们"宁愿取得4英亩被圈占的土地，也不愿意占有分散在公地中的1牛路地。结果庄园领主按1牛路折算5.5英亩土地的比例予以折算，完成了庄园的圈地。这样，托马斯·布鲁德内尔在霍汉庄园通过牺牲部分利益，共圈占了1088.75英亩土地。加上原有的自营地，他一共拥有1297.5英亩自营地。圈地以后，自营地的产出价值即大大提高，一年原先收入350英镑，到1635年，自营地收入增至1176英镑11先令4便士。[①]

在莱斯特郡最南部的科茨巴赫，庄园主约翰·夸尔斯是一个伦敦亚麻布商，他和王家军队定有供货契约。1596年，约翰·夸尔斯从托马斯·雪莉爵士处买下了科茨巴赫庄园，1602年他实际控制了这座庄园。当时在科茨巴赫庄园主要有两户自由持有农，约翰·夸尔斯与其中一个结盟，出钱使另一个自由持有农放弃了他的地产。而第三个自由持有农只有两英亩土地，微不足道，约翰·夸尔斯用补偿给他别处土地的办法取得了该自由持有农的土地。至于其他从夸尔斯处租种土地的租户，在租约到期后，夸尔斯在更新租契时规定了租额很高的新的地租，使所有的佃户都退出了租地。夸尔斯通过对法庭的影响，最终从王室取得许可，圈占了整座庄园。到1607年，夸尔斯把20英亩可耕地转变为草地，绝大多数租地农民变得贫穷而选择了离去，有16所房屋被放弃。经过圈地，科茨巴赫庄园人口减至80人。科茨巴赫庄园的圈地遭到1607年5月的密德兰农民起义的打击。[②]夸尔斯则因使庄园

---

① M. C. Finch，The Wealth of Five Northamptonshire Families，1540-1640. Oxford，1956. p. 156.

② E. B. Fryde，Peasants and Landlords in Later Medieval England，1380-1525. Stroud，Alan Sutton，1996. p. 234.

人口减少的罪名被提交星室法庭。[1]在圈地运动中，地主大量驱逐佃农的现象很多。克里斯托弗·戴尔教授通过对伍斯特主教地产的档案研究发现，在1440至1480年，地主强制性地驱赶顽固不从的佃户的案例有20个。这些佃户绝大多数是因为忽略了修缮房屋而丧失了他们的租地。一些佃户是因为"不服从管理"而被逐出土地。[2]

伯克郡中克莱顿庄园为弗尼家族所有。到1626年，弗尼家族用出钱使其放弃地产的方法在这个村庄消灭了小自由持有农。弗尼家族又把自由持有地改变为有收入权益的租地持有地，为期3代人或99年。但是，在签订新租契时确定了一项条款，给予弗尼家族圈占土地和交换其他地方等值土地的权利。这样，弗尼家族就能通过圈地来统一占有的土地。到17世纪，所有庄园自营地完成了圈地。到1613年，自营地扩展到荒地地带，而荒地的共有权被消灭了。森林地带和一些散地在1621年被圈地，平民按其地块长度的双倍得到补偿。1635至1636年进一步圈地，使剩下的敞地不超过500英亩。以后，在1653至1655年的圈地是一次总圈地，到此时，弗尼家族已把中克莱顿庄园的土地圈占完毕。[3]

英格兰东北部的圈地过程可以分成两个阶段：第一阶段主要圈占属于市镇的散地，可耕地和草地属于市镇的，以及公用牧场中较好的地段；第二阶段主要是圈占公用荒地。

在威斯特摩兰郡，从16世纪后期到18世纪后期，广泛地进行协议圈地。其中在1640到1699年进行了25次协议圈地，1700到1750年进行

---

[1] Mark Overton，Agricultural Revolution in England. Cambridge U. P.，1996. p. 154.

[2] E. B. Fryde，Peasants and Landlords in Later Medieval England，1380−1525. Stroud, Alan Sutton，1996. p. 234.

[3] Mark Overton. Agricultural Revolution. Cambridge U. P.，1996. pp. 157−158.

了另外30次协议圈地。这些圈地主要涉及诺森伯兰伯爵及其继承人在教区的土地,大部分涉及的是公地,只有少数涉及教区的荒地。很多圈地协议没能保存下来,但协议圈地的方式广泛运用于诺森伯兰的圈地中,到18世纪中叶,该郡只有15%的土地以私人圈地法和一般圈地法圈占。①

在库伯兰郡,圈地运动的发展较为滞后。在1640到1750年,在库伯兰郡进行了许多零星的圈地。奈恩山脚下梅尔墨比的圈地在1677至1704年进行。属于伯格男爵的索尔威的公地在1699年被圈占。大概在17世纪初,海顿的1500英亩公地被圈占。伊登豪尔的马斯格雷夫家族在1705到1750年,支出近10000英镑,扩充了在东彭宁地区靠近柯克比斯蒂芬的土地。在1758年以前,阿斯帕特里亚的佃户通过圈地重新分配了土地,将他们先前分散的环形土地合并成紧凑的土地。②

在圈地过程中尽管有通过协议较为平静地完成圈地的例子,但是亦有大量证据表明,庄园领主与佃户之间不断发生矛盾。例如,辛顿庄园的领主与他的佃户围绕圈占共有牧场展开了长期的斗争。乡绅约翰·特伯维尔圈占了贝雷里奇斯的许多公地和牧羊瘠地,而没有对拥有庄园另一半土地的领主的佃户做任何补偿。③

西顿迪拉瓦和哈特利庄园的领主罗伯特·迪拉瓦把他垦殖的两个

---

① Erict Erans and J. V. Beckett, "Regional Family Systems. Northern England. Cumberland, Westmorland, and Furness." in Joan Thirsk, (ed.), Agrarian History of England and Wales, Vol. V. i. 1640–1750. Cambridge U. P., 1984. p. 47.

② Erict Erans and J. V. Beckett, "Regional Family Systems. Northern England. Cumberland, Westmorland, and Furness." in Joan Thirsk, (ed.), Agrarian History of England and Wales, Vol. V. i. 1640–1750. Cambridge U. P., 1984. p. 20.

③ Eric Kerridge, Agrarian Problems in the Sixteenth Century and After. London, 1969. pp. 95–96.

庄园的自营地置于自己的管理下。到16世纪末，他已经把哈特利庄园所有的佃户移置出去，使庄园所有的土地成为一个圈围的农场。到1610年，对这块地产的清理完成，全部2500英亩土地被圈占了。[①]在考文垂，富裕的市民与大量平民围绕圈占城镇的土地展开了旷日持久的斗争。在林肯郡，从1511到1722年，在不同时期发生过类似的斗争。1517年南安普敦自治体下令圈占部分盐沼地，以支付建筑防波堤的开支。这个做法遭到强烈反对，最终对原计划作了调整。[②]

圈地过程中必然涉及在圈占土地上继续居住的自由持有农和公簿持有农的保有权问题。在通常情况下，多种自由持有农和租地农在圈地以后和圈地以前一样持有土地，但是，这需要庄园领主作出声明。有的地方领主在圈地后需要增加少许保留地租。例如，在威蒙德姆的克克比比顿—库姆—怀特林安和瓦德克庄园，公簿持有农从大沼泽得到的土地要付1便士入地费和半便士地租。[③]但是，爱德华·贝恩顿控制的布朗厄姆庄园法庭发布命令称，即使土地本身进行了交换，根据圈地协议的真正意图，按照习惯法和普通法持有土地的租地农和索克曼佃户都按照老的保有权和财产权持有土地。地主通常给予参与合伙圈地的农场主更长的租期，因为非此就无法指望与他们合作。在圈地中，公簿持有农常常再被授予为期三代人的租约，或按照减轻的租率承租，或者把他们的习惯租地改为普通法租地。持领主意愿承租土地的佃户常常按照较低的租率承租普通法租地。如果他们愿意离开教

① Eric Kerridge, Agrarian Problems in the Sixteenth Century and After. London, 1969. pp. 97-98.

② Eric Kerridge, Agrarian Problems in the Sixteenth Century and After. London, 1969. p. 98.

③ Eric Kerridge, Agrarian Problems in the Sixteenth Century and After. London, 1969. p. 107.

区，常常可得到一份补助费。①这些材料表明，在圈地中一些地方的公簿持有农和自由持有农的利益得到了保护。

圈地运动总体上说是在现存法律框架下进行，在庄园内部土地的交换和圈围土地都需要在庄园法庭登记和得到认可，庄园法庭的记载则需要经常公布。②对某些圈地的批准有时是由兰开斯特公爵领地法庭的特别委员或根据佃户的请愿作出的。另一些情况下，圈地协议由财政法庭批准。达勒姆主教的档案处有时也作出这种批准。王室大法官法庭有时也作出类似的批准。③一般说来，得到王室大法官法庭的批准比得到议会的批准要容易些。1587年科特纳姆的圈地据记载得到了大法官法庭和议会法令的双重批准。1613年王家大法官法庭颁布法令，决定奥厄斯比的圈地协议成立。1693年一项议会法案批准了汉伯尔顿的圈地协议，而这项协议在40年前已得到大法官法庭的认可。④

17世纪开始后，英国政府对圈地运动总的态度是加强控制。1603年国王指示"北方委员会"要时时勤勉有效地调查占领公地和其他土地，而导致耕地减少、农民房屋倒塌的事件。对违犯者要"严加惩处"，以纠正错误行为。⑤密德兰地区1607年农民起义发生后，政府采取特别措施对待圈地，主要肇事者被送去政务会，命令他们重建圈地致使倒塌的房屋，次年，成立了两个委员会来处理圈地引起的纠

---

① Eric Kerridge, Agrarian Problems in the Sixteenth Century and After. London, 1969. p. 107.

② Eric Kerridge, Agrarian Problems in the Sixteenth Century and After. London, 1969. p. 112.

③ Eric Kerridge, Agrarian Problems in the Sixteenth Century and After. London, 1969. pp. 113-114.

④ Eric Kerridge, Agrarian Problems in the Sixteenth Century and After. London, 1969. pp. 116-117.

⑤ G. W. Prothero, (ed.), Select Statutes and Other Constitutional Documents. Illustrative of the Reigns of Elizabeth and James I. Oxford, Clarendon Press, 1944. pp. 370-371.

纷。[①]1614年，诺福克的法官报告政务会，根据后者的指示，他们已经检查了过去两年中进行的圈地，并且下令，用树篱和壕沟围圈土地将被禁止，直到有进一步的通告。1621年贝德福德郡巡回法庭的法官被指示禁止侵害公地。1623年指示成立了一个专门委员会来纠正切申特地方有关圈地的问题。[②]

在17世纪的圈地过程中，荒地通常要经过批准才能圈占。关于公地的圈占，在詹姆士一世时期通过一项法律确认了在哈福德郡一些地方，庄园主圈占土地时把佃户仍留在公地上的做法。在查理一世时期还通过了少数私人圈地法案。这个时期进行圈地时，非常普遍的做法仍是通过庄园主与佃户的协议来进行。有时这种协议要通过大法官法庭和财政法庭批准，有时也不经批准。随着英国宪政制度的发展，人们也开始向议会而不是王室提出圈地申请。1666年向上院提出的一项法案，要求"根据衡平法院的赦令确认圈地"。1664年曾有一项要求圈占公地和荒地的法案提交下院，但在表决时以103票对94票被否决。1681年，一位著名的研究商业和农业的作者约翰·霍顿曾倡导用一般法令处理圈地问题意见，但当时未得到响应。[③]

根据调查委员会在1630到1631年对圈地的调查，莱斯特郡圈地进展迅速，两年中圈占了10000英亩土地，几乎占该郡土地的2%。在北安普敦郡，圈地的速度与莱斯特郡相仿。但是在亨廷顿郡和诺丁汉郡，圈地涉及的区域则要小。在那里，试图圈占的是小块土地而不是

---

① G. W. Prothero, (ed.), Select Statutes and Other Constitutional Documents. Illustrative of the Reigns of Elizabeth and James I. Oxford, Clarendon Press, 1944. pp. 470−472.

② R. H. Tawney, Agrarian Problem in the Sixteenth Century. Longman, 1912. p. 375.

③ 直到1801年才通过一项《一般圈地法》。W. H. R. Curtler, The Enclosure and Redistribution of Our Land. Oxford, Clarendon Press, 1920. pp. 136−137.

整片土地。①

内战爆发以后，英国政府无力顾及圈地，试图控制圈地的努力中止了。到了英吉利共和国时期，试图恢复旧时对圈地的限制，加强对圈地的管理，曾经起草并提出过一项一般圈地法案，但在议会被否决。②

17世纪是英国圈地运动的重要阶段，圈地的规模远远超过了16世纪。以往人们却没有认识到这一点。

在达勒姆郡南部和东部，绝大部分较好的土地在1630到1680年被圈占。从1640到1750年，主教法庭的命令确认了28起圈地。另有22起圈地虽已经实施，但未被主教法庭确认。在议会圈地阶段到来之前，达勒姆郡有50%的土地被圈占。③

在德比郡沃克斯沃恩庄园，有继承权的公簿持有农有权利按照数代人或数年的期限转租土地，并把更新租契的费用定为一年的租金。在1649年30户茅舍农蚕食了沃克斯沃恩庄园的荒地。以后这些占有者获得了为期数年的租佃权。④1640年，在海菲尔德，公地在国王和佃户间平均分配。1675年，在霍普的公地和荒地也用类似的办法处理。1697年在克尼弗顿，1726年在蒂辛顿，1731年在多佛里奇，1758年在阿索普，一些荒地按照拥有羊、牛和马的数目分配到户。⑤在圈地

---

① E. C. K. Gonner, Common Land and Inclosure. London, Macmillan, 1912. p. 134.

② E. C. K. Gonner, Common Land and Inclosure. London, Macmillan, 1912. p. 176.

③ Joan Thirsk, (ed.), Agrarian History of England and Wales, Vol. V. i. 1640-1750. Cambridge U. P., 1984. p. 48.

④ David Hay, "The North-West Midland." in Joan Thirsk. (ed.), Agrarian History of England and Wales, Vol. V. i. 1640-1750. Cambridge U. P., 1984. p. 135.

⑤ David Hey, "The North-West Midland." in Joan Thirsk. (ed.), Agrarian History of England and Wales, Vol. V. i. 1640-1750. Cambridge U. P., 1984. p. 136.

过程中，地方大户人家自私自利的圈地行为遭到有力的抵制。例如，1650年前后，里顿的44户居民起来抗议布雷德肖家族的圈地。1665年，巴格肖家族因为非法侵占阿布尼和大胡克河的部分公地遭到谴责。根据领主和自由持有农的协议对公地和荒地的圈占，贯穿于17世纪中叶到18世纪中叶。在希罗普郡北部莫斯顿公地的一部分，韦斯顿公地中的200英亩被圈占，莫里顿林地中的500英亩被圈占。1693年海因希恩河上埃斯普利的253英亩土地被圈占。在柴郡，到1650年左右，索豪的277英亩公地被圈占。①

17世纪，圈地运动在密德兰地区、莱斯特郡、林肯郡、北安普敦郡、诺丁汉郡、德比郡、格洛斯特郡、萨默塞特郡的西部和威尔特郡大规模进行。在莱斯特郡，1630至1631年有10000英亩被圈占。以后，在林肯郡、剑桥郡北部、西诺福克郡、亨廷顿郡、北安普敦郡和萨默塞特郡，对沼泽地和低地进行了筑填和开垦。到17世纪后期，这种开垦进一步进行，并从议会得到批准。②

16世纪末和17世纪，东盎格利亚地区农业的商业化和专业化促使这个地区，特别是中部和东部的圈地运动加快进行。③1573年时，塔瑟就称索福克是一个"典型的圈地郡"。到16世纪末，索福克郡的圈地已基本完成。④到1750年以后，在诺福克郡和索福克的多个教区，

---

① David Hey, "The North-West Midland." in Joan Thirsk. (ed.), Agrarian History of England and Wales, Vol. V. i. 1640-1750. Cambridge U. P., 1984. p. 150.

② W. H. R. Curtler, The Enclosure and Redistribution of Our Land. Oxford, Clarendon Press, 1920. p. 125.

③ M. R. Postgate, "Field System of East Anglia." in R. H. Baker and Robin A. Butlin, (eds.), Studies of Field System in British Isles. Cambridge U. P., 1973. p. 287.

④ Alan R. H. Baker and Robin A. Butlin , Studies of Field System in British Isles. Cambridge U. P., 1973. p. 289.

可耕敞地已所剩无几。[①]

17世纪的圈地并没有广泛地摧毁乡村社会，因为许多被圈占的土地在耕种过程中，已雇佣的劳动力并不少于敞地时期。几块地合并在一起后，尽管便于耕作，可节省劳动力，但由于农业发展，耕地细作，作物比过去更丰富，所以农耕需要更多的人手。柯特勒认为，圈地并不直接导致对农业劳动力的需求减少。[②]

关于圈地导致驱赶佃户，各地情形不一。在达勒姆地产上佃户的人数从1685到1755年减少了不到10%。在卡莱尔伯爵在莫佩思的地产上，佃户的数量保持不变。一般地说，如果佃户能够支付日渐上涨的地租，地主似乎并不情愿赶走他们而招来麻烦。1685年在纽伯恩，据说佃户尽可能到一些矿坑去背煤，用工资收入来支付地租。到1755年，在这个教区存在着许多面积在21英亩或更小的农场。[③]

晚近的研究修正了英格兰圈地的编年史。学者们认为，17世纪在英国是圈地比例最高的时期。在全英格兰，在17世纪有24%的土地被圈占，而16世纪只有3%的土地被圈占，18世纪圈占的土地占13%，19世纪圈占的土地占11%。尽管对上述数字仍存在某些争议，但这一基本估计已被接受。

从一些地区的情况来看，莱斯特郡在议会圈地以前的阶段，1550年以前共圈地52起，圈占土地占此期圈地面积的36%；1550至1600年圈地7起，占圈地面积的5%；1600至1650年圈地57起，占圈地面积的

---

① H. L. Gray，English Field System. Harvard U. P.，1959. p. 305.

② W. H. R. Curtler，Enclosure and Redistribution of Our Land. Oxford，Clarendon Press，1920. p. 126.

③ Paul Brassley，"Northunberland and Durham." in Joan Thirsk，（ed.），Agrarian History of England and Wales，Vol. V. i. 1640-1750. Cambridge U. P.，1984. p. 51.

40%；1650至1700年圈地24起，占圈地面积的17%；1700至1750年圈地为4起，占圈地面积的3%。到1607年时，莱斯特郡有25%的土地被圈占。到1710年时，有47%的土地被圈占。[1]

在达勒姆郡，1551至1600年的圈地面积占1551至1800年的圈地总面积的2%。1601至1650年圈地面积占18%。1651至1700年圈地面积占18%。这样，17世纪达勒姆的圈地面积占1551至1800年圈地面积的36%。1701至1750年圈地面积占3%。1751至1800年圈地面积占35%。1801至1850年圈地面积占24%。[2]

在南密德兰地区，1450年以前的圈地面积占圈地总面积的4%。1450至1524年圈地面积占6%，1525至1574年圈地面积占2%。1575至1674年圈地面积占17%。1675至1749年圈地面积占5%。而在1750至1849年的议会圈地阶段，土地圈占面积占圈地总面积的55%。1850年以后的圈地面积占圈地总面积的3%。[3]这个地区1749年以前圈地的比例低于后来的议会圈地阶段。

[1] Mark Overton，Agricultural Revolution in England. Cambridge U. P.，1996. pp. 148-149.

[2] Mark Overton，Agricultural Revolution in England. Cambridge U. P.，1996. p. 149. Table 4. 3.

[3] Mark Overton，Agricultural Revolution in England. Cambridge U. P.，1996. p. 150. Table 4. 4.

第八章
近代初期农业经济的发展水平

第一节　修道院解散和土地市场的发展

在黑死病以后，修道院的开支主要依靠农民的劳役来维持。农民耕种修道院所属庄园的自营地，为修道士提供粮食。修道院庄园在为流浪者行善施舍的过程中，雇佣少量无地的穷人来耕种庄园自营地，以此来减少对庄园佃户在其自营地上劳动的依赖。这使得修道院可以在日后人口增长时期向佃户提出更多法律上的要求，同时可以否决公簿持有农的让步要求。这样，修道院庄园地产逐渐发展起了有固定期限的或根据领主意愿出租土地的租借制。在修道院庄园中的这些佃户缺少庄园法庭的支持，常常在土地问题的争执中无法满足领主的要求，处于不利的地位。修道院庄园的庄园法庭常常不召开，功能被削弱，或是废弃不用。修道院庄园的领主拒绝把空出的土地出租给公簿持有农。[①]修道院地产上的租佃农处于一种不利的地位。

---

① Richard Lachmann, From Manor to Market, Structural Change in England 1536–1640. Wisconsin U. P. , 1987. p. 103.

对于16世纪30年代宗教改革前后英国修道院所属庄园土地缺乏系统的计量研究，只有非常粗略的估算。萨文教授根据对教会档案的研究得出结论，在1535年时，英格兰修道院地产每年总价值大约为160000英镑，加上几处教会大地产，如圣奥古斯丁大教堂、布里斯托尔大教堂和一些长老会和医院的地产，每年总价值大约为200000英镑。教会地产收入约占全王国地产收入的五分之一到四分之一。[①]所以，修道院成为英格兰最大的财富拥有者。修道院的地产有一半以上采取了庄园形式。1535年在德文郡共有130座修道院，其土地占这个郡土地资源的60%以上。修道院所属庄园在结构上与相邻的世俗庄园并无二致。

在宗教改革过程中，1536年和1539年解散了共576所修道院，英国国王成为被没收的修道院财产的绝对所有者。在没收修道院地产过程中，亨利八世和托马斯·克伦威尔并没有宣布僧侣之间缔结的一切契约无效，因此他们并没有侵犯世俗农民的利益。众多的长期租佃契约被允许在其到期以前继续实行，偶尔也有长期土地租约的期限被缩短的情形。在增收法庭的档案中没有找到材料足以证明原修道院地产上的佃户被突然终止其租佃权，他们也没有急切的要求改变土地财产关系。[②]

英国王室采取保守的办法处理没收的修道院土地。尽管从1540到1590年土地的价值已翻了不止一番，但王室仍采取征收固定地租的办法。在16世纪30年代和40年代规定的佃户更新租佃的费用很低，其数

---

① Joan Thirsk，（ed.），Agrarian History of England and Wales. Cambridge U. P.，1967. Vol. Ⅳ，p. 307.

② Joan Thirsk，（ed.），Agrarian History of England and Wales. Cambridge U. P.，1967. Vol. Ⅳ，p. 333.

额极少有超过一年地租的。至16世纪60年代，王室把新出租土地上更新租契的纳款额改为年地租的5倍，但仍跟不上地价的上涨。[①]1536年4月议会通过的建立增收法庭的法令规定，所有授予的"可继承的地产"，都应对国王及其继承人保留服兵役的条件，以及相当于目前地产净价值十分之一的地租。保有权条件应当连带同一次议会会期通过的《用益权条例》来理解。早期都铎王朝采取这项措施是为了扩大封建岁入和保证国王根据军事保有权而对土地拥有的监护权。[②]因此，英国宗教改革对教会地产的处理，除了剥夺了教皇对地产的权力外，并未从根本上改变地产中的封建关系。

在王室出售没收修道院地产的过程中，修道院庄园的地产是原封不动地进行处理，旧的与佃户有关的土地保有权关系均未加触动。绝大多数自由持有农、习惯佃户和租地持有农，只是其主人由修道院变成了国王。绝大多数根据无兵役租地制持有土地的自由佃户，现在免去了封建随附义务。在各郡都有一批土地所有者，他们曾根据修道院的军事保有权持有土地。在修道院制解散以后，他们成为对国王履行军事义务的佃户。再以后，他们成为对地主承担封建义务的佃户。例如，在威尔顿女修道院有大量承担骑士义务的土地。修道院土地转手过程中，彭布罗克伯爵获得了大部分威尔顿修道院的土地。1567至1568年对这块土地的调查报告称，土地转手后，这里的佃户要履行效

---

① Joan Thirsk, (ed.), Agrarian History of England and Wales. Cambridge U. P., 1967. Vol. Ⅳ, p. 336.

② Act Establishing the Court of Augmentation, 1536. in Joyce Youings, The Dissolution of the Monastery, London, 1977. p. 201. Document 25. J. Hursfield, "The Revival of Feudalism." History, ⅩⅩⅩⅦ (1952). pp. 131-145. 关于所有出售的有无条件继承权的修道院地产，应当保留对国王的骑士义务，以后稍有松动。参见Joan Thirsk, (ed.), Agrarian History of England and Wales. Cambridge U. P., 1967. Vol. Ⅳ, p. 341.

忠宣誓礼、忠诚仪式和交纳封建代役租。[①]当修道院土地被国王以无条件继承权让渡给他的臣民时，确保王室对土地的监督。这就潜在地扩大了国王的封建权益。

在出售的修道院土地上，土地原先的租佃权继续得到保证和承认。1590年的一项调查表明，原先属于奎姆赫尔修道院的赫福德郡的布里利庄园，佃户保持着16世纪初年得到的99年租佃权，佃户一代接一代地租种着庄园土地。例如，理查德·阿普·托马斯以1年4先令的租金租种他的先辈在1495年1月28日租下的租期为99年的原修道院的土地。戴维·阿普·理查德以每年7先令的租金标准继续租种自1527年起承租的为期99年的43英亩租地。[②]

没收修道院地产后，国王把大宗修道院地产赏赐给他的亲信和助手。萨文教授根据当时的案卷对最初被授予没收修道院地产者进行了粗略的分类统计。至1547年为止，国王没收的修道院地产的14%授予贵族，18%授予朝臣和王室官员，21%授予各郡的乡绅。[③]对萨文的上述分类统计，史学界争论很大，但它是到目前为止唯一一次对这一问题的计量研究。[④]

亨利八世首次赏赐修道院土地是在1536年4月1日，当时他把埃塞克斯拉通修道院的地基和属于修道院的在埃塞克斯郡、汉普顿郡和中

---

① Joyce Youings, "The Monasteries." in Joan Thirsk, (ed.), Agrarian History of England and Wales. Cambridge U. P., 1967. Vol. Ⅳ, p. 341. note. 1.

② Joyce Youings, "The Monasteries." in Joan Thirsk, (ed.), Agrarian History of England and Wales. Cambridge U. P., 1967. Vol. Ⅳ p. 345.

③ H. A. L. Fisher, Political History of England, 1485-1547. London, 1920. p. 499.

④ Joyce Youings, "The Monasteries." in Joan Thirsk, (ed.), Agrarian History of England and Wales. Cambridge U. P., 1967. Vol. Ⅳ. p. 352.

塞克斯郡的地产授予亨利·帕克爵士。①1537年7月赐予波维斯领主爱德华·格雷爵士希罗普郡布尔德瓦斯修道院的地基和自营地，及修道院在希罗普郡、斯塔福德郡、德比郡的3座花园，以及3座教区长的住宅。②1536年，来切尔·索斯特和威廉·沙兰德付出100多英镑买下了汉普顿郡内特尼修道院所有的牛和其他的牲畜。1537年，来自南部各地的买主买下了弗内斯修道院的牛。托马斯·沃顿爵士用23英镑买下了希普帕克小修道院的自营地，他随即转租出去，获得租金26英镑13先令4便士。出租修道院土地可以获得很大的利润。例如，罗斯达尔修道院转手的价格高达200英镑，但交给国王的地租只有7英镑。③到亨利八世在位末年，国王已把一半以上的修道院地产进行了转让。余下的修道院土地在爱德华六世时期继续出售和赏赐，有少量修道院地产是在玛丽在位时期出售和赏赐的。到1558年，有三分之一的修道院留给国王所有。在莱斯特郡，到1542年时，有36%的修道院土地被转让。在汉普顿郡，出售修道院土地在1544至1546年间达到高潮。④

1539年12月，由增收法庭的法官理查德·李奇爵士和托马斯·克伦威尔负责按照相当于土地年收益20倍的价格出售价值6000英镑的地产。⑤由于随着时间的推移，全国的土地价格普遍上涨，所

---

① Joyce Youings, "The Monesteries." in Joan Thirsk, (ed.), Agrarian History of England and Wales. Cambridge U. P., 1967. Vol. IV. p. 335.

② Joyce Youings, "The Monasteries." in Joan Thirsk, (ed.), Agrarian History of England and Wales. Cambridge U. P., 1967. Vol. IV. p. 340.

③ Joyce Youings, "The Monesteries." in Joan Thirsk, (ed.), Agrarian History of England and Wales. Cambridge U. P., 1967. Vol. IV. p. 335.

④ Joyce Youings, "The Monesteries." in Joan Thirsk, (ed.), Agrarian History of England and Wales. Cambridge U. P., 1967. Vol. IV. p. 339.

⑤ Joyce Youings, "The Dissolution of the Monasteries." in Joan Thirsk, (ed.), Agrarian History of England and Wales. Cambridge U. P., 1967. Vol. IV. p. 120; Joan Thirsk, (ed.), Agrarian History of England and Wales. Cambridge U. P., 1967. Vol. IV. p. 341.

以到16世纪后几十年里，国王出售修道院土地的价格也有所调整。到16世纪40年代，鉴于20年土地收益的标准已低于土地的市场价格，所以土地售价上升为25倍土地年收益额，以后又升至30倍土地年收益额。到16世纪90年代，修道院土地的售价上升到当时年土地收益额的40倍。[①]

历史学家对德文郡出售修道院土地的情况有详细研究。到亨利八世在位末年，该郡有60%的修道院土地已被国王转手。这些土地中绝大部分被地方地主作为一种长期投资购买，买下后与自己原有的地产合并。有些修道院土地先是授予伦敦商人及其他德文郡以外的人士，或被他们购买。后来，他们为了迅速获利而将这些土地出售给当地买主。到1558年11月，国王出售的德文郡的113个庄园被42个买主买去，占国王出售德文郡土地的78%，剩下的土地被农民买去。[②]在德文郡修道院土地的42个买主中，外地买主只买下了8%的修道院土地。[③]拉塞尔家族买下了德文郡修道院土地中最大的一块，以后落到这个家族的贝德福伯爵之手。这块地产占这个郡出售德文郡修道院土地的12%，它在1535年值800英镑。到1558年，德文郡27%的修道院土地由7个大土地所有者占有，除了贝德福伯爵拉塞尔外，还有温泽的主教和教士团成员。该郡余下的修道院土地的将近20%，分为年收入50到100英镑的地块，分别由当地有声望的贵族占有，他们用现金

---

① H. C. Habbakkuk, "The Market for Monastic Property." Economic History Review, 2nd, ser. X, 1958. pp. 372-376.

② Richard Lachmann, From Manor to Market, Structural Change in England, 1356-1640. Wisconsin U. P., 1987. p. 185.

③ Joyce Youings, Devon Monastic Land. Exeter, 1955. xxv.

支付购地款项。①

托尼对格洛斯特郡、北安普敦郡和沃里克郡250个原属修道院的庄园进行了研究。他认为，最初有六分之一以上的修道院庄园土地为17个贵族所有，王室官员和实业家也占有一部分修道院庄园。但是，较大部分修道院庄园落入当时已很有影响的地方土地所有者家族之手。托尼还发现，随着时间推移，越来越多的原修道院土地落入地方乡绅之手。他们中最有代表性的有锡恩家族、斯宾塞家族、塞西尔家族。②

在莱斯特郡，拉特兰伯爵得到了年价值300镑的土地。到1558年，莱斯特郡修道院土地的30%落到贵族之手。在汉普顿郡，1558年南安普顿伯爵赖奥恩利买得该郡20%的修道院土地，其中一半费用用现金支付。桑迪斯勋爵和波利特勋爵得到了该郡修道院土地的18%。这样，三家贵族买得了汉普顿郡将近40%的修道院庄园土地。③

在诺福克郡，将近270座属于修道院和其他教会组织的庄园在1536至1556年被国王出售，其中200座以上的庄园落到绅士手中，其中大部分为本地出生，只有15座庄园落到贵族手中。1545年以后，出售的修道院土地落到乡绅手中的比例在增加，而落到贵族手中的比例在减少。④在诺福克郡，到1566年，国王出售的修道院土地（按年收入价值计算）的93%为37个买主买去。在诺福克郡购买修道院土

---

① Joan Thirsk,（ed.），Agrarian History of England and Wales，Vol. Ⅳ，1500–1640. Cambridge U. P.，1967. p. 351.

② R. H. Tawney, "The Rise of the Gentry." Economic History Review, xi. 1941. pp. 23–28.

③ Joan Thirsk,（ed.），Agrarian History of England and Wales，Vol. Ⅳ，1500–1640. Cambridge U. P.，1967. p. 353.

④ Joyce Youings, The Dissolution of the Monasteries. p. 23. note，23.

地的39个大买主中，有31个为本地人。1556年诺福克郡出售修道院土地过程中，外地买主只购买了15%的修道院土地。[1]宗教改革以后，诺福克郡庄园的所有权变化如下：1535年时，国王拥有3%的庄园，贵族拥有10%的庄园，乡绅拥有67%的庄园，教会拥有3%的庄园，修道院拥有18%的庄园。1545年，国王拥有8%的庄园，贵族拥有13%的庄园，乡绅拥有73%的庄园，教会拥有6%的庄园。1555年，国王拥有5%的庄园，贵族拥有12%的庄园，乡绅拥有77%的庄园，教会拥有7%的庄园。1565年，国王拥有5%的庄园，贵族拥有11%的庄园，乡绅拥有78%的庄园，教会拥有6%的庄园。[2]

解散大修道院后，国王的土地收入增加了18355英镑，解散小修道院后，国王的收入增加了10000英镑。没收的土地在国王手中没有停留多久。国王或滥加赏赐，或大肆抛售，大批土地流入市场。据统计，亨利八世赏赐给教会的土地有55份，年收入为20000英镑。赏赐给贵族的土地有124份，年收入为16000英镑。赏赐或出售给宫廷人士的有183份土地，年收入为7000英镑。出售给小官吏和臣仆的有301份土地，年收入达14000英镑。出售给律师的有42份土地，年收入为1500英镑。出售给工商业者的有140份土地，年收入为6000英镑。出售给乡绅的有693份土地，年收入为23500英镑。[3]购得土地的人士中不少是新兴的资产者。例如，呢绒商理查·格拉善一次就付出1173英镑，购得约克郡3座修道院的土地。呢绒业手工工场主威廉·施顿普

① T. H. Swales, "The Redisrlbution of the Monastic Land in Norfolk at the Dissalution", Norfolk Archaeslogy. pp. 17–41. Richard Lachmann, From Manor to Market, Structural Change in England, 1356–1640. Wisconsin U. P., 1987. p. 89.

② Mark Overton, Agricultural Revolution in England, Cambridge U. P., 1966. p. 169.

③ F. J. Fisher, Political History of England, 1485–1547. London, 1920. Vol. 10. p. 499.

买下了位于麦克斯伯里和欧斯内的修道院，把它们改造成呢绒业手工工场。

在宗教改革没收修道院土地并加以出售后，出售的地产没有在土地获得者手中长期停留，土地所有者很快将土地再次出售，有的土地多次转手。在1540至1550年，英国出现了土地投机的狂热，"一些土地买主只是为了提价"。例如，怀特比修道院的土地最初落到国王手中，然后被出售给诺森伯兰公爵。他又转手出售给约翰·约克爵士。一个王室小官员买下位于布鲁伍德的西斯特教团所属的女修道院的土地，立即转手出售。特伍萨姆的地产在1536年收归国王，1540年索福克公爵获赐予在那里的国王保留地的地租和继承权。而在同年，索福克公爵就把土地出售给了莱弗森，而后者再次将它出售给比达尔夫。萨默塞特在7月1日从国王处获赠一处地产，他在7月2日便将其部分出租，租期为80年，并在7月9日以出租的方式将它转回国王之手。[①]

一份1544年9月26日的转售许可证书准许威廉·里格斯和伦纳德·布朗在购置修道院土地后一个月，转售原属于阿博特伯里修道院的多塞特的地产和密尔顿的地产。为取得转售许可证，威廉·里格斯和伦纳德·布朗至少花费了3英镑8先令8便士。[②]1544年乔治·罗尔和乔治·海顿按20年地产收益的价格买下了德文郡北部皮尔顿小修道院的绝大部分分散的地产。以后，将其转售给皮尔顿的约翰·唐，卖得800英镑，这比他们买进时的出价高出两倍。他们曾花18英镑买下古德利教区的利利庄园，在6周以内旋即转手给了皮尔顿的威廉·唐，

---

① R. H. Tawney, *Agrarian Problem in the Sixteenth Century*. Longman, 1912. pp. 381-382.

② Joyce Youings, *The Dissolution of the Monasteries*. London, Allen Unwin, 1971. Document 35, pp. 242-243, 127.

卖得28英镑。乔治·罗尔和乔治·海顿均系律师，出身于当地的小自由持有农家庭。他们的后代发财致富，置身于德文郡最富有的大地主之列。诚然，修道院土地投机只是他们谋利的一种途径。贝德福伯爵在1577年出售了他在德文郡的伯林顿庄园，卖价为700英镑，这与他在1539年按当时标准的市价买进时相比，获利100%。增收法庭的官员也利用职务之便从事土地投机。例如，1549年沃里克伯爵买下波尔斯罗的地基、庄园和自营地，当时土地年收益为30英镑。两天以后，他将这块地产转售给理查德·萨克维尔爵士。而后者在不到1年的时间里将这块地产出售给阿瑟·钱珀农，出售价格却高达1048英镑。[①]

1558年，莱斯特郡原修道院地产的64%中，有40%仍然保留在最初被授予者或他的继承人手中。1558年在汉普顿郡，124座修道院庄园，有16个仍然在王室手中，有77个在最初被授予者手中，而有35个庄园已转手出售。德文郡修道院庄园的60%即130个庄园，到1558年，有17个庄园仍然在王室手中，有92个在最初被授予者或其继承人手中。而有22个庄园再次转手，6个庄园转手3次，2个庄园转手4次，而舍弗德庄园转手已5次。[②]

16世纪英国的宗教改革导致了英格兰地产的归属发生了很大的变化。在宗教改革前的1436年，英格兰国王拥有9.5%的土地，教会拥有31%的土地，世俗地主拥有59.5%的土地（其中大地主拥有25%的土

---

① Joyce Youings, "The Monasteries." in Joan Thirsk, (ed.), Agrarian History of England and Wales. Cambridge U. P., Vol. Ⅳ. p. 351.

② Joan Thirsk, (ed.), Agrarian History of England and Wales. Cambridge U. P., 1967. Vol. Ⅳ, 1500−1640. p. 349.

地，其他土地所有者拥有34.5%的土地）。[1]在1540年修道院解散完成时，尽管此时亨利八世已经把一批修道院赐予世俗盟友，但国王仍拥有英格兰三分之一以上的庄园。这时世俗贵族领主拥有60%的庄园。在伊丽莎白即位后，她出于对现金的急需，出售了一批庄园。这样，女王拥有的土地不到全英格兰土地的八分之一。[2]到了宗教改革后的1561年，国王拥有9.8%的庄园，教会拥有7.4%的庄园，世俗地主拥有82.8%的庄园。[3]这样，宗教改革对修道院土地的处理，在英格兰有产阶级之间造成了一次地产的再分配和财产的大转移。在16世纪价格革命和商业革命发展的趋势下和新兴阶级开始成长的背景下，在新老有产阶级成员对财富的渴求和发财致富的欲望下，地产的流动极大地加强了，它促进了土地市场的发展和土地资本化。它对于英国资本主义的发展是一个不可缺少的重要条件。

在庄园由教会转到世俗地主所有的过程中，农民的土地所有权也发生了迅速的变化。佃户失去了教会法庭的保护，他们的地位更不稳定。拥有大量修道院地产的北安普敦郡就有这方面的例子。特雷沙姆家族在修道院解散后从国王手中买下了拉什顿庄园，在该庄园上的佃户租期期满时将他们驱逐了，而将这些土地改成牧羊农场。北安普敦郡另一个大地主斯宾塞，也采取了同样的做法。[4]

[1] J. P. Cooper, "The Social Distribution of Land and Men in England, 1436-1700." Economic History Review, 2nd ser, 20, no. 3, pp. 420-421.

[2] Richard Lachmann, From Manor to Market, Structure Change in England 1536-1640. Wisconsin U. P., 1987. p. 89, Table. 4. 6.

[3] R. H. Tawney, "The Rise of the Gentry: A Postscript." Economic History Review, no. 1, pp. 91-97.

[4] Richard Lachmann, From Manor to Market, Structure Change in England 1536-1640. Wisconsin U. P., 1987. p. 104.

第二节　农业经济发展的地区差别和商业化程度

在16世纪初，绝大多数农业生产者生产的主要目的不是为市场提供产品，他们的农耕活动主要为家庭提供产品，尤其是那些小的农民农场主，他们构成了乡村人口的压倒多数，他们关心的是为自己和家庭提供食物和其他必需品。因此，他们消费掉了绝大部分他们的生产品。尽管他们与世隔绝，那些佃农们也必须部分地出售他们的产品，因为他们需要用现钱来支付国家征收的赋税、买盐和金属制品，并支付轮匠和铁匠这些技工服务的费用。当然，当时绝大多数庄园佃户支付的地租数额不大，在13世纪和14世纪提得很高的入地费这时也降得非常低。[①]

16世纪末到17世纪初，英格兰一些和城市联系密切的乡村地区，商业化农业迅速发展起来，某些地区的农产品甚至供应大陆欧洲市场。但是，英格兰各地农业的商业化发展很不平衡，许多地区的农业尚处于自给自足的阶段，需要对农业在英格兰各地的发展作一粗略的浏览。

到1600年时，英格兰东南部的肯特郡的土地经营单位在很大程度上是由经过圈地的、彼此间连接很紧的农场和小持有地构成。绝大多数农场主是佃户。肯特郡的地主绝大多数是小地主，他们中大多数人

---

① Christopher Clay，Economic Expansion and Social Change：England 1500-1700. Cambridge U. P.，1984，Vol. I. People Land and Town. pp. 58-59.

拥有1至2个小农场。

肯特郡的土地所有制模式很复杂。在这里，有罗切斯特和坎特伯雷大主教及副主教等3个教会领主，有十余个贵族和乡绅。他们以下有几百名乡绅和几十名富有的约曼。再以下，有数千名自由持有农。在肯特郡，除了庄园自营地和荒地外，几乎所有的土地都是自由持有地。公簿持有保有地在这里少见。因此，在这个地区土地市场很活跃。[①]在肯特郡，广泛实行均分传赎租地制，乡绅的地产在其死后在儿子中平均分配。农场主和商人死后，也在其男性直系后代中平均分配其遗留下来的地产。[②]在实行均分传赎保有权的佃户中，佃户在其有生之年可以赠与、出租和出售其地产，他死后留下的土地要在他所有的男性继承人中均分。[③]肯特郡是小土地持有制流行的地区。

达勒姆郡农业耕作制度处于三圃制地区的北沿。[④]在诺森伯兰郡和达勒姆郡，习惯佃户人数众多，他们持有的农场占到教区土地的大部分，他们持有的农场面积大约在26到80英亩之间。这里的佃户最初持有的土地面积相等。例如，1618年在雷林顿，有10块耕地分别由10户佃户耕种。他们中有9户租地面积在71至75英亩之间，另一户租地面积为67英亩。在朗霍顿的南端，有13块土地由12户佃户租种，其中有1户佃户租种两块土地。这13块土地面积相差很小，每块地面积在

---

① A. R. H. Baker, "Field Systems of Southeast England." in Alan R. H. Baker and Robin A Butlin, (eds.), Studies of Field Systems in the British Isles. Cambrisge U. P., 1973. p. 391.

② A. R. H. Baker, "Field Systems of Southeast England." in Alan R. H. Baker and Robin A Butlin, (eds.), Studies of Field Systems in the British Isles. Cambrisge U. P., 1973. p. 392.

③ A. R. H. Baker, "Field Systems of Southeast England." in Alan R. H. Baker and Robin A Butlin, (eds.), Studies of Field Systems in the British Isles. Cambrisge U. P., 1973. p. 408.

④ H. L. Gray, English Field Systems. Cambridge, Mass. 1915. p. 62.

47至52英亩之间。①直到17世纪，在达勒姆和诺森伯兰地区，人们仍然履行义务保持一支军事力量以应付苏格兰人攻击。这种义务成为边境地区习惯保有权的基础，保证了这种土地保有权的稳定。也就是说，如果他们为保卫边境提供了马匹和甲胄，就应当保证他们的土地所有权。在17世纪初取消了边境地区的上述保有权之后，农业的变革加快了。在这个地区，自由持有农的人数不如习惯佃户那么多。在1603年的边境战事以后，当地的地主逐渐用租地制代替了传统的习惯保有权。17世纪和18世纪，这个地区煤矿的发展，纽卡斯尔城市及市场的发展，以及圈地运动在当地的发展，促使多种土地共有权的消失，并促进了农业的进步。②但在一段时间内这个地区的农业依然较为落后。

在东盎格利亚地区，圈地运动大规模开展以前，这里广泛存在着敞地制度。这是与密德兰地区的两圃制和三圃制完全不同的耕作制度。③16世纪末和17世纪初期，东盎格利亚具有发展经济得天独厚的条件，它在地理上处于英格兰出口贸易的主要通道上，羊毛出口业和地方毛织业迅速发展起来。来自索福克北部和西部的产品通过位于诺福克郡的港口林恩、韦尔斯、伯纳德和雅茅斯运往低地国家的工业区，通往芬兰的水路增加了对伦敦市场货物的需求。诺福克本地的市场也发展起来。这使东盎格利亚商业化农业发展很快。④16世纪至17

---

① R. A. Butlin, "Field Systems of Northumberland and Durham." in Alan R. H. Baker and Robin A Butlin, (eds.), Studies of Field Systems in the British Isles. Cambrisge U. P., 1973. p. 138.

② R. A. Butlin, "Field Systems of Northumberland and Durham." in Alan R. H. Baker and Robin A Butlin, (eds.), Studies of Field Systems in the British Isles. Cambrisge U. P., 1973. p. 139.

③ H. L. Gray, English Field Systems. pp. 305-354.

④ M. P. Postgate, "Field System of East Anglia." in Alan R. H. Baker and Robin A Butlin, eds. Studies of Field Systems in the British Isles. Cambrisge U. P., 1973. p. 284.

世纪，诺福克是主要的养羊业和谷物产区，在这里的某些地方，养羊业的收入占到农牧业商品收入的一半。此外，这里的农产品大量销往伦敦。在1601年复活节和米迦勒节之间，仅从索福克郡的瓦尔伯斯威克和骚斯沃德就用船只把1200大桶黄油和1195件奶酪运往伦敦。[①]

16世纪末到17世纪初东盎格利亚地区商业化农业的发展与该地区中世纪土地所有制的背景有着直接的联系。在整个中世纪，东盎格利亚地区没有严格地实行封建化。中世纪诺福克和索福克的庄园规模较小，这里的庄园不与教区相吻合，有的教区存在不止一个庄园，有的教区甚至有4到5个庄园。在东盎格利亚地区，自由持有地占的比例不大。大量存在的小庄园领主把自己的庄园自营地分租给新来的佃户，防止土地分散。[②]17世纪中期在中索福克郡的5个庄园中，自营地面积一共为3000英亩，而公簿持有地的总面积只有500英亩。[③]

在约克郡的高地，在16世纪中期伊丽莎白一世即位时，有三分之二的佃户是公簿持有农。到1640年时，公簿持有农的数量有所减少。在早期斯图亚特时期，一部分公簿持有农被免除了他们法定的义务。这个地区的土质不适合于种植农作物，当地穷人的数量很大。在山谷地区，每户佃户的习惯持有地面积一般在15到20英亩。[④]在约克郡，小农场面积平均不超过60英亩，有的农场面积在6到24英亩之间，若

① M. P. Postgate，"Field System of East Anglia." in Alan R. H. Baker and Robin A Butlin，（eds.），Studies of Field Systems in the British Isles. Cambrisge U. P.，1973. p. 287.

② M. P. Postgate，"Field System of East Anglia." in Alan R. H. Baker and Robin A Butlin，（eds.），Studies of Field Systems in the British Isles. Cambrisge U. P.，1973. pp. 306，311.

③ M. P. Postgate，"Field System of East Anglia." p. 307.

④ Joan Thirsk，"The Farming Regions of England." in Joan Thrisk，（ed.），Agrarian History of England and Wales，Vol. IV. Cambridge U. P.，1967. pp. 29-30.

干农场面积更小。[1]在山谷边缘，有一些大牧羊场主。例如，在豪克斯韦尔的加里斯顿，绅士查尔斯·德兰斯菲尔德在1552年有258头牛（其中201头为奶牛）、51匹马和将近1000只羊。到16世纪，乡村工业在当地发展起来。在哈利法克斯教区，克瑟斜纹呢制造业发展起来，成为农民维持生计的一种来源。[2]织袜业成为当地重要的出口手工业，富裕的约曼成为发展乡村织袜业的中间人。[3]在登达尔和加斯达尔，根据1634年的一项调查材料，农民的农场很小，部分农场不超过3到4英亩，一般来说农场面积不超过8至9英亩。假如没有织袜业，农民无法依靠土地收入维持其生存。[4]在斯瓦尔达尔，17世纪中叶到18世纪，由于农场面积很小，农民只得用部分时间去采矿。在约克河谷和皮克林河谷，农民常常兼营亚麻纺织业。[5]在约克郡的沼泽地区，每个教区都有若干个庄园，庄园对农耕的控制很弱，对沼泽地的使用和管理由村庄协商处理，而不是由庄园法庭来决定。沼泽地区的可耕地非常贫瘠。许多农民没有土地，农民平均持有土地不到10英亩。[6]在东约克郡，肥沃的土地适合于资本主义农场的发展。[7]在约克

① Alan R. H. Baker and Robin A. Butlin,（eds.），Studies of Field Systems. p. 155.

② Joan Thirsk,"The Farming Regions of England." in Joan Thrisk,（ed.），Agrarian History of England and Wales，Vol. IV. Cambridge U. P.，1967. p. 29.

③ Joan Thirsk,"The Farming Regions of England." in Joan Thrisk,（ed.），Agrarian History of England and Wales，Vol. IV. Cambridge U. P.，1967. p. 71.

④ Joan Thirsk,"The Farming Regions of England." in Joan Thrisk,（ed.），Agrarian History of England and Wales，Vol. IV. Cambridge U. P.，1967. p. 31.

⑤ David Hey,"Yorkshire and Lancashire." in Joan Thrisk,"The Farming Regions of England." in Joan Thrisk,（ed.），Agrarian History of England and Wales，Vol. V. Cambridge U. P.，1984. p. 70.

⑥ Joan Thirsk,"The Farming Regions of England." in Joan Thrisk,（ed.），Agrarian History of England and Wales，Vol. IV. Cambridge U. P.，1967. p. 31.

⑦ Joan Thirsk,"The Farming Regions of England." in Joan Thrisk,（ed.），Agrarian History of England and Wales，Vol. IV. Cambridge U. P.，1967. p. 34.

郡北部，家庭农场的主要产品是黄油。这个地区斯托克顿和怀特比生产的黄油通过雅芽斯港销往伦敦和欧洲大陆。1675年黄油外销的鼎盛时期，有将近42000费尔金的黄油从港口用船外运。①约克郡出产的小麦、豆类和菜籽的一部分通过霍尔和布尔德林顿港口运往鹿特丹。

在兰开郡平原，绝大多数农场面积在50英亩以下。到18世纪上半叶，这里存在着大量持有土地在10英亩以下的小土地持有者。他们依靠公地上的共有权维持生存。农民持有的土地通常是自由持有保有地。大地主把土地出租给佃户，租期为21年或3代人。②彭德尔的公簿持有农在1607年抱怨说，他们的土地"完全是不毛之地，无利可图，只能种植燕麦，无法种植其他谷物"③。

兰开郡的牧区在利物浦和普雷斯顿之间的郡西南地区。这里盛行养牛业，每个习惯佃户耕种的土地不超过5英亩。这个地区开垦的土地中48%是可耕地，14%是草地，38%是牧场。东兰开郡也是牧区。17世纪初年，在东兰开郡一些农场主转而从事奶业。在这里，尽管许多土地实行习惯保有权，佃户却有自由持有农的特权，允许他们向领主的庄园法庭呈报后，自由转让他们的土地。④在从普雷斯顿到曼彻斯特的兰开郡中南部混合农耕区，自由持有农持有的农场面积在60英亩以上，习惯佃农尽管人数为自由持有农的5倍，但每人持有的土地

① David Hey, "Yorkshire and Lancashire." in Joan Thrisk, (ed.), Agrarian History of England and Wales. Vol. V. i, Cambridge U. P., 1984. pp. 73, 77.

② David Hey, "Yorkshire and Lancashire." in Joan Thrisk, (ed.), Agrarian History of England and Wales. Vol. V. i, Cambridge U. P., 1984. pp. 61-62.

③ David Hey, "Yorkshire and Lancashire." in Joan Thrisk, (ed.), Agrarian History of England and Wales. Cambridge U. P., 1984. Vol. V. i, p. 69.

④ Joan Thrisk, "The Farming Regions of England." in Joan Thrisk, (ed.), Agrarian History of England and Wales. Cambridge U. P., 1967. Vol. IV. pp. 86-87.

173

很少超过15英亩。1614年时在厄尔尼斯瓦尔顿庄园，有半数佃户每人持有的土地在5到20英亩之间。在它以北的霍恩比庄园，大多数佃户持有的土地不超过20英亩。在一份死亡农民的财产资料中，农民持有种植作物的土地通常在8英亩以下。[1]

密德兰地区分东、西两部分。东密德兰包括6个郡，即莱斯特郡、北安普敦郡、诺丁汉郡、拉特兰郡、林肯郡和沃里克郡。西密德兰包括5个郡，即伍斯特郡、斯塔福德郡、哈福德郡、希罗普郡和德比郡。

东密德兰地区在近代初期广泛存在公地制度，这种情况一直持续到18世纪。在英国革命前150年，很多村庄实行了农牧业混合经济，东马尔克汉的农夫威廉·费尔便是一个很好的例子。1610年春他去世时，留下的财产有5头母牛、7头牛仔、8头小牛、7匹母马和公马、1头马驹、7头猪、28只羊，他种了4.75英亩的小麦、0.125英亩的裸麦、10.25英亩的大麦和19英亩的豌豆。他有一只犁、两架手推双轮车、两驾马车。他的全部货物值207英镑，是个殷实的农场主。[2]当时人诺顿描述北安普敦郡时写道："这里有许多上等的牧羊场，能够给牛提供很好食料的牧场和肥沃的谷物产地。"在16世纪，这个地区的一个核心村庄住户不会多于40户，村里会有一个乡绅、若干约曼，他们持有的农场面积不超过60英亩，还有更多的持有土地在20到60英亩的农民。三分之一的男性居民是茅舍农和粗工，贫富差距显著。在

---

① Joan Thirsk, "The Farming Regions of England." in Joan Thrisk, (ed.), Agrarian History of England and Wales. Cambridge U. P., 1967. Vol. IV. p. 87.

② Joan Thirsk, "The Farming Regions of England." in Joan Thrisk, (ed.), Agrarian History of England and Wales. Cambridge U. P., 1967. Vol. IV. p. 90.

莱斯特郡，16世纪初有四分之一的私人财产为4%的人口控制。[①]在莱斯特郡庄园中有许多自由持有农，而庄园的控制较弱。当16世纪后期和17世纪初期庄园自营地出售给佃户以后，庄园的权力便极大地衰落了。[②]在沃里克郡，中世纪便有大量自由持有农，在13世纪时，庄园的控制便很薄弱。[③]在东密德兰森林的边缘，可耕地非常有限，存在着大量的小农场，同时有许多外来移民。[④]

在东密德兰地区，16世纪时大片土地被森林覆盖，处于半开垦状态，这里存在着大量的公地和荒地，吸引着许多无地农民前来。西密德兰许多肥沃的土地都是16世纪以后随着移民到来、人口增长和乡村工业人口的增长得以开垦而发展起来的。1597年一位下院议员曾指出，希罗普郡是一个完全由林地组成的郡，这里养牛产奶。1636年一位治安法官描写希罗普郡"绝大部分是不毛之地，有四分之一的土地长着石南或是荒地，另外四分之一是猎场和猎苑"。对伍斯特郡的教会土地的调查发现，如此多的土地是"不毛之地，灌木丛生或是长着金雀花的牧场"，"牧场很糟糕"，是"贫瘠的低草地"。[⑤]

但是，西密德兰地区各地农业经济存在很大差别。在赫里福德郡以及和它毗邻的伍斯特郡和格洛斯特郡有经过改良的农田，有利于谷

---

① Joan Thirsk, "The Farming Regions of England." in Joan Thrisk, (ed.), Agrarian History of England and Wales. Cambridge U. P., 1967. Vol. IV. p. 92.

② Joan Thirsk, "The Farming Regions of England." in Joan Thrisk, (ed.), Agrarian History of England and Wales. Cambridge U. P., 1967. Vol. IV. pp. 92-93.

③ Joan Thirsk, "The Farming Regions of England." in Joan Thrisk, (ed.), Agrarian History of England and Wales. Cambridge U. P., 1967. Vol. IV. p. 97.

④ Joan Thirsk, "The Farming Regions of England." in Joan Thrisk, (ed.), Agrarian History of England and Wales. Cambridge U. P., 1967. Vol. IV. p. 95.

⑤ Joan Thirsk, "The Farming Regions of England." in Joan Thrisk, (ed.), Agrarian History of England and Wales. Cambridge U. P., 1967. Vol. IV. p. 99.

物生长，是这个地区最大的谷物产区，被称为"谷仓"。在斯塔福德郡中部和德比郡，可耕地面积在这个时期有很大增长，因此，1500至1640年谷物产量逐渐增长。[①]在赫里福德郡戈登河谷的纽索特，出现了新型农业经营者。罗兰·沃恩是一个草地牧场经营者，他饲养了300头母牛、300头小牛和3000只羊，生产出大量的奶酪、黄油和肉类提供给市场。他还就管理水草地和发展畜牧业写了一本专著。[②]在西密德兰地区改进土地的圈地，没有像在东密德兰引起公众的愤怒，当地的庄园法庭在实施圈地改良荒地的过程中，为庄园的自由佃户留下了足够的共用地，不去触动对农民非常重要的共用权利。许多教区通过协商实施圈地，在这个地区留下的公地一直存在到18世纪。[③]

伦敦附近各郡构成了一个相对独立的农业区域，它包括贝德福德郡、哈福德郡、白金汉郡和埃塞克斯4个郡。这个时期伦敦的人口增长很快，据学者统计，伦敦的人口在1650年为40万人，1700年增长到57.5万人，以后50年又增长了10万人。1650年时伦敦人口占全英格兰人口的7%，1750年占11%。从1600到1750年，伦敦对谷物的需求增长了3倍。到1700年，伦敦每年消费的谷物达到了150万夸脱。[④]伦敦粮食市场17世纪到18世纪的发展，对于伦敦附近各郡农业商业化是极大的刺激。这4个郡的大量土地已经过圈地，这使得租地农场能够不受

---

① Joan Thirsk, "The Farming Regions of England." in Joan Thrisk, (ed.), Agrarian History of England and Wales. Cambridge U. P., 1967. Vol. IV. p. 100, 105.

② Joan Thirsk, "The Farming Regions of England." in Joan Thrisk, (ed.), Agrarian History of England and Wales. Cambridge U. P., 1967. Vol. IV. pp. 100−101.

③ Joan Thirsk, "The Farming Regions of England." in Joan Thrisk, (ed.), Agrarian History of England and Wales. Cambridge U. P., 1967. Vol. IV. p. 102.

④ N. S. Gras, The Evolution of the English Corn Market. Cambridge, Mass. 1915. pp. 76−77.

限制地发展其商业化经营。①哈福德郡和埃塞克斯郡主要为伦敦提供肉类、奶、黄油、奶酪和制面包的小麦。②17世纪到18世纪，伦敦附近各郡的农业迅速商业化，为市场服务的菜园发展起来。③

　　英格兰北部地区包括库伯兰郡、威斯特摩兰郡、达勒姆郡、诺森伯兰郡和柴郡。北方诸郡大多远离首都伦敦和大的工商业中心，旅行者足迹罕至。这个地区属于边境省区，16世纪受苏格兰掠夺骚扰威胁，1524年10月还发生过小股苏格兰人侵扰之事。④这个地区土质贫瘠，加上气候的原因，直到今日，种植谷物仍很困难，种植粗放，荒地开垦有限。这个地区农作物收成不可靠，主要的作物是大麦、四菱大麦和燕麦。在库伯兰郡，大麦是主要作物。⑤在威斯特摩兰郡，燕麦则是主要作物。在收成不好的年景，这个地区粮食严重短缺。⑥这个地区一些庄园财政收入很差，佃农状况悲惨，他们的庄稼和牲畜时常丢失，歉收不时发生，生计难以维持。有的地方农田荒芜，犁也弃置不用。⑦直至今日，湖区和彭奈尔山区有大量土地仍未开垦，在中

　　① Joan Thirsk, "The Farming Regions of England." in Joan Thrisk, (ed.), Agrarian History of England and Wales. Cambridge U. P., 1967. Vol. IV. p. 50.

　　② Joan Thirsk, "The Farming Regions of England." in Joan Thrisk, (ed.), Agrarian History of England and Wales. Cambridge U. P., 1967. Vol. IV. p. 55.

　　③ R. C. Richardson, "Metropolitan Counties, Bedfordshire, Hertfordshire, and Middlesex," in Joan Thrisk, (ed.), Agrarian History of England and Wales. Cambridge U. P., 1984. Vol. V. I, p. 250.

　　④ Joan Thirsk, "The Farming Regions of England." in Joan Thrisk, (ed.), Agrarian History of England and Wales. Cambridge U. P., 1967. Vol. IV. p. 16.

　　⑤ Joan Thirsk, "The Farming Regions of England." in Joan Thrisk, (ed.), Agrarian History of England and Wales. Cambridge U. P., 1967. Vol. IV. p. 19.

　　⑥ G. Elliott, "Field Systems of Northwest England." in Alan R. H. Baker and Robin A Butlin, (eds.), Studies of Field Systems in the British Isles. Cambridge U. P., 1973. p. 61.

　　⑦ G. Elliott, "Field Systems of Northwest England." in Alan R. H. Baker and Robin A Butlin, (eds.), Studies of Field Systems in the British Isles. Cambridge U. P., 1973. p. 75.

世纪，这些土地主要用来种草，只有小块土地种庄稼。其他地区存在着大量公地。①农民的持有地一般很小。在英格兰西北部，土地保有权差别很大。在库伯兰郡和威斯特摩兰郡，佃户根据与自由持有保有权相近似的习惯租佃权保有土地。16世纪末，当地形成一些大庄园，这些领主无意圈占公地，领主允许在庄园内个人之间进行土地交换。②到16世纪，在库伯兰郡的彭里斯、沃金顿、怀特海文和威格顿，在威斯特摩兰郡的肯达尔、克克比斯蒂芬，在柴郡的斯托克堡、威姆斯洛、麦克斯菲尔德和桑巴赫，有繁荣的市场、集市和工业，但在这个地区存在着大量的共用可耕地和共用荒地。③

当时游历英格兰各地的丹尼尔·笛福稍迟些的记叙与研究者的结果是一致的。笛福写道，许多郡都有一些未耕种的土地。在萨里郡的西部，"不仅贫穷，而且完全是不毛之地，任其荒芜，看起来很可怕……很大地方只是一块沙漠荒野……那里生长着灌木——硗薄土壤的惯常产物"。在约克郡，人们刚一走出里兹城，便进入了"一个连接不断的荒野，乌黑而可怕的、凄凉的荆棘地，旅客们穿过那个地方，像马匹跟着蹄迹前进那样，是由一些用以指示洞窟和坑洼的、间或树立的标杆来引导的"④。

通过以上对英格兰各地农业发展状况的浏览，可以得出这样的总

---

① G. Elliott, "Field Systems of Northwest England." in Alan R. H. Baker and Robin A Butlin, （eds.）, Studies of Field Systems in the British Isles. Cambridge U. P., 1973. pp. 52-53.

② G. Elliott, "Field Systems of Northwest England." in Alan R. H. Baker and Robin A Butlin, （eds.）, Studies of Field Systems in the British Isles. Cambridge U. P., 1973. pp. 52-53.

③ G. Elliott, "Field Systems of Northwest England." in Alan R. H. Baker and Robin A Butlin, （eds.）, Studies of Field Systems in the British Isles. Cambridge U. P., 1973. p. 67.

④ ［法］保尔·芒图：《十八世纪产业革命——英国近代大工业初期的概况》，杨人楩、陈希秦、吴绪译，商务印书馆1983年版，第124页。

体印象：到17世纪时，英格兰各地农业发展水平特别是商业化农业的发展程度相差甚大，农业生产效率恐怕也相差甚大。首都伦敦附近各郡和东盎格利亚等郡，受城市和海外市场需求的刺激，农业和牧业日渐商业化。而英格兰北部和西部若干地区远离中心城市、工业中心和商贸通道，农业的商业化程度不高，而且农业耕作粗放，荒地和公地大量存在。因此，过高地估计英国16世纪至17世纪农业资本主义的发展程度是不符合历史实际情况的。

第九章
近代农村经济组织

第一节　庄园制的衰落和残存

历史上经济制度的变化不同于政治制度的变化。在西欧国家，一场典型的资产阶级革命可以在短时间内结束封建君主的统治权力，开始共和主义或君主立宪的政治制度。但是，经济制度的变化则要经过很长的历史时期。在近代时期开始以后很长一段历史时期中，中世纪的领主制和庄园制度在英国一些地方仍然残存。

在英格兰，自13世纪末起，法律就不允许再建立新的庄园。[①]任何人试图逃避对于已经合法建立的庄园的与土地有关的义务，而去建立自己的庄园，都将被判定是非法的。在庄园衰落的过程中，庄园土地转而归自由持有农和公簿持有农持有。许多庄园到近代初期逐渐这样被肢解。特别是在密德兰平原、盛产奶酪之乡和其他正在

---

① F. Pollock and F. W. Maitland, The History of English Law, from the time of Edward I. Cambridge University Press, 1895. I. p. 596.

进行圈地的各农业郡，一些庄园不再有庄园法庭，而只存在一个庄园领主。在许多地方，甚至在庄园未被肢解时，庄园法庭便已经不为人注意了。[1]但是，在公簿持有农继续存在的地方，倘若庄园法庭撤销则不利于审理习惯佃户的案件。所以，有过弗兰西斯·培根下令惠特彻奇庄园继续保持庄园法庭的例子。此外，有施鲁顿庄园被肢解后，由于庄园法庭不再继续维持其职能，整个教区处于混乱状态的例子。一般来说，只有当庄园土地已出售给非习惯业主，不再需要庄园的地方法时，庄园才会被肢解。在公地存在的情况下，教区需要根据地方法承认庄园法庭继续存在。因此，在某些地方，庄园如以往那样十分巩固。

在这一过程中，庄园会被合并，也会发生分裂。如果一个庄园落入两个共同继承人之手，就会成立两个庄园法庭。庄园也就会一分为二，每个领主召集属于他自己的部分佃农组成自己的庄园法庭。此外，两个庄园也可能会并为一个。如果一个领主正式拥有另一个庄园，他会把新得到的庄园并入原有的庄园。在维斯特伯里，庄园曾经分裂为若干块。此后，马尔波罗伯爵买下最大的属于维斯特伯里百户村的庄园和附属的7个小庄园，将其合并为1个大庄园。这便是若干庄园合并为1个庄园的例子。在科斯莱、阿姆斯伯里和布莱斯伯格，都出现了庄园再合并的现象。[2]尽管在16世纪到17世纪有庄园合并的例子，但庄园分割成小庄园的例子极多。一个庄园可分为6个或数目更多的小庄园，有的小庄园离庄园中心很远。在高地区，一个庄园所属

---

① Eric Kerridge, Agrarian Problemes in the Sixteenth Century and After. London, 1969. p. 18.

② Eric Kerridge, Agrarian Problemes in the Sixteenth Century and After. London, 1969. pp. 19-20.

的土地可以分散在15英里半径之内的地区。[1]

在庄园衰落的情况下，英国的土地所有权和对农民的控制都发生了变化。过去那种"没有什么土地是没有领主的"，或者称"所有的土地都是庄园的或是领主领地一部分"的说法不再符合英国的现实。边远的自由持有农不再接受他们离开的庄园的控制，但占压倒多数的地产仍然属于庄园。[2]

威格斯顿庄园位于莱斯特南部郊区，早期这里有两个教区教堂，一个教堂属于英格兰人，一个教堂属于丹麦人。两个教堂各代表了一个地方社团。13世纪威格斯顿分为两个庄园。庄园几经转手，其中一部分在1240至1526年落到牛津伯爵手中。到16世纪末这个庄园最终被分割，庄园的土地分成16小块出售。这里的公簿持有农力量较强大。在1606年，20名公簿持有农买下了庄园土地，他们中有7人日后成为租地持有农。[3]

诺西利庄园位于莱斯特南部10英里处。1086年时它是一个独立的庄园，有16名维兰、6名边民、3名农奴和1名牧师。在1504至1509年，该庄园人口减少，最终结束了这个庄园的历史。1563年这里有8户居民，1670年这里只剩下1户人家。1676年教区调查结果表明，当地有20个成年人。1807年人口调查表明当地有4个居民，1851年时增至40人。[4]

---

① Eric Kerridge, Agrarian Problemes in the Sixteenth Century and After. London, 1969. p. 20.

② Eric Kerridge, Agrarian Problemes in the Sixteenth Century and After. London, 1969. pp. 23–24.

③ D. R. Mills, Lords and Peasants in Nineteenth Century. London, Croom Helm, 1980. pp. 109–110.

④ D. R. Mills, Lords and Peasants in Nineteenth Century. London, Croom Helm, 1980. pp. 111–112.

15世纪和16世纪，庄园法庭开始其衰落过程。它表现在庄园法庭召集的次数和它处理的事务数量和种类方面。其实，这种衰落在黑死病以后便开始了。但庄园法庭是以一种缓慢的方式衰落的，因此，庄园及庄园法庭在16世纪及以后仍然残存着。庄园法庭的衰落与英国农奴制的废除密切相关。庄园中单个农奴身份的消失以及农奴罚金的消失直接对庄园法庭的档案产生影响。1348年以后乡村人口的减少使得参加庄园法庭的佃户人数下降，这直接影响到庄园法庭的活动。^①这个时期习惯佃户不仅逃避农奴制对其奴役束缚，而且寻找逃避庄园的地租和更新契约的特别租费的方法。佃户的抵制影响到庄园的收益，同时也影响到庄园法庭解决问题的效率。黑死病以后英国颁布的《劳工法规》以及一系列行政法规，加强了王室法官的作用。每年召开4次的各郡治安法庭或四季法庭处理了大量地方案件和纠纷。这种司法体制在16世纪超过了封建民事法庭的作用。

黑死病以前，许多庄园召集庄园法庭的频率是每三周一次。黑死病以后，庄园法庭的召集则不那么频繁。例如，在伍斯特主教领地，14世纪末到15世纪，通常1年只召开6次庄园法庭，到15世纪中叶减少为每年4次，到16世纪20年代减少为每年两次。^②在赫文罕主教领地，在1440年以后，每年召集3次庄园法庭。在1527年以后，每年只召集两次庄园法庭。^③庄园法庭的收入也普遍出现程度不同的减少。戴尔的研究表明，伍斯特主教地产上庄园法庭的收益在1419至1420年下降

---

① J. Whittle, The Development of Agrarian Capitalism. Oxford, Clarendon Press, 2000. p. 47.

② C. Dyer, Lords and Peasants in a Change Society. The Estates of the Bishopric of Worcester, 680-1540. Cambridge U. P., 1980. pp. 265-266.

③ J. Whittle, The Development of Agrarian Capitalism. Oxford, Clarendon Press, 2000. p. 48.

了6%，1506至1507年下降了4%。[①]赫文罕主教领地上庄园法庭的收益在1450至1452年为6英镑19先令4便士，1486至1488年为4英镑15先令7便士，1517至1519年为7英镑15先令1便士，1553至1555年为3英镑1先令3便士。[②]

到了16世纪，市场对于土地的需求有了相当的增长，佃户出售土地的价格增长了3倍，但同期庄园的收入并没有明显增长。在绝大多数庄园，到16世纪20年代，账上的结余不再增加。在赫文罕主教庄园，1462年至1463年结余额为10英镑10先令，1468至1469年结余额为27英镑，1500年结余额为3英镑，1532至1533年结余额为0。在萨克斯索普劳恩德霍尔庄园，15世纪的结余额最高达27英镑，最低时为7英镑。到1513至1514年结余额为13英镑，1524至1525年结余额为0。萨克斯索普米克尔霍尔庄园的结余情况与前者相似。[③]

由于佃户过于贫穷，所以庄园法庭预期的财政收入无法如数收到账。在1496至1498年，在东盎格里亚的布兰登庄园，有47%预期的庄园收入由于佃户贫穷被免收。[④]佃户拒绝支付罚款，在布兰登伊利主教领地成为庄园面临的大问题。在1463至1499年，几乎有四分之一的庄园法庭的不定期收入在会计决算时未到账，至少有一半庄园原来可以得到的收入领主未能收到。[⑤]

---

① C. Dyer, Lords and Peasants in a Change Society. The Estates of the Bishopric of Worcester，680-1540. Cambridge U. P.，1980. p. 174.

② J. Whittle, The Development of Agrarian Capitalism. Oxford，Clarendon Press，2000. p. 51. Table 2. 3.

③ J. Whittle，The Development of Agrarian Capitalism. Oxford，Clarendon Press，2000. p. 74.

④ Mark Bailey, A Maginal Economy? East Anglia Breckland in the Later Middle Age. Cambridge University Press，1989. p. 270.

⑤ Mark Bailey，A Maginal Economy? East Anglia Breckland in the Later Middle Age. Cambridge University Press，1989. pp. 272-273.

到了16世纪，佃户感到征收的租金和更新地契的租费数额过于沉重。他们十分愤怒，抵制的情绪强烈。这使得庄园领主发现，征收地租以及更新地契时的租费已逾出其能力。在庄园法庭的权能和管理的事务减少，其收入减少的同时，到16世纪，四季法庭在处罚事务和司法管理事务中便显得比封建领主召集的庄园法庭更有效率。而对于佃户来说，四季法庭成为处理他们与领主的多种争端的较得人心的机构。因为四季法庭的活动表明它们比起庄园领主的私人法庭在处理纠纷时更加超然和公正。所以，四季法庭的体制所起的作用在16世纪超过了庄园法庭。诚然，在此时，庄园法庭对于领主来说，在管理习惯保有权、处理某些与佃户相关的事务，以及管理乡村生活中仍然起着不可替代的作用。庄园法庭尤其在决定与土地保有权形式有关的事务中仍然起着重要作用。[①]

庄园法庭的残存与公簿持有制的继续存在直接相联系，因为庄园法庭被废止将不利于当地习惯佃户的管理。这方面有过例子，如施鲁顿庄园分裂，庄园法庭无法继续下去，致使村子内部陷入混乱，直至政府找出办法加以干预。一般来说，只有当地不再需要庄园地方法，并且庄园土地已准备出售给非习惯所有者时，庄园才会分裂。[②]而英格兰在1650年征服爱尔兰和1654年征服苏格兰以后，议会还颁布法令，按照英格兰的模式在这两个地区推行庄园制。[③]

16世纪以后，庄园法庭在衰落之后，日渐成为土地登记机构和征

---

① J. Whittle, The Development of Agrarian Capitalism. Oxford, Clarendon Press, 2000. pp. 83-84.

② Eric Kerridge, Agrarian Problemes in the Sixteenth Century and After. London, 1969. p. 19.

③ C. H. Firth and R. S. Rait, (eds.), Acts and Ordinances in the Interragunum. London, 1911. Vol. ii, pp. 883-884.

收地租的机构。它逐渐把对乡村社区事务的管理权交给社区本身。当庄园男爵对当地的农作实践作出规定时，往往地方法庭已对此作出了规定。地方团体只是让庄园法庭对实施上述决定作出记载而已。①

庄园影响的衰落与另一类地方行政管理组织即教区和教区会的兴起直接联系着。从15世纪后期开始，教区会组织在少数教区开始出现。它持续存在了300多年。教区会和教区委员逐渐拥有很大的地方权力，而且教区临时警察以后也开始出现。在一些教区，教区官员由选举产生并只任职一年。而在另一些教区，他们可以任职数年。教区会可以自存不废，也可以由选举产生。在某些教区，尽管庄园男爵正式的权力已经衰微了，但庄园领主凭借庇护关系，对任命教区委员会仍有相当的影响，对教区会的活动及教区的政策可起某种控制作用。②

在16世纪和17世纪的约克郡西区，尽管封建主义和庄园制面对众多城市中心的兴起和毛织业家庭工业的兴起，已失去了它许多最初具有的意义，但庄园的一些特征仍然继续影响着西区经济生活的模式。如在哈利法克斯教区，领主仍然要求恢复对于磨坊的权利以及征收更新土地租契时的特别租费，以使其能获得利益。尽管在此时佃户已是公簿持有农而非中古时期的维兰，但仍然维持着对庄园领主的某些义务。他们有义务参加庄园法庭的诉讼案件审理和从事在磨坊的劳作，他们关于土地持有的任何变更都必须在领主的法庭登记。每年因为租种土地要向领主交纳地租，同时，有义务交纳一笔称作租地继承税的更新租地契约的费用。有的时候在教区的某些地方，佃户仍需要做一

① J. W. Molyneux-Child, Evolution of English Manorial System. Lewis，1987. p. 131.

② J. W. Molyneux-Child, Evolution of English Manorial System. Lewis，1987. pp. 132-134.

天修路的工作，但这种义务也可以通过支付12便士现金来替代。在磨坊的劳作也可以用现金来抵付。在巴基斯兰德，仍要每个人做6天的工，同时任命了一个监工去监督租户履行这种义务，在拉斯提克也是如此。①

在近代时期，庄园在英国并没有立即消失。在许多乡村，为数不少的庄园持续存在。戴德斯韦尔庄园历史悠久，早在"土地调查册"时期便已经存在。1512年，约翰·维尔斯继承了这个庄园，此后传给其子托马斯·维尔斯。1539至1661年的斯维尔庄园为维斯顿家族所有。1661年以后该庄园落到翁斯洛家族手中，翁斯洛家族有11代人是这个庄园的领主。翁斯洛家族的第十一代翁斯洛七世伯爵迈克尔·翁斯罗便是其中之一，他在17世纪80年代仍是上院议员。②

作为庄园制残余的自营地农场，从16世纪一直存在到20世纪。它成为支持地主生活的一种主要手段。地主和承租人之间的联系纽带长期以来依然照旧，并没有完全商品化。这种联系纽带仍然属于领主关系，包括双方之间的权威和保护关系、服役和尊重关系。租地持有权可以在一个家族手中保留达数代人之久。直到17世纪中叶，许多自营地租地或前公簿持有地仍以很低的地租由一个租户家族持有两三代之久。地租也很少变化。许多领主是中世纪骑士的后代，或者是商人、律师、上升的自耕农的继承人。他们的祖先在都铎王朝和斯图亚特王朝买下了庄园。到19世纪，在一些村庄，许多农田为一两个大家族所拥有。他们通常继承了中世纪庄园领主的土地财产所有权。庄园习惯

① J. W Molyneux-Child，Evolution of English Manorial System. Lewis，1987. pp. 121-129.

② Martha J. Ellis，"A Study in the Manorial History of Halifax Parish in the 16th and 17th Century." Yorkshire Archaeological Journal. XL pt. 1. 2.（1960）. p. 259. footnote 3.

也继续保存着。

切顿安和阿希利这两个庄园是在12世纪由一个庄园分裂为二的，但它们都保持着同样的庄园习惯。因此它们在本质上也可以算是一个庄园。在这两个庄园中，所有的习惯保有地都按照继承制向继承人传递，租地的继承采取了习惯保有权的旧形式。大致到15世纪，这里的公簿持有农取得与租地农相同的三代人的租佃权。这时，不自由人也逐渐获得迁居的权利。这个庄园已经没有在驻领主，但庄园严格遵守先例，继承习惯固定下来，这里实行长子继承制的习惯。如果佃户死去，留下寡妇和未成年的孩子。如果继承人年少，庄园行使监督权持有其遗产。在切顿安庄园，为了使寡妇维持家庭生计，12年后将其已故丈夫的租佃地产给予寡妇本人。[1]

佩特沃斯庄园在17世纪则正处于它的黄金时代。[2]当时，在佩特沃斯庄园存在由自由持有佃户组成的男爵法庭，还有由庄园领主和管事组成的处理公簿持有农案件的习惯法法庭，有审理较小的犯罪案件的封建领主的民事法庭。在这里还存在着十家联保制。自1625至1922年，近300年间佩特沃斯庄园法庭的案卷共有25卷。它收录和记载了庄园的命令、习惯、职责、领主和佃户之间不动产的让与、佃户死亡和继承。[3]其庄园法庭的主要功能是依照习惯法来管理庄园公簿持有农的地产。它禁止公簿持有农在未得到庄园法庭颁发的领主许可证的

① Mary Poget, "A Study of Manorial Custom before 1625." Local Historian. Vol. 15, no. 3. Aug, 1982. pp. 166-167.

② Lord Leconfield, Petworth Manor in the Seventeenth Century. Oxford University Press, 1954. p. 1.

③ Lord Leconfield, Petworth Manor in the Seventeenth Century. Oxford University Press, 1954. pp. 2-3.

情况下出租其租地超过1年零1天的时限。庄园法庭许可证的有效期限不超过7年。要使许可证延长，需要在7年期满时申请延期。所有的公簿持有地，无论是通过继承还是通过转让得到的，如要转手，必须经过庄园法庭的同意，否则违犯者要没收其公簿持有地。[1]

佩特沃斯庄园在1610年时，196英亩土地中只有13亩是自由持有地，其余的183英亩均为公簿持有地。1779年时公簿持有地已大大减少。在185英亩土地中只有74英亩，而自由持有地增加到45英亩。到1779年，登记的自营地达到66英亩。由于这个庄园缺乏足够的自营地，庄园土地的兼并拖延下来。[2]在17世纪，这个庄园公簿持有农继承租地的费用甚高。例如，1616年杰弗里·豪金斯死之前，他把持有的本村的公簿持有地和在乌帕顿的36英亩公簿持有地转给他儿子，其子托马斯·豪金斯付出的代价为一头值40先令的母牛。而当1642年托马斯死后，租地继承税是值3英镑15先令的一头公牛。而他的寡妇安娜在法庭更新租契时交纳的特别租费为22英镑。[3]当地的租户在荒地上建房必须得到庄园领主的同意，而领主对租户建房的要求可以同意也可以不同意。庄园荒地上种植的树木和地下的矿藏都属于领主的，佃户未经领主许可砍伐树木要受重罚。[4]对公簿持有农的处罚在佩特沃斯庄园时多种多样。例如1612年两名公簿持有农因为囤积黄油和鸡

---

① Lord Leconfield, Petworth Manor in the Seventeenth Century. Oxford University Press, 1954. p. 10.

② Lord Leconfield, Petworth Manor in the Seventeenth Century. Oxford University Press, 1954. p. 92.

③ Lord Leconfield, Petworth Manor in the Seventeenth Century. Oxford University Press, 1954. p. 18.

④ Lord Leconfield, Petworth Manor in the Seventeenth Century. Oxford University Press, 1954. p. 28-29.

蛋到市场销售而被罚款8便士。^①可以说，直到18世纪末，佩特沃斯庄园仍属于较传统的旧式庄园。公簿持有农在庄园公地上的权利很小。例如1630年玛丽·芬奇和约翰·古迪尔由于在一处公地上放鹅而被视为有罪。

1240年时，罗伯特·德·帕普沃斯是帕普沃斯庄园的主人。1612年前后，埃德蒙·斯莱菲尔德把庄园领主权出售给亨利·韦斯顿。1783年这个庄园转手给翁斯洛第一世伯爵。翁斯洛家族拥有这座庄园达7代人之久，直到1984年。^②

1677年，在英格兰北部达勒姆郡的布朗斯佩斯庄园法庭，威廉·泰勒因为侵占1英亩领主的土地被罚款5先令，另有两人因为侵占3英亩土地被罚款15先令。庄园法庭审理的此类案件很多。1696年为10件，1709年为40件，1716年为50件。在18世纪前50年，庄园法庭持续地进行着这种对佃户的处罚案件的审理。^③在诺森伯兰郡，在山地地区重新组织地产的工作在17世纪初开始进行。当时，庄园法庭处理了一系列有关确定边境地区土地保有权的案件。在上述高地地区，到1720年时，在南泰恩河谷的少数庄园还保持着习惯保有权，但绝大多数大地产已被兼并建成有实力的农场，以租地制加以出租。^④

诺丁汉郡的拉克斯顿村在17世纪开始时是一个纯农业村庄。1618

---

① Lord Leconfield, Petworth Manor in the Seventeenth Century. Oxford University Press, 1954. p. 31.

② J. W. Molyneux-Child, Evolution of English Manorial System. Lewis, 1987. pp. 122-127, 129, 130.

③ Paul Brassley, "Northunberland and Durham." in Joan Thirsk, (ed.), Agrarian History of England and Wales. Cambridge U. P., 1984. Vol. V. 1 p. 48.

④ Paul Brassley, "Northunberland and Durham." in Joan Thirsk, (ed.), Agrarian History of England and Wales. Cambridge U. P., 1984. Vol. V. 1 p. 50.

年吉尔伯特·鲁斯把拉克斯顿庄园的领主权出售给伯金汉公爵。伯金汉公爵作为詹姆士一世的宠臣，在1616至1620年聚敛了大量的财富，其中主要是地产，而拉克斯顿只是其中一处。伯金汉公爵主要关心的是在他家乡莱斯特郡的地产，而诺丁汉郡不在他发展地产的长期计划之列。因此，1625年伯金汉公爵把拉克斯顿庄园出手给威廉·考腾爵士。威廉·考腾爵士是佛兰德逃亡者之子，其父定居伦敦，从事丝绸和亚麻布的贸易。1631年时威廉·考腾爵士和他的弟兄共有资本150000英镑，他拥有20艘商船进行与非洲和西印度群岛的贸易，是西印度群岛殖民的先驱。他在英格兰有价值6500英镑的地产。到1635年，拉克斯顿地产的3个大地主分别是考腾爵士、布劳顿和欣德。

1635年，在拉克斯顿占有土地的有庄园领主1人，占地2329英亩，即占全部地产的60.3%。两个大自由持有农共占地1116英亩，即占总面积的28.9%，其中彼特·布劳顿占地754英亩，奥古斯丁·欣德占地362英亩。占地在50到99英亩的有两户自由持有农，其中罗伯特·希普顿占地76英亩，詹姆士·培根占地69英亩。占地在20至49英亩的有4人，占地共116英亩。占地10到19英亩的有3人，占地共38英亩。占地5至9英亩的为3人，占地共21英亩。占地1到4英亩的为6人，共占地15英亩。此外，占地1英亩以下的有4人。另有几户在外土地所有者也在拉克斯顿拥有土地。

从1635年拉克斯顿土地保有权结构来看，全村89户中，48户系从庄园领主考腾处租种土地，16户从布劳顿处租种土地，7户从欣德处租种土地，有14块地产为自由持有农持有。[1]

---

[1] J. V. Beckett, A History of Laxton. England's Last Open Field Village. Oxford, Basil Blackwell, 1989. pp. 59-60. and Table 3. 1.

17世纪初年拉克斯顿庄园的居民绝大多数依靠土地为生，但彼此情况差别很大。考腾的地产可粗略地分为3部分。第一部分为自营地产，共295英亩，这部分地产在中世纪一直由村庄农民为领主耕种。第二部分有292英亩林地，通常租给交纳地租的佃户，租种这些土地的共有68名佃户，他们的租地大小不等，大的如托马斯·泰勒的租地为99英亩，而有34名佃户的租地均小于5英亩。第三部分地产是罗斯和斯诺晚近从欣德那里获取的地产，由7户佃户租种。布劳顿在拉克斯顿持有的地产租给了25名佃户。欣德的地产有100英亩租给12名佃户耕种。①

1635年，拉克斯顿的租地农场面积在100英亩以上的有5个，总面积为1077英亩。面积在51至99英亩的租地农场有15个，总面积为1131英亩。面积在21至50英亩的租地农场有15个，总面积为519英亩。面积在11至20英亩的租地农场有10个，总面积为167英亩。面积在6至10英亩之间的租地农场有21个，总面积为174英亩。面积在1至5英亩的租地农场有34个，总面积为99英亩。拉克斯顿租地农场总面积为3342英亩。②而拉克斯顿庄园土地总面积为3861英亩，约占86%的庄园土地为租地农场经营。萨缪尔·斯坦福是拉克斯顿3个最大的农场主之一，他是没有土地所有权的租地经营者，是庄园主考腾的管家，从考腾的自营地中租有123英亩，另外租种了51英亩牧师的地产，他从奥

① J. V. Beckett, A History of Laxton. England's Last Open Field Village. Oxford, Basil Blackwell, 1989. pp. 65-66.

② J. V. Beckett, A History of Laxton. England's Last Open Field Village. Oxford, Basil Blackwell, 1989. p. 69. Table 3. 2. Size of Farms in Laxton 1635.

古斯丁·欣德处租下农场，并从布劳顿处租种了两英亩。①

拉克斯顿庄园的所有权17世纪初年为威廉·考腾所有，但他经营不善，很快陷入债务中。为了减缓债务，确保拉克斯顿和尼萨尔庄园财产的安全，他在1640年6月用自己的财产从金斯敦处换得7200英镑，但3年后他仍然破产了。庄园新领主是典赫的贵族罗伯特·皮尔庞特。他在17世纪20年代末取得纽瓦克子爵和赫尔的金斯敦的头衔。17世纪这个家族在德比郡、希罗普郡、林肯郡、萨默塞特郡、威尔特郡、汉普郡和约克郡取得大宗财产，同时扩大了自己在诺丁汉郡的地产。罗伯特·皮尔庞特接管拉克斯顿庄园后，发现在庄园领主名下只有拉克斯顿60%的土地，他遂从市场中积极购买出售的一切拉克斯顿的地产。1715年这个家族取得公爵称号。罗伯特·皮尔庞特家族把拉克斯顿庄园一直保持到20世纪50年代。②

在拉克斯顿庄园中，从1635到1736年的百年中，绝大多数小自由持有地都发生了转手，并且在转手过程中，几乎所有的自由持有地都被分割出售。这样，持有土地面积在99英亩以下的自由持有农从22人增加到47人，数量翻了一番。而自由持有农土地总面积变化不大。③

格洛斯特郡的布莱丁庄园在1533年为托马斯·利爵士和几个合伙人买得。利氏是伦敦商人和副市长，常年生活在伦敦，但他持续地买进地产。斯通利修道院、阿德尔斯特罗普和朗伯勒庄园都归他所有。

---

① J. V. Beckett, A History of Laxton. England's Last Open Field Village. Oxford, Basil Blackwell, 1989. p. 67.

② J. V. Beckett, A History of Laxton. England's Last Open Field Village. Oxford, Basil Blackwell, 1989. p. 97.

③ J. V. Beckett, A History of Laxton. England's Last Open Field Village. Oxford, Basil Blackwell, 1989. p. 99. Table 4. 3.

在1533年时，布莱丁顿庄园的价格是897英镑13先令105便士。庄园土地保有权归于以服兵役为条件对土地的占有权，当时这种义务已经取消。布莱丁顿庄园的自营地上居住有16户佃户，他们的租佃期为99年。所有的佃户都被称为"自由人"。他们的劳役均已折算，他们可以自由地离开庄园，让子女去学手艺或进学校。庄园中习惯佃户的地租保持不变。[①]庄园设有男爵法庭，其主要工作是记录土地保有权的变更，并维持庄园生产的正常秩序。利氏买下布莱丁顿庄园后，最初分别在1553年、1555年、1557年和1560年召集庄园男爵法庭会议。[②]

在17世纪，布莱丁顿庄园的保有权和农民的生活发生很大变化。1571年托马斯·利死后，他和另3人拥有的庄园土地被租给3个伦敦城的绅士，其中一个是林肯法学院的成员，一个是针线商，一个是布商。租期以他的儿子罗兰死时为结束，或者到罗兰的儿子年满21岁时。大约在1600年，罗兰·利作出一项决定，不再出租持有的土地，而是零零碎碎地出售整个庄园。这样，布莱丁顿庄园佃户由于拥有了习惯法承认的权利，自然在购买土地时捷足先登。关于庄园土地的出售已无法找到系统完整的资料。维多利亚郡史记载，在17世纪托马斯·洛金斯、安德鲁·菲利普斯、托马斯·霍尔福德和约翰·拉克（或约翰·鲁克）买下了布莱丁顿庄园的土地。据残存的记载，最早是托马斯·贝克尔在1611年买下庄园土地。1611年托马斯·盖伊在遗嘱中提到他拥有那里的宅院和租地。1649年赫尔

---

① M. K. Ashley, The Change English Village. A History of Bledington, Gloucestershire in its Setting 1066–1914. Kineton, Rouadwood Press, 1974. p. 107.

② M. K. Ashley, The Change English Village. A History of Bledington, Gloucestershire in its Setting 1066–1914. Kineton, Rouadwood Press, 1974. p. 108.

斯家族在那里拥有宅院和自由持有地。①1721年在布莱丁顿有21户自由持有农，他们都是"庄园领主"。这种记叙反映了历史的真实情况，每个公簿持有农和自营地的买主都拥有庄园的"地基和农田"，即他已买下充分的领主权。实际上，土地出售后，领主权已荡然无存，庄园法庭不再存在。"没有庄园法庭，也就没有了庄园"，只是庄园档案保存在利氏家族手中。②到1660年，在布莱丁顿几乎不再有公簿持有农存在。这个教区的乡村居民可以分成4类：经济地位较好的约曼或农场主：小公簿持有农、技工、日工。③经过圈地运动，全教区1539英亩土地分别为19人所持有，持有土地最多的人达219英亩。其他人持有土地平均在90英亩左右。经过圈地运动，布莱丁顿土地持有者的人数并没有减少。④

1741年，一份庄园法庭指南列出庄园法庭管理的诸种事务有20种以上，其中包括：提出所有诉讼人的讼案；调查自上一次开庭后与所有死亡的佃户有关的应交纳给领主的救济费、监护费等；领主退回的任何权利和劳役；所有血族农奴的儿女入学和安置其从事手工艺，或未经许可娶其女儿；任何农奴未经许可出租土地，或者未经许可收回其有形地产（家居杂物）；农奴未经赎身或交纳罚金逃跑；任何超过12个月又一天的让渡，或为期数年的出租；任何土地由公簿持有地转

① M. K. Ashley, The Change English Village. A History of Bledington, Gloucestershire in its Setting 1066–1914. Kineton, Rouadwood Press, 1974. p. 136.

② M. K. Ashley, The Change English Village. A History of Bledington, Gloucestershire in its Setting 1066–1914. Kineton, Rouadwood Press, 1974. p. 137.

③ M. K. Ashley, The Change English Village. A History of Bledington, Gloucestershire in its Setting 1066–1914. Kineton, Rouadwood Press, 1974. p. 158.

④ M. K. Ashley, The Change English Village. A History of Bledington, Gloucestershire in its Setting 1066–1914. Kineton, Rouadwood Press, 1974. p. 219.

为自由持有地或由自由持有地转为公簿持有地时，有可能对领主利益的损害；任何砍伐大的木材的事件；非法进入、狩猎或放鹰打猎的行为；任何公簿持有农或其他佃户出售其衰微的保有地；任何农奴在未经领主同意的情况下购买自由土地；为管家逮捕的人被解救或被阻挠；在佃户和领主之间发生任何搬动道路基石或桩标之事；任何未经领主许可侵占领主土地之事；任何持有两块土地者让一块土地荒芜或者把树从一块土地挪到另一块土地上去；任何拔除树木或树篱，推倒房子之事；任何拿取走或破坏属于领主的证据如庄园法庭案卷之事；等等。[①]

1770年出版的由尼科尔森和波恩合写的库伯兰郡和威斯特摩兰郡农业史的著作指出，此时这两个郡共残存着325个庄园。他们根据库伯兰郡的107个庄园和威斯特摩兰郡的103个庄园共200余个庄园的资料指出，在库伯兰郡有71个庄园即有66%的庄园实行着习惯保有权，在威斯特摩兰郡有70个庄园即68%的庄园实行着习惯保有权。更引人注目的是，在许多实行习惯保有权的庄园中，仍在征收佃户死后的租地转手费。库伯兰郡有39个庄园的佃户要支付不固定的由领主任意确定的更新契约时交纳的租费。在威斯特摩兰郡有18%的庄园佃户要交纳不固定的由领主任意确定的更新契约时的租费。[②]劳役义务在这两个郡此时也未消失。尽管从都铎王朝往后，劳役有逐渐抵偿的趋势，但到18世纪，它们"仍然引人注目……并且，它仍是无法选择的和必

---

① J. W. Molyneux-Child, Evolution of English Manorial System. Lewis, 1987. pp. 44–47.

② C. E. Seale, "The Cumbrian Customary Economy in the Eighteenth Century." Past and Present, no. 110, 1964. pp. 110–111.

须的事情"①。

惠特维克庄园位于莱斯特城西北12英里，处于煤田地区和大片供放牧公地的边缘。1086年时，该庄园属于休·德·格伦特迈斯尼尔。1264年庄园转手给温切斯特的莱斯特伯爵。以后，1310年通过婚姻转到波蒙特家族手中。1507年波蒙特家族谱系灭绝后，庄园转归国王所有。以后国王至少两次将它授予他人。1612至1613年詹姆士一世将惠特维克庄园授予亨廷顿伯爵亨利。以后，直到19世纪，惠特维克庄园一直由亨廷顿伯爵家族所有。②

在多塞特郡，斯特拉顿和格里姆斯顿两庄园的庄园体系到1900年以前仍然很有活力地存在着。到此时，近200年的庄园法庭案卷一直保存了下来。③每年大约在圣诞节时，庄园的所有佃户聚集起来，庄园管事出席会议。由上一届选出的庄园官员公布账目，然后他们辞去职务，会上选出继任的庄园官员。庄园官员中最重要的是土地检查员和牲畜清点员。在各郡建立警察制度和什一税划拨制度前，庄园还设有临时警察和什一税收税员。④斯特拉顿庄园法庭的案卷记载了庄园对河流中水的权利、一些外来人的归顺、租佃权的变迁等事情。凡违背一致同意的土地管理规则，以及违背在公地上放牧规定的要罚款5

---

① J. Nicholson and R. Bum, History and Antiquities of the Counties of Westmorland and Cumberland. London，1777. I. p. 26. From C. E. Seale，"The Cumbrian Customary Economy in the Eighteenth Century." Past and Present，no. 110，1964. p. 113.

② D. R. Mills, Lords and Peasants in Nineteenth Century. London，Croom Helm，1980. pp. 107−108.

③ Gilbert Slater, The English Peasantry and the Enclosure of Common Fields. New York，1907（1968）. pp. 19−20.

④ Gilbert Slater, The English Peasantry and the Enclosure of Common Fields. New York，1907（1968）. p. 22.

先令或10先令。[1]

在汉普郡的克劳利庄园，1869至1874年阿什伯顿勋爵拥有庄园自营地农场。1874年阿什伯顿勋爵把自营地农场出售给亚当·斯坦梅茨·肯纳德，后者是银行家之子。从1875到1883年，肯纳德买下了克劳利庄园的一块又一块土地，包括6个村庄和菜园。他最终买下了庄园领主的所有地产。最后，肯纳德推倒了庄园的旧房屋，建立了新的克劳利庄园法庭。肯纳德本人是伦敦的银行家，1885年他成为汉普郡治安法官和名誉郡长。[2]1900年，肯纳德把克劳利庄园的土地出售给出生于汉堡的德国人实业家奥托·恩斯特·菲利皮，后者在格拉斯建有公司。这样，地产落到了资本家手中。1902年，克劳利庄园土地上的约曼离开了地产，失去了约曼身份，这个庄园的历史结束。[3]

罗伯特·C·阿兰根据土地税征收资料以及维多利亚郡史的资料对密德兰南部16131个土地所有单位进行了分析研究，区别了庄园农场和非庄园农场。他的研究结果如下：从农场的规模而论，如果以200英亩为大小农场的界限，那么庄园领主属下的大农场占农场总数的48.3%。庄园领主属下的小农场占农场总数的1.4%；非庄园农场中大农场占农场总数的18.3%，非庄园农场所属的小农场占农场总数的32.2%。[4]1790年前后，属于庄园的农场共有1957个，非庄园农场有

---

① Gilbert Slater, The English Peasantry and the Enclosure of Common Fields. New York, 1907（1968）. p. 29.

② Norman S. B. Gras, The Economic and Social History of an English Village（Crawley, A. D. 909—1928）. Harvard U. P., p. 123.

③ Norman S. B. Gras, The Economic and Social History of an English Village（Crawley, A. D. 909—1928）. Harvard U. P., p. 124.

④ Robert C. Allen, Enclosure and Yeoman: The Agricultural Development of the South Midland, 1450—1850. New York, 1992. p. 90. Table 5—4, 5—5.

8843个。从两类农场的规模来看，在属于庄园的农场中，面积在10至60英亩的占26%，面积在60至200英亩的占农场总数的38.5%，面积在200至300英亩的占农场总数的16.8%，面积在300英亩以上的占农场总数的18.8%。在非庄园农场中，面积在10至60英亩的占农场总数的58.5%，面积在60至200英亩的农场占农场总数的32.6%，面积在200至300英亩的农场占农场总数的5.5%，面积在300英亩以上的农场只占农场总数的3.5%。[①]

从1790年前后阿兰调查的这批庄园所属农场和非庄园农场的占地面积来看，庄园所属农场的总面积为322608英亩，非庄园农场的总面积为399008英亩。非庄园农场的面积稍高于庄园农场。[②]这一组数据表明，到1790年前后，残存的庄园制度在南密德兰地区仍占相当比例，庄园主下属的租佃农场与地主和自由农民经营的农场规模大致相当，其中庄园所属农场的规模还稍强。这表明，18世纪末英格兰农业结构实为一种二元经济，即庄园农场制和自由农场制并存。前者本质上是一种带束缚性的租佃制，后者在构成上也不排除存在租佃制。

---

① Robert C. Allen. Enclosure and Yeoman. The Agricultural Development of the South Midland, 1450-1850. New York, 1992. p. 53. Table 5-7.

② Robert C. Allen. Enclosure and Yeoman. The Agricultural Development of the South Midland, 1450-1850. New York, 1992. p. 94.

附表：1790年前后南密德兰地区庄园农场与非庄园农场数量（英亩数）[①]

茅舍农与农场			面积在10英亩以上农场的百分比	
单位面积	庄园农场	非庄园农场	庄园农场	非庄园农场
0—5	575	7236		
5—10	1083	10306		
10—15	1262	9128		
15—30	3386	23958	3.6	19.4
30—60	6865	40970		
60—100	17215	56417	5.4	14.8
100—200	58488	116994	18.2	30.7
200—300	66654	63784	20.8	16.7
300—400	42088	35430		
400—500	27591	14359	52.1	18.4
500—1000	62466	19425		
1000+	34952	1001		
	322608	399008		

庄园领主是如何获得大量地产的，缺乏系统有据的资料。人们对1688年格里高利·金的社会结构表中的许多数据存在争议，但有一点似乎是为人们所承认的，即此时英格兰土地有三分之一为自由持有农持有，他们中许多人是小农场主，另外三分之二的土地主要是被可继承的公簿持有农、租期为数代人的公簿持有农和有收入权益的租地农持有。在东密德兰地区，自由持有农的地产被领主逐渐积聚在自己手中。哈巴库克在1940年的论文中研究了北安普郡和贝德福郡的地产。

---

① Robert C. Allen. Enclosure and Yeoman. The Agricultural Development of the South Midland，1450-1850. New York，1992. p. 94. Table 5-8.

他得出结论说，1680到1780年大地主购买的小自由持有农地产在迅速增加。①维多利亚郡史牛津卷记载，牛津郡的柯特林顿庄园的领主达什伍德家族的罗伯特·达什伍德爵士和詹姆士·达什伍德爵士在1684至1750年买下了大多数自由持有农的农场，结果是相当多的自由持有农几乎从教区消失了。通过购买使持有自由持有地的约曼消失，造成了大地产的扩大。维多利亚郡史剑桥卷记载，在剑桥郡的惠特尔福特庄园，"在18世纪，埃比尼泽和他的侄儿以及同姓的人吞并了许多小农场，使包括宅院在内的农场被遗弃，而扩大了庄园地产"。在17世纪后期，剑桥郡奥韦尔庄园的领主买下了数百英亩公簿持有地。1696年，剑桥郡奇普纳姆庄园领主买下了教区内所有公簿持有农的土地。②在贝德福郡，奥索里伯爵家族在1737到1836年百年间共28次买进土地，其中绝大多数是从自由持有农手中买下土地的，也有13次购入的土地包括了部分公簿持有地。③

可以把汉普郡克劳利庄园法庭的衰落过程作为一个例子。克劳利庄园法庭的历史至少可以追溯到1208年，它的尾声则一直持续到1874年。从1795至1874年，克劳利庄园法庭仍在履行例行公事。但它已明显缺少活力。随着圈地运动的开展，对农业的管理加强了，共有农耕则处于消失中。于是，庄园主要的事务由管事和什一税收取者来履行，其主要工作是记录习惯佃户的死亡和他们偶尔留下的遗嘱。从

---

① H. J. Habakkuk, "English Landownership, 1680-1740." Economic History Review. 1st ser. 10, 1940. p. 16.

② Marganet Spufford, Contrasting Communities: English Villages in the Sixteenth and Seventeenth Century. pp. 70, 104.

③ Richard C. Allen, Enclosure and Yeoman. The Agricultural Development of the South Midland, 1450-1850. New York, 1992. p. 96.

1859到1872年，克劳利庄园法庭仍在召集，但对领主们效忠宣誓礼的事例大大减少。从1872到1874年，克劳利庄园法庭虽然仍在召集，但是它已经没有什么事情可干。从1875到1899年，克劳利庄园法庭不再存在。1899年宗教特派员派出副管事去克劳利召集庄园法庭。法庭是召开了，但没有行效忠宣誓礼，也没有履行什么事务。此后，如副管事所记载的，克劳利庄园成为一座"死亡的庄园"。[①]

在20世纪后期英国的报纸上，人们还不时可以看到有些出售庄园的广告。一些庄园可能已经卖不到此前价格的十分之一。庄园转手的价格有的只有15000英镑。1986年，索福的拉斯特菲尔德和拉斯特菲尔德教区长领地这两个庄园分别卖了7100英镑和6800英镑。杰拉尔德·兰德在1976年买下诺福克的5座庄园，耗资180000英镑。[②]在19世纪，对于英国的乡绅来说，拥有庄园法庭仍被视为有尊严的象征。[③]

1922年英国议会通过财产法，取消残存的公簿持有保有权。这样，召集庄园法庭的基本理由便不存在了。但此后，一些庄园法庭仍然存在着。1977年颁布的司法行政法令规定，庄园法庭和其他古旧的法庭"应当中止听取和决定一切法律程序的司法权"，但是，它们能够继续作为特别法庭处理习惯事物。[④]

近代时期庄园和庄园法庭残存的历史证明，在新的生产关系和新的政治制度成长起来后，旧的制度形态和组织形式的消失却是何等的

---

① Norman S. B. Gras，The Economic and Social History of an English Village.（Crawley A. D. 909—1928）. pp. 106，110—111.

② J. W. Molyneux-Child，Evolution of of Englisg manor System. Lewis，1987. p. 139.

③ 在19世纪，残存的庄园法庭及其古雅的习俗，引起了地方考古学者和对民俗学有兴趣的人士很大的兴趣。在德文郡，曾成立了一个专门研究租佃权和庄园法庭习惯法的委员会，该委员会在1880至1884年提出了多达四卷的报告。（P. D. A. Harvey，Manorial Record，p. 58）

④ P. D. A. Harvey，Manorial Records. 1999. p. 58.

漫长和困难，它并不简单地表现为结构取代。社会经济组织表现为一种结构混杂的长期共存。诚然，旧结构因子在质和量上都随着时间推移发生了急剧的衰退。

第二节 几个乡村经济组织个案

庄园瓦解后，农村经济组织发展的一种形式是朝着农民村庄转化。牛津伯爵的庄园便是这样的例子。1513年牛津伯爵死去，维格斯顿庄园由其侄子继承，后者娶了诺福克公爵托马斯·霍华德的女儿安娜为妻。他的侄子于1526年死去，无男性继承人。从1540到1585年，这个庄园的领主权不断转手。领主与习惯佃户之间争斗不断，经常提起法律诉讼，古旧的庄园习惯遭到挑战。其中在1588年，代表庄园上81户的8户习惯佃户和公簿持有农与庄园领主约翰·丹佛斯爵士及其妻子伊丽莎白之间围绕着公簿持有权的性质展开了诉讼。1606年，20户公簿持有农从庄园财产受托人处买下了他们的农场。农场面积从0.25雅兰到2雅兰、2.25雅兰、2.5雅兰和3.25雅兰大小不等。这些农场总面积为30雅兰。而另有7户公簿持有农没有买下他们的持有地，而只是作为租地持有农，他们持有的全部土地为2.5雅兰。[①]1622到1623年衡平法院的讼案记录开列了从庄园所有人丹佛斯处买下庄园农场者

---

① W. G. Hoskins，The Midland Peasant. The Economic and Social History of a Leicestershire Village. London-New York，1965. pp. 102-109.

的名单，购得农场的面积分别如下：①

威廉·劳	2雅兰	小威廉·琼斯	0.5雅兰	罗伯特·克勒克	2雅兰
罗伯特·赖佛尔	0.75雅兰	威廉·诺恩	0.5雅兰	伊萨克·佛赖尔	0.25雅兰
亨利·福克斯	1雅兰	罗伯特·平德	0.5雅兰	威廉·平德	2雅兰
小威廉·阿博特	2雅兰	威廉·里德利	0.5雅兰	罗伯特·史密斯	0.5雅兰
小约翰·琼森	1雅兰	托马斯·克利	0.25雅兰	威廉·霍姆斯	0.5雅兰
约翰·伊文斯	0.25雅兰	托马斯·阿斯提尔	1雅兰	弗兰西斯·史密斯	2雅兰
小罗伯特·卡特莱斯	1雅兰	托马斯·霍姆斯	0.25雅兰		

　　威格斯顿的特维尔庄园在1586至1587年瓦解后，几百英亩的土地投放市场，其中绝大多数20至80英亩的小块土地被威格斯顿的居民购买。②1606年，威格斯顿的第二个大庄园全部出售之后，这里完全成为一个农民村庄。这里没有领主，乡村团体由中、小农民土地所有者构成，土地由村庄来管理，而不是由庄园管理，敞田制和共有权在这里存在，形成一种自给自足的农民的维生经济。直到17世纪后期，煤业和编织业发展起来，方才打破自给自足的乡村经济生活旧态。③而三块大的敞田一直存在到1776年，这时圈地运动已经改变了当地的面貌。④

　　格洛斯特郡的布莱丁顿村在庄园解体以后，实行了敞地农耕。⑤

---

　　① W. G. Hoskins, The Midland Peasant. The Economic and Social History of a Leicestershire Village. London–New York, 1965. pp. 113–114.

　　② W. G. Hoskins, The Midland Peasant. The Economic and Social History of a Leicestershire Village. London–New York, 1965. p. 176.

　　③ W. G. Hoskins, The Midland Peasant. The Economic and Social History of a Leicestershire Village. London–New York, 1965. p. 212. Mark Overton, Agriculture Revolution. p. 155.

　　④ W. G. Hoskins, The Midland Peasant. The Economic and Social History of a Leicestershire Village. London–New York, 1965. p. 185.

　　⑤ Michael Havinden, Estate Villages Revised. University of Reading. Rural History Center, 1999. p. 141.

到1660年，在布莱丁顿村几乎没有一个公簿持有农，村民的谋生手段多种多样。村庄居民可以分成四类：约曼或农场主、小的前公簿持有农、工匠、粗工。教区居民安布罗斯·雷德尔曾买下村庄的大量土地，并且在牛津郡和白金汉郡也买下了若干农场。他后来欠下4000英镑以上的债务，为此，至1798年，安布罗斯·苏德尔把部分土地出售给当地的居民和新到来的外来户。在1807年时，该教区的1539英亩土地，除去那些拥有极少量土地以至于无须交纳土地税者外，分别为19个所有者拥有。其中最大的一块地产为291英亩，有18个土地持有者拥有的土地都在60英亩以上。这里实行了没有领主制的自由土地所有制。[①] 从1815到1870年，布莱丁顿失去了中世纪的基础，农场主与乡村的关系变得越来越松散，农场主的产品更多地与市场发生联系。[②] 从1831年到第二次世界大战，除了面积在40英亩以下的小农场外，大农场的数目从10个减少为8个。到1901年，布莱丁顿大农场拥有土地288英亩，两个农场分别拥有土地272英亩和119英亩，4个农场拥有的土地在86英亩到109英亩之间，还有一个农场拥有土地42英亩。此外，有8个小土地所有者拥有的土地在12英亩到37英亩之间。其他土地所有者拥有的土地在4英亩以下。[③] 到1914年，所有持有土地的人，包括农场劳工，都取得了议会授予的公民权。[④]

---

① Michael Havinden, Estate Villages Revised. University of Reading. Rural History Center, 1999. p. 219.

② Michael Havinden, Estate Villages Revised. University of Reading. Rural History Center, 1999. pp. 263-264.

③ Michael Havinden, Estate Village Revised. University of Reading. Rural History Center, 1999. p. 380.

④ Michael Havinden, Estate Village Revised. University of Reading. Rural History Center, 1999. p. 249.

　　海莱是希罗普郡东南角的一个教区，它在1550年以后的大量历史资料保存下来了，因此能够对该乡村的经济组织形式作研究。海莱的庄园领主约翰·利特尔顿于1601年死于狱中，他的寡妇梅里尔严重负债。于是1604年大法官法院作出裁决，应当出售地产来偿还债务，当时估定债务为10000英镑。到1618年，梅里尔卖掉她在海莱庄园最后的财产，包括出售了早先出租的自由持有地产。1618年，位于教区北部海莱森林的共有牧场也按照当地土地所有者拥有的土地面积加以分割，分得共有牧场者的面积从1.5到15英亩不等。[①]这样，从1607到1625年，庄园佃户先是变成特别的长期租佃农，而后成为自由持有农，他们为此花了一大笔钱。到1618年，海莱庄园本身也被卖掉了。海莱森林的共有牧场的划分对当地居民产生了深远的影响。社会典型的农场不再是持有分散条块土地的在共有土地上享有附带权利的公簿持有佃户，1620年以后他们成了自由持有农，拥有土地集中的农场。一些茅舍农和小土地持有者也成为自由持有农，而其他人则成为地主的佃户。[②]

　　庄园瓦解后，16世纪到17世纪，地主-佃户的关系是海莱众多社会关系的基础。大的租佃农场主从地主那里转租农场经营，而绝大多数劳工和小茅舍农则从当地地主那里租房子居住。一些大农场主本身又是在外地主的佃户，他们与在外地主谈判更新租约的条件，又直接雇佣工资劳动者。教区重要的官职逐渐由当地社区中的富有者来担

---

　　① G. Nair, Highley, The Development of a Community 1550–1880. Oxford. Basil Blackwell, 1988. pp. 79–80.

　　② G. Nair, Highley, The Development of a Community 1550–1880. Oxford. Basil Blackwell, 1988. p. 83.

任。[①]在1780到1880年，工业在海莱发展起来。18世纪80年代当地的煤矿和采石场开始运作，并且开始冶铁。这使得当地劳动者的职业结构向工业转移。从事农业的男性劳动力从1841年的67人，减少到1881年的42人。[②]

米德尔是位于希罗普郡北部面积为4691英亩的乡村地区，包括7个教区。由于当地缺少在驻领主，16世纪到17世纪米德尔教区的领主权落到那些持有土地面积在700英亩以上的大农场主和乡绅手中。这个地区形成了3个租地大农场和其他一些农场。[③]卡斯尔农场是米德尔领主的自营地，被加以出租。在理查德·吉廷第四（他死于1624年7月）承租时，有625英亩土地，地租甚低。他还拥有牧场的共有权和在米德尔林地的另外8英亩土地，他还在米德尔纽顿和霍尔斯顿持有较多的自由持有地产，承租了布朗希思泥炭沼泽地。他亦将土地租给佃户。[④]马霍尔农场为本教区的自由持有农阿彻利家族拥有，这个家族17世纪末成为教区最显赫的家族，直到18世纪和19世纪都没有衰微。该家族成员能从外地弄到钱，这个家族中的罗杰·阿彻利年轻时迁到马顿，后成为伦敦市长。这个家族的第一代农场主托马斯·阿彻利第一在教区边缘修建了色彩斑斓的房屋，他的长子使家族致富，他买下了家族从劳合·皮尔斯处租来的自由持有地，以后又买下了翁斯

---

① G. Nair，Highley，The Development of a Community 1550-1880. Oxford，Basil Blackwell，1988. p. 128.

② G. Nair，Highley，The Development of a Community 1550-1880. Oxford，Basil Blackwell，1988. Table. 7. 1. Male Occupations 1841-1881. p. 169.

③ David Hey，An English Rural Community. Myddle under The Tudors and Stuarts. Leicester U. P.，1974. p. 85.

④ David Hey，An English Rural Community. Myddle under The Tudors and Stuarts. Leicester U. P.，1974. pp. 91-92.

洛的土地，共187.5英亩。这样，在马顿有了437英亩自由持有地。他还在米德尔森林买了32英亩土地，买下了米德尔猎园以及在佩廷森林的土地，他还继续从事皮革业。[1]在米德尔教区还有自由持有地小农场和为期数代人的租地农场，所有者是约曼或绅士。[2]在这个地区，保有土地持有者比农场主持有的土地少，但比茅舍农持有的土地要多得多。[3]

哈维林是位于埃塞克斯郡的王家庄园，几乎所有的土地都根据有特权的习惯保有权占有。16世纪这里的习惯佃户承担的义务在形式上同中世纪没有什么差别，他们向国王交纳数额不大的年地租，行效忠宣誓礼，并在最初持有土地时，交纳相当一年地租额的入地费，要求他们参加庄园法庭的开庭和每年两次的庄园大会，但在实践中，许多大佃户每年付一笔钱，便被免去参加庄园法庭的会议。在中世纪，哈维林有少量自由持有地，但到16世纪后期它与习惯保有地的差别已经消失，习惯保有权到16世纪和17世纪初被当作事实上的自由持有保有权。[4]哈维林的直接佃户实际上能够享有他们土地的全部权益，这归因于古代自营地的身份和王室行政管理的薄弱。佃户承担的地租、补偿劳役和入地费都是固定的，自1251年以来从未变动过，因此王室收

① David Hey，An English Rural Community. Myddle under The Tudors and Stuarts. Leicester U. P.，1974. p. 100.

② David Hey，An English Rural Community. Myddle under The Tudors and Stuarts. Leicester U. P.，1974. p. 107.

③ David Hey，An English Rural Community. Myddle under The Tudors and Stuarts. Leicester U. P.，1974. p. 119.

④ M. K. McIntoch，A Community Transformed. The Manor and Liberty of Harving 1500-1620. Cambridge U. P.，1991. p. 95.

取的地租实际上极低。^①进入16世纪，随着时间的推移，伦敦消费市场的需求增大了哈维林庄园保有权的自由度。这里地租较低，土地市场不受控制，地产的分化和小持有地积累为大持有地的过程加剧了。到1617年，有14块地产在200英亩以上。在土地所有者中，有5个家族拥有骑士、缙绅和贵族头衔，他们每户拥有400英亩以上的土地。大地产主通常大块出租其自营地，产品提供给伦敦。各种规模的租户都向伦敦的罗姆福德市场以及沿伦敦至科尔切斯特大道而来的旅行者提供食品、饮料和住宿。^②

　　牛津郡的阿丁顿的土地在1833年为地主罗伯特·弗农买下，地产分为13个租地农场，其中面积在500英亩以上的租地农场有5个。它们中西洛金农场面积约830英亩，由佃户托马斯·布朗耕种；东洛金庄园农场面积582英亩，由佃户威廉·吉布斯租种；东洛金教区的西贝特顿农场面积568英亩，由约翰·F·柯林斯租种；阿丁顿教区的东贝特顿农场面积587英亩，由理查德·劳伦斯租种；东洛金教区的西金格农场面积567英亩，由萨拉·桑德斯耕种。规模在此以下，面积在200至300英亩的租佃农场有3个，面积在100至200英亩的租佃农场有4个，面积在70英亩以下的租佃农场有1个。此外，还有14个小土地持有者，持有土地面积均在25英亩以下，他们往往同时从事小商业经营。^③西牛津郡的西洛金庄园则是庄园土地直接转为租地农场，这里

① M. K. McIntoch，A Community Transformed. The Manor and Liberty of Harving 1500–1620. Cambridge U. P.，1991. p. 98.

② M. K. McIntoch，A Community Transformed. The Manor and Liberty of Harving 1500–1620. Cambridge U. P.，1991. pp. 92–93，118–119.

③ Michael Havinden，Estate Villages Revisited. University of Reading，Rural History Center，1999. p. 55. pp. 56–57. Table 5，Table 6.

共有844英亩农田，不包括林地和菜园。1869年该庄园卖给了奥佛斯通勋爵。从1867年米迦勒节起，西洛金的全部土地都租给了一个租户，租期为期21年，年地租为1177英镑9便士，即每英亩土地租金为1英镑8便士。①

　　谢林顿是白金汉郡的一个村庄，它的历史可以追溯到罗马不列颠和诺曼征服时期。到了15世纪末，谢林顿的发展进入一个新阶段。当地出现了许多租地农场主，许多大农场主如托马斯·奇布诺尔和亨利·格伦顿将他们的农场范围扩展到相邻的村庄，那里有大面积的牧场有待开发。当地一个起源于13世纪的古老家族的约翰·马休，已经变成了伦敦的市民和绸布商，他在1490年当上了伦敦市长。他死于1498年。②到了亨利七世统治时期，谢林顿乡村经济发生了很大变化。这里的土地所有权发生了很大的变化，无论是自由持有农和租佃农场主人数都不多，值得注意的是绸布商公司占有了柯克菲尔德庄园。从此以后，这处地产便由伦敦绸布商公司的协理会进行管理。这个协理会的成立，与当地的佃户没有什么联系。居住在白金汉郡温多佛的柯利特家族，在当地居住的时间长达几代人。亨利·柯利特是伦敦显赫的市民，他在1476年第一次当上伦敦副市长，后来在1484年当上伦敦市长。他是一个绸布商和绸布商公司协理会的成员，也是冒险商人公司的成员。他用出售呢绒的收入支付买进绸布的费用。他把从中获得的大量利润投资于白金汉郡的地产。在1505年他去世前数月，他刚刚从格雷·德·维尔顿勋爵爱德蒙手中买下了柯克菲尔德庄园。

---

① Michael Havinden, Estate Villages Revisited. University of Reading, Rural History Center, 1999. p. 51.

② A. C. Chibnall, Sherington, Fiefs and Fields of a Buckinghamshire Village, Cambridge U. P., 1965. p. 154.

绸布商公司便成为谢林顿的在外地主。①约翰·奇布诺尔在17世纪上半叶拥有年价值300英镑的地产。1625年他死后，地产落到他的第三个儿子之手。到17世纪上半叶，由于其他地方圈地运动的展开，大批新人来到这里，有的是租佃农场主，有的是农业劳工，他们迫切希望找到工作。所以，谢林顿的很多自由持有农便出租自己的土地，或者雇用一些劳力帮助自己耕作，使自己能腾出手来去干其他行当。约翰·奈特死后的两个年价值为70英镑的农场，现在由他的媳妇玛格丽特及儿子罗伯特经营。6个小自有持有农和3个租佃农场主除了农耕外，还从事商业和手工业。②

谢林顿村的地产属于伦敦绸布商公司，其年总收入在17世纪20年代为19英镑5先令6便士；17世纪50年代为21英镑3先令9便士；18世纪第一个10年为48英镑11先令；18世纪30年代为77英镑13先令2便士；18世纪50年代为90英镑13先令2便士；1781至1797年为105英镑。③18世纪开始后，老的自由持有农农场主相继退出土地。萨缪尔·坎宁安欠下了纽波特帕特耐尔的瓦勒博士的债务，在1711年无力赎回土地。罗伯特·亚当斯深陷债务之中，他死后，其子将地产出售。到1750年，菲茨·约翰庄园农场的约翰·巴宾顿成了唯一的在驻农场主。在1650年，只有12%的土地为在外所有者占有，其余的土地为当地乡绅和农场主持有。而到100年后，情况发生很大变化，居住在村庄外的

① A. C. Chibnell, Sherington, Fiefs and Fields of a Buckinghamshire Village, Cambridge U. P., 1965. p. 158.

② A. C. Chibnell, Sherington, Fiefs and Fields of a Buckinghamshire Village, Cambridge U. P., 1965. p. 204.

③ A. C. Chibnall, Sherington, Fiefs and Fields of a Buckinghamshire Village, Cambridge U. P., 1965. p. 234. Table 40. Annual Income from The Mercers'Estate in Sherington.

人士，包括未亡人、未婚女子，居住在纽波特帕特耐尔和伦敦的商人，拥有当地三分之二的土地。农场主与地方乡绅占有其余的土地。这时，地租额很低，而农场的利润也很低。[①]到18世纪末拿破仑战争期间，英国的经济受到战争很大的影响，许多当地的劳动者被迫转而从事乡村工业，如织席和编制篮子，而他们的妻子则为纽波特帕特耐尔的商人织饰带，以这些收入弥补生活不足。到1810年，贫困加剧，小租佃持有农和小土地所有者大大减少。[②]

在谢林顿1797年圈地以后，公地被并入农场，土地经营结构没有大的变化。伦敦绸布商公司在其农场上继续征收地租。该公司指派其书记官约翰·沃特尼从1876年起任白金汉郡诸庄园的管事。4年以后，他在谢林顿召开一次庄园法庭。10年以后的1890年，约翰·沃特尔突然报告说，他在试图召开谢林顿庄园法庭时，已经没有任何佃户前来参加庄园法庭会议。[③]从谢林顿的历史可以看出，这是一个传统型的乡村社区，庄园制和租佃制这些传统乡村经济结构在这里一直存在到19世纪后期。

在汉普郡的克劳利村，到了16世纪，随着个人自由的发展和庄园领主需要更多的货币形式的收入，土地市场出现了。土地可以从一个人手中转到另一个人手中。但在当时，土地转让必须征得领主的同意，条件是佃户支付给庄园领主一笔罚金以取得转让租地的特权。同

---

① A. C. Chibnall, Sherington, Fiefs and Fields of a Buckinghamshire Village, Cambridge U. P., 1965, p. 236-237.

② A. C. Chibnell, Sherington, Fiefs and Fields of a Buckinghamshire Village, Cambridge U. P., 1965, p. 251.

③ A. C. Chibnell, Sherington, Fiefs and Fields of a Buckinghamshire Village, Cambridge U. P., 1965, p. 258.

时，转租的佃户需承担与他占有土地相关的义务。[1]此时还出现了几块租地合并成一块经营的现象。在这里，农业的商业化经历了三个阶段：第一阶段是领主和佃户通过市场上的商品交换；第二阶段是用货币支付劳役和地租；第三阶段是转包土地和用土地做抵押。例如，1613年安布罗斯·达维向约翰·威尔金斯抵押他的土地。威廉·布朗宁在1629年用自己的土地为约翰·葛德温做抵押等等。[2]在克劳利村，最初，是地方官和农奴成为第一批农场主。16世纪后半叶到17世纪初期，一些外来户如约翰·霍尔维和杰拉尔德·弗利特伍德爵士成为农场主。[3]在圈地运动开始后，当地土地所有者周围的土地并非全部由自己耕种，如理查德·迈勒就把家庭农场转租给其他人。[4]

克劳利的庄园法庭始于1208年，持续到1874年结束。但是，它在1795年圈地以后便失去了活力。历史上克劳利庄园共有三种法庭。第一种是郡长的巡回审判法庭。主持这个法庭的是领主的管家，然后是庄园的执事，而晚期是由一个支薪的书记官来主持这一法庭。老的佃户之死和新佃户到来都要对它报告和记录。这个法庭亦称百户村法庭。[5]第二个法庭是领主法庭或称习惯法法庭。它与第一个法庭分开召集，一年召开两次，由镇长主持这一法庭，由它负责行效忠宣誓

① Norman Scott Brien Gras and Ethel Calbert Gras，The Economic and Social History of an English Village（Crawley Hampshire），A. D. 909-1928. Harvard U. P.，1930. pp. 95-96.

② Norman Scott Brien Gras and Ethel Calbert Gras，The Economic and Social History of an English Village（Crawley Hampshire），A. D. 909-1928. Harvard U. P.，1930. p. 99.

③ Norman Scott Brien Gras and Ethel Calbert Gras，The Economic and Social History of an English Village（Crawley Hampshire），A. D. 909-1928. Harvard U. P.，1930. p. 120.

④ Norman Scott Brien Gras and Ethel Calbert Gras，The Economic and Social History of an English Village（Crawley Hampshire），A. D. 909-1928. Harvard U. P.，1930. p. 102.

⑤ Norman Scott Brien Gras and Ethel Calbert Gras，The Economic and Social History of an English Village（Crawley Hampshire），A. D. 909-1928. Harvard U. P.，1930. pp. 106-107.

礼。涉及财产权利要求和地产分割等事务及银钱收付事务等庄园事务，则由领主法庭和巡回法庭合并审理。几乎所有的习惯佃户都要参加法庭的诉讼工作。除了上述两种法庭以外，还有第三种法庭，佃户私人法庭。它至少到19世纪还存在。它由庄园领主的代表和当事双方代表组成。到18世纪至19世纪，克劳利庄园法庭的记录仍使用拉丁文，只有1651至1657年例外。从1795到1859年，因为圈地以后，共有农耕制消失了，所以相关的纠纷减少了。从1859到1872年，克劳利庄园法庭仍在召集，但对领主的宣誓效忠礼的举行大大减少。从1872到1874年，克劳利的庄园法庭已无事可做，从1875到1899年，克劳利庄园法庭已不再存在。1899年宗教特派员派副管事去克劳利召集庄园法庭。法庭是召开了，但并未行宣誓效忠礼，也没有处理任何事务。副管事记载道，克劳利庄园成为一座"死亡的庄园"。[①]

从1550到1850年，在克劳利庄园老的习惯佃户逐渐消失，转化为约曼和茅舍农。在这里，约曼农场主是指拥有一两个宅院和较多习惯土地的人。他们拥有人身自由，但他们还不是土地的自有持有者。到1841年以后，他们才被授予土地所有权。[②]到1837年，6个约曼农场主实际上占有克劳利教区的全部世俗土地。到1850年，他们占有克劳利庄园除茅舍农占有的土地以外的全部土地。圈地运动中，茅舍农失去了他们原本耕作的土地，剩下的少量土地茅舍农也未能保持多久。[③]

① Norman Scott Brien Gras and Ethel Calbert Gras, The Economic and Social History of an English Village（Crawley Hampshire）, A. D. 909~1928. Harvard U. P., 1930. pp. 106, 110~111.

② Norman Scott Brien Gras and Ethel Calbert Gras, The Economic and Social History of an English Village（Crawley Hampshire）, A. D. 909~1928. Harvard U. P., 1930. p. 112.

③ Noeman Scott Brien Gras and Ethel Calbert Gras, The Economic and Social History of an English Village（Crawley Hampshire）, A. D. 909~1928. Harvard U. P., 1930. p. 115.

　　从1662到1869年，先后有11位主教成为克劳利庄园领主。查尔斯·理查德·萨姆纳（1827—1869）是最后一任主教领主。1869年他退休后，宗教特派员成为庄园的领主。由于主教不熟悉庄园的事务和社会要求，使得庄园权力落到信奉新教的资产阶级金融家和工场主手中。从1869到1874年，阿什伯顿勋爵拥有庄园自营地农场，以后将它出售给亚当·斯坦梅茨·肯纳德。肯纳德是伦敦金融家。1885年他成为汉普郡的治安法官。1900年，肯纳德又将农场出售给出生于德国的格拉斯哥资产者奥托·恩斯特·菲利佩，后者还买下了几个约曼的农场。到1902年，克劳利村已经没有约曼农场主和他们的农场。除了菲利佩外，在教区拥有土地的还有鲁克莱·豪斯、伦敦商人菲利普·范德比尔、银行家阿瑟·E·迪恩，由农场主和雇佣劳工耕种他们的租佃农场。[①]从1871到1910年，在克劳利至少有9名茅舍农被授予公民权，涉及土地面积1458.5英亩。从1910年到1926年，还有相当数量的土地属于公簿持有地、习惯租佃地，有待于颁布新的土地法来解放这些土地。[②]

---

　　① Norman Scott Brien Gras and Ethel Calbert Gras，The Economic and Social History of an English Village（Crawley Hampshire），A. D. 909–1928. Harvard U. P.，1930. pp. 123–127.

　　② Norman Scott Brien Gras and Ethel Calbert Gras，The Economic and Social History of an English Village（Crawley Hampshire），A. D. 909–1928. Harvard U. P.，1930. pp. 118–119.

第十章
近代土地保有权和各种身份的土地持有者

第一节　社会结构中等级制的残存

英国17世纪资产阶级革命后并没有颁布过任何宣布彻底废除封建等级制度的文件，这使得等级制的残余在17世纪和18世纪残存下来。英国有关社会结构的文献表明，各种身份和等级持续存在。17世纪90年代，格里高里·金写下了《关于英国状态和条件的自然和政治观察》和若干笔记。当时社会居民是按照"等级、阶层、头衔和资格"来划分的。他的表格描述了一幅社会居民多等级多层次的图谱。这些等级在格里高里·金的表格中依次为：世俗贵族、宗教贵族、准男爵、骑士、缙绅、绅士、官吏、商人、律师、教士、自由持有农、农场主、科学和艺术人士、店主和小商、技工和手工工匠、海陆军军官；普通海员、劳工和户外工人、茅舍农和贫民、普通军人；流浪者。在这个表格中，用头衔、资格、等级来划分社会集团，社会等级制的特征清晰可见。①

到了18世纪中叶，约瑟夫·梅西制作了1759至1760年英国社会的结构和收入表格。他在自己的表格中对社会结构中绅士、商人、自由持有农、农场主等集团作了更细的分层划分。他的表格表明，18世纪中叶的社会结构与17世纪的社会结构的等级制结构没有根本改变。②当时代人戴维·罗伯逊描写道："在农夫和贵族之间，一个集团与另一个集团毗邻而立，他们以令人感慨的方式在上下两个集团之间的夹缝中生存，这样便合成了一幅具有内聚力的有力而美妙的图画。"③

这种社会等级制残余的存在，是农村中领主制残存的社会政治基础。保留这种等级制存在，是17世纪内战以后建立的政权的初衷。这些在革命中得势的新兴力量集团正希望通过等级制度维护他们在政治上取得的地位和在乡村经济生活中取得的财产权。英国社会等级制的存在与乡村领有制的残余相结合，使得农村中以不同方式持有土地保有权和租佃权的农业生产者继续存在，它构成了后封建社会的一个突出的特征。

第二节　18世纪末土地保有权的结构和分布

对农业社会的研究应当包括定量研究和定性研究两个方面，即不

---

① Gregory King, "Natural and Political Observations upon the State and Condition of England." in Joan Thirsk and J. P. Cooper, (eds.), 17th Century Economic Documents. Oxford, Clarendon Press, 1972. pp. 770–784.

② Roy Porter, English Society in the Eighteenth Century. Penguin Books, 1984. p. 86. Table 5.

③ Harold Perkin, The Origins of Modern English Society, 1780–1880. London, 1969. p. 22.

仅要研究土地占有和经营的规模，而且也要研究土地保有权关系，研究中世纪以来存在于租佃制之中的各种身份的农民类型有何种变化，以及它们有没有消失，英国农民到了18世纪末和19世纪是否已经真正成为拥有所有权的自由农民类型等。

在18世纪末到19世纪初年，英国农业部进行了一项对各郡农业浩大的调查研究工作。在调查工作的基础上，正式出版了系列的《各郡农业概览》。以后，马歇尔根据《各郡农业概览》编写了五卷本的《各郡给农业部报告的评论和摘要》[①]，正式出版。尽管各郡的农业概览详略不一，但总体说来，这批报告书为研究者留下了比较翔实的各郡农业自然经济、耕作和所有制的资料。从这些报告看来，尽管在18世纪英国经历了农业革命，农业发生了重大的变化，经营有了很大的改进，但是直到18世纪末，在土地制度方面，中世纪后期以来对农民的各种身份规定仍然存在，地主对租佃农进行各种限制，英国农业中并没有确立一种农民得以自由经营的土地制度。这对我们重新估计18世纪英国农业资本主义的发展程度提供了重要的资料。

在德文郡，一部分土地实行终身保有权，其余的土地租期为14年或21年。在这个地区实行14年租佃期尤其普遍。每7年在到期之前12个月决定下一个7年由谁来租种，在租期到期12个月以前告诉租户。这段时间使得将要离去的佃户有足够的时间赶走其牲畜、搬走他们的谷物和家具，干草则可以卖掉。在租种土地签订协议时，每英亩土地要施60升的生石灰，或200驮海砂、海草，或其他腐烂的肥料，限制把干草、稻草和麦秆出售。本郡的贵族和乡绅对当地的教会地产拥有

---

① Mr. Marshall，（ed.），The Review and Abstract of the County Reports to the Board of Agriculture. David Charles. 5 Vols. 1813, 1813, 1818, 1817, 1875.

永久所有权，教会所属地产的租佃权可以更新，但佃户要交纳一定的、有时是由领主随心所欲地确定的更新契约的费用。①

在多塞特郡广泛存在着大地产，因此这里土地所有者人数较少。一些大地产处于土地调查委员会的监督下，一些大地产由务实的农场主管理，而若干大地产由律师负责监督。②在多塞特郡，公簿持有保有地已经很少。据推测，其原因在于庄园领主采取欺诈性的做法，使年轻女子与衰老的习惯佃户结婚。按照该郡关于公簿持有保有权的习惯法，在习惯佃户死后，寡妇即根据寡妇财产权拥有丈夫的公簿持有地。③在多塞特郡存在着大量的终身持有保有地。持有这些土地的人根据租地权可租种土地一代人、两代人或三代人，或99年。在授予租地者租地时，后者要交纳进入土地或更新租契的地租。这个郡大量存在的自由持有农，其持有土地的条件较为优越。租地农三代人租种土地的条件为：入地费为280英镑；年地租为2英镑13先令4便士，外加一只阉鸡；收获时节提供一个劳动力为主人干活，或交纳6便士；清扫磨坊或交纳4便士，提供犁工或交纳2先令6便士等。在贝明斯特镇附近的土地主要实行公簿持有制，在福丁顿土地主要实行租地制和公簿持有制，在亨利·班克斯的地产上实行三代人租地制。④在波特兰的农民中几乎全部实行自由持有保有制，其后代则实行均分传赎租地

---

① Charles Vancouver, General View of the Agriculture of the County of Devon. David & Charles, [1808], Reprints, 1969. pp. 81-84.

② William Stevenson, General View of the Agriculture of the County of Dorset. London, 1815. p. 73.

③ William Stevenson, General View of the Agriculture of the County of Dorset. London, 1815. p. 74.

④ William Stevenson, General View of the Agriculture of the County of Dorset. London, 1815. pp. 74-75.

制。^①总的说来，在多塞特郡，终身保有权已在衰落，而无条件继承的不动产权即土地绝对所有权越来越流行。

在莱斯特郡，土地主要实行自由持有保有权，另有不多的土地实行公簿持有保有权。一般说来，庄园法庭仍在召集，甚至在公簿持有农消失的庄园也是如此，其作用在于解决土地边界纠纷、预防诉讼和任命临时警察等。在莱斯特郡，教会的土地很少，实行终身租借权的土地也很少。^②

在斯塔福德郡，大部分土地实行自由持有保有权，也有相当一部分土地实行公簿持有制，在主教区、学院、地方主教、受俸牧师和其他教会高僧持有的土地上，实行租地保有权。^③租地制在斯塔福德郡普遍存在，通常实行21年的租期，有些租地租期更短。佃户通常要负责修缮房屋，而由地主提供修房的材料。^④

在诺丁汉郡，存在着各种土地占有制，既有自由持有制、公簿持有制，也有租地制。相当大一部分公簿持有地实行末子继承制。在约克大主教所有的地产上，许多租地持有者的租种期限以三代人为限，属于剑桥大学三一学院的土地实行为期数年的租期。绝大多数土地的出租都按领主的意愿行事。^⑤

---

① William Stevenson, General View of the Agriculture of the County of Dorset. London, 1815. p. 76.

② William Pitt, General View of the Agriculture of the County of Leicester. London, 1813. pp. 17–18.

③ William Pitt, General View of the Agriculture of the County of Stafford. London, 1813. pp. 20–21.

④ William Pitt, General View of the Agriculture of the County of Stafford. London, 1813. pp. 38–39.

⑤ Robert Lower, General View of the Agriculture of the County of Nottingham. London, 1798. pp. 8, 16.

在牛津郡，土地保有权与英格兰南部各郡的情况相仿，实行自由持有保有权和公簿持有终身租地制。在教会和学院的土地上，租期为数代人或数年之久，更新契约时交纳的地租通常为一年半的地租额。但是，这个时期地租的上涨非常厉害。[①]

在贝德福郡，在许多教区广泛实行公簿持有保有制。在这个郡，土地租期通常是1年。在未圈地的教区，按耕作制度把租期定为3年。[②]

在白金汉郡，存在着多种土地保有权形式。和其他郡一样，这里也存在自由持有保有制，但是它采取了不同的形式，通过出租土地以鼓励佃户经营。白金汉郡也存在公簿持有地。一些公簿持有地是可以继承的，另一些公簿持有地可由数代人租种。继承公簿持有地在某些地方要求支付非常霸道的更新地契的地租。但一般说来，其数额不超过两年的地租额。后者通常要交纳固定的或根据习惯规定的更新契约的地租，它一般相当于两年的免役地租，有的地方固定为每英亩6便士，另加1先令作为房屋的费用。庄园领主征收的更新契约的地租，不得超过两年的地租。白金汉郡还普遍存在另外两种保有权：一是租佃期为几代人的租佃制地产，在每代人死后更新租约；另一种租佃期为21年，每7年年底时更新租约。该郡一些宗教团体的地产上的佃户，需用铸币支付地租，按最好的谷物价格折算成现金来支付。

在伯克郡，绝大部分地产属于自由持有地。这种保有权的持有者能够获得最大限度的利益，土地持有者处置土地较为自由。在这个郡

---

① Robert Lower, General View of the Agriculture of the County of Nottingham. London, 1798. pp. 8, 16.

② Secretary of Board, General View of the Agriculture of the County of Bedford. London, 1813. p. 40.

的某些地方，存在着相当数量的公簿持有地，它们按照不同庄园的习惯有不同的保有权。在一些地方，庄园领主按照一定的条件给其佃户对于土地的自由权利，例如，肯星顿勋爵在乔尔西便这样做了。[①] 在这个郡的某些地方，还残存着一些特别的习惯法。在属于克雷文伯爵的恩博恩庄园，一个公簿持有农死后，其寡妇因犯有再婚或纵欲罪，除非她屈从于骑一头黑公羊进入法庭的仪式，并陈述忏悔之辞，否则她将终身失去财产权。在实行数代人租佃制的地方，每7年要当着地方主教、教士大会或其他法人团体的面更新租约，要经常反复征收数额相当于一年到两年地租的更新契约的地租。频繁地征收沉重的更新契约的地租，使得交租人无法省下资金用于土地改进和耕作。有少数地产把租期定在1000年，另一些地产租期为一代人或三代人。[②]

在密德塞克斯郡，有许多自由持有地，也有相当部分的公簿持有地。此外，还有属于教会、学院和法人团体的土地。这个郡大多数农民的土地属于公簿持有权地产，在交纳更新契约的地租和租地继承税之后可以继承。在一些庄园，更新契约的地租数额是固定的而且数额不大。在另一些庄园，更新契约的地租根据领主的意愿而定，有时数额相当于两年的地租额。[③] 在哈罗庄园，有"为首的公簿持有农"，他们享有特殊地位，根据法律继承租地而无须支付更新契约的地租。有一位"为首的公簿持有农"曾被许可购买任何其他人的公簿持有地，而无须交纳更新契约的地租，他们还可以依此办法把持有地遗赠给他们的继承人，但如果他出售公簿持有地，领主可以向购买者任意地强

---

① William Movor, General View of the Agriculture of Berkshire. London, 1813. p. 52.

② William Movor, General View of the Agriculture of Berkshire. London, 1813. pp. 54-55.

③ John Middleton, General View of the Agriculture of Middlesex. London, 1813. pp. 40-41.

行征收更新契约的地租,甚至可达1000英镑,而公簿持有地本身也值不了这个价格。^①

在拉特兰郡,土地保有权有自由持有保有权、租地持有保有权和公簿持有保有权几种形式。埃斯顿和阿什维尔的地产为自由持有地。巴利索普的地产小部分为自由持有地,剩下的为公簿持有地。巴罗的地产为自由持有地。巴罗登的地产部分为自由持有地,部分为公簿持有地。贝尔顿、布里奇卡斯特顿、布罗克和伯利的地产为自由持有地。比谢布洛克的地产部分为自由持有地,部分为公簿持有地。布朗斯顿的地产部分为自由持有地,部分为公簿持有地。考尔迪科特的地产主要是公簿持有地,更新契约的地租固定而且数额很小,余下的部分为自由持有地。克利普沙姆、科提斯莫尔、德赖斯托克、埃迪斯韦斯顿、埃格顿、恩平安、埃森丁、埃克斯顿、费利特里斯、格莱斯顿、冈索普、格林安和汉布利顿的地产均为自由持有地。凯顿的地产主要为自由持有地,余下的是公簿持有地。兰厄姆和小卡斯特顿的地产均为自由持有地。莱丁顿的地产部分为自由持有地,部分为更新契约的费用数额固定的公簿持有地。林顿的地产为自由持有地。曼顿的地产主要是自由持有地,余下的一部分为公簿持有地。马凯特奥佛顿和马丁索普的地产为自由持有地。莫科特的地产部分为自由持有地,部分为公簿持有地。诺曼顿和北卢芬安的地产为自由持有地。利菲尔兹的地产为自由持有地。奥卡姆的地产兼有自由持有地、租地持有地和公簿持有地。波克沃斯和皮尔顿的地产为自由持有地。普雷斯顿的地产大部分为公簿持有地,但更新契约的地租额是固定的,剩下的土

---

① John Middleton, General View of the Agriculture of Middlesex. London, 1813. p. 42.

地为自由持有地。里德林顿的地产为自由持有地。赖亚尔地产大部分
是公簿持有地，剩下的是自由持有地。西顿、南卢芬安、斯特里顿、
泰村、蒂肯考特和西斯尔顿的地产为自由持有地。索普地产有三分之
二是自由持有地，三分之一是公簿持有地。丁韦尔和蒂克斯奥佛地产
是自由持有地。乌平汉地产有自由持有地，也有公簿持有地。沃德
莱、韦森丁和韦斯韦尔德地产是自由持有地。温村地产部分为自由持
有地，部分为公簿持有地。[①]

在柴郡，富有的土地所有者数量相当可观，很少有其他郡像柴郡
这样。这个郡土地的土地保有权几乎普遍为自由持有保有权。此外，
有少量的公簿持有保有地，或称习惯自由持有地，它存在于麦克斯菲
尔德、哈尔顿和其他一两个庄园。[②]这里的土地租期以往通常为数代
人，现在这种情况较少见，连租期为21年的租地也不多见。通常租期
不超过7年。但属于教会和学院的土地则例外，这些土地通常租期为
21年，每7年更新一次租约。在教会和学院所属的地产上，有租期为
数代人之久的。[③]

在肯特郡，地产的分割非常突出。这个郡除了有两个主教管区、
坎特伯雷和罗切斯特两个大主教区、若干法人团体和牛津大学、剑桥
大学若干个学院所属的地产外，据说肯特郡有9000名自由持有农。[④]
肯特郡有许多地产实行租地持有制，例如在坎特伯雷和罗切斯特教堂
所属的地产上，在王室所有的地产或学院的地产上便是这样。租地

---

① Richard Parkinson, General View of the Agriculture of the County of Rutland. London, 1808. pp. 23-24.

② Henry Holland, General View of the Agriculture of Cheshire. London, 1813. p. 81.

③ Henry Holland, General View of the Agriculture of Cheshire. London, 1813. pp. 108-109.

④ John Boys, General View of the Agriculture of the County of Kent. London, 1813. p. 28.

期限在该郡的许多地方为三代人，每代人死后要交纳更新契约的地租，另有一些地产租期为21年，在每7年结束时按双方的协议交纳更新租约的租金，相当于3年的地租额。通常由地主负责修缮租地上的房屋、大门、栅门、桥梁，支付土地税、免役地租。而佃户则负责寻找马车运输所有供修缮用的材料，提供盖房顶用的麦秸，为工人提供啤酒。在有些情况下，佃户付一半的修缮费。此外，禁止佃户出售麦秸、干草和一定数量的牛、马粪，以保护地力。[①]

在哈福德郡，绝大多数土地都按公簿持有制持有。租种土地的佃户要支付固定数额的或是按照领主意愿确定的更新契约的地租，但更新契约的地租数额不超过两年的地租额。[②]哈福德郡的农场一般不大，大概没有超过1000英亩的农场，面积达到500英亩的农场算是大农场了。通常农场面积在150至400英亩之间，有的农场面积还要小。[③]

在汉普郡，土地保有权有多种形式。原先属于温切斯特主教的自营地，通常实行自由持有保有权，租期为三代人之久。更新租契的地租额也各不相同，从一年到一又四分之三年或两年的改进地租。有的地产由古代庄园农场和房屋构成，并附有若干封建权利。在有些地产上，土地上的木材留给主教使用，只允许在修缮房屋时使用树梢、剪下的树枝和树皮。另一些地方则把土地保有权让给佃户，地产的租佃期为终身，按照规定的期限更新租契。[④]在汉普郡存在着各种公簿持

---

① John Boys, General View of the Agriculture of the County of Kent. London, 1813. p. 47.

② Arthur Young, General View of the Agriculture of Hertfordshire. David & Charles, 1971 [1804]. p. 19.

③ Arthur Young, General View of the Agriculture of Hertfordshire. David & Charles, 1971 [1804]. p. 23.

④ Charles Vancouver, General View of the Agriculture of Hampshire, Including the Isle of Wight. London, 1811, p. 53.

有地，其中一种为可继承的公簿持有地，这种租地更新租契的地租很低，另一种为习惯保有地，其用益权为庄园所有，其更新租契的地租用租地继承税来抵付，或折算成固定数额，或由领主专断地来决定其数额。[①]汉普郡还存在着租地持有保有制，其租期通常是21年，每7年更新一次租契，更换租契交纳的特别地租为1.25年到1.5年的地租额。租期也有14年的。[②]

在康沃尔郡，近代时期康沃尔公爵的领地实行的是租地持有保有权。[③]在教会拥有的地产上实行的也是租地持有保有权，具体又可分为三类。第一类是把土地租给佃户，租期可持续三代人，地租部分用现金支付。第二类是租给一个庄园的佃户，包括许多块租地，租期也是三代人，在三年租期内，承租人可以以公簿持有地的方式转租给其他佃户。第三类土地只出租21年，其中每7年结束时收一次更新租契的地租。[④]总的说来，康沃尔郡相当大一部分地产都实行租地持有保有权。佃户在这种土地保有制度之下，要承担全部赋税，承担写明的维修责任。在某些庄园，把小部分土地税返还给佃户。[⑤]在许多地方，农民按照限定继承权租种一个农场，租佃时间以所有者在世为限，在他死后，农场占有者能否继续租种，要根据继承者的意愿而定。[⑥]

---

① Charles Vancouver, General View of the Agriculture of Hampshire, Including the Isle of Wight. London, 1811. pp. 53-54.

② Charles Vancouver, General View of the Agriculture of Hampshire, Including the Isle of Wight. London, 1811, p. 54.

③ G. B. Worgon, General View of the Agriculture of the County of Cornwall. London, 1815. p. 18.

④ G. B. Worgon, General View of the Agriculture of the County of Cornwall. London, 1815. pp. 18-19.

⑤ G. B. Worgon, General View of the Agriculture of the County of Cornwall. London, 1815. p. 20.

⑥ G. B. Worgon, General View of the Agriculture of the County of Cornwall. London, 1815. p. 22.

　　在赫里福德郡，不像其他地区那样普遍实行公簿持有保有权。因此，庄园法庭不那么频繁地召集，领主的权力也不那么大。^①在赫里福德郡，租借持有保有权更为常见。它起源于封建时期。到此时，人们并不普遍主张取消这种保有权。最重要的土地出租人是主教、副主教、教士会、受俸牧师和大教堂的其他成员、赫里福德和其他城镇的自治体等。全郡有三分之二的土地是自由持有地，余下的土地实行其他保有权。^②土地的租期旧时通常为21年，但到了18世纪末19世纪初，土地租期较短，由3个租期（每个租期7年）构成，是否能够继续承租，由地主和佃户在每个租期结束时决定。这种短租期方式对地主较为有利，而不利于佃户致力于土壤改良的活动，同时限制了他们投入资本以改进农业。地主和佃户之间还订立协定，例如，乡绅R. C.霍普顿迫使佃户承担修缮房屋的义务，还坚持地主每年有权去视察房屋的状况，或派人对佃户如何履行诺言提出报告。在某种情况下，佃户每年要用运货马车为他们的地主干几天活，通常为后者运输煤炭。^③在赫里福德郡的一些地区，土地继承制流行均分传赎租地法。在这种继承制中，土地不是由长子或幼子继承，而是在财产所有者的所有继承人中平均分割。在汉普顿主教的庄园中则实行末子继承制，即由最小的儿子在他父亲死后继承租地权并占有土地，而把长子和其他男性后代排除在外。利特尔顿曾推测说，这种保有权是基于下述原

---

① William Marshall, Review and Abstract of the County Reports to the Board of Agriculture. Vol. V. York, 1818. p. 316.

② William Marshall, Review and Abstract of the County Reports to the Board of Agriculture. Vol. V. York, 1818. p. 317.

③ William Marshall, Review and Abstract of the County Reports to the Board of Agriculture. Vol. V. York, 1818. p. 319.

则建立的，即幼子成年后更需要得到父母的援助。[1]

在威尔特郡的北部，地产主要是由一批大地主占有，他们把自己拥有的土地的大部分分成小块出租，租期为几代人，租约可以延长。这个时期威尔特郡庄园数量在减少。在实行圈地的地区，农民取得自由持有农的身份，终身持有保有权逐渐消失。但是，在许多庄园，仍然保留着最初的公地。在属于教会、学院、学校和公共基金单位的地产上和具有永久管业权的地产上，仍然实行终身租地制度。[2]在租地上，地主一般来说负责修缮房屋，而佃户负责修理栅栏。在这个地区，土地租期多种多样，有的地方实行21年租期，但更多的地方实行14年租佃期。[3]

在伍斯特郡，地产通常有三种保有权。第一种是按照惯例实行的自由持有保有权。第二种是根据庄园案卷副本永远持有的公簿持有保有权。在持有者死后，继承人需交纳更新地契的租金才能继承公簿持有保有权，或从别人手中接受或向别人让渡租地。此外，还有第三种保有权，即从教会和公共团体那里取得的租地权，它的期限以三代人为限。当租地人死后，出租人可以根据自己意愿把土地租给别的佃户；土地租种者要终身向所有者支付适当的更新契约的地租；就此时的情况来看，地租通常数额很低。[4]

---

① William Marshall, Review and Abstract of the County Reports to the Board of Agriculture, Vol. V. York, 1818. p. 316.

② William Marshall, Review and Abstract of the County Reports to the Board of Agriculture, Vol. V. York, 1818. p. 482.

③ William Marshall, Review and Abstract of the County Reports to the Board of Agriculture. Vol. V. York, 1818. p. 484.

④ William Pitt, General View of the Agriculture of County of Worcester. David & Charles. Reprints, 1969 [1813]. p. 17.

在希罗普郡，广泛存在着公簿持有保有权。在这里，关于公簿持有保有权的习惯法比其他郡要简单。一些庄园按照惯例，通过收取等值的货币，已经授予公簿持有农以土地权。但大多数习惯法仍然保留下来继续付诸实施。在福特庄园，康多弗、威姆和洛平顿庄园，土地由幼子继承，在没有男性直系后代的情况下，由幼女继承。在卡丁顿和斯特雷顿，地产传给长子，在没有儿子继承时，由女性继承人共同继承。在这两个庄园中，更新地契的地租和租地继承税是固定的，较为宽松，但这两个庄园的公簿持有保有权并未转变为自由持有保有权。[1]

在格洛斯特郡，大部分地产实行自由持有保有权，另一些地产则实行公簿持有保有权。该郡大约有40%的地产系为宗教团体和世俗法人团体持有。一部分公簿持有农根据晚近的议会法，通过支付土地税而被授予公民权。格洛斯特主教的地产按数代人的租期出租，通常在一代人死后更新租契，更新租契的地租为一年或半年经改进的地产年价值。在实行公簿持有保有权的土地上，承租人可以租种三代人。地方主教和教士大会拥有的地产，出租的租佃期为21年，每7年更新一次租契，此时交纳租金的数额为一年半改进后的地产价值。格洛斯特法人团体拥有的地产的保有权基本也是如此。租种私人所有的地产，每一代租户更新契约时通常要交相当于两年土地价值的租费，租户交纳盘剥性地租通常的时间为每年春季结账日。在河谷地区，要离开土地的租户可拥有地中的小麦和草直到旧五朔节，直到夏季到来可使

---

[1] Joseph Plymley, General View of the Agriculture of Shropshire. London，1813. p. 93.

用谷仓来贮存。①这个郡土地出租的期限有长有短，依地主的意愿而定，但通常也根据邻里的习惯，过去实行过21年的长租期，到19世纪初已不再实行这种租期，此时更常见的是7年租佃期，而14年租佃期则很少见到。②

在剑桥郡，实行着各种土地保有权。在该郡学院和其他公共团体所有的土地上实行租地持有保有权，大多数租地的租期为21年，每7年更新一次契约，同时支付数额为一年地租的保留地租，有的地方更新契约的租金额为年地租的1.2或1.5倍。租地的期限在一些地产上为数年，在另一些地产上为一代人或几代人。③剑桥郡的农场规模一部分在20至100英亩之间，较多的农场面积在100到1000英亩，只有少数农场面积超过1000英亩。④

在亨廷顿郡，有一半以上的土地实行自由持有保有权，有三十分之一的地产实行租地持有保有权，余下的土地实行的是公簿持有保有权。⑤在阿博泰斯莱庄园，地产实行公簿持有权，更新契约时要交纳地租，领主可以专横地任意决定更新契约的地租。在阿尔康伯里庄园，主要实行公簿持有保有权，征收数额固定的更新契约的地租，部分土地实行自由持有保有权。在阿尔瓦尔顿和巴哈姆两处地产上，实

---

① Thomas Rudge, General View of the Agriculture of the County of Gloucester. London, 1813. p. 35.

② Thomas Rudge, General View of the Agriculture of the County of Gloucester. London, 1813. p. 66.

③ Rev. A. B. W. Gooch, General View of the Agriculture of the County of Cambridge. London, 1813. p. 32.

④ Rev. A. B. W. Gooch, General View of the Agriculture of the County of Cambridge. London, 1813. p. 32.

⑤ R. Parkinson, General View of the Agriculture of the County of Huntington. London, 1813. p. 31.

行公簿持有保有权，更新契约的地租数额固定。在布伦提沙姆地产上，三分之二的土地实行公簿持有保有权，地主任意征收更新契约的地租，另有三分之一的土地实行自由持有保有权。在布林顿地产上实行自由持有保有权。在布劳顿和伯克顿地产上实行公簿持有保有权，更新契约的地租数额是固定的。在伯克沃顿地产、比索恩地产、卡尔德科特地产、切斯特顿地产、科林顿地产、科尔顿地产、丹顿和多丁顿地产、埃弗顿地产、福克斯沃斯地产、吉丁帕瓦地产、格拉顿—戈德曼彻斯特和格拉夫汉地产、哈顿地产、哈默顿地产、赫明福德格雷赫艾博茨地产、霍尔姆地产、基明顿地产、利顿布洛姆斯沃尔德地产、卢顿地产、莫尔斯沃斯地产、老韦斯顿和奥佛顿朗维尔地产、帕普沃斯地产、里普顿阿波兹地产、斯特宾顿—斯蒂普吉丁地产、斯提尔瓦地产、瑟林地产、厄普顿地产、沃斯莱地产、瓦特牛顿和温沃克地产、伍德瓦尔顿地产、伍莱地产上实行自由持有保有权。在格拉夫利地产、格兰斯顿地产、圣艾夫斯地产和拉夫莱马格纳地产上实行公簿持有保有权，同时在更新租契时要交纳由领主任意确定的地租。在霍顿地产、朗斯托地产、拉夫莱帕瓦地产、斯温斯海德地产上实行公簿持有保有权，更新租契时交纳数额固定的地租。在卢丁顿地产、莫博恩地产、波德莱地产、萨特里圣朱迪恩地产、厄普沃特地产、维顿地产上实行公簿持有保有权。其他的地产则混杂着公簿持有保有权和自由持有保有权地产。①

　　在北安普敦郡，主要的土地持有形式是自由持有保有权，但也存

---

① R. Parkinson，*General View of the Agriculture of the County of Huntington*. London，1813. pp. 29-31.

在一些公簿持有地和租地持有地。①这个郡大多数租户是按照地主意愿租种土地的租户，少数租地的租期为7年、14年和21年。租户租种土地有附带条件，他们得实行规定的作物轮作制，他们不得破坏任何老的牧场，不得任意处置农场上的干草和麦秸，他们须得保持房屋、建筑和栅栏的原样。每年交纳更新租契地租的时间为米迦勒节、春季结账日和圣托马斯日。②

在诺森伯兰郡，地产绝大部分实行自由持有保有权。这个郡南部一些小块土地实行公簿持有保有权。在属于达勒姆郡的一部分土地上，一些属于教会的土地实行租地经营，租期为数代人或数年。在靠近南泰恩河源头地区，有两三个庄园实行习惯保有权。③在这个郡北部的大地产上，租地的租期为21年。在其他地区，租地租期为9年、12年或15年。一般交纳更新契约的地租的时间为每年5月12日。只是在诺森伯兰公爵地产上，交纳入地费的时间为春季结账日。④

在索福克郡，大量土地实行自由持有保有权，但公簿持有保有地也不少。有的地区实行公簿持有保有权的地产甚多。一些属于学院的土地实行租地持有保有权。⑤在索福克郡，土地租期一般为7年、14年或21年。许多租种土地的佃户按照地主的意愿和条件来租种土地。⑥

① William Pitt, General View of the Agriculture of the County of Northampton. London, 1813. p. 23.

② William Pitt, General View of the Agriculture of the County of Northampton. London, 1813. p. 45.

③ J. Bailey and G. Culley, General View of the Agriculture of the County of Northumberland. London, 1813, p. 25.

④ J. Bailey and G. Culley, General View of the Agriculture of the County of Northumberland. London, 1813, p. 32.

⑤ Arthur Young, General View of the Agriculture of the County of Suffolk. N. Y., David & Charles, 1969 [1813]. p. 8.

⑥ Arthur Young, General View of the Agriculture of the County of Suffolk, N. Y., David & Charles, 1969 [1813]. p. 30.

在林肯郡的低地乡村广泛存在着公簿持有保有权，而在该郡的高地乡村，公簿持有保有权则不那么普遍。在教会的地产上，租地的期限有的是三代人，有的是21年，每7年更新一次租契。而许多王室土地的租地期限为数年。埃塞克斯勋爵在林肯郡拥有的地产，实行旧的习惯保有权。佃户分割开垦公地，然后将其抛荒，使之又成为公地，通过这种方式把一块敞地从一个人之手转到另一个人之手，没有哪个农民持有一块地长达两年之久。①

在诺福克郡，18世纪最后70年农业耕作制度有了改进，广泛实行21年租地制度。土地出租者确立了自己的地位，这个郡的一部分荒地被改造为园地。一些地主不愿意出租土地，一些地主出租土地的租期仅为7年或9年，这使得该郡农业的进步受到很大的影响。而科克家族拥有的大地产则实行了21年的租期，这使他的地产有很大的改进。②

在兰开郡，旧时租地农场的租期为三代人，这种制度当时尚使得租佃农有一种经营的安全感。到18世纪末，那种长租期制度开始衰落，这时兰开郡的土地保有权主要采取了自由持有保有权的形式，此外，也存在一部分公簿持有保有权。③品质较好的土地租佃期通常为7至12年，有待改进的土地租佃期为14至21年，更多土地的租佃期为7年。承租者要交纳数额不大的年地租，在更新租契时要交纳特别地租，有时还要承担附带的义工。通常根据佃户与地主的协议，由地主

---

① Arthur Young, General View of the Agriculture of Lincolnshire. N. Y., David & Charles, 1970 [1813]. pp. 23–24.

② Arthur Young, General View of the Agriculture of the County of Norfolk. David & Charles, 1969 [1804]. p. 84.

③ John Holt, General View of the Agriculture of the County of Lancaster. David & Charles, 1969 [1795]. p. 14.

负责修缮租地上的房屋，由佃户用马车装运材料，佃户被免除所有赋税。佃户可犁耕的土地受到限制，有时是租地的三分之一，有时是租地的四分之一。还限制佃户在豆茬里及任何正在收割的作物的荒地里播种小麦，协议还限制佃户烧荒。有时协议限制佃户出售干草和麦秸，限制佃户出售租地上的家畜，直到租佃期满那年年底。总之，对佃户有多种限制。①

在约克郡北雷丁区，土地大部分采取了自由持有保有权。此外，也有一些公簿持有保有地和租地持有地。土地的租期有的地方为数年，有的地方为三代人，每代人死后更新租契。租期为三代人的主要是教会和其他法人团体的地产。②在西雷丁区，绝大部分土地实行自由持有保有权，此外，也有相当数量的公簿持有地。③在东雷丁区，很少出租土地，许多佃户甚至没有与地主订立一份成文的协定。佃户对地主负担不多的义务。对土地具有持久意义的改良措施都由地主出资。④

在威斯特摩兰郡，较大的地产一般都实行自由持有保有权。而庄园领主属下的小的佃户租佃地则一般实行习惯保有权，它与公簿持有保有权稍有差别。在一些庄园，佃户只是支付租地继承税，以及在领主或佃户死后交纳数额固定的更新契约的地租。在另一些庄园，在人

① William Marshall, Review and Abstract of the County Reports to the Board of Agriculture. Vol. IV. York. Thomas Wilson & Sons, 1818. pp. 276-277.

② William Marshall, Review and Abstract of the County Reports to the Board of Agriculture, Vol. IV. York, 1818. p. 449.

③ William Marshall, Review and Abstract of the County Reports to the Board of Agriculture, Vol. IV. York, 1818. p. 335.

④ William Marshall, Review and Abstract of the County Reports to the Board of Agriculture, Vol. IV. York, 1818. p. 511.

死后或买进土地之后，入地费由领主随心所欲确定。[1]租地期限在全郡几乎一致。种植作物的茬数通常在佃户租种土地时便已确定下来，一般是7年或9年，有时为3年或5年，也有租期为14年的，只有较少的情况下租期为21年。有的地主不出租土地，在大多数地方，修缮租地上房屋的费用由地主支付。[2]

在达勒姆郡，公地数量不多，主要分布在西部，荒地也主要分布在该郡西部。在18世纪最后30年间，位于该郡低地区的大量荒地被圈占。[3]该郡土地有三分之一为教会所有。该郡土地占有面积平均为300英亩，这是最有利的农场经营面积。[4]这个郡土地租地期限一般为短期，很少有超过6年的。[5]地主在土地开始出租时便把所有房屋修缮完备，农场主在租期结束后离去时，需得保持同样良好的状况。[6]

在库伯兰郡，地产分成了小块，还没有其他英格兰的郡像它那样。这些租用地年产值一般在5到50英镑之间，较普通的是15到30英镑。只有少数地块的年收入超过100英镑。这个郡大部分土地由庄园领主所有，实行习惯保有权。佃户交纳年地租，并在转让土地时、领主死时或佃户死后交纳更新租契的地租和租地继承税。佃户要履行被

---

① William Marshall，Review and Abstract of the County Reports to the Board of Agriculture，Vol. Ⅳ. York，1818. pp. 218-219.

② William Marshall，Review and Abstract of the County Reports to the Board of Agriculture，Vol. Ⅳ. York，1818. p. 211.

③ William Marshall，Review and Abstract of the County Reports to the Board of Agriculture，Vol. Ⅳ. York，1818. p. 141.

④ William Marshall，Review and Abstract of the County Reports to the Board of Agriculture，Vol. Ⅳ. York，1818. p. 143.

⑤ William Marshall，Review and Abstract of the County Reports to the Board of Agriculture，Vol. Ⅳ. York，1818. p. 144.

⑥ William Marshall，Reviw and Abstract of the County Reports to the Board of Agriculture. Vol. Ⅳ. York，1818. p. 145.

称为义工的各种劳役义务，诸如为领主挖取泥炭，耕、耙土地，为领主收割小麦、晒干草、送信等，他们须在任何时候听候领主的召唤。全郡大约有三分之二的土地实行上述习惯保有权，剩下的土地实行的是自由持有保有权。随着圈地运动的进展，实行后一种保有权的地区越来越大，有的整个庄园和教区都授予农民自由持有保有权，此时公簿持有保有权和租地持有保有权则很少见到。①

这个郡的贵族和绅士占有相当的地产，他们不实行长期的租地制度。有的把租佃期定为7年，7年以后不再继续出租。有的土地租期为5年或9年。地主通常保留对租地上的矿藏、森林的权利。佃户要交纳地租、田赋、赋税，并负责一切维修工作。有时规定佃户只能耕种一定比例的租地，每年要让四分之一的租地休耕。有的地方对佃户则无此种限制。有的地方规定佃户每年要向土地施一定数量的石灰，撒播白花草木樨和干草种子，使土地长草。修缮房屋的开支一般由地主和佃户共同负担，前者负责维修墙、门和木材，后者负责盖屋顶的材料。②

第三节　自由持有农

自由持有农或自由佃农是中世纪军役佃户的后代。他们要支付一

① William Marshall, Review and Abstract of the County Reports to the Board of Agriculture. Vol. IV. York, 1818. p. 173.

② William Marshall, Review and Abstract of the County Reports to the Board of Agriculture. Vol. IV. York, 1818. pp. 177-178.

笔数额不大的固定地租，称直接地租或清偿地租。这种地租的价值与土地价值无关。这些数额不大的地租随着时间推移有的逐渐消失。所以自由持有农对地产的依附已经有名无实，甚至自由持有农交纳的地租对于土地所有者在经济上也只有很小的意义。在16世纪和17世纪，自由持有农的封建负担已非常少。而到了复辟以后，自由持有农已经免除了一切封建负担。[①]

自由持有农是以自由持有保有权持有土地的人，有着保有权的规定。到17世纪，自由持有农仍有一种社会等级的内涵。[②]自由持有农是低于乡绅等级又并非完全同质化的社会集团。1430年的选举法要求选民"每年除去所有捐税后至少要有40先令价值的自由持有地"。但是，并非所有自由持有农都持有达到如此标准的土地。根据1635年对诺丁汉郡拉克斯顿的调查，有6名自由持有农的土地不到2英亩。在莱斯特郡的基布沃斯哈科特教区庄园，不少自由持有农持有的土地和公簿持有农的土地数量相差不多。如N. 金德持有的土地为1雅兰，寡妇福克斯通持有的土地为四分之一雅兰，R. 卡特、J. 斯密和寡妇赫姆斯持有的土地均为二分之一雅兰。[③]

1563年8月6日一份对米德尔领主权的调查表明，庄园24户农民中有15户为自由持有农，另有9户自由持有农生活在教区内，但不受领主权控制。在利奇菲尔德主教管区，自由持有农占居民的44%。整个教区二分之一的土地属于自由持有地。自由持有农参加庄园男爵民事法庭作证。他们的证书被仔细保管，上了锁，从一代交到另一代。自

---

① Barbara English, The Grteat Landlords of East Yorkshire 1530–1910. Harvester, 1990. p. 155.

② C. S. and C. S. Orwin, The Open Fields. Oxford U. P., 1967. p. 106.

③ Ciecely Howell, Land, Family and Inheritance in Transition. Kibworth Harcourt 1280–1700. Cambridge U. P., 1983. p. 89.

由持有农向领主承担地租和租地继承税，直到家族的家长死时为止。1563年的概览记载说，"自由持有农用他们较好的家畜支付租地继承税，有的时候交纳一定数量的现金"。①

在东盎格里亚地区，自"土地调查册"时代以来，就存在大量的自由持有农。1649年在诺福克郡的欣德林汉，每有4个公簿持有农，就有3个自由持有农存在。在塞奇福恩的两个庄园中，自由持有农与公簿持有农的数量大致相等。在诺里奇属于地方主教和教士会的若干庄园中，自由持有农的数量超过了公簿持有农。②

拉克斯顿庄园自由持有农在1790年为38人，1800年为43人，1810年为53人，1820年为49人，1830年为9人。1839年在庄园中，大自由持有农有2人，持有土地826英亩，1名自由持有农持有土地52英亩，6名自由持有农持有土地在20—49英亩之间，11人持有土地在10—19英亩之间，8名自由持有农持有土地在5—9英亩之间，14名自由持有农持有土地在1—4英亩之间，持有土地在1英亩以下的自由持有农为4人，其他土地持有者为4人。③

在布莱丁顿村，律师使用"约曼"来称呼自由持有农。他们拥有的土地在1660年时不超过2.5维尔格。④

---

① David G. Hey, An English Rural Community Myddle Under Tudor and Stuarts. leicester U. P., 1974. p. 71.

② Joan Thirsk, "The Farm Regions of England." in Joan Thirsk (ed.), Agrarian History of England and Wales. Cambridge U. P., 1967. Vol. IV. p. 45.

③ J V. Beckett, A History of Laxton, England's Last Open Field Village. Oxford, 1989. p. 167. Table 6. 3.

④ M. K. Ashley, The Change English Village. A history of Bledington, Gloucestershire in Its Setting 1066-1914. Roundwood Press, 1974. pp. 158-159.

第四节 公簿持有农

从1460到1850年，公簿持有农在英国广泛存在。这个时期公簿持有农的土地承租期在各地差别很大。

可继承的公簿持有保有权在英格兰东部各郡非常普遍。亨廷顿郡除去一半土地实行自由持有保有权，余下的土地有三十分之一实行租地持有保有权外，剩下的土地实行公簿持有保有权。在贝德福德郡的许多教区里，公簿持有保有权地产广泛存在，在许多教区，公簿持有保有权为数众多。世袭的公簿持有保有权在密德兰南部许多村庄中实行。可继承的公簿持有保有权是剑桥郡奇宾汉教区、奥维尔教区和威宁安教区中标准的习惯保有权形式。拉姆西修道院所属的在亨廷顿郡和剑桥郡的土地，实行可继承的公簿持有保有权。在剑桥郡的阿宾顿、希尔维沙姆、达克斯福德、伊克利顿萨斯通、巴辛伯恩和福克斯通，都存在可继承的公簿持有保有制。在牛津郡，可继承的公簿持有保有制则在安布罗斯顿、劳顿、德雷顿、霍利、霍恩顿、查尔伯里、南纽温顿、伍顿等地存在。租期为几代人的公簿持有制则存在于沃里克郡、牛津郡的切斯特顿、汉普顿波伊尔、下海福德、伊斯利普、温德尔伯里、多切斯特、白金汉郡的中克莱顿和普里斯特。[1]

靠近苏格兰边境地区则有大量公簿持有农。爱德华·科克曾说：

---

① Richard C. Allen, Encloure and Yeoman: The Agricultural Development of the South Midland, 1450−1850. Oxford U. P., 1992. pp. 312−313.

"苏格兰边境的习惯佃户……纯粹是按照领主意愿来租佃土地的佃户，尽管他们保持其习惯法不受侵犯，然而领主可以无所顾忌地控制他们和驱逐他们。"[1]在1603年英格兰和苏格兰统一之前，库伯兰郡和威斯特摩兰的佃户有两种依附性的保有权纽带：一种是对国王的，一种是对庄园领主的。对于国王，所有的习惯佃户都有服兵役以保卫边境的义务。国王并不希望边境各郡居民十分贫穷，以至于无力置备武器和马匹。在伊丽莎白统治时期，习惯佃户可以请求国王保护他们，使其免遭其领主过度的苛捐杂税，而国王有时会站在佃户一边。第二条纽带是庄园纽带。佃户有义务支付各种地租和更新契约的特别租费，有时要交纳租地继承税、服劳役。相应地，佃户拥有占有其习惯租地并在其上劳动的权利，在草地上放牧牛、砍伐矮树丛、挖泥炭等权利。如果佃户不交地租和更新契约的特别租费，或犯了重罪，就会被驱赶走。也有例外的个案，如沃顿勋爵为建猪圈而驱赶佃户的事例。

16世纪，公簿持有农构成东约克郡佃户的大多数。帕西家族在莫康菲尔德和雷塞尔的地产上，公簿持有农分别占佃户人口的98%和90%。在诺森伯兰郡和兰开郡，托尼认为公簿持有农占佃户总数的91%。在约克郡东部，公簿持有农主要有两种类型：一类是世代继承的公簿持有农，另一类是为期数代人租佃期固定的公簿持有农。[2]公簿持有农的地租在14世纪已经固定下来，到16世纪末其实际价值已经微乎其微。诺森伯兰伯爵在1609年告诉他的儿子："可继承的公簿持

---

① Edward Coke, The Complete Copyholder. From R. H. Tawney, The Agrarian Problem in the Sixteenth Century. Longman, 1912. p. 299.

② Barbara English, Great Landowers of East Yorkshire. Harvester, 1990. p. 156.

有农什么都不变。"为此，地主对公簿持有农努力榨取高额的入地费和更新租契的特别地租，或者贿赂诱使他们将习惯保有权转变为租地持有保有权。[①]1565年的概览表明，库伯兰伯爵在伦斯德波罗地产上把过去广泛实行的公簿持有保有权改为为期21年的租地持有保有权。但1581年对伦斯德波罗地产的调查表明，这里的公簿持有农比租地持有农的人数仍然要多得多。1631年的一份文件记载，库伯兰伯爵和他地产上的可继承的公簿持有农就更新租契交纳的特别租费的数额发生争执，许多公簿持有农自1622年起就拒绝支付更新租契的特别租费。1627年，地主威胁说，要把公簿持有农送上法庭，但佃户经过斗争，与伯爵达成协议，在更换佃户时收取的特别租费不得超过一年的税额。从此以后到1753年，在伦斯德波罗和威顿地产上的100余名公簿持有农的地租额固定为每犁地3先令或4先令。到18世纪上半叶为每犁地5英镑[②]，托尼在对大多数是在都铎朝、少数是在斯图亚特王朝的118个庄园的调查表明，61.1%的佃户是习惯佃户。[③]对1600到1650年东盎格利亚的11个庄园的研究表明，有三分之一的土地由习惯佃农持有。在伊丽莎白一世和詹姆斯一世时期，苏塞克斯郡的23个庄园中，公簿持有农为539人，自由持有农为321人。[④]公簿持有农也广泛地转租租地给其他佃户。例如，1623年，在威尔特郡的基韦尔庄园，庄园全部35个公簿持有农都进行了转租土地的活动，他们把土地转租给56

① Barbara English, Great Landowers of East Yorkshire. Harvester, 1990. p. 158.

② Barbara English, Great Landowers of East Yorkshire. Harvester, 1990. pp. 159-160.

③ R. H. Tawney, Agrarian Problem in the Sixteenth Century. Longman, 1912. pp. 24-25. Table1.

④ Mildred Campbell, English Yeoman Under the Elizabeth and the Early Stuarts. Kelly, 1942. p. 118.

个各类佃户。①

公簿持有农是一种根据庄园案卷和庄园习惯法确定其地位的佃户，庄园习惯法规定了公簿持有农的权利和义务，特定的习惯法是公簿持有农保有权赖以依靠的根据。但是，由于习惯法是一种无法严格追忆的东西，而某个庄园的习惯法只适用于某个特殊的条件，它无法反映和决定与这个庄园不同于别的庄园的领主和佃户的关系。②因此，公簿持有农的租地在16世纪到17世纪有两重性。它有受法律保护的一面，另一方面又隐藏着某种不确定性，公簿持有农的租地使用和继承权极易产生争议。

爱德华·科克在查理一世时期写作的《完全的公簿持有农》一书中强调了公簿持有农受法律保护的一面。他写道："现在那些公簿持有农有着稳固的地位，他们无需小心地考虑庄园主的不满，他们对每一个突如其来的暴怒不再战栗不安了。他们安心地吃、喝和睡觉，他们唯一当心的重要事项，就是小心翼翼地履行对公簿持有地所规定的而为习惯所要求的那些责任或劳役。除此之外，就让领主皱眉蹙额吧，公簿持有农全不在乎，他们知道自己是安全的，没有任何危险，因为如果领主发怒要驱逐他们，法律会提供有利于他们的救治方法。"③

对于公簿持有农的保有权在英国革命后能够得到承认一事，克里季解释说："保有权产生于封建社会，而财产权的原则适应了资本主义农场主和他们上面的地主的需要。他们双方都绝对需要保有权的安

① B. A. Holderness, Pre-Industrial England, Economy and Society 1500-1750. London, Dent&Sons. 1976. pp. 77-78.

② R. H. Tawney, The Agrarian Problem in the Sixteenth Century. Longman, 1912. pp. 292-293.

③ Sir Edward Coke, Knight, The Complete Copy-Holder. London, 1644. p. 8.

全。"在英国，资本主义并没有去任意征用财产，"确保财产权和土地保有权满足了资本主义最初的最衷心的需要。在那些（保有权）实行不安全的地方，是因为缺少资本主义，而不是因为资本主义出现。"①

从17世纪开始，英国的公簿持有农似有逐步衰落的迹象，但他们仍继续存在到整个近代时期。

维多利亚郡史记载，在剑桥郡，小约翰·本纳从1683年起买下了斯密、埃米和贝廷家持有的公簿持有地共100余英亩。②剑桥郡奇普纳姆领主奥福德在1696年买下了教区全部公簿持有农的土地。③17世纪后期，奥韦尔庄园领主买下了数百英亩公簿持有地，④18世纪，贝德福郡大地产所有者奥索里伯爵从1737到1806年进行的土地买卖中有13起是与公簿持有农或小农场主进行的，他兼并了一批公簿持有农的土地。⑤在北安普敦郡和莱斯特郡，从17世纪后期到18世纪，领主往往不再在租地期满后让佃户续租土地，而将土地并入征收高额地租的农场，按照盘剥性地租出租给佃户。⑥

在希罗普郡和斯塔福德郡莱韦森—高尔家族的地产上，"17世纪收取高额的入地费和低廉的地租，出租土地数代人之久的习惯做法没有继续下去。1700年以后，地主转而缩短租地期限，并按照领主意愿

---

① Eric Kerridge，Agrarian Problems in the Sixteenth Century and after. London，1969. p. 93.

② Richard C. Allen，Enclosure and Yeoman. The Agricultural Development of the South Midland，1450−1850. Oxford U. P.，1992. p. 96.

③ Margaret Spufford，Contrasting Communities. English Villagers in the Sixteenth and the Seventeenth Century. 1974. p. 70.

④ Margarat Spufford，Contrasting Commuintes. English Villagers in the sixteenth and the Seventeenth Century. 1974. p. 96.

⑤ Richard C. Allen，Enclosure and Yeoman. The Agricultural Development of the South Midland，1450−1850. Oxford U. P.，1992. p. 96.

⑥ Richard C. Allan，Enclosure and Yeoman. The Agricultural Development of the South Midland，1450−1850. Oxford U. P.，1992. p. 97.

出租土地。因而入地费减少了或消失了，而地租上涨了"①。

租期为数代人的公簿持有制是密德兰地区南部普遍存在的保有权形式。但是到了18世纪和19世纪初期，地主终止了更新契约的协议。退佃使公簿持有农消失，在牛津郡便有不少这样的例子。在牛津郡的斯佩尔斯伯里庄园，1705年时有41户公簿持有农，绝大多数的公簿持有农持有一雅兰（约30英亩）或半雅兰土地，有一户持有3雅兰土地。但是，到了1823年，还剩下10户公簿持有农，其中至多有3户成为农场主，剩下的沦为茅舍农。有一户大公簿持有农的土地在1802年米迦勒节时，在斯佩尔斯伯里的圈地中交出了。领主狄龙每年给瓦尔克太太一份年金，其余的公簿持有农在最后一个提及姓名的佃户死后，把租地重新交给狄龙。一批公簿持有农退出租地，使得狄龙地产上出现了一些大农场。1813年的地租册和1817年的概览表明，有的农场达到几百英亩，一些农场承租人是原先的公簿持有农，在形成大租地农场的同时，还形成一批无地劳动者。②

伯克郡的韦瑟姆庄园是阿宾顿伯爵的地产。1728年韦瑟姆庄园的概览表明，该庄园公簿持有农共21户，其中18户为租地农场主，3户为茅舍农。其中18户租地农场主共持有土地485英亩。此外，有11户是按领主意愿租种土地的佃户，共持有土地56英亩。即该庄园中公簿持有农共持有90%的耕地。而1814年该庄园的概览表明，到那时，情况发生根本性的变化，当地已经没有公簿持有农，只有按照领主意愿租种土地的佃户。其中农场从22个减少为8个，共占有土地597英亩，

---

① J. R. Wordie, "Some Change on the Leveson—Gower Estate." Economic History Review, 2nd, ser, vol. 27, p. 599.

② Robert C. Allan, Enclosure and the Yeoman. The Agricultural Development of the South Midland, 1450-1850, Oxford U. P., 1992. pp. 98-99.

另有26户茅舍农持有7英亩土地。^①

在多塞特郡的福丁顿教区，1875年还存在公簿持有农。当地的公簿持有农被称为"全宅院人"（whole-places）或"半宅院人"（half-places）。今天人们已无法弄清这两个词的含意。福尔顿教区属于康沃尔公爵领地，有80块公簿持有地。到了1875年，康沃尔公爵出钱买下了这些公簿持有地，公簿持有农便从这里消失了。^②

第五节 约 曼

"约曼"（yeoman）一词从13世纪到15世纪，是一个具有"服役"（service）含意的词汇。在当时的官方文件和民众文学作品中常有"国王的约曼""国王的约曼和管事"的提法。^③在英国13世纪和14世纪的文件中，"约曼"（yeoman）一词的意义与"vadlet"及"valettus"二词的含义相同，当时这些词都是指谓一种社会集团的等级和身份的。在1363年的议会请愿书中，首次把"yeoman"和"valletz"作为等价词来使用，^④用来指谓那些追随骑士或勋爵承担

---

① Robert C. Allan, Enclosure and the Yeoman. The Agricultural Development of the South Midland, 1450-1850, Oxford U. P., 1992. p. 100. Table. 5-9, Wytham in 1728 and 1814.

② Gilbert Slater, The English Peasantry and the Enclosure of Common Field. N. Y., 1968. pp. 19, 30-31.

③ Mildred Campbell, English Yeoman under Elizabeth and the Early Stuarts. New York, Augustus M. Kelley, 1968. Appendix I. Early Usage of the Word Yeoman. p. 388.

④ Mildred Campell, English Yeoman under Elizabeth and the Early Stuarts. New York, Augustus M. Kelley, 1968. p. 392.

军事义务去作战的人。国王当时在与法国人和苏格兰人的战争中依靠这些人为其服役。而到了和平时期，他们中除少数人作为领主的侍从住在领主的宅院内，绝大多数的约曼都回到自己的土地上。当长期战争最终结束，国王为加强自己的权力禁止领主保持军事力量。于是，众多的小土地持有者被免去军役，致力于自己土地上的农耕。处于这种地位的地主实际上已不再是原来意义上的"约曼"。然而，约曼一词仍伴随着这个团体。[1]在术语的使用上，最初，"小地主"（franklin）一词用得比"约曼"（yeoman）更频繁。后来，"约曼"才作为一般的指谓身份的词广泛使用。在埃金顿的卡特韦尔霍尔的档案中，威尔·史密斯在1443年被称为"绅士"，1446年被称为"小地主"，1465年则被称为"约曼"，而没有任何证据可以证明此人这个时期生活状况发生了什么变化。福蒂斯丘在他的《英格兰的法律》一书中，把地位仅次于缙绅和骑士的人称为"小地主""自由持有者"和"乡绅"。有人发现，到了伊丽莎白一世和詹姆士一世统治时期，尽管"约曼"（yeoman）早已取代了"小地主"（franklin）一词，但"小地主"（franklin）一词仍在使用。[2]

约曼在英国是一个特殊的社会群体，它又是一个界限不甚明确的群体。在富有的约曼和小乡绅之间没有明确的界限。当时威廉·哈里森在《英国记实》中把年收入在40先令以上的自由土地持有者作为取得约曼身份的基础。这个数额按折算，等于伊丽莎白时期货币的6英

---

① Mildred Campell, English Yeoman under Elizabeth and the Early Stuarts. New York, Augustus M. Kelley, 1968. p. 394.

② Mildred Campell, English Yeoman under Elizabeth and the Early Stuarts. New York, Augustus M. Kelley, 1968. pp. 391-392.

镑。哈里森认为，约曼系由从农场主到绅士之间的人士构成。[1]16世纪末和17世纪初的法学家爱德华·科克和作家约翰·考埃尔等也持相同的看法。[2]当时，有许多小乡绅的幼子成为约曼，而亦有许多约曼上升进入乡绅行列，出现了一些约曼比某些乡绅还要富有的情况。约曼的主要收入来自土地，但有的约曼兼而从事农业和工业活动。例如哈德斯菲尔德的一些约曼呢绒商，同时从他们地产上的煤矿和盐矿获取一定的收入。在都铎时代，许多约曼并没有土地所有权，他们不过是公簿持有农或租地持有农。但是，在宗教改革没收和出售修道院土地造成大规模土地转手的过程中，许多约曼成为土地所有者。[3]对此，威廉·哈里森曾评述道："一些约曼确实变成了巨富，以至于他们中许多人买下了奢侈的乡绅的土地，并为他们的儿子留下了如此多的地产，以至于他们成了乡绅。"[4]哈斯巴赫指出："约曼阶级包括小农场主，他们中最顺遂的部分自16世纪以来已经进入了乡绅等级，因而约曼的上层消失不见了。"[5]

1591到1643年伍斯特郡四季法庭在对大约14000人作社会分类时，列为约曼的有1810人，农夫为1303人，劳工为667人。[6]关于都

---

① William Harrison, Description of England. N. Y. Cornell U. P. The Folger, Shakespeare Library, 1968. p. 117.

② Mildred Campell, English Yeoman under Elizabeth and the Early Stuarts. New York, Augustus M. Kelley, 1968. pp. 22—23.

③ Gorden Baths, "Noble, Gentleman, and Yeoman." in Joan Thirsk, (ed.), Agrarian History of England and Wales, Vol. Ⅳ. 1500—1640. p. 302.

④ From A. H. Johnson, The Disappearence of the Small Landowner. Oxford U. P., 1909. p. 77.

⑤ W. Hasbach, English Agricultural Labourer. London . 1908. From H. L. Gray, "Yeoman Farming in Oxfordshire from the sixteenth Century to the Nineteenth." Quarterly Journal of Economics, Vol. 24. no. 2（Feb. 1910）. p. 295.

⑥ Mildred Campell, English Yeoman under Elizabeth and Stuarts. New York, Augustus M. Kelley, 1968. p. 27.

铎和斯图亚特王朝的约曼，可举出很多的例子。在当时政治生活中很
活跃的霍利斯家族，便是来自沃里克郡的约曼。①1614年，约曼斯宾
塞·霍利买下了沃里克郡的默顿庄园和其他的地产。格洛斯特郡纳斯
腾德的约曼威廉·克洛特博克死于1626年，其子纳撒尼尔成为乡绅。
苏赛克斯乌克菲尔德的约曼约翰·贝克尔死于1597年，其子米切尔在
1595年成为绅士。②在莱斯特郡的伯顿拉札斯，约曼威廉·哈托普一
家住在这里已有4个世纪之久，1596年他的儿子托尔斯被授予家族纹
章。③肯德尔的约曼亚当·库克在1624年去世时，在基林顿拥有7座宅
院和86英亩土地，其中可耕地有36英亩。④17世纪60年代，在剑桥郡
奇普纳姆庄园有15名约曼，其中拥有地产最少的是约翰·普拉特，他
一共耕种4英亩土地，收成的价值为11英镑15先令。拥有地产最多的
是朗斯但顿的托马斯·爱德华兹，他拥有的土地，除去休耕地，播种
的土地有177英亩，他另外还拥有113英亩的草地和牧场。他收获的产
品价值达到1131英镑18先令8便士。许多约曼通常拥有1雅兰或半雅兰
的土地。一个中等的约曼拥有92英亩土地，产品价值可达180英镑。
约曼中最大的群体是耕种85到100英亩的约曼。切斯特郡的约曼威
廉·萨尔特耕种了320英亩可耕地，则属于例外者。⑤

　　在埃塞克斯郡的罗姆福德等城镇，在16世纪还出现了"城镇约

---

　　① Mldred Campell, English Yeoman under Elizabeth and the Early Stuarts. New York,
Augustus M. Kelley, 1968. p. 36.

　　② Mildred Campell, English Yeoman under Elizabeth and the Early Stuarts. New York,
Augustus M. Kelley, 1968. pp. 38, 39.

　　③ Mildred Campell, English Yeoman under Elizabeth and the Early Stuarts. New York,
Augustus M. Kelley, 1968. p. 40.

　　④ Gorden Batho, "Noblemen, Gentlemen, and Yeomen," in Joan Thirsk ed. Agrarian
History of Englang and Wales. Vol. IV. 1500-1640. Cambridge U. P., 1967. p. 303.

　　⑤ M. Spufford, Contrasting Communities, English Villagers in the Sixteenth Century. p. 38.

曼"。尽管他们称自己是约曼，但他们除了有时投资于乡村土地外，与农业没有什么联系，而完全投身商业界。他们购买并出租城镇地产和从事贷款，这构成了他们经济活动的核心部分。例如，1527年居住在海尔街的理查德·巴拉德，他在罗姆福德拥有一座房屋。另一个约曼尼古拉斯·科顿，出生在外地，随他的寡母再嫁到罗姆福德。他曾任教会执事。他在16世纪50年代和60年代贷款买进地产而在经济上获利，1552年他进入当地中等富有者行列。1570年成为罗姆福德最富有的3家人之一。①

1642年约克郡的679家乡绅中，有58家属于新的乡绅。1634年在林肯郡，与1562年相比，出现了78家新的土地所有者家族。这些都是由富有的约曼发展而来的。②为此，耶林说："16世纪和17世纪初英格兰处在一个农民农耕的伟大时代。为了这个时候，农民已经从中世纪从属地位进步到具有更大独立性的地位。这一切都包含在'约曼'一语中。""农场规模的发展已经使一个新的更有信心的农场主阶级出现在人们面前。"③约曼持有的土地的保有权常常是混杂的。例如，索福克郡的约曼尼古拉斯·弗拉格持有的土地分散在4个庄园中，其中既有自由持有地也有公簿持有地。沃里克郡的约曼爱德华·阿特伍德自己原先持有一定数量的自由持有地，后来又持有了父亲的一部分公簿持有地。索福克郡的约曼罗伯特·霍尔福德在谈及他的土地时说，

---

① M. K, McIntoch, A Community Transformed, The Manor and Liberty of Harving 1500-1620. Cambridge U. P., 1991. pp. 140-142.

② Gorden Batho, "Noblemen, Gentlemen, and Yeomen." in Joan Thirsk, (ed.), Agrarian History of England and Wales, Vol. Ⅳ. 1500-1640. Cambridge U. P., 1967. p. 303.

③ James Yelling, "The Great Age of Yeoman Farmers," in Geographical Magazine. vol. 43 (1970), no. 1. p. 27.

他的土地既有租借地，又有自由地。①

从17世纪到18世纪初期，英格兰的土地已逐步从小乡绅和自耕农手里转向不断由商人来补充的土地贵族手中。②这种土地的转移在18世纪后期和19世纪初期仍在继续。但是在18世纪这个圈地运动迅速发展的时期，英国的自耕农和自由持有农并没有衰落到消失的程度。因为尽管圈地到处在进行，但农民对作为不动产的土地拥有的权益不能被圈地法否认和取消。任何圈地的发起人都不能强迫自耕农交出其田地，也不能以一道命令把终身租佃持有者逐出土地。③圈地者只能通过买进土地的办法驱赶自耕农。

18世纪末到19世纪初年的各种调查和报告表明，各郡自耕农的情况相差甚大。华滋沃斯在描写18世纪英格兰北部湖区时写道："60年前，在这些溪谷的尽头，还能看到一个由农人和牧人所组成的完美的共和国。农夫为养活其家人以及在必要时为了帮助邻人才用犁。每家有两三头奶牛供牛奶和干酪……那时既没有高级绅士，也没有骑士和乡绅，但是，在这些谦逊的山民中，许多人都知道他所走过和所耕种的土地，500多年来都是他们同姓人与同族人所有的。"④

在肯特郡，约曼这个群体包括了许多从事大规模农业经营的人士，例如，那些耕种数百英亩土地，常常同时出租或租种其他土地的人。18世纪末肯特郡的历史学家哈斯特德称他们为"绅士农场主"，

① Mildred Campbell，English Yeoman under Elizabeth and the Early Stuarts. New York，Augustus M. Kelley，1968. p. 119.

② A. H. Johnson, The Disappearance of the Small Landowners. Oxford U. P.，1909 . ChⅦ.

③ ［英］克拉潘：《现代英国经济史》（上卷），姚曾廙译，商务印书馆1964年版，第136页。

④ ［法］保尔·芒图：《十八世纪产业革命——英国近代大工业初期的概况》，杨人楩、陈希秦、吴绪译，商务印书馆1983年版，第108页。

他们居住在很大的地主庄园建筑中，或是由他们的祖父、父亲或他们自己用相当的农耕收入建造的现代宅邸中。西莉亚·法因斯在日记中称之为"自耕农乡绅"。他们一年收入有200英镑、300英镑或400英镑，吃得很好，住得很舒服，并且乐于款待人。①

约曼理查德·海斯（1727—1790）生于肯特郡科巴姆教区的欧维莱兹村，从1754年起他继承了家族的财产。他从叔叔那里继承了房舍和附带的土地，面积为63英亩的柯林农场，阿尔哈罗的38英亩可耕地外加湿地，以及位于同一教区的27亩盐沼地。他又从伯父乔治那里继承了位于科巴姆的杰克逊农场，面积为27英亩，以及横跨米奥芬斯教区和纳斯提德教区的面积为53英亩的诺伍德农场。这样，他一共拥有了430英亩土地。②在18世纪的肯特郡有不同类型的雇工，一种是由农场主按年雇佣并支付工资的农场雇工，一种是由雇主提供膳宿的雇工。理查德·海斯雇佣了两名第一种类型的雇工，名字为比肖普和赖特，他们都是住在欧莱兹的单身汉。他雇佣的牧羊人佩奇和犁地人詹金斯则属于第二种，他在厨房供给詹金斯早餐和中午的正餐。他雇佣的希金斯则属于另一类雇工，按每月付给工资，标准是1天14便士。他还雇佣了一个女仆安妮·特里。③

约曼农场主17世纪时在敞地村庄非常普遍地存在，但是，在18世纪圈地运动中他们大批地消失了。戴维斯经研究指出，到1780年，所

---

① Ralph Arnold, A Yeoman of Kent. An Account of Richard Hayes（1725-1790）and the Village of Cobham in Which He Lived and Farmed. London，1949. p. 68.

② Ralph Arnold, A Yeoman of Kent. An Account of Richard Hayes（1725-1790）and the Village of Cobham in Which He Lived and Farmed. London，1949. p. 100.

③ Ralph Arnold, A Yeoman of Kent. An Account of Richard Hayes（1725-1790）and the Village of Cobham in Which He Lived and Farmed. London，1949. pp. 156-158.

有者占有土地不再构成英格兰乡村经济的主要特点。在德比郡、莱斯特郡、林肯郡林赛区、北安普敦郡、诺丁汉郡和沃里克郡的1395个教区中，所有者交纳的土地税只占土地税的10.4%，而几乎90%的土地都由租地农场主交纳。[①]从18世纪70年代开始，人们就在谈论约曼消失的问题。大农场主阿巴斯诺特为此提供了证据说："我最真诚的悲叹我们的约曼人数在减少，而他们致力于保持这个民族的独立性；而很遗憾，我眼看他们的土地落入了垄断化的领主之手。"[②]马歇尔在1787年也承认约曼减少这个事实。1794年关于威斯特摩兰郡的报告说明，约曼这个集团的人数正日复一日地减少。[③]

1760至1875年这个时期，约曼的消失并不反映约曼自身经济地位的恶化。人们很少谈论约曼的破产，更换较低级的职业，或是离开农村迁入城镇。在此时，约曼轻松愉快的放弃他们的土地是常见的现象。有大量证据表明，他们不再做小土地所有者，而是去做大农场主。当时代人斯通在1787年出版的著作中叙述道："在一些农业改进精神首先迸发出来的农业郡，始终存在一种普遍的情景，那些约曼，或拥有小土地而由自己占用的农民，始终倾向于将它们卖掉，以努力取得能租种大片的属于别人地产并改进土地的资本。"[④]一位研究者阿尔布雷希特·撒尔指出，去做大农场的租佃者可以使约曼处于更好

---

① E. Davis, "The Small Landowner 1780-1872" in the Light of the Land Tax Assessments. Economic History Review. Vol. I. p. 110.

② J. Arbuthnot, An Enquiring into the Connection between the Present Price of Provisions and the Size of Farm, 1773. p. 139. From Hermann Levy, Large and Small Holdings. A study of English Agricultural Economics. Frank Cass, 1966. p. 29.

③ A. Pringle, A General View of the Agriculture of Westmorland. Edinburgh, 1794. p. 40.

④ The Stone, Suggestion for Rendering the Enclosure of Common Fields. A Source of Population and Riches, 1787. p. 42. From Hermann Levy, Large and Small Holdings A study of English Agricultural Economics. Frank Cass, 1966. p. 30. footnote 1.

的地位，并取得更好的收入。所以，约曼决意卖掉他们的土地，用他
获得的资本重新致力于作为一个佃户来进行农耕。这便是为什么某些
地区约曼几乎完全消失，而只能找到农场主和茅舍农的原因。①

马歇尔在论及诺福克的约曼时写道："有许多人，似乎就是那些
后来因为获得极大的利润而使自己地位提高的那些人，晚近以来一直
从事农场经营，他们对过去自己熟悉的状况不满，并卖掉了相对来说
他们的较小的世袭财产，为了使他们能够成为大农场主。这是他们
当时欣然赞同的时髦得发狂的做法。"②辛克来尔也指出，小土地所
有者频繁地卖掉他们的地产，以此成为大农场主是"众所周知的事
实"③。因为在当时情况下，约曼已经发现，经营租地农场比耕种自
己的土地更能获利。德比郡的约曼报告说："小土地所有者……发现
他们在精神上为如何像他们的父辈那样持有土地以保持其身份，以及
在理性原则下改变他们的命运心烦意乱。"18世纪末普利姆利在调查
了希罗普郡的农业情况后写道："生活在他们自己的地产上的绅士和
小地产所有者已经减少……但是此时，那些买下农场作为自己生计的
农场主和以前承租的大农场的富裕的农场主则处境较好。"④

18世纪末，马歇尔指出，在约克郡皮克村溪谷中，有"300个经
营小农场的自耕农，其中大多数是几代土地持有人留给其直系亲属

---

① Albrecht Thaer, Einleitung zur kenntniss in die englische Landwirtschaft. Hanover, 1801.
Vol. I. From Hermann Levy, Large and Small holdings. A study of English Agricultural Economics.
Frank Cass, 1966. p. 30.

② A. H. Johnson, Disappeatance of Small Landowers. London, Merlin Press. p. 142.

③ Hermann Levy, Large and Small holdings. A study of English Agricultural Economics. Frank
Cass, 1966. p. 30.

④ Joseph Plymley. A General View of the Agriculture of Shropshire. 1803. p. 91.

的"①。他指出，这个时期约克郡东区和莱斯特郡的自由民构成了史前居留区。②有人说道，肯特郡的自由民在1794年正日趋增加，并以比任何人都高的价格购买土地。关于埃塞克斯郡，阿瑟·杨在1807年写道："小的和中等规模的田庄，即纯粹农民的产业，从来没有比现在所占的比例更大。农业一直是这样的欣欣向荣……以致一块地产，如果分成年收益为40英镑、50英镑至200、300英镑的地段，除非由农场主购买，是很少能卖得出去的。"但在哈福德郡则没有这种情况。③

1793至1815年对各郡进行调查并提交农业部的报告，概述了在约克郡北区、诺福克郡、埃塞克斯郡、肯特郡、汉普郡、密德塞克斯郡、格洛斯特郡和希罗普郡，小自耕农和自耕地是增加了而不是减少了。诚然，这些报告并没有也不可能提供详细的统计数字。

在另一些郡，自耕农则有减少的趋势，在兰开郡和柴郡都有这种情况。在威斯特摩兰郡，自由持有土地者"正日益减少"。在约克郡东雷丁区，到1812年时，有些自耕农将土地出售，但这个阶层的人数在那里向来不是很多，在哈福德郡，所有者自行使用的年收益在400到1000英镑的田产已趋于没落。④在威尔特郡，尽管那里大量进行了圈地，但小地产保持了现状甚至有所增加。1793年关于亨廷顿郡的报告书指出，虽然在这个郡老的圈地区域已是大地主占优势，但在新圈地区域和敞地区域，产权却是相当分散。⑤

---

① [法] 保尔·芒图：《十八世纪产业革命——英国近代大工业初期的概况》，杨人梗、陈希秦、吴绪译，商务印书馆1983年版，第109页。

② Lord Ernle, English Farming Part and Preseat. Heinemonn, 1961. p. 292.

③ [英] 克拉潘：《现代英国经济史》（上卷），姚曾廙译，商务印书馆1964年版，第137页。

④ [英] 克拉潘：《现代英国经济史》（上卷），姚曾廙译，商务印书馆1964年版，第138页。

⑤ [英] 克拉潘：《现代英国经济史》（上卷），姚曾廙译，商务印书馆1964年版，第138-139页。

1815到1833年，约曼占有的农场发生了巨大的变化，其规模大大缩小。约曼出售的土地有时为地方上的商人买去，而后者通常会指定一个佃户去耕种他买下的土地。但这个时期更为普通的情况是，约曼拥有的小土地被邻近的大地主或新兴的乡绅买去。总之，土地所有权集中化的趋势很明显。①

根据1833年发表的农业审查委员会询问调查的记载，虽然在肯特郡有些自由民已将土地售出，但一位证人说，一般说来，自由民"过着和工人差不多的生活"。萨默塞特郡消灭的自由民只是少数，但那里仍然有很多自由民，也有很多"终身产业"，但一般很小。一位萨默塞特郡的证人说到他那一区有很多自由民，他说只有马大哈才会卖地，而且他注意到另一些小农有时还买田。一位深知肯特郡、苏塞克斯郡和埃塞克斯郡情况的人说，那里有很多自由民，不能证明自由民趋于没落。另一位来自苏塞克斯和汉普顿郡的人认为，自由民的人数同1815年相比虽大致不相上下，但"已少了很多"。一位来自德比郡的人说，他那一区"自由民之少也许不亚于任何一个郡"，他没有提到他们已经没落。在拉夫巴勒一带有很多自由民，但这位证人肯定，在这里自由民的人数已减少了不少。在库伯兰郡和威斯特摩兰郡，自由民有产者正"日益减少"，购买他们土地的人则是经商致富的人或大农场主。②

到19世纪30年代前后，英格兰东南部存在着很多小持有地。在肯特郡，小持有地有很多面积在10至40英亩之间，200英亩以上的很

① F. M. L. Thompson, *English Landed Society in the Nineteenth Century*. London, 1963. p. 223.
② ［英］克拉潘：《现代英国经济史》（上卷），姚曾廙译，商务印书馆1964年版，第140—141页。

少，500至700英亩的持有地寥寥可数。在苏塞克斯郡，威尔德林区的田庄平均约100英亩，但丘陵地区的地产则很大，在1000英亩以上。萨里郡的地产则大小不一，但大多数是小地产，面积从40英亩、50英亩到300英亩不等。密德塞克斯郡的情况大同小异。莱斯特郡有很多80—100英亩的持有地，但面积在100—200英亩的持有地比较普遍。在诺丁汉郡和德比郡，小田庄占据优势。在牛津郡，虽然这里有少数大地产与教会佃地，但大多数小农场主在该郡保住了自己的地位。[①]在沃里克郡和伍斯特郡，小持有地非常普遍，在沃里克郡，小持有地面积平均为150英亩。英格兰的地区离威尔士边境越近，持有地就越小。在希罗普郡，很多持有地面积在20英亩以下。在柴郡，有很多持有地不到10英亩，这个郡持有地的平均面积为70英亩。兰开郡也是一个田庄面积很小的郡，在西区，"每有一处400英亩的田庄，就有12处50英亩以下的田庄"，"占有100英亩土地的人就称得上大农场主"。北区的情况也差不多。[②]

到了19世纪中叶，约曼处于衰落中，但并未绝迹。斯图亚特·穆勒在1846年写道："英国有一部分地方，可惜是很小的一部分地方，还有为数众多的自耕农。"[③]这种现象一直持续到19世纪末年。根据1896年农业部的报告，当时共有66700户约曼耕种他们自己的土地，耕种面积将近300万英亩，占英格兰已开垦土地的14%。没有哪个郡

---

① [英] 克拉潘：《现代英国经济史》（上卷），姚曾廙译，商务印书馆1964年版，第149—151页。

② [英] 克拉潘：《现代英国经济史》（上卷），姚曾廙译，商务印书馆1964年版，第150—151页。

③ [法] 保尔·芒图：《十八世纪产业革命——英国近代大工业初期的概况》，杨人楩、陈希秦、吴绪译，商务印书馆1983年版，第110页。

的约曼拥有的土地少于10%。在11个郡中，约曼拥有20%的可耕地。[1]

在19世纪50年代和60年代，一些原来的租地农场主通常用抵押的方式买下自己农场的所有权。例如，1851年时，约翰·克拉克就写道，在阿克斯霍尔姆岛，"常有占有者成为所有者之事"，但他们中很多人是通过抵押方式购得土地的，因为要购买那么多土地超过了他们的财力。1852年在北安普敦郡，那里"许多富裕的自由持有农耕种他们自己的农场"。1878年，凯尔德说，"约曼阶级或者说耕种他们自有土地的小地主在英格兰处处可见"，但他补充说，他们现在不过只是保留着全部土地很少的部分。但此时的小土地所有者不再仅靠耕种小土地维生，他们把土地经营和其他职业结合在一起，或者是在耕种自己所有的小土地时，还租种另外的土地。[2]

在英格兰和威尔士，1873年共有约曼33997家，大约曼有9585家，他们共拥有土地4782627英亩；小约曼有24412家，他们共拥有土地4144272英亩。

---

[1] A. H. Johnson, The Dissapearence of the Small Landowner, Oxford. U. P., 1909. p. 149.

[2] J. V. Beckett, "Land, Labour, Capital, Taxation." in E. J. T. Collins, (ed.), Agrarian History of England and Wales. Vol. VII. I. Cambridge U. P., 2000. p. 714.

第十一章
后期圈地运动和土地共有权的衰落

第一节　公地和共有权

　　直至17世纪和18世纪，土地共有权的残余在英国仍然存在，它反映出传统的所有制结构在资本主义时代的持续作用。

　　公地是有共有放牧权的土地。除了收获季节外，人们常常用栅栏将公地围起来，防止迷途的家畜进入，同时也防止其他平民进入，只让耕作者进入。土地共有权是公地最重要的特点，公地常属于市镇。在公地上，保有权是分散的和混杂的。①

　　公地的起源十分久远。早在韦塞克斯国王伊利的法令中就有记载。②公地一度在所有的农业区都存在过。在英格兰从10世纪开始便持续地开垦公地。公地的垦殖者一开始主要是定居在那里的小垦殖者，他们用部分时间在公地上劳作，投入较多，但产量较低。几乎所

---

① Eric Kerridge, The Common Fields of England. Manchester U. P., 1992. p. 4.
② Eric Kerridge, The Common Field of England. Manchester U. P., 1992. p. 17.

有在公地上垦殖的人，首先关心的是维生。①英格兰各个教区用他们自己的方法来管理公用的草地、牧场和可耕地。只要他们能够证明他们的管理方法与王国的法律不矛盾即可实行。马克思曾评论说，公有地"是一种在封建制度掩护下保存下来的古代日耳曼制度"②。

　　到了中世纪后期和近代早期，在索福克高地、东诺福克、伍德兰德、桑德林斯、萨尔特林斯和诺斯克，只存在零星的孤立的公地。③在近代初期，在产奶酪和黄油的各郡、小块公地在西沃特兰和伯克利河谷存在，随后便迅速消失了。在威尔士，在布莱克摩尔，在西北和东南低地，在西部、北部和山峰森林地区各郡，那里有固定的公地，但通常面积较小。在西北部低地地区，有一些小块公地每年播种春季作物，绝大多数土地仅仅变换了耕作者。例如，霍尔姆库尔特拉姆的公簿持有农习惯耕种土地3年，然后留下土地不再耕种，共用6年。另外有一些土地，分为4块，每块轮流耕作3年，然后留作公用牧场9年。④在北部各郡，在温斯达尔、比肖普达尔、柯夫达尔、瓦菲达尔、赫克先和克拉文地区，在16世纪至18世纪都存在一些小块的公地。⑤在威尔士部分地区和绝大部分苏格兰和爱尔兰地区，公地通常分内田和外田。内田通常是冬季休耕，为种大麦施肥。⑥在农业郡，几乎所有的公地都是固定的，但也有一些是临时性公地。例如，在切尔顿王室领地附近的马尔普利德海姆，1720至

　　① Eric Kerridge, The Common Field of England. Manchester U. P., 1992. p. 100.

　　②［德］马克思：《资本论》（第1卷），人民出版社1971年版，第792页。

　　③ Eric Kerridge, The Common Field of England. Manchester U. P., 1992. p. 50.

　　④ Eric Kerridge, The Common Field of England. Manchester U. P., 1992. p. 51.

　　⑤ Eric Keridge , The Common Field of England. Manchester U. P., 1992. p. 51.

　　⑥ eric Kerridge, The Common Field of England. Manchester U. P., 1992. pp. 54-55.

1721年发现有临时性公地。在英格兰北部,常挑出一些土地,通过订立协议,将土地分成小块交给农民分而耕种之。①在英格兰西部各郡,固定的公地一般很少,而临时性公地则分布广泛。当地习惯上允许庄园佃户在公地上以窄垄种一季冬季作物,然后把地摊平,不断地将地垄从一块地转移到另一块地,从一个人手中转载到另一个人手中。没有任何一个人能持有同一条地垄达两年之久。在斯托克利姆斯塔夫德,有一块面积达150英亩的公用荒地,人们"圈占上述荒地的一部分,种一年,然后再次让它成为敞田"②。在密德兰平原,公地也不少见,"佃户划分耕地并犁种之,然后将它重新恢复原状,并以同样的方式把公地从一个人手中转到另一个人手中。没有哪个人持有同一块公地长达两年"③。

在公地上,常常建立共用的羊栏,公地耕作者将他们的羊群赶到公共的羊栏中关养,用其肥料施于可耕地。④在英国的南岗乡村(southdown county),公地上的农耕者的羊群都放到共用的羊栏中。⑤在白垩地各郡,只拥有几十只羊的人不能使用羊栏。共有的或佃户的羊群由根据佃户们的命令挑选出的牧羊人来管理,佃户的命令要在庄园法庭公布,并要得到所有行臣中进行宣誓礼的人的同意和签署。例如,1629年时,希尔庄园法庭便宣布了这样的命令,命令内容包括牧羊人被雇佣的条件、职责及佃户承担的义务,佃户要提供篱笆和干草,不服从的佃户要受罚,取消放牧羊群的特权。罗伯特·阿特

---

① Eric Kerridge, The Common Field of England. Manchester U. P., 1992. p. 55.
② Eric Kerridge, The Common Field of England. Manchester U. P., 1992. p. 52.
③ Eric Kerridge, The Common Field of England. Manchester U. P., 1992. p. 55.
④ Eric Kerridge, The Common Field of England. Manchester U. P., 1992. p. 74.
⑤ Eric Kerridge, The Common Field of England. Manchester U. P., 1992. p. 76.

金斯等两人因为没有提供干草而被处罚，不准他们在公地上放牧。其他庄园法庭的记录中亦有类似的例子。1622年，金斯沃斯的每个农民被命令按每年每雅兰土地提供10块篱笆，并训诫牧羊人将这些篱笆拿到每块地里去。1609年，托马斯·波因特尔因拒绝提供干草，在布里格默顿和密尔斯顿庄园被处以30先令的罚款。在阿姆斯伯里厄尔斯，每20头羊放入共用羊栏要交纳1先令的费用。[①]每个公地的开垦者可以从羊栏中上粪肥，没有羊的人也可以从共用羊栏中为自己的土地上肥，但每年要交纳数额不大的款项。[②]

公地的存在可以支持持有少量土地的小佃户的生存，甚至成为佃户致富的手段。在威灵厄姆教区，拥有半雅兰土地即15英亩低草地和沼泽的佃户过着一种富裕的生活，其原因不在于他们持有一定面积的可耕地，而在于他们持有共同拥有的沼泽地，可以在那里放牧饲养牲畜。他们还可以把那里的土地遗赠给他们的幼子。在奥韦尔教区的奇普纳姆也实行这种遗赠，他们的幼子可以在公地上谋取生计，而不去削弱或瓜分父亲的持有地。在16世纪和17世纪，由于可以向共有沼泽地扩张，在那里定居，当地持有土地在2到16英亩的小佃户的数量有很大增长。[③]在威灵厄姆教区，1575年共有佃户100余户，其中持有土地在2英亩以上的佃户为54户，持有土地在90至250英亩的佃户为1户，持有土地为1雅兰的有4户，持有土地半雅兰的有28户，持有土地在半雅兰以下的为21户，持有土地在2英亩以下的为8户，无地农民至少有3户。到18世纪20年代，持有土地在2英亩以上的佃户增至85户。

① Eric Kerridge，The Common Field of England. Manchester U. P.，1992. p. 75.

② Eric Kerridge，The Common Field of England. Manchester U. P.，1992. p. 75.

③ Margaret Spufford，Contrasting Communities. EnglishVillagrs in the Sixteenth and Seventeenth Centuries. Sutton，2000. p. 165.

其中持有土地在74至84英亩的有1户，持有土地1雅兰的有6户，持有土地半雅兰的有20户，持有土地在半雅兰以下的有57户，持有土地在2英亩以下的有20户，无地的农民为48户。18世纪20年代当地的佃户增至153户，佃户数量比1575年增加了50%左右。[1]

公地的存在，对下层农业劳动者的生存意义极大。为此，都铎王朝时期，政府致力于保持公地占有者的权利。[2]而英格兰在16世纪和17世纪进行的圈地，主要涉及的正是公地。[3]部分圈地是在庄园成员之间根据他们过去利用公地的权力大小来划分公地，是使一个或若干个大土地所有者排他地使用公地，而不再实行共同使用公地的制度。[4]1767年，密德兰的一个小册子作者写道："在几乎所有的敞地教区中，有一些教区中的人有房屋，并在旷野中有小块条地，拥有养一头母牛或三四只羊的共有权，通过它们的帮助，靠小商业或他们日常劳作获得的利润，他们过着一种非常舒适的生活。""他们用稻草盖他们农舍的屋顶，在冬季喂他们的奶牛，后者在一年的5至10个月里提供给他们全家早餐或晚餐时饮用的牛奶。这些人几乎完全不赞成圈地。"[5]圈地成了打击小农户的一场大灾变，使他们失去部分维生的手段。所以，圈地常常激起农民的抵抗。例如，1549年诺福克起义的一个中心要求便是停止圈地。

对公地的管理和使用有三种方式。第一种方式是通过庄园法庭颁

---

① Margaret Spufford, Contrasting Communities. EnglishVillagrs in the Sixteenth and Seventeenth Centuries. Sutton, 2000. p. 166, Table 3.

② R. H. Tawney, Agrarian Problem in the Sixteenth Century. Longman, 1912. p. 394.

③ A. H. Johnson, Disappearance of the Small Landowner, Oxford U. P., 1909. p. 89.

④ J. A. Yelling, Common Field and Enclosure in England, 1450—1850. Macmillan, 1977. pp. 1—10.

⑤ E. P. Thompson, Custom in Common. London, Merlin Press, 1992. pp. 176—177.

布的地方法来进行。庄园制定一些规则。有时庄园也制定一些消极的规则，如禁止圈地或耕犁地头地。例如诺丁汉郡的伊斯特利克在1730年发布这样的禁令，在公地上人们种植的谷物、豌豆等被毁，此人得赔偿5先令。[①]第二种方法是通过签订协议来管理耕作。当18世纪种植苜蓿的技术发明后，约克郡东区的亨曼比教区订立协议，在公地上种植芜菁。在牛津郡的斯佩尔斯伯里，当地居民通过协议将两圃制改为三圃制。在诺丁汉郡的奥克斯顿，根据协议，把三圃制改为四圃制。这种通过协议管理土地的方法可以上溯到16世纪末。而格雷认为，在中世纪，很多教便通过协议将两圃制改为三圃制。[②]此外，也允许一些人或小团体零星持有部分公地。但这样一来，也就部分破坏了公有地的管理。

与公地制度相联系的是从中世纪以来英国关于共有权的法律概念。英国法学家布莱克斯通给"共有权"下了一个法律上的定义，即共有权是"一个人或若干人得以使用或取得另一些人的土地上产品的某些部分的权力，或者说，共有权是一个人在别人的土地上享有放牧家畜，在其上捕鱼、挖泥煤、砍伐树木之类的利益"[③]。以后的学者都按照上述定义去限制共有权。[④]

在公地上拥有共有权对乡村农民和佃户非常重要。因为公地不仅可以为平民提供一种辅助性的收入，对于维持其可耕地也是必不可少

---

① J. A. Yelling, Common Fields and Enclosure in England, 1450–1850. Macmillan, 1977. p. 147. H. C. Gray, English Field System. p. 406; J. A. Yelling, Common Fields and Enclosure in England, 1450–1850. p. 148.

② J. A. Yelling, Common Fields and Enclosure in England, 1450–1850. p. 147.

③ W. Blackstone, Commentaries on the Law of England, London, 1809. ii. p. 32.

④ E. K. Gonnor, Common Land Inclosure. London Macmillan, 1912. pp. 7–8.

的。小土地所有者希望也非常乐意在自己的耕地以外能利用公地上的草地取得附带的收益。他们可以在那上面放马。这样，他们便不用再租额外的土地和购买饲料。事实上，每个乡村都确保每个可耕地的持有者在公地上放牧的权利。这样，佃户就可以在夏季在公地上放牧其牲畜，而只需要冬季在饲养棚里为牲畜提供饲料。①

从理论上说，占有土地的人，无论占有的是可耕地、草地还是牧草地，土地占有者都享有公地的放牧权。②到18世纪开始时，英国的地貌和中世纪没有什么大的差别。乡村有五分之三的土地是敞地，存在着大量荒芜的土地。17世纪80年代格里高里·金评论说，全英格兰39000000英亩土地中，10000000英亩是荒地，此外，有3000000英亩是森林、猎苑和公地。③1795年时，根据英国农业部的调查，英格兰和威尔士荒芜的土地略低于8000000英亩。④到18世纪中叶，开垦的土地中有一半仍处于敞地状态。⑤尽管在18世纪圈地的速度加快了，但圈地耗资甚大，速度仍然很慢。1795年，约翰·辛克莱尔爵士指出，"要考虑王国的荒地、未圈占的土地和没有生产的土地的开垦和改进问题"，并在同年提出了报告。包括阿瑟·扬和威廉·马歇尔在内的许多人均主张采取一般圈地立法的方法来加快圈地运动。⑥

到18世纪，英格兰乡村存在着相当数量的平民，他们自己持有很

---

① R. H. Tawney, Sixteenth Century Agrarian Problem. Longman, 1912. p. 240.

② J. M. Neeson, Commoners: common right, enclosure and social change in England, 1700-1820. Cambridge U. P., 1993. p. 53.

③ Gregory King, "Natural and Political Observation upon the State and Condition of England." in Joan Thirsk and J. P. Cooper, (eds.), 17th Century Economic Documents. Oxford, Clarendon Press, 1972. p. 772.

④ W. H. R. Curtler, The Enclosure and Redistribution of our Land. Oxford U. P., 1920. p. 138.

⑤ W. H. R. Curtler, The Enclosure and Redistrabution of our Land. Oxford U. P., 1920. p. 149.

⑥ W. H. R. Curtler, The Enclosure and Redistrabution of our Land. Oxford U. P., 1920. p. 151.

少的土地，必须在公地上耕作或放牧牲畜以此维生。在18世纪末，北安普敦郡20个敞地教区中，在一个村庄占有土地的平民，其比例从16%到68%不等，适中的百分比为37%，但平民的实际数目要超过上述比例。因为年土地价值低于20先令的人不交纳土地税，所以有相当一部分低收入的平民在土地税纳税册上就显示不出来。而持有土地在3英亩以下的土地所有者和佃户的数量极大。①除了占有土地的平民外，那些拥有茅舍、小旅馆、磨坊、农场住宅、旧建筑地基的乡村居民，也拥有在公地上的放牧权。例如，在1753年的《北安普敦信使报》上关于出售的广告中，瓦明顿的一座茅舍便附有在公地上放牧两头牛和10只羊的权利。1785年在达文垂，一座宅院附带有"从事任何职业"的权利和放牧不少于3匹马、3头母牛和60只羊的放牧权。拥有小旅店的人也被授予在公地上放牧一头母牛及其牛犊，或一头母牛和一匹马的权利。②在圈地运动前夜，那些在公地牧场上工作和盖了住房因而拥有在公地上放牧权的平民，占人口的一半以上。此外，还有相当一部分无地的平民，他们不拥有也没有租种任何土地，他们的茅舍也无法保证他们的共有权，他们很难根据庄园习惯法和土地册这些资料证明他们享有权利。诚然，无地农民也并非全无土地，只不过拥有土地极少。他们占有一两英亩土地能够使他们免交土地税。他们中有一些人拥有菜园、小块开垦的灌水地、小块的草地，拥有马房和有

---

① J. M. Neeson, Commoners. Common right, enclosure and social change in England, 1700–1820. Cambridge U. P., 1993. p. 60.

② J. M. Neeson, Commoners. Common right, enclosure and social change in England, 1700–1820. Cambridge U. P., 1993. p. 61.

栅栏的院子以养猪和家畜。①

无地农民能否拥有使其放牧牛羊那种共有权不那么明确。各地情况似有不同，一般说来，共有权似乎附属于占有土地者而不是附属于居民身份。②在存在着大量共有牧场的村庄，那里也有很多在公地上放牛的平民。例如，18世纪初期，罗金汉森林的劳工克利夫·贝利维克饲养了奶牛、羊、阉猪，定期收集树上的果实做猪饲料。1701年生活在彼得巴勒的沼泽地上的平民，他们生活在庄园土地上，他们交纳市民税而取得放牛和羊的权利。1790年，靠近佩佛利尔庄园的茅舍农仍然享有不受限制的共有权。这个庄园横跨了3个教区及另外两个村庄，有8000英亩公地，公地向每个茅舍农开放。某些有广大牧场的村庄甚至把放牧权提供给无地劳动者。1711年，奥林伯里庄园订立的一项协议确认，共有地可以分给那些贫穷的茅舍农使用，因为他们一直持有并同样使用这些土地，同时他们为使用这种共有权付了费。19世纪20年代，狄恩庄园的领主决定，贫穷的平民可以使用专门预留的供5户贫穷家庭放牧5头牛的茅舍农场。③一些处于森林、沼泽和长满石楠的地方的村庄，则没有提供给穷人使用的共有地。

在许多教区，对公地持有地亩数的要求是很低的。在斯托克布鲁埃内和舒特兰戈尔教区，只要持有两英亩牧草地或1英亩苜蓿地，就有权在公地上放牧1头牛。在阿希顿、罗德和哈特维尔，无论一个人

---

① J. M. Neeson, Commoners. Common right, enclosure and social change in England, 1700-1820. Cambridge U. P., 1993. p. 65.

② J. M. Neeson, Commoners. Common right, enclosure and social change in England, 1700-1820. Cambridge U. P., 1993. p. 70.

③ J. M. Neeson, Commoners. Common right, enclosure and social change in England, 1700-1820. Cambridge U. P., 1993. pp. 68-69.

占有怎样少的土地，他都有权在公地上放牧1匹马或1头牛。在劳恩茨教区，占有土地的价值相当于10英亩耕地的人都有在公地上放牧1头牛的权利，而拥有3英亩可耕地加上3英亩牧草地，便相当于10英亩可耕地的价值。①

　　在北安普敦郡，共有权、小农经济和原工业活动交织在一起，构成了一幅独特的图画。北安普敦郡的西哈登村，1716年时有居民600余人，其中315人持有土地。该村位于北安普敦郡到拉格比的大路和考文垂到马凯特哈巴勒大路的交叉点上，是牲畜商人从斯塔福德郡到北安普敦途中过夜住宿之处。这使得毛织手工业在当地发展起来。到1771年时，毛织业雇主雇佣了当地一半的劳动力，还有一些劳动力一年中有部分时间从事毛织业。织工和梳毛工中至少有五分之一的人同时持有数亩土地。例如，织工乔纳森·罗宾斯圈地前拥有和耕种的土地在20英亩以上，圈地后他只持有原来土地的一半，同时他还拥有1英亩共有土地。西哈登村的经济活动包括了纺织业、梳毛业、畜群转运业和牧业。这里的劳动者中既有技工、小旅店主、小商人，也有茅舍农和小农场主，他们在某种程度上都依靠公地维生。②

　　伴随着圈地运动的逐步展开，一些庄园和村庄开始制定管理敞地农耕的严格的规则。最初，这些规则由庄园地方法规定，在领主管辖的民事法庭上提出，这些规则涉及管理农作物的播种、敞地上的共有权的使用等。1773年以后，对敞地农耕的管理逐渐由庄园法庭转到由

---

① J. M. Neeson, Commoners. Common right, enclosure and social change in England, 1700-1820. Cambridge U. P., 1993. p. 70.

② J. M. Neeson, Commoners. Common right, enclosure and social change in England, 1700-1820. Cambridge U. P., 1993. pp. 189-190, 201.

大多数自由持有农来决定。①因为在许多乡村，此时已没有那么多的公地牧场可供放牧使用。如在阿尔斯伯里河谷的谢尔斯来教区，在白金汉郡的北克劳利地区，在林肯郡的荷兰德地区，都出现了土地短缺的情况，所以在这些地区对养羊实行了限制。例如，1625年，在阿尔斯伯里河谷的敦顿等教区，制定了28项限制养羊的惯例，每雅兰土地限养10只绵羊和20只山羊。直到米迦勒节，不得使用放牛的牧场。②在谢林顿，庄园法庭在1682年限制在牧场、茬地和休闲土地上养牛、羊、马匹的数量。1722年又对上述放牧的限制作出了修改。③在牛津郡的格雷特图教区，从1756年到1761年，拥有每雅兰土地在公地上放羊的限额从18只下降到16只和12只。在沃里克郡，也出现类似的情况。在阿尔斯伯里河谷的温格雷夫，原先拥有每雅兰土地限养牛6头或7头牛和马，每座茅舍限养牛6头，每雅兰土地限养羊40只。1777年的协议把限额下降为每雅兰土地养家畜6头和羊32只，每座茅舍限养牛2头。④上述以庄园为代表的乡村基层，通过其固有的地方习惯法和通过村民协议的方式，在圈地运动中限制在公地上放牧牛羊的数量，起了一种保护公地和荒地的共有权，以维护传统的乡村社会经济关系，并保护农民利益的作用。

对公地和共用荒地的圈占引起了平民普遍的不满，因为领主圈占

① Michael Turner，English Parliamentary Enclosure，Its Historical Geography and Economic History. Archon Books，1980，p. 145.

② M. Turner，English Parliamentary Enclosure. Its Historical Geography and Economic History. Archon Books，1980. p. 147.

③ A. C，Chibnall，Sherington，Fief and Fields of a Buckinghamshire Village. Cambridge U. P.，1965. p. 226，Appendix pp. 283−285.

④ M. Turner，English Parliamentary Enclosure. Its Historical Geography and Economic History. Archon Books，1980. p. 149.

荒地使平民最终失去了放牧地。例如，1674年沃里克郡哈顿地方的乡绅约翰·科克斯圈占施鲁利的荒地时，罗温顿庄园的自有持有农、公簿持有农和习惯佃农把他送交扣押。在1712年，伦敦商人海明福德因圈占男修道院的公地被平民提交大法官法庭，前者在诉讼中失败。领主试图通过订立协议的方式圈占部分荒地的行为也遭到平民类似的抵制。狄福曾记载了白金汉郡的圈地者的篱笆曾数次被茅舍农和农场主推倒烧掉，直到圈地者与这些茅舍农和农场主举行谈判为止。[1]在北安普敦郡森林、温莎森林和沃尔瑟姆猎场，圈地者试图通过谈判来结束共有放牧权，他们强迫平民出售土地的企图不断遭到失败。只是到18世纪90年代和19世纪50年代，议会圈地才结束了北安普敦郡和牛津郡森林分享的权利。[2]

1710年，当时担任陆军大臣的罗伯特·沃尔波尔收到一封他的管家约翰·洛特的来信，信中描述了围绕着贝廷菲尔德公地上的共有权利发生的一次大的对抗。"暴民从各个角落聚集起来，一些人用面具伪装起来，有的穿上妇女的斗篷，其他人带着斧子、铁锹和鹤嘴锄等"，甚至被名誉郡长召集的地方民团中服役的男子也对暴民表示同情，并帮助一名犯人逃跑。人群后来被驱散，但是"他们仍然坚持说他们拥有共有权利，并且他们希望来年看到篱笆被摧毁。"[3]1725年在诺福克郡的斯托克斯比，许多穷人，其中有男人也有妇女，"拆毁

---

① J. M. Neeson，Commoners. Common right，enclosure and social change in England，1700–1820. Cambridge U. P.，1993. p. 108.

② E. P. Thompson，Whigs and Hunters，The Origin of the Black Act. Penguin Books，1977，p. 239.

③ Sir J. H. Plumb，Sir Robert Walpole. 1972，pp. 157–158. E. P. Thompson，Custom in Common. Merlin Press，1992. p. 116.

了一个新面粉厂以及沼泽地上的几处门和栅栏"，他们中有8个或10个人被带到诺里奇接受审查，他们说他们在为"恢复他们的权利"而行动，因为这片沼泽地在被某位绅士侵占并用栅栏围圈之前是公地。①一份教区调查报告说，一些劳动者带上了"斧子、鹤嘴锄或铁锹……以摧毁"在公地或荒地上"未经允许而建立起来的任何建筑和栅栏"。②

当国王查理占用并用围墙将里奇蒙猎苑围起来的时候，几个教区被禁止享用共有权，因而引发了围绕共有权的争论，"民众的怨言和喧嚣……离伦敦太近以致成为公众谈论的话题"。这种怨言持续到18世纪，在罗伯特·沃尔波尔爵士通过其儿子担任御林看守人期间达到了最高潮。③1754年，平民丧失了通过猎苑从里奇蒙到克洛伊登的公路权，但却取得了经过从里奇蒙到温布尔登的步行道的权利。此时，共有权利的支持者出版了一份反映他们观点的小册子。④

艾瑟斯通是沃里克郡北部一个按期举行集市的小镇。这个小镇位于大约有700英亩的大片敞地外加100多亩的牧场。18世纪上半叶，庄园领主、土地所有者、公簿持有农之间围绕公地的使用权展开了斗争。1735到1738年，有对艾瑟斯通的敞地进行圈地的意向。敞地上的公簿持有农此时通过赎买取得了公民权。160名公簿持有农、小茅舍农根据旧习惯对公地上的权利提出了要求。他们提出："已经对几份以前该城的授予证书和宪章进行了研究……茅舍农迄今为止无法在那些文件或其他文件中找出关于这种公有权的起源，但是很容易根据旧

---

① E. P. Thompson, Custom in Common. London, Merlin Press, 1992. p. 117.

② E. P. Thompson, Custom in Common. London, Merlin Press, 1992. p. 119.

③ E. P. Thompson, Custom in Common. London, Merlin Press, 1992. p. 117.

④ E. P. Thompson, Custom in common. London, Merlin Press, 1992. p. 112.

习惯或誓言证据证实他们的权利。自由持有农在他们的契约中找到了关于公地权利的一般表述。"引起争议的是一大块公地，茅舍农比土地所有者提出了更多的在上面放牧的权利要求。他们根据共有权要求每个人每年有10个月在公地上放牧两匹马和两头牛，而屠夫要求每人有权放牧10只羊。[①]当地的大自有持有农布雷斯特里奇与庄园领主以及几个土地所有者，最初试图不经过茅舍农的同意就"通过协议"圈地。布雷斯特里奇提供给茅舍农80英亩土地，作为他们失去在整个土地上放牧权的补偿。120名茅舍农觉得这样做使他们的利益受到损失，人口减少，穷人增加，摧毁市场，而"只能让个别特殊的人致富与荣耀"，请愿反对圈地。[②]

18世纪英国议会圈地规模很大。在1760年时，公地在约克郡相当一部分村庄仍然残存，在那以后，圈地的步伐加快，到1820年，只有不到50个村子仍保留着共有可耕地，其中大部分在西区。[③]但是，经过议会圈地阶段，英格兰没有完全消灭敞地制和公地，剑桥郡便是一个例证。根据1831年的人口调查资料，剑桥郡共有154个教区，其中议会圈地法波及了107个教区，对敞地可耕地进行了圈地。该郡南部的一半土地上，圈地规模很大。但是在该郡北部，许多百户村根本就没有进行圈地。有的地区到1830年以后才对公地或荒地进行圈地。[④]根据C.温哥华在1794年时对该郡的调查，在该郡147000英

---

① E. P. Thompson, Custom in Common. London, Merlin Press, 1992. pp. 152-153.

② E. P. Thompson, Custom in Common. London, Merlin Press, 1992. p. 146.

③ June A. Sheppard, "Field System of Yorkshire." in Alan R. H. Baker and Robin A. Butlin (eds.), Studies of Field System in the British Isles. Cambridge U. P., 1973. p. 145.

④ Michael Turner, English Parliamentary Enclosure, Its Historical Geography and Economic History. Archon Books, 1980. pp. 55-56.

亩可耕地中，有132000英亩为敞地。在全郡的98个教区中，有83个教区仍属于敞地教区。换言之，剑桥郡在很大程度上仍属于盛行敞地的郡。[①]在某些郡，对公地和荒地圈占的比例更小。例如，在库伯兰郡，圈占公地和荒地的面积为26.5%；在威斯特摩兰郡，圈地面积为20.8%；在诺森伯兰郡，圈地面积为15.9%；在达勒姆郡，圈地面积为14.9%；在西约克郡，圈地面积为13%；在萨默塞特郡，圈地面积为12.7%；在北约克郡，圈地面积为12.6%。[②]甚至到了20世纪50年代，在英格兰仍然有150万英亩的公地，其中三分之二存在于北方7个郡，而西部各郡中有13%的土地是公地。[③]威廉·马歇尔在1804年说，当时许多郡广泛存在着公地，在北安普敦郡316个教区中，有89个教区存在公地。在牛津郡109个以上教区存在公地。在沃里克郡有50000英亩公地，在亨廷顿郡240000英亩土地中，有100000英亩属于公地和公用牧场。[④]

共有权的问题牵涉到对英国土地社会的理解和对英国法律体系的认识。一些学者把绝对私有财产权在英国确立的时间估计过早，对公地的性质作出了错误的判断。例如，霍斯金斯说："与广泛流行的意见相反……所有的公地都是私人财产。它属于某个人……并且从远古时期起就是如此。"[⑤]他没有认识到土地的私有财产权是一个在历史中演变的概念。英国封建习惯法的核心概念不是关于财产所有权的概

---

① C. Vanconver, General View of the Agriculture of the Century of Cambridge. 1794. H. C. Darby, Victorian County History of Cambridge. 1948, Vol. 2, p. 114.

② Michael Turner, English Parliamentary Enclosure, Its Historical Geography and Economic History. Archon Books, 1980. p. 60.

③ W. G. Hoskins and L. D. Stamp, The Common Lands of England and Wales. London, 1963. p. 3.

④ B. W. Adkin, Copyhold and Other Land Tenure of England. p. 29.

⑤ W. G. Hoskins and L. D. Stamp, The Common Lands of England and Wales. London, 1963. p. 4.

念，而是关于相互义务的概念。①

瑟尔斯克曾推断，牧场和荒地上的放牧权也许是公地制度中"最古老的因素"，即"从远古时就享有的……非常广泛的权利"沿袭而来，盎格鲁－撒克逊和诺曼君主和领主对此并没有仁慈地实行，反而加以调节和缩减。②辛普森指出，共有权"是作为与原始公社中的农村公社制度实践相联系的习惯权利出现的。在远古时期，这些村庄恐怕为广阔的荒地包围着……作为一个团体的村民会在这些土地上放牧他们的牲畜，收集柴火和草皮等等。随着时间的推移，人口的增加和未开垦土地数量的减少，致使人口拥挤并引发冲突，他们的权利势必会规定得更为明确，但恐怕仍然会有共有的权利，这主要是针对被作为村庄自身土地的荒地而言的"。以后，"'一种个人所有权的理论'取代了更早的具有平均主义的看法"。③

共有权没有写进英国的成文法和普通法，但它是英国农业土地制度中的习惯和客观存在的制度。托尼认为，在牧场公用一类事情上，"对共有权的渴望是一种感情和习惯，而不是国家法律。"④冈纳指出，"在整个农村，可以说常常是住在公地附近的穷人——完全毋庸置疑地占有古代的农舍，凭借习惯法享受少量的共有权"，包括放养猪、鹅，有时是牧牛的权利。⑤柯克写道："习惯可以定义为非成文法律和习俗，这些由我们长期使用和我们祖先认同而建立起来的习惯，

---

① S. F. C. Milson, The Legal Framework of English Feudalism. Cambridge, 1976. E. P. Thompson, Custom in Common. London, Merlin Press, 1992. p. 127.

② Joan Thirsk, "The Common Fields", Past and Present, no. 29, Dec. 1964. E. P. Thompson, op. cit. p. 133.

③ A. W. B. Simpson, An Introduction of the History of the Land Law. p. 108.

④ R. H. Tawney, The Agrarian Problem in the Sixteenth Century. Longman, 1912. p. 246.

⑤ E. C. K. Gonner, Common Land and Inclosure. London, Macmillan, 1912, p. 31.

过去一直并且现在每天都在行使着。"①E. P. 汤普森指出，"共有的权利是一个精致的并且有时是复杂的关于财产要求、关于等级制度以及关于优化配置资源、关于调整需求的惯用语"，它是"一种地方法，必须在每个地区实行"。②

共有权在不同的教区或庄园有不同规定。它往往取决于众多的变数，诸如农作物和家畜经济，公地及荒地的范围，在外地主、教会的作用，森林、沼泽地和猎场的距离等。"所有各方都努力使自身获得最大利益，每一方都在侵占其他人的使用权。富人利用他们的财富以及所有的机构和地方当局的威势。一般农场主或自耕农这类人影响地方法庭并谋求制定严格的地方法，作为防范大大小小侵犯行为的藩篱。"③穷人和地主之间的斗争常常围绕争取公共权利而展开，"各种利益通过它们对共有权的要求，表现出他们的对抗"。

是否承认共有权，与对农业中资本主义发展程度的估计密切相关，也与对当时英国绝对私有财产权的法律观念是否存的判断有关。在英国农业史的历史编纂学中，对这个问题有不同看法。克里季提出了关于普通法控制习惯的断言："普通法只能允许和证实那些合理的、确定的、基于良好动机的强制性的、对国王没有偏见并对提出要求者有利的习惯法。"④钱伯斯和明格则认为，享有共有权的茅舍农并不真正享有土地使用权。"具有共有权的茅舍农……根据茅舍农的租借权享受着共有权，他们没有得到补偿是因为他们本来就不是权利的所有人。这就是所有人和佃户之间应有的区别，并且就特派员来

---

① E. P. Thompson，Custom in Common. London，Merlin Press，1992. pp. 128–129.

② E. P. Thompson，Custom in Common. London，Merlin Press，1992. p. 151.

③ E. P. Thompson，Custom in Common. London，Merlin Press，1992. p. 102.

④ Eric Kerridge，Agrarian Problems in the Sixteenth Century and After. Longman，1969. p. 67.

看，也没有涉及对茅舍农的欺骗或不尊重。"①

土地共有权的存在，反映了在英国乡村社会中，那种古代或中世纪早期的乡村原始的所有制和土地关系仍然残存。英国乡村社会还保留了前工业社会的某种痕迹。为什么公地在如此多的地方残存，为什么它能如此长久地经受住了市场力量的压力？这是一个不那么容易回答的问题。在农业土地制度实践中，土地共有权的存在即对共有土地的使用，成为小土地持有者维生的一种经济来源。它延缓了小土地持有者进一步沦为无地者的进程，向小农提供了抵御风险的最好的保护。公地的存在也反映了农业经济的发展尚不十分充分。18世纪共有权在英国一些乡村地区广泛残存，这是我们在对18世纪英国农业资本主义发展程度进行估计时不能够忽视的事实。它表明，在18世纪的英国乡村，资本主义财产关系并没有广泛渗透到乡村的角角落落。

第二节　18世纪到19世纪的圈地运动

随着农业商业化步伐的加快和农业革命的进行，英国的土地所有者和农场主阶层愈益把农业经营科学化，他们开始精确地计算农业的费用，投入所产生的利润，他们不能容忍粗放的、效率不高的、不能增加产量的农业生产方式。然而18世纪英国的农业粗放而又原始，广大土地仍然处于荒野状态。敞田的存在，阻碍了农业技术的推广。没

---

① J. D. Chambers and G. E. Mingay，The Agricultural Revolution，1750-1880，London，1966. p. 97. 参见E. P. Thompson，Custom in Common. London，Merlin Press，1992. pp. 128-129.

有圈围的土地，大多数耕种得很坏，放任自流的牧场几近荒芜。因此，他们认为必须消灭敞田。1744年出版的一份匿名作者的小册子写道："在本王国的若干地区中，还有许多大块未耕种的土地，如果把它们加以分割并围圈起来，它们就会成为良好的耕地和牧场。"[1]这样，圈地运动在18世纪大规模地展开了。

从17世纪后期到19世纪，英国圈地的方式经过了协议圈地、私法案圈地到通过一般圈地法进行圈地的转变。在16世纪和17世纪进行圈地时，圈地遭到国家的反对。而到了18世纪，圈地得到了政府的支持。由于1688年政变改变了国家由国王控制的局面，确立了议会作为最高权力机构的地位。这样，对圈地实际上的批准权便由王室机构和大法官法庭逐渐转到议会。18世纪圈地的主要方式是在议会通过相应的圈地法令后进行圈地。要向议会提出请愿书，请求议会通过圈地法令。申请在一个地区圈地，需要召开某地全体的土地所有者开会，就是否同意圈地进行表决，通过圈地法令需要拥有圈占土地面积五分之四以上的人士同意。请愿书签名后，随即提交议会。议会通过的圈地法令通常条文很长，但它只规定实施圈地的一般条件，而无法对具体的圈地实施作出规定。它将实施权交给了为数3至7人组成的委员会，负责具体实施。该类委员会具有很大的权力。通常由教区的领主、牧师和少数享有大量土地共用权的人来组织当地的圈地委员会。因而，圈地的实施过程有利于当地有势力的土地所有者。[2]

议会圈地运动的高潮时期是18世纪末和19世纪最初的20年间。它

---

① ［法］保尔·芒图：《十八世纪产业革命——英国近代大工业初期的概况》，杨人梗、陈希秦、吴绪译，商务印书馆1983年版，第129，426页，注105。

② ［法］保尔·芒图：《十八世纪产业革命——英国近代大工业初期的概况》，杨人梗、陈希秦、吴绪译，商务印书馆1983年版，第131—132页。

又可以划分为两个阶段：第一阶段为18世纪60到70年代；第二阶段为1793年到1815年。①特纳根据泰特的研究概括，18世纪30年代议会通过的圈地法令为39个，18世纪40年代议会通过的圈地法令为39个，18世纪50年代议会通过的圈地法令为117个，18世纪60年代议会通过的圈地法令为393个，18世纪70年代议会通过的圈地法令为640个，18世纪80年代议会通过的圈地法令为237个，18世纪90年代议会通过的圈地法令为579个。19世纪最初10年议会通过的圈地法令为880个，19世纪20年代议会通过的圈地法令为779个，19世纪30年代议会通过的圈地法令为216个，19世纪40年代议会通过的圈地法令为125个。②根据狄恩和柯尔提供的数字，1805到1814年圈地运动达到顶点。这期间向议会提交了983个圈地法案。而在1770年到1779年提交议会的有660个圈地法案，18世纪80年代提交的议会的圈地法案为246个。③

1793年以后，受到追求地租和得到更多利润欲求的刺激，英国圈占公地的运动发展得很迅速。拿破仑战争时期人口的增长则更刺激了圈地运动的发展。

1823年科贝特走过温切斯特东南的琅伍德养兔场所在的那个古代沙丘时发现，"这些小山都坐落在英格兰最贫瘠的地区，然而其中一部分已经在改良运动的热潮中开垦出来……除非是一个疯子或是近乎疯狂的人才会把小麦种在这样一个地方。但是圈围起来的土地一部

---

① Michael Turner，English Enclosure，Its Historical Geography and Economic History. London，1980. p. 66.

② Michael Turner，English ParliamentaryEnclosure. London 1980. Table 10. The Supply of Parliamentary Enclosure，as measured in acts in half-decades，1730-1844. p. 68.

③ P. Deane and W. A. Cole，British Enclosure Growth，1688-1959. Cambridge U. P.，1969. p. 95.

分已经放弃了，其余的也会在几年内予以放弃的"[1]。科贝特还注意到，在法里安和提兹菲尔德之间的"一片田地是前几年圈围的公用地，所以它是这一带地方最贫瘠的土地。但是我在这一带没有看见一块不毛的麦田"[2]。到1830年，林肯郡圈地开垦荒地的工作已将近完成。当年，当科贝特绕过林肯郡从赫尔比治到波士顿和恩堡林肯附近的希皮塔尔、芳思和格里姆斯比直抵恒比尔湾上的巴顿的时候，他记叙说："现在……我们来到这个高贵的郡（林肯郡）的北端，从没有看过一英亩荒地，从没有看到过一英亩在南英格兰可以叫作贫瘠土地上的田园。"[3]

到1820年，未圈占的敞地面积占总面积3%以上的郡在英格兰已不超过10个，它们包括贝德福郡、白金汉郡、剑桥郡、亨廷顿郡、北安普敦郡和牛津郡。[4]尚待圈占的公用地较多的郡有剑桥郡和牛津郡。1822年1月，科贝特在进入这个存在公用地的地区时记载："那是一个公用地的市镇。并不讨厌，但也谈不上美；四面有三面是那些难看的东西——公用地，有丘陵地带的那种裸露，却没它的那种光润。"[5]而在1820至1830年，牛津郡有12处重要的敞地被圈占，到1830年，该郡还有54个行政区有敞地。[6]许多地方的公地已被圈占了。[7]1825年前后，在英格兰和威尔士仍有不少于四分之一的土地是"公用地和旷地"。到1910年时，英国的公用地和旷地已减少到最低

① ［英］科贝特：《骑马乡行记》（第1卷），万人丛书1957年版，第244页。
② ［英］科贝特：《骑马乡行记》（第1卷），万人丛书1957年版，第237页。
③ ［英］科贝特：《骑马乡行记》（第2卷），万人丛书1957年版，第322页。
④ E. C. K. Gonner, Common Land and Inclosure. Macmillan, 1912. p. 270.
⑤ ［英］科贝特：《骑马乡行记》（第1卷），万人丛书1957年版，第98页。
⑥ H. L. Gray, English Field System. Harvard U. P., 1959. p. 536.
⑦ ［英］克拉潘：《现代英国经济史》（上卷），姚曾廙译，商务印书馆1983年版，第38页。

限度，此时它们仍占全国面积的十分之一。这年，英格兰和威尔士的面积为3730万英亩，山地和牧场为370万英亩。①

议会圈地有一个发展过程。根据泰特的研究，在1760年以后，议会只颁布了152个圈地法令，而且主要集中在莱斯特郡、沃里克郡、拉特兰郡和北安普敦郡。及至1760年前，议会圈地还不是常用的圈地方法。而在18世纪60年代到70年代，20年间通过的圈地法令圈占的土地大约有50万英亩。议会圈地方式流行起来。东安德兰和东约克郡尤其受议会圈地的影响，沃里克郡、莱斯特郡、拉特兰郡、北安普敦郡、诺丁汉郡、林肯郡和约克郡东区，全部土地有三分之二进行了圈地。②从18世纪70年代后期到80年代，议会圈地法令的数目有所减少。圈地运动的第二次大浪潮发生在18世纪90年代中期以后，特别是在1800至1815年间，它主要发生在从中塞克斯到剑桥郡一线以东，同时在西部的赫福德郡和萨默塞特郡进行。到1815年以后，残存的有待圈占的土地数量已很小，而且较为分散。这个时期主要的圈地发生在东密德兰地区，特别是在剑桥郡和牛津郡，以及贝福德郡、白金汉郡和亨廷顿郡。③

冈纳对18世纪60年代到19世纪70年代各郡各阶段圈占公地的情况作了统计。在贝德福郡，1760年时圈占了0.6%的土地，1761至1770年圈占了3%的土地，1771至1780年圈占了4%的土地，1781至1790年

---

① ［英］克拉潘：《现代英国经济史》（上卷），姚曾廙译，商务印书馆1983年版，第31页，注③。

② J. A. Yelling, Common Field and Enclosure in England, 1450–1850. Macmillan, 1977. pp. 14–15.

③ J. A. Yelling, Common Field and Enclosure in England. 1450–1850. Macmillan, 1977. pp. 15–16.

圈占了0.6%的土地，1791至1800年圈占了16.9%的土地，1801至1810年圈占了的11.5%的土地，1811至1820年圈占了2.8%的土地，1821至1870年圈占了4.7%的土地。从1760到1870年，贝德福郡共有44.1%的土地被圈地。

在伯克郡，1760年时圈占了1.4%的土地，1761至1770年圈占了0.8%的土地，1771至1780年圈占了4.3%的土地，1781至1790年圈占了1.1%的土地，1791至1800年圈占了2.6%的土地，1801至1810年圈占了的9.8%的土地，1811至1820年圈占了9.8%的土地，1821至1870年圈占了4.3%的土地。从1760到1870年，伯克郡共有34.1%的土地被圈地。

在白金汉郡，1760年时圈占了0.5%的土地。1761至1770年圈占了6%的土地，1771至1780年圈占了6%的土地，1781至1790年圈占了1.5%的土地，1791至1800年圈占了6.9%的土地，1801至1810年圈占了的6%的土地，1811至1820年圈占了2.9%的土地，1821至1870年圈占了6%的土地。从1760到1870年，白金汉郡共有35.8%土地的被圈地。

在剑桥郡，1761至1770年圈占了2.4%的土地，1771至1780年圈占了1.4%的土地，1781至1790年圈占了0.4%的土地，1791至1800年圈占了5.9%的土地，1801至1810年圈占了的12%的土地，1811至1820年圈占了5.5%的土地，1821至1870年圈占了10.8%的土地。从1761到1870年，剑桥郡共有38.4%的土地被圈地。

在柴郡，1760年时只有少量的土地被圈占，1771至1780年圈占了0.3%的土地，1791到1800年有1%的土地被圈占，1801至1810年有0.3%的土地被圈占，1811至1820年1.5%的土地被圈占，1821至1870年有0.3%的土地被圈占。从1760到1870年，柴郡共有3.4%土地被圈地。

在康沃尔郡，从1760到1870年间，只有0.8%土地被圈占。其中

1801至1810年间和1811至1820年间各有0.2%的土地被圈占，1821至1870年间有0.4%的土地被圈地。

在库伯兰郡，1761至1770年有2.4%的土地被圈占，1771至1780年有1.7%的土地被圈占，1791至1800年1%的土地被圈占，1801至1810年有9.2%的土地被圈占，1811至1820年5.2%的土地被圈占，1821至1870年有4.4%的土地被圈占。从1760到1870年库伯兰郡共有23.9%的土地被圈地。

在德比郡，1760年时有0.8%的土地被圈占。1761至1770年有2.4%的土地被圈占，1771至1780年有2.8%的土地被圈占，1781至1790年有2%的土地被圈占，1791至1800年有3.3%的土地被圈占，1801至1810年有6%的土地被圈占，1811至1820年有2.2%的土地被圈占，1821至1870年有1.8%的土地被圈占。从1760到1870年德比郡共有21.3%的土地被圈地。

在德文郡，从1760到1870年只有1.7%的土地被圈地。

在多塞特郡，1760年时有0.3%的土地被圈占，1761至1770年有1.1%的土地被圈占，1771至1780年有0.1%的土地被圈占，1781至1790年有0.7%的土地被圈占，1791至1800年有2.1%的土地被圈占，1801至1810年有4.4%的土地被圈占，1811至1820年有1.5%的土地被圈占，1821至1870年有3.1%的土地被圈占。从1760到1870年多塞特郡共有13.3%的土地被圈地。

在达勒姆郡，1760年时有1.5%的土地被圈占，1761至1770年有2.8%的土地被圈占，1771至1780年有4.1%的土地被圈占，1781至1790年有0.8%的土地被圈占，1791至1800年5.8%的土地被圈占，1801至1810年有1.6%的土地被圈占，1811至1820年有0.5%的土地被圈占，1821至1870年有0.7%的土地被圈占。从1760到1870年达勒姆郡共有17.8%的土地被圈地。

在埃塞克斯郡，从1760到1870年，共有3.1%的土地被圈占。

在肯特郡，从1760到1870年，共有0.5%的土地被圈占。

在希罗普郡，从1760到1870年，共有6.4%的土地被圈占。

在索福克郡，从1760到1870年，共有6.1%的土地被圈占。

在苏塞克斯郡，从1760到1870年，共有3.6%的土地被圈占。

在兰开郡，从1760到1870年，共有5.7%的土地被圈地。

在赫里福德郡，从1760到1870年，共有4.8%的土地被圈地。

在汉普郡，1760年时有1.1%的土地被圈占，1771至1780年有0.3%的土地被圈占，1781至1790年有1.3%的土地被圈占，1791至1800年有1.3%的土地被圈占，1801至1810年有2%的土地被圈占，1811至1820年有2%的土地被圈占，1821至1870年有3.1%的土地被圈占。从1760到1870年汉普郡大约共有11.1%的土地被圈地。

在哈福德郡，1760年时有0.3%的土地被圈占，1761至1770年有0.9%的土地被圈占，1771至1780年有0.4%的土地被圈占，1791至1800年有3.7%的土地被圈占，1801至1810年有3.4%的土地被圈占，1811至1820年2.9%的土地被圈占，1821至1870年有3.6%的土地被圈占。从1760到1870年哈福德郡共有15.2%的土地被圈地。

在亨廷顿郡，1760年时有1.6%的土地被圈占，1761至1770年有6.4%的土地被圈占，1771至1780年有9.9%的土地被圈占，1781至1790年有0.8%的土地被圈占，1791至1800年有11.4%的土地被圈占，1801至1810年有15.8%的土地被圈占，1811至1820年有5.4%的土地被圈占，1821至1870年有4.5%的土地被圈占。从1760到1870年亨廷顿郡共有55.8%的土地被圈地。

在莱斯特郡，1760年时有7.9%的土地被圈占，1761至1770年有13.7%的土地被圈占，1771至1780年有10.8%的土地被圈占，1781至1790年有3.8%的土地被圈占，1791至1800年有6%的土地被圈占，1801至1810年有5.4%的土地被圈占，1821至1870年有0.3%的土地被圈占。从1760到1870年莱斯特郡共有47.9%的土地被圈地。

在林肯郡，1760年时有1.6%的土地被圈占，1761至1770年有7.9%的土地被圈占，1771至1780年有7.1%的土地被圈占，1781至1790年有1.2%的土地被圈占，1791至1800年有6%的土地被圈占，1801至1810年有9.2%的土地被圈占，1811至1820年有3.1%的土地被圈占，1821至1870年有1%的土地被圈占。从1760到1870年林肯郡共有37.1%的土地被圈地。

在中塞克斯郡，1760年时只有极少数的土地被圈占，1771至1780年有1.2%的土地被圈占，1791至1800年有2.3%的土地被圈占，1801至1810年有6.3%的土地被圈占，1811至1820年有13.4%的土地被圈占，1821至1870年有2.3%的土地被圈占。从1760到1870年中塞克斯郡大约共有26.7%的土地被圈地。

在诺福克郡，1760年时有0.2%的土地被圈占，1761至1770年有0.9%的土地被圈占，1771至1780年有2.7%的土地被圈占，1781至1790年有1.2%的土地被圈占，1791至1800年有3.9%的土地被圈占，1801至1810年有8.9%的土地被圈占，1811至1820年有5.7%的土地被圈占，1821至1870年有2.6%的土地被圈占。从1760到1870年诺福克郡共有26.1%的土地被圈地。

在诺森伯克郡，1760年时有2%的土地被圈占，1761至1770年有0.7%的土地被圈占，1771至1780年有1.5%的土地被圈占，1781至1790年有0.4%的土地被圈占，1791至1800年有1.2%的土地被圈占，1801至1810年有2.4%的土地被圈占，1811至1820年有0.7%的土地被圈占，1821至1870年有3.6%的土地被圈占。从1760到1870年诺森伯克郡共有12.5%的土地被圈地。

在诺丁汉郡，1760年时有0.6%的土地被圈占，1761至1770年有5.3%的土地被圈占，1771至1780年有9%的土地被圈占，1781至1790年有2.5%的土地被圈占，1791至1800年有7.3%的土地被圈占，1801至1810年有4.4%的土地被圈占，1811至1820年有1%的土地被圈占，1821至1870年有1.6%的土地被圈占。从1760到1870年诺丁汉郡共有32%的土地被圈地。

在北安普敦郡，1760年时有6%的土地被圈占，1761至1770年有8.4%的土地被圈占，1771至1780年有17.1%的土地被圈占，1781至1790年有1.7%的土地被圈占，1791至1800年有4.4%的土地被圈占，1801至1810年有7.2%的土地被圈占，1811至1820年有5.8%的土地被圈占，1821至1870年有3.7%的土地被圈占。从1760到1870年北安普敦郡共有54.3%的土地被圈地。

在牛津郡，1760年时有1.5%的土地被圈占，1761至1770年有5.8%的土地被圈占，1771至1780年有7.9%的土地被圈占，1781至1790年有1.7%的土地被圈占，1791至1800年有7.7%的土地被圈占，1801至1810年有5%的土地被圈占，1811至1820年有4.4%的土地被圈占，1821至1870年有9.8%的土地被圈占。从1760到1870年牛津郡共有43.8%的土地被圈地。

在拉特兰郡，1760年时有6%的土地被圈占，1761至1770年有

9.9%的土地被圈占，1771至1780年有4.5%的土地被圈占，1791至1800年有20.3%的土地被圈占，1801至1810年有1.5%的土地被圈占，1811至1820年有1.9%的土地被圈占，1821至1870年有2.3%的土地被圈占。从1760到1870年拉特兰郡共有46.7%的土地被圈地。

在萨默塞特郡，1760年时有0.3%的土地被圈占，1771至1780年有1%的土地被圈占，1781至1790年有1.1%的土地被圈占，1791至1800年有5.1%的土地被圈占，1801至1810年有1.5%的土地被圈占，1811至1820年有1.5%的土地被圈占，1821至1870年有2.2%的土地被圈占。从1760到1870年萨默塞特郡共有12.7%的土地被圈地。

在斯塔福德郡，1760年时有0.9%的土地被圈占，1761至1770年有1.1%的土地被圈占，1771至1780年有1.3%的土地被圈占，1781至1790年有0.7%的土地被圈占，1791至1800年有1.7%的土地被圈占，1801至1810年有3.5%的土地被圈占，1811至1820年有1.3%的土地被圈占，1821至1870年有1.9%的土地被圈占。从1760到1870年斯塔福德郡共有12.4%的土地被圈地。

在萨里郡，从1760到1870年共有10.1%的土地被圈地。

在沃里克郡，1760年时有7.4%的土地被圈占，1761至1770年有3.4%的土地被圈占，1771至1780年有6.2%的土地被圈占，1781至1790年有1.2%的土地被圈占，1791至1800年有2.5%的土地被圈占，1801至1810年有1.9%的土地被圈占，1811至1820年有1.5%的土地被圈占，1821至1870年有1.1%的土地被圈占。从1760到1870年沃里克郡共有25.2%的土地被圈地。

在威斯特摩兰郡，在1760至1800年有0.4%的土地被圈占，在1801至1810年有2.3%的土地被圈占，1811至1820年有5%的土地被圈占，

1821至1870年有8.6%的土地被圈占。从1760到1870年威斯特摩兰郡共有16.3%的土地被圈地。

在威尔特郡，1760年时有0.9%的土地被圈占，1761至1770年有0.2%的土地被圈占，1771至1780年有3.7%的土地被圈占，1781至1790年有3.7%的土地被圈占，1791至1800年有4.6%的土地被圈占，1801至1810年有5.8%的土地被圈占，1811至1820年有5%的土地被圈占，1821至1870年有2.3%的土地被圈占。从1760到1870年威尔特郡共有26.2%的土地被圈地。

在伍斯特郡，1760年时有0.3%的土地被圈占，1761至1770年有1%的土地被圈占，1771至1780年有6%的土地被圈占，1781至1790年有1.5%的土地被圈占，1791至1800年有1.2%的土地被圈占，1801至1810年有2.3%的土地被圈占，1811至1820年有4%的土地被圈占，1821至1870年有1.8%的土地被圈占。从1760到1870年伍斯特郡共有18.1%的土地被圈地。

在约克郡东区，从1760到1870年有38.3%的土地被圈地。在约克郡西区，同期有24.2%的土地被圈地。在约克郡北区，同期有16.3%的土地被圈地。[1]

在议会圈地过程中，圈地最多的郡，每个郡的圈地面积都在300000英亩以上。其中，议会就林肯郡的圈地通过362个法令，圈地667099英亩；议会就西约克郡的圈地通过362个法令，圈地432278英亩；议会就诺福克郡的圈地通过322个法令，圈地420363英亩；议会就北安普敦郡的圈地通过210个法令，圈地335587英亩；议会就约克

---

① E. C, K, Gonner, Common Land and Inclosure. Macmillan, 1912. Appendix D, Inclosures under Act in Eighteenth and Nineteenth Centuries. pp. 279-281.

郡东区的圈地通过186个法令，圈地335333英亩。在议会圈地过程中，圈地比较少的郡，圈地面积在50000英亩以下。其中，议会就中塞克斯郡的圈地通过38个法令，圈地49956英亩；就埃塞克斯郡的圈地通过76个法令，圈地41818英亩；就德文郡的圈地通过71个法令，圈地41643英亩；就拉特兰郡的圈地通过30个法令，圈地41376英亩；就苏塞克斯郡的圈地通过85个法令，圈地40969英亩；就赫里福德郡的圈地通过72个法令，圈地32972英亩；就柴郡的圈地通过55个法令，圈地29179英亩；就蒙默斯郡的圈地通过13个法令，圈地16370英亩；就康沃尔郡的圈地通过31个法令，圈地10539英亩；就肯特郡的圈地通过34个法令，圈地8071英亩。[①]

在通过议会的圈地法令以实施圈地的时期，仍然有一些圈地是不经过议会立法而由地方上大小地主或通过协议进行的。例如《农业年鉴》便记载了贝特福德公爵在科普尔和威林顿有大宗地产，其中威林顿教区的地产完全为他所有。他便不通过议会立法而圈占了敞地，将其并入他的农场。[②]

由议会批准某个地区圈地的法案进行圈地，极为烦琐，耗资耗时。从19世纪初年开始，议会圈地改为通过一般圈地法案来进行圈地。1801年通过了第一个《一般圈地法》，它旨在"促进敞地和可耕地的圈地"。它授权在敞地上拥有三分之二土地价值和面积的人士组成一个圈地委员会来进行圈地工作。如果拥有八分之七土地价值或面积的人士同意圈地，那么便无须圈地委员会干涉，可径直进行圈地。

---

① Michael Turner, English Parliamentary Enclosure. Its Historical Geography and Economic History. London, 1980. p. 33.

② W. H, R. Curtler, Enclosure and Redistribution of Our Land. Oxford, Carendon Press, 1920. p. 251.

1801年的《一般圈地法》尚未提及对公地和荒地圈占的问题。[①]1836年通过了另一项法令，"以促进对敞地和可耕地的圈地"。[②]到1844年，有报告说，根据这个法令，已有大量的公地被圈占，这些圈地并未在中央政府登记。1848年通过了另一项《一般圈地法》，这项法令把到此时为止已经在许多私人圈地法令中的各项内容纳入这项法令，并出了一些新原则，其中主要的变化是把圈地事务委托给两个固定的官员，而不用再将相关事务都交给议会委员会，这两个官员将根据议会法审查所有的圈地动议，而将它们每年一次并入一项议会法案提交议会供讨论批准。对圈地的管理权则交给农业部。[③]

冈纳粗略地估计了议会圈地的规模，他提出通过颁布圈地法共圈占了土地4027000英亩，包括公地和一些荒地。[④]

在乡村中，谁反对圈地谁支持圈地，似乎也有规律可循。1759年时北安普敦郡西哈顿教区的调查资料如下：在拥有2至9英亩的农民中，支持圈地的为6人，反对圈地的为18人；在持有土地10至17英亩的人士中，支持圈地的为2人，反对圈地的为1人；在持有公地在18至45英亩的人士中，支持圈地的为8人，反对圈地的为1人；在持有土地

① Lord Ernle, English Farming, Past and Present. Heinemann, 1961, p. 252. A. E. Bland, P. A. Bronson, and R. H. Tawney, (eds.), English Economic History. Select Documents. London, 1914. pp. 537-541.

② Lord Ernle, English Farming, Past and Present. Heinemann, 1961. p. 252.

③ A. E. Bland, P. A. Bronson, and R. H. Tawney, (eds.), English Economic History. Select Documents. London, 1914. pp. 541-542. Lord Ernle, English Farming, Past and Present, Heinemann, 1961. p. 252. W. H. R. Curtler, Enclosure and Redistribution of Our Land. Oxford, Carendon Press, 1920. p. 257.

④ W. E. Tale, The English Village Community and the Enclosure Movements. London, 1967. p. 88.

在45英亩以上的人士中，支持圈地的为10人，反对圈地的为1人。①

圈地调查委员会在1878年报告说，自1845年一般圈地条例公布以来，已经处理了将近600000英亩土地，即加起来相当于一个郡面积的土地被圈占，但是这600000英亩土地中有将近四分之一是在1850年年底以前被圈占的。②

1865至1875年这十年是圈地运动最后的阶段。当时英国已经没有多少可以圈占的土地。此外，工业革命和海外扩张形成的英国富裕的资产阶级社会开始以新的公用地，不是把公用地全部作为牧场，而是将其作为城市市民用地的一部分，在伦敦开始了一个保护公用地的运动。到了此时，自耕农的数量仍在下降。但是，在库伯兰郡、威斯特摩兰郡、约克郡和剑桥郡的一些地区仍然很容易找到自耕农，在其他地区也不难找到自耕农。自耕农占有的土地在英格兰为15%至16%，在苏格兰为12%，在英国的比例为14%到15%之间。据发现在威尔士有15%到20%的耕地是所有主自用的，而他们多是小业主。③

到1870年，大规模的圈地已经停止。到此时，在1820到1870年之间，大规模圈占敞地在各郡占土地面积的百分比如下：威斯特摩兰郡为8.6%，库伯兰郡为4.4%，诺森伯兰郡为3.5%，约克郡西雷丁和北雷丁区各为3%，汉普郡为2.5%，萨里郡为2.6%。④

① J. M. Neeson，Commoners： Common Right, Enclosure and Social Change in England, 1700-1820. Cambridge U. P.，1993. p. 201. Table，7. 1 West Haddon Landowners for and against Enclosure.

② ［英］克拉潘：《现代英国经济史》（上卷），姚曾廙译，商务印书馆1983年版，第333页。

③ ［英］克拉潘：《现代英国经济史》（上卷），姚曾廙译，商务印书馆1983年版，第334-335页。

④ ［英］克拉潘：《现代英国经济史》（上卷），姚曾廙译，商务印书馆1983年版，第33页。

在对英国圈地运动后果和历史作用估计方面，始终存在着很大的分歧。贝雷斯福德反对那种诋毁圈地运动的看法，即认为圈地运动使可耕地转变为牧场，使人口减少，使农舍倒塌，"羊角和荆棘使英格兰变得凄凉"的悲观见解。他认为圈地是更为有效地进行可耕地生产的一种手段，"它是对市场力量的一种呼应"。[①]

芒图在谈到圈地运动与工业革命的关系时认为："圈地运动和大工业的到来是相互密切联系着的。它们的相互关系不能归结为简单的因果关系，尽管乍看起来它们可能是两种本源完全不同的事，但这两件事在其各自的发展过程中，却是相互影响的。"[②]

学者们认为，圈地以后，土地使用方式发生了变化。圈地农场似乎比敞地农场更多地采用改进农业的办法。圈地在南密德兰地区在一定程度上提高了劳动生产率和农业产出。此外，圈地之后的土地地租提高了，这是在租地农场主与地主之间收入的一种再分配。一般的学者认为，地租的提高似乎也反映了农业效率的提高。但罗伯特·阿兰认为，地租的增加与生产力提高的联系甚少。[③]

---

① M. W. Beresford，Habitation versus Improvement：the Debate on Enclosure by Agreement. from F. J. Fisher，（ed.），Essays in the Economic and Social History of Tudor and Stuart England. 1961. pp. 40，64.

② [法] 保尔·芒图：《十八世纪产业革命——英国近代大工业初期的概况》，杨人楩、陈希秦、吴绪译，商务印书馆1983年版，第143页。

③ R. C. Allen，Enclosure and Yeoman，the Agricultural Development of the South Midland 1450-1850. New York，pp. 171，187.

第十二章
近代地产经营方式（一）
地主的工矿业活动

第一节　18世纪末到19世纪大地产的分布

　　根据明格教授的估算，到18世纪末，英格兰和威尔士富有的地主有400家，他们的年收入在5000到50000英镑之间，平均收入为10000英镑。这批大地主拥有英格兰和威尔士可耕地的20%到25%。在这个土地所有者群体之下，是乡绅集团。乡绅可分3个层次：第一个层次的富有的乡绅有700至800家，年收入在3000至5000英镑；第二个层次的乡绅有3000到4000家，年收入在1000到3000英镑；第三个层次的乡绅有1000到2000家，年收入在300到1000英镑。乡绅在英格兰和威尔士占有可耕地的50%到60%。[①]

　　在19世纪70年代初，《新土地调查概览》发表之前，汤申德提出

---

① G. E. Mingay，English Landed Society in the Eighteenth Century. London，1963. pp. 19，26.

了自己对英格兰土地所有者分布的研究结果。汤申德认为，在1873年时，在英格兰有363家地主拥有的地产在1000英亩以上，其中186家为世俗贵族，58家为从男爵，117家没有头衔。[①]

在德比勋爵的倡导下，对英国的土地所有者进行了一次官方调查，发表了1873年《关于土地所有者的报告书》，通称"新土地调查概览"。报告书表明，全英国有四分之三的土地被不到7000人占有。[②]拥有土地在100000英亩及以上的土地所有者有44家，拥有土地在50000到100000英亩的地主有71家，拥有土地在20000到50000英亩的地主有299家，拥有土地在10000到20000英亩的地主为487家，拥有土地在6000到10000英亩的地主为617家，拥有土地在3000到6000英亩的地主为982家。这样，合计起来拥有土地在3000英亩以上的地主共有2500家。[③]

根据这项调查中各郡的资料汇总，在英格兰和威尔士的土地所有者中，有400家贵族共拥有地产5728979英亩，1288家非贵族大地主拥有土地8497699英亩，2529家乡绅拥有土地4319271英亩，有9585家大约曼拥有土地4782627英亩，有24412家小约曼拥有土地4144272英亩。[④]也就是说，到了近代，在英国乡村经济中，仍然是大地主占主导地位，并没有形成强大的农民经济。

在18世纪末，根据农业部对各郡的调查，林肯郡的低地、沼泽地

① G. E. Mingay, English Landed Society in the Eighteentu Century. London, 1963. pp. 28-29.

② G. E. Mingay, England Landed Society in the Eighteenth Century. London, 1963. p. 77.

③ John Bateman, The Great Landowners of Great Britain amd Ireland, with an Introduction by David Spring. Leicester U. P., 1971. pp. 495-496. Appendix 1. A. Table Showing the Distribution of the Area of the United Kingdom Among the Great Landowners Themselves, Divided into Six Classes.

④ John Bateman, The Great Landowners of Great Britain and Ireland. Leicester U. P., 1971. p. 515.

一般说来在大地主手里，而非常肥沃的土地则分散在自耕农手里。[①]
从地产大小来看，各种规模都有，年价值为25000锂的地产为1处，
年价值为14000锂的地产为1处，年价值为11000锂的地产为1处，年价
值为10000锂的地产为6处，年价值为8000锂的地产为1处，年价值为
7500锂的地产为1处，年价值为7000锂的地产为2处，年价值6000锂的
地产为1处，年价值4500锂的大地产为1处，年价值为4000锂的地产为
1处，年价值为3000锂的地产为7处，年价值为2500锂的地产为5处，
年价值为2100锂的为地产为1处，年价值为2000锂的地产为6处。[②]

　　在诺福克郡，地产规模可谓各式各样，从非常大的大地产到小自
由持有地均可在该郡找到。年收入为25000锂的地产有1处，年收入
为14000锂的地产有1处，年收入为13000锂的地产有1处，年收入为
10000锂的地产有2处，年收入在5000锂左右的地产数目就很多了。此
外，还有很多小地产。[③]

　　在索福克郡，该郡最大的地产的年收入不超过8000至8500锂。
在四五十年中只有一处地产达到这种规模，另有三四处地产每块年
收入达到5000锂，有30块地产每块年收入达到3000锂。在此以下还
有各种小规模的地产，许多约曼和农场主占有年价值在100锂到400
锂的土地。[④]

---

① William Marshall,（ed.），The Review and Abstract of the County Reports to the Board of Agriculture. Vol III. York，1818. p. 36.

② William Marshall,（ed.），The Review and Abstract of the County reports to the Board of Agriculture. Vol. III. York，p. 101.

③ William Marshall,（ed.），The Review and Abstract of the County Reports to the Board of Agriculture. Vol III. York，1818. p. 362.

④ William Marshall,（ed.），The Review and Abstract of the County Reports to the Board of Agriculture. Vol III. York，1818. p. 424.

在埃塞克斯郡，地产有多种多样的规模，地产有年收入为5英镑或10英镑或20英镑的，也有1000英镑的。①

在柴郡，乡绅拥有的地产规模差别甚大，地产所有者拥有的土地年地租收入在500到1000锂之间的情况相当多。约曼家族在与兰开郡和约克郡毗邻的部分边境地区减少得很快。②在柴郡，富有的土地所有者数量相当多，不少于50个居住在柴郡的贵族和乡绅家族拥有的地产年收入在10000锂或1000锂以上。另有相当一批土地所有者的地产在3000锂或少些，年地租在3000锂以下的土地所有者也有相当一批。③

在格洛斯特郡，绝大多数地产都是大地产。在格洛斯特河谷，大量的土地是教会的财产。整个巴恩伍德教区、伍顿和克兰汉的绝大部分土地和图佛莱的几乎全部土地，以及靠近城市的许多地产，都属于格洛斯特主教和教士会，梅斯莫尔教区的地产也属于格洛斯特主教所有。有一些地产属于牛津大学的学院所有。教区还向若干教区征收什一税。④格洛斯特最大的地产年价值为3000到8000锂，这些地产为贵族所有。年价值在3000锂以下的地产为乡绅所有。在此之下为拥有自由持有地的约曼。关于自由持有农的数量，在1776年选举郡官员时，有5790名自由持有农参加投票。在那以后，自由持

① William Marshall, (ed.), The Review and Abstract of the County Reports to the Board of Agriculture. Vol III. York, 1818. p. 508.

② William Marshall, (ed.), The Review and Abstract of the County Reports to the Board of Agriculture. Vol III. York, 1818. p. 18.

③ William Marshall, (ed.), The Review and Abstract of the County Reports to the Board of Agriculture. Vol. V. York, p. 125.

④ William Marshall, (ed.), The Review and Abstract of the County Reports to the Board of Agriculture. Vol. V. York, p. 402.

有农的数量有所增加。①

在萨默塞特郡，许多大地产年价值在2000至6000镑，但大量的地产为中等阶级拥有，这些土地每块的年收入从50到500镑不等。②

在诺森伯兰郡，地产大小差别很大，年价值从20到20000镑不等。有一处地产年价值甚至达到40000镑。年收入在20到200镑的小地产可在这个郡的南部和中部找到，而很少在北部发现。该郡地产年价值的一般情况无权威性资料可寻。据认为该郡有总数为800000英亩的可耕地，平均每英亩年价值为14先令。在山区有450000英亩土地，每英亩年价值为2先令。因此估算出该郡土地年价值总额为605000英镑。③

在达勒姆郡，有三分之一的地产实行教会保有权，余下的地产分别为大、中、小地主占有。④

在库伯兰郡，地产分为小块，分别由小土地所有者占有。这些保有地年价值从5到50镑不等，更普遍的年价值是在15到30镑之间，有少数地产年价值超过100镑，但超出不多。最大的地产的年价值大约为13000镑。⑤

在威斯特摩兰郡，大部分地产为约曼所占有，他们占有的小土地每块年价值在10到50镑之间。该郡余下的大地产属于贵族和乡绅，他

① William Marshall，（ed.），The Review and Abstract of the County Reports to the Board of Agriculture. Vol. V. York，1818. p. 438.

② William Marshall，（ed.），The Review and Abstract of the County Reports to the Board of Agriculture. Vol. V. York，1818. pp. 503-504.

③ William Marshall，（ed.），The Review and Abstract of the County Reports to the Board of Agriculture. Vol 1. York，1818. pp. 35-36.

④ William Marshall，（ed.），The Review and Abstract of the County Reports to the Board of Agriculture. Vol 1. York，1818. p. 143.

⑤ William Marshall，（ed.），The Review and Abstract of the County Reports to the Board of Agriculture. Vol. IV. York，1818. p. 172.

们中有一些是驻在地产上的，另一些则是在外地主，地产由管家代行管理。①

在兰开郡，由于制造业在该郡发展起来，导致地产都分得很碎。②

在约克郡西区，相当大一部分地产为小土地所有者占有，他们自己耕种土地。还有一些大土地所有者，如诺福克公爵、菲茨威廉伯爵等。在该地区，有大批土地属于大主教、学院、地方主教和受俸牧师。③在约克郡北区，地产大小差别甚大。有三分之一的地产为约曼所有。剩下的地产大小不等，年价值从500到17000锂或18000锂不等。由约曼占有的地产每块年价值很少有达到150锂的。④

在牛津郡，只有少数贵族和乡绅拥有大地产，有一些地产属于教会和大学法人团体，这些地产构成了牛津郡地产的相当大的部分。在牛津郡，还有许多中等地产所有者和小地产所有者。在该郡的大地产者中，有1人地产年价值超过20000锂，拥有年价值为12000锂、7000锂、6000锂、5500锂的地产的各有1人。有两人拥有的地产年价值为4000锂，还有几处地产年价值为3000锂。⑤在多塞特郡所有者拥有的大地产为数不多。一些大地产由土地调查员管理，另一些则交给农场

---

① William Marshall，（ed.），The Review and Abstract of the County Reports to the Board of Agriculture. Vol1. York，1818. Vol. IV，p. 218.

② William Marshall，（ed.），The Review and Abstract of the County Reports to the Board of Agriculture. Vol 1. York，1818. Vol. IV. pp. 270−271.

③ William Marshall，（ed.），The Review and Abstract of the County Reports to the Board of Agriculture. Vol 1. York，1818. Vol. IV. pp. 355.

④ William Marshall，（ed.），The Review and Abstract of the County Reports to the Board of Agriculture. Vol. IV. York，1818. p. 449.

⑤ Secretary of Board （Arthur Young），General View of the Agriculture of Oxfordshire. London，1813. p. 16.

主管理，若干大地产由从事法律业的绅士兼管。①

在德文郡，除了少数大地产外，该郡地产被普遍分割成小地产，其中大部分由约曼拥有，另一些地产为埃克塞特主教、约克主教、索尔斯伯里主教拥有，康沃尔公爵在该郡拥有的地产也为数不少。②大地产主还有贝德福公爵，他的地产分布在塔维斯托克周围。大地产主还有蒙埃奇库姆比伯爵、希恩菲尔德勋爵、海伍德、拉特克利夫、埃尔福德。③

在伯克郡，粗略地估计，地产年价值总额不少于500000锂。其中最大的地产年价值约8000锂，有几处地产年价值为5000锂、6000锂或7000锂，前克拉文伯爵拥有最大的地产。许多约曼拥有的地产年价值不超过100锂。在温克菲尔德教区，最大的地产不超过400英亩。④

在肯特郡，很少见到大土地所有者，地产分割得很小。这个郡的约曼的数目似乎每年在增加，这导致了地产被分割出售。到18世纪末，据估计肯特郡的自由持有地有9000处。这个郡的大地产所有者有两个主教管区，坎特伯雷和罗切斯特这两个有主教席位的大教堂，剑桥大学和牛津大学的若干学院，以及其他法人团体。⑤

在哈福德郡，地产被广泛分割。年价值达7000锂的大地产是该郡最大的地产。以下有6到7处年价值在3000到4000锂的地产，还有

---

① William Stevenson，General View of the Agriculture of the County of Dorset. London，1815. p. 73.

② Charles Vancouver，General View of the Agriculture of the County of Deven. London，1808（1969）. p. 80.

③ William Marshall，Rural Economy of the West England. Vol1 London，1796（1970）. pp. 111-112.

④ William Mavor，General View of the Agriculture of Burkshire. London，1813. pp. 49-50.

⑤ John Boys，General View of the Agriculture of the County of kent. London，1813. pp. 27-28.

一批年价值为2000锂的地产。该郡有相当多的农场主买地，但农场都不大。①

在希罗普郡，报告说，"这个郡的地产和农场的大小相差很大；在这里贵族和若干下院议员的地产每处有10000到25000英亩"。该郡每年地产的收入约为600000锂。全郡共有896000英亩土地。1713年竞选时，共有约3000人参加投票，其中除贵族地主外，尚有相当数量富有的自由持有农。②

在剑桥郡，大部分地产的年价值在200至500锂或者1000锂，此外还有许多地产年价值在20至400锂之间。该郡还有一部分地产为学院和其他公共团体所拥有。在显赫的大地产所有者中，有哈德维克勋爵、贝德福公爵、拉特兰公爵、亨利·佩顿爵士、索普先生等。③

在北安普敦郡有很多大地主引人注目，例如黑兹比奇的阿什比先生在那里有37块地产，有的一年收入在3000英镑，有16块地产年收入在5000到10000英镑，此外，年收入在500英镑以上的地产数量甚多。约曼拥有的地产价值一般在每年300英镑以下。④

在贝德福德郡，最大的地产年收入为40000锂，另有10个地主其年收入稍低于40000锂。⑤斯塔福德郡有着一批大地产，由大贵族或富有的平民占有，这些大地产年价值达到10000锂。威廉·庇特列举出

---

① Auther Young, General View of the Agriculture of Hertfordshire. London, 1804（1971）. p. 18.

② Joseph Plymley, General View of the Agriculture of Shropshire. London, 1813. pp. 91, 92.

③ A. B. W. Gooch, General View of the Agriculture of the County of Cambridge. London, 1813. p. 29.

④ William Pitt, General View of the Agriculture of the County of Northampton. London, 1813. pp. 21-22.

⑤ Thomas Batchelor, General View of the Agriculture of the County of Bedford. London, 1813, p. 16.

该郡年收入在8000镑以上的6家贵族和两家平民的姓名。相当多的人地产年收入在1000到8000镑之间。但也有一批平庸的自由持有农一年净收入仅仅稍多于40先令。[1]

在苏塞克斯郡，地产大小相差甚大，最大的地产年收入不超过7500镑。大地主中有埃格雷蒙特伯爵、理奇蒙公爵、奇彻斯特伯爵和设菲尔德勋爵。[2]

在汉普郡，最大的地产分布在这个郡的白垩地上。该郡地产一年收入最多的不超过8000镑。至18世纪末，该郡许多地产从原所有者处转手，其中不乏一些大地产。此外，大地产发生了再分割现象。[3]

在康沃尔郡，地产多次再分割，形成了数量众多的地产。地产大小差别甚大，面积从20英亩到500英亩不等，但年收入在400镑以上的地产为数不多。[4]

第二节　大地产的经营方式

近代时期英国的大地产经历了复杂的形成过程。除了通过土地的收益投买地、扩大地产外，大地主还通过多种方式扩大自己原有

---

[1] William Pitt, General View of the Agriculture of the County of Stafford. London, 1813. p. 19.

[2] Arthur Young, General View of the Agriculture of the County of Sussex. London, 1813（1970）. p. 17.

[3] Charles Vancouver, General View of the Agriculture of Hampshire Including the Isle of Wright. London, 1813. p. 51.

[4] G. B. Worgan, General View of the Agriculture of the County of Conwall. London, 1815. p. 17.

的地产和收入。

继承是扩大地产的一种途径。一些地主通过继承的途径获得了大地产和大宗收入。约克郡东部的博因顿家族继承了伯顿·阿格尼丝家族的大地产。德文郡公爵本来已相当富有，又继承了第三世伯林顿伯爵的土地和财产。第一世埃格雷蒙特的非婚生儿子温德姆中校继承了他父亲的地产。W. J. 丹尼森没有男性继承人，他选择了他妹妹的一个小儿子为继承人，最终在1849年遗赠给他2000000英镑。①

通过联姻获得女方带来的大宗陪嫁，是大地产扩大的再一种途径。康斯特布尔的一个幼子在16世纪通过婚姻，获得了埃弗林厄姆的地产。1690年，休·贝瑟尔娶了威廉·狄金森的女儿萨拉，后者带来了原属温切尔西伯爵的瓦顿修道院的地产。此后，瓦顿修道院地产就归贝瑟尔家族所有。1758年，威廉·圣·昆廷爵士娶了夏洛特·费恩，当时得到10000英镑的现金收入，并有希望在她死后得到16000英镑。此外，还有年收入达1042英镑的地产，以及抵押资本14158英镑。②

地主贵族通过获得某些官职，使他们有机会获得大宗收入。从1603至1606年，北安普敦的一个伯爵取得北方委员会的一个官职，一年便带给他280英镑的收入。米切尔·瓦顿被任命为贝弗利的管家和管事，给他带来了大宗财富。1628年，瓦顿付出3503英镑买下国王在贝弗利的地产。而到1642年，瓦顿家族就从同一地产处得到1197英镑的净收入。③

长期以来，地主介入了商业公司的活动。尽管他们不是以直接经

---

① Barbare English, The Great Landlord of East Yorkshire. 1530-1910. Havester, 1990. p. 106.

② Barbare English, The Great Landlord of East Yorkshire. 1530-1910. Havester, 1990. p. 106-107.

③ Barbare English, The Great Landlord of East Yorkshire. 1530-1910. Havester, 1990. p. 107.

营者身份参与公司的活动，但他们作为股东获得了可观的收入。在克里斯托弗·塞克斯从认购的统一公债和印度股份中，每年得到的收入在5355至64724英镑之间，数量相当可观。[①]但总的说来，到18世纪，地主通过股票得到的红利收入，只占他们总收入中较小的一部分。例如，在18世纪20年代到30年代，查尔斯·霍瑟姆爵士的75%的收入来自地产，20%的收入来自他在宫廷任职的薪金，而只有4%来自股票投资的收入。

对英国近代时期大地产的研究，有两个问题特别值得注意，这就是大地产在外部与工商业资本的关系，以及大地产内部的经营方式。大地产在这两个方面的关系都反映其性质的本质方面。而恰恰在这两方面，过去的某些看法有不清晰之处，人们忽视了这两方面的问题，因此高估了英国大地产的资本主义性质。

英国自由贸易派的代表人物理查德·科布顿在1863年曾评述说："我们看到了与瓦特、阿克莱顿和斯蒂芬森时代的发展不相关的封建主义精神在盛行和蔓延着。不仅如此，封建主义日复一日地在政治和社会生活中愈来愈占据支配地位。它甚至从那些作为较新和较好的文明的当然领袖的人士那里得到支持和尊敬，因而，它的势力达到如此之大。作为一种规律，工厂主和商人看来只是希望致富，以至于他们跪倒在封建主义脚下，以此保护他们自己。"[②]对于资本主义和土地利益的关系，劳伦斯·斯通认为："英格兰正发展起一个贵族资产阶级，而不是资产阶级贵族。"他指出，资产阶级在避开对他们对地产

---

① Barbare English, the Great Landlord of East Yorkshire. 1530-1910. Havester, 1990. pp. 110-111.

② J. Morley, The Life of Richard Cobden. London，1920. pp. 945-946.

占有的模仿的同时，渴求那种绅士气派，而去"模仿乡绅的教养、生活方式和行为"。①

在英国，有一批商业和金融资产阶级成员，他们不是把购买地产作为生产性资本投资，以增强资本，而是纯粹把购得的地产作为确保和提高自己政治身份和社会地位的资本。他们通过买地使自己成为乡绅地主，以享受后者的生活方式。银行家亨利·霍尔便是一个代表。

霍尔家族的理查德·霍尔原为金首饰商，他在1673年创立了银行，这个银行主要的目标是吸收乡村地主的资金，它经营得很保守。这家银行的存款1702年为113992英镑，1720年超过200000英镑，1741年达到500000英镑，1791年达到1000000英镑。②这个家族的理查德·霍尔把获得的大量资金投入房产和土地。从1718年到1725年他去世为止，他花去14000英镑买下了威尔特郡的斯托顿庄园，同时，花9000英镑买下了离多塞特不远的斯托顿康德尔，以及汉普郡夸莱的地产。他还用37150英镑买下了斯托顿附近较小的地产。③以后，亨利·霍尔继承的地产上年收入超过20000英镑。他在到1734年为止的8年间，用于在伦敦和夸莱的宅邸的开支共10000英镑，家具开支达3000英镑过着半贵族式的奢侈生活。④1734年，

---

① L. and J. C. F. Stone, An Open Elite? England 1540−1880. Oxford U. P., 1986. pp. 409, 411.

② C. G. A. Clay, "Henry Hoare, Banker, His Family and the Stourhead Estate." in F. M. L. Thompson, (ed.), Landowner, Capitalists, and Entrepeneurs. Oxford, Clarendon Press, 1994. p. 114.

③ C. G. A. Clay, "Henry Hoare, His Family and the Stourhead Estate." in F. M. L. Thompson, (ed.), Landowner, Capitalists, and Entrepeneurs. Oxford, Clarendon Press, 1994. p. 117.

④ C. G. A. Clay, "Henry Hoare, His Family and the Stourhead Estate." in F. M. L. Thompson, (ed.), Landowner, Capitalists, and Entrepeneurs. Oxford, Clarendon Press, 1994. pp. 121−122.

亨利·霍尔当选为索尔兹伯里的下院议员。亨利·霍尔的主要收入似乎来自银行的股份利润，从1761年开始，他得到的年股息保持在10000英镑以上。①在亨利·霍尔一生的前52年，共投资70955英镑用于买地，其中在威尔特郡买地花了39897英镑，在萨默塞特郡买地花了105880英镑，在多塞特郡买地花去31058英镑。他平均每年用于买地的资金达到13650英镑。而在他最后9年，买地共花去60372英镑，平均每年花去6702英镑。②

莱韦森—高尔家族是18世纪英国一个贵族家庭，1690年被封为准男爵，1703年被授予男爵领地，1746年被授予伯爵爵位，1786年被授予子爵爵位，1833年被授予公爵爵位。③该家族主要的地产分布在斯塔福德郡和希罗普郡。

1689到1691年是农业萧条的年头，许多农场都无人租种，空了出来，威廉·莱韦森—高尔当时愿意向任何付得起入地费的佃户出租土地。从1670年到1690年，地产上所有农场的租期均为3代人，入地费仍然十分高。入地费与地租的比例从150英镑比65英镑（即大约5：2）到30英镑比2先令6便士（即240：1）。通常入地费相当于年地租的20倍。④当时确有一批租户愿意和有能力承租新的农场。1691年

---

① C. G. A. Clay, "Henry Hoare, His Family and the Stourhead Estate." in F. M. L. Thompson,（ed.）, Landowner, Capitalists, and Entrepeneurs. Oxford, Clarendon Press, 1994. Appendix A Profits Accuring to Partners of Hoare's Bank, 1720−1784. p. 136.

② C. G. A. Clay, "Henry Hoare, Bank, His Family and Stourhead Estate." in F. M. L. Thompson,（ed.）, Landowner, Capitalists, and Entrepeneurs. Oxford, Clarendon Press, 1994. p. 133.

③ J. R. Wordie, Estate Management in Eighteenth−Century England. The Building of the Leveson−Gower Fortune. London, Royal Historical Society, 1982. p. 3.

④ J. R. Wordie, Estate Management in Eighteenth−Century England. The Building of the Leveson−Gower Fortune. London, Royal Historical Society, 1982. p. 157.

威廉·莱韦森—高尔的地租总收入有4000英镑，据推测其中有2000英镑来自租户为取得新租地而支付的费用。这无疑是一种对佃户十分沉重的盘剥形式。至于租户从何处筹措如此大笔的入地费和租金，无人能准确地回答这个问题。看起来他的佃户比较富裕。在威廉·莱韦森—高尔在特伦萨姆地产和利勒希尔地产上，从1725到1730年地租分别上涨了14%和23%，但没有发生佃户严重拖欠地租的现象。[①]在这里，1720年以前已出现一批面积在200英亩以上的大租地农场，有两个租地农场面积在400英亩以上。[②]

莱韦森—高尔家族在18世纪上半叶的地产管理中，通常在把地产租给佃户后，不再去关心他们。佃户负责纳税，同时负责所有修缮事宜。这种政策使得莱韦森—高尔家族不可能向其佃户征收很高的地租，甚至在佃户根据领主意愿承租土地时，不付入地费。到1750年时，两处地产平均年地租低于每英亩7先令。[③]莱韦森—高尔家族另一方面促使他们的租户持续地把地产上的荒地改造成可耕地。1733至1736年在莱特伍德地产上进行圈地。1757年又在诺斯伍德和汉彻奇希思地产上进行大规模的圈地。在两次圈地之间还进行了规模较小的其他圈地。这样，使得莱韦森—高尔的地产上的可耕地从1714年的6059英亩增加到1779年的7643英亩，而使荒地、公地和介乎二者之间的土

① J. R. Wordie, Estate Management in Eighteenth-Century England. The Building of the Leveson-Gower Fortune. London, Royal Historical Society, 1982. p. 164.

② J. R. Wordie, Estate Management in Eighteenth-Century England. The Building of the Leveson-Gower Fortune. London, Royal Historical Society, 1982. p. 161.

③ J. R. Wordie, Estate Management in Eighteenth Century England. The Building of the Leveson-Gower Fortune. London, Royal Historical Society, 1982. p. 166.

地从2442英亩减少到1000英亩。①到19世纪初，在莱韦森—高尔的领地上，小租地的数量继续在增长，但大租地农场的面积在增加。地产上农场的平均面积从1720年的83英亩增加到1830年时的平均面积147英亩。②到了1775至1780年间，莱韦森—高尔地产管理的一个进步是，地主承担了部分租地的赋税和修缮租地上房舍的责任。到了18世纪后期，莱韦森—高尔家族通过一些途径帮助大地产上的租地农场主，一是通过地产代理人对租地农场的农耕技术提供咨询、建议，二是免费为租地农场主提供种子和肥料，条件是租地农场主必须在指定时间用于指定的地块。③并且，为了提高佃户的效率，增加产量，使他们的产品有好的价格，使得大宗出售产品的租佃农场主得到较好的回报，莱韦森—高尔家族在18世纪和19世纪初加大对地产的投入，1788到1794年，每年把432英镑投入特伦萨姆地产，把445英镑投入利勒希尔地产。而到了1805至1846年，每年投入这两处地产的资金增加到3328英镑和284英镑，这些资金主要用于排水系统。④

莱韦森—高尔家族早在17世纪末就在希罗普郡的沃姆布里奇和唐宁顿伍德发现了煤矿。18世纪初年，该家族在利勒希尔地产上便取得工业收入。1691年时，莱韦森—高尔家族的工业收入有318英镑，

---

① J. R. Wordie, Estate management in Eighteenth-Century England. The Building of the Leveson-Gower Fortune. London, Royal Historical Society, 1982. pp. 174-176.

② J. R. Wordie, Estate Management in Eighteenth-Century England. The Building of the Leveson-Gower Fortune. London, Royal Historical Society, 1982. p. 177.

③ J. R. Wordie, Estate Management in Eighteenth Century England. The Building of the Leveson-Gower Fortune. London, Royal Historical Society, 1982. p. 178.

④ J. R. Wordie, Estate Management in Eighteenth-Century England. The Building of the Leveson-Gower Fortune. London, Royal Historical Society, 1982. pp. 225-226.

当时地产总收入为3916英镑。工业收入大约占总收入的8%。[1]1730年时，该地产全部地租收入为8677英镑。工业收入为700英镑。[2]1748年2月，高尔伯爵从希罗普郡洛克沃丁庄园取得21年的租地开矿权，这里并非莱韦森—高尔家族自己的地产。以后6年间，高尔伯爵投资13740英镑于洛克沃丁和凯特莱的矿业，从经营中获利。1754年12月第一代高兹伯爵死去，他的继承人对矿业经营不感兴趣，将矿山开采权出租给亨利·巴博，直到1764年高尔伯爵才重新收回了这一采矿权。从此以后，位于凯特莱、利勒希尔和洛克沃丁的矿业企业再也没有出租给外来的企业家，而是直接由高尔伯爵经营。1764年的米迦勒节，在利勒希尔的地租簿册上出现了"高尔伯爵的公司"一项，高尔伯爵本人拥有50%的股份，他的主要代理人托马斯·吉伯特和托马斯的弟弟约翰·吉伯特各持有25%的股份。1774年以后，矿业企业每年的营业额为12000英镑，平均每年提供大约1500英镑的利润。1786年该公司易名为"斯塔福德侯爵公司"，该名称一直使用到1798年。1798年托马斯去世，这个公司的采矿权落到格兰维尔·莱韦森—高尔勋爵手中。当年公司设备和建筑的股份价值为52705英镑。格兰维尔随即将公司易名为"利勒希尔公司"。[3]此外，在莱韦森—高尔家族在斯塔福德郡的地产上，办起了米尔海斯、亨莱、设尔顿和普尔多尔矿业企业。不过这些矿业企业没有该家族在希罗普郡地产上的矿业企业

① J. R. Wordie, Estate Management in Eighteenth Century England. The Building of the Leveson-Gower Fortune. London, Royal Historical Society, 1982. p. 135, Revenue Table A.

② J. R. Wordie, Estate management in Eighteenth-Century England. The Building of the Leveson-Gower Fortune. London, Royal Historical Society, 1982. p. 137, Revenue Table B.

③ J. R. Wordie, Estate Management in Eighteenth Century England. The Building of the Leveson-Gower Fortune. London, Royal Historical Society, 1982. pp. 112-113.

那么兴隆。①

　　在莱韦森—高尔家族地产的收入中，工矿业收入只占较小的比例。1691年莱韦森—高尔家族地产的总收入为3916英镑，其中工矿业收入为318英镑，工矿业收入大约占总收入的8%。②1730年该地产全部收入为8677英镑。其中工矿业收入为700英镑，工矿业收入占总收入的8%左右。③1760年，该地产地租总收入为11468英镑，其中工矿业收入为1500英镑，工矿业收入占总收入的13%。④1787年时，该地产的总收入为49360英镑，其中工矿业收入为13135英镑，工矿业收入占总收入的27%左右。⑤

　　莱韦森—高尔地产的经营情况表明，他们在地产经营中，基本的经营方式是出租农场收取地租这种传统的经营方式，而矿业经营是在农业经营以外发展起来的，它成为大地产经营附带的经营和收益形式。这种经济结构表明，资本主义矿业渗透到农村，或者说在农村发展起来，成为大地主经营的一个日渐增大的经济组成部分。就地主经济活动的结构而论，以租佃制为基本形式的传统农业与工矿业生产形成了外部耦合。它的本质是在乡村工业与农业中成长，而非农业经营

---

　　① J. R. Wordie, Estate Management in Eighteenth-Century England. The Building of the Leveson-Gower Fortune. London, Royal Historical Society, 1982. p. 114.

　　② J. R. Wordie, Estate Management in Eighteenth-Century England. The Building of the Leveson-Gower Fortune. London, Royal Historical Society, 1982. p. 135, Revenue Table A.

　　③ J. R. Wordie, Estate Management in Eighteenth-Century England. The Building of the Leveson-Gower Fortune. London, Royal Historical Society, 1982. p. 137, Revenue Table B.

　　④ J. R. Wordie, Estate Management in Eighteenth-Century England. The Building of the Leveson-Gower Fortune. London, Royal Historical Society, 1982. p. 140. Revenue Table C.（1760）.

　　⑤ J. R. Wordie, Estate Management in Eighteenth-Century England. The Building of the Leveson-Gower Fortune. London, Royal Historical Society, 1982. p. 150, Revenue Table E and Supplement E（1813）.

中资本主义关系的成长。

18世纪后期诺福克的柯克家族的地产经营在英国农业史研究中曾备受青睐,被视为带有经济迅速转变的农业革命的一个典型。[①]20世纪70年代,帕克在他的著作中对此提出了异议,他指出,在柯克家族地产上农业变革的速度是非常缓慢的,以此可以向乡村农业革命的概念质疑。[②]帕克的异议是对柯克家族地产的收入而论的。这里借助帕克提供的资料,对诺福克的柯克家族地产的结构作一概览。

18世纪初年柯克家族的托马斯·柯克的地产分布在诺福克、索福克、肯特、伯明翰、牛津、斯塔福德、萨默塞特、多塞特和伦敦,地产收入稍多于10000英镑。托马斯·柯克在世期间,地租不断上升。从1720至1749年,柯克家族在诺福克地产上的年地租收入上升了47%,在其他地产上年地租收入上升了83%。该家族用规定低地租高入地费以及不断更换佃户的办法,加强剥削,增加地租收入。这样,从1720到1757年,诺福克的柯克家族的年地租上升了70%以上。[③]此后,柯克家族不断买进新的地产,同时加强管理,提高生产力,[④]使得诺福克的地产总地租从1718年的6016英镑增加到1746年的8616英镑,1759年上升到11153英镑。

1776年托马斯·柯克继承了诺福克的家族地产,其面积稍多于30000英亩。他在诺福克的地产,加上诺福克以外的地产,如在肯特

---

① Lord Erale, English Farming, Part and Present. Heineman-Frank Cass, 1961. pp. 217-220.

② R. A. C. Parker, Coke of Norfolk, A Financial and Agricultural Study 1707-1842. Oxford U. P., 1975. p. 198.

③ R. A. C. Parker, Coke of Norfolk, A Financial and Agricultural Study, 1707-1842. Oxford U. P., 1975. pp. 37-38.

④ R. A. C. Parker, Coke of Norfolk, A Financial and Agricultural Study, 1707-1842. Oxford U. P., 1975. pp. 39-40.

郡金斯唐的年收入为850英镑的地产，萨默塞特郡年收入为1200英镑的地产，牛津郡明斯特洛维尔的年收入约700英镑的地产，以及伦敦拜维斯马克斯年收入200英镑的地产，全部地租收入每年为13118英镑。[①]此后，托马斯·柯克不断买进夹杂在他的地产中的其他所有者的土地。例如，1796年底他花了25000英镑买下了在威森汉姆不少于1272英亩的土地。1782年之前他还买下卡斯尔阿克的199英亩土地。1789年他花了4500英镑买下了坎普斯顿的赫德的243英亩土地。1813年他花了4000英镑买下了莱克斯汉的土地，柯克为买地花去了大宗资金。[②]此外，他用57750英镑买下了沃勒姆的地产。[③]为了支付购买土地的资金，从1776至1822年，托马斯·柯克的债务增加了13300英镑。他始终维持数额巨大的债务。为了偿还旧债，他不断地借钱还债，欠下新债。[④]

就霍克汉的柯克的大土地经营方式来看，这些土地大多数作为租地农场加以出租。在1780年时，出租的租地农场有如下统计：面积在5至49英亩的农场有25个，面积在50至99英亩的农场有5个，面积在100至299英亩的农场有23个，面积在300至499英亩的农场有18个，面积在500英亩以上的农场有18个。其中最大的农场是在顿汤的由贝洛

---

① R. A. C. Parker, Coke of Norfolk, A Financial and Agricultural Study. 1707-1842 . Oxford U. P., 1975. p. 83.

② R. A. C. Parker, Coke of Norfolk, A Financial and Agricultural Study, 1707-1842. Oxford U. P., 1975. pp. 89-90.

③ R. A. C. Parker, Coke of Norfolk, A Financial and Agricultural Study, 1707-1842. Oxford U. P., 1975. pp. 92.

④ R. A. C Parker, Coke of Norfolk, A Financial and Agricultural Study, 1707-1842. Oxford U. P., 1975. pp. 92, 131.

尼·马莱特租种的农场，共1530英亩，其中可耕地为1390英亩。[①]关于柯克地产上租地农场出租的租期，在1788年时，39块出租土地的租期为21年，16块出租土地的租期分别为18年、19年和20年，有5块出租土地的租期分别为16年和17年，有9块土地出租的租期为11年至14年，有3块出租地的租期为11年，有2块出租地的租期为7年。[②]在18世纪末至19世纪初的40个月，柯克地产的地租收入增加了一倍，其中尤以1806年至1816年期间地租上升较快，1806年地租收入为21404英镑，1816年地租收入为31050英镑。[③]

　　1800年前后，柯克地产上的租地农场出租时签订的农耕协议都写有实行六年轮作制的规定，即在6年中3年种谷物，两年种牧草。[④]一些租地农场的协议残存下来。例如，1782年3月的两份租约涉及两个租地农场的出租，在卡斯尔阿克里的一处农场有355英亩，从1781年的米迦勒节起按每年200英镑地租出租20年，弗里特夏姆修道院农场共914英亩，从1781年的米迦勒节起按每年450英镑出租13年。租约还加上了附带的规定。卡斯尔阿克里农场出租的租约，禁止佃户在播种两次同一种农作物后，再连续播种第三次这种作物，而在播种第三次作物时，须同时撒播草籽，以便在后两年中种牧草。如果土地只种了一年牧草，那么在此之后和再次种草之前，只能连续种两年谷物。而

---

① R. A. C Parker, Coke of Norfolk, A Financial and Agricultural Study, 1707–1842. Oxford U. P., 1975. p. 89.

② R. A. C Parker, Coke of Norfolk, a Financial and Agricultural Study, 1707–1842. Oxford U. P., 1975. p. 100.

③ R. A. C Parker, Coke of Norfolk, A Financial and Agricultural Study, 1707–1842. Oxford U. P., 1975. p. 95.

④ R. A. C. Parker, Coke of Norfolk, A Financial and Agricultural Study, 1707–1842 . Oxford U. P., 1975. p. 102.

出租弗里特夏姆修道院农场的租约，亦有类似的条款，规定佃户种植两年谷物后，须种一茬芜菁。[①]1791年2月，朗汉姆霍尔农场的出租协议规定，"托马斯·威廉·柯克和他的佃户都得遵守协议"，佃户要尽可能坚持下述六茬制，即第一年种芜菁或供喂羊的苕子，第二年种小麦，第三第四年种牧草，第五年种小麦，第六年种春小麦。

可以说，18世纪的农业革命是一场技术方面的革命，它通过改进耕作制度，引进新作物品种以提高生产力和土地收入。但是，在此期间，土地关系没有发生本质性的革命变化。在地产规模扩大的同时，大地主基本是通过出租租佃农场，把土地分包出去，收取地租。在柯克几十年的农业经营中，他没有直接或间接地把资本投资于地产之外，相反，他的地产吸收了他从其他方面获得的大宗资本。[②]

到了19世纪，莱斯特伯爵进行了少量的工业投资。他和其他的当地地主及诺福克公司的若干董事在1853年创立了韦尔斯和法肯汉公司。1854年该公司以70000英镑的资本注册。第二代莱斯特伯爵对工业的投资额在19世纪50到80年代在不断增加。19世纪50年代他的工业投资额为11760英镑，当时地产投入为373016英镑。19世纪60年代他的工业投资额为26280英镑，当时地产收入为453407英镑。19世纪70年代他的工业投资为88842英镑，当时地产总收入为749924英镑。19世纪80年代他的工业投资为190384英镑，当时地产总收入为441521英镑。[③]

---

① R. A. C. Parker，Coke of Norfolk，A Financial and Agricultural Study，1707-1842. Oxford U. P.，1975. pp. 101-102.

② R. A. C Parker，Coke of Norfolk，A Financial and Agricultural Study，1707-1842. Oxford U. P.，1975. p. 134.

③ S. W. Martin，A Great Estate At Work. Holkham Estate and Its Inhabtants in the Nineteenth Century. Cambridge U. P.，1980. p. 64. Table. 2. 2.

19世纪，在托马斯·威廉·柯克的地产上，他继续着以租佃农场制为基础的经营方式。从1790年到1900年的110年间，有150个家庭在霍克汉地产上持有农场，其中有25家佃户持有不止一个农场，有3家佃户一度持有3个以上的农场。许多佃户长期住在他们承租的农场上。有31个农场被同一个佃户家族持有50年以上，其中有两个农场各被同一佃户家族持有达110年之久。有15个农场各被同一佃户家族承租达40至50年不等，有32个农场被同一佃户家族持有达30至40年不等。①

1850年，在霍克汉地产上的70个农场中，在轻质土地上的69个农场，面积超过了1000英亩。同时，有28个农场面积超过了500英亩。明格教授曾估算说，一个佃户在1英亩土地上的流动资金至少要两英镑。照此估算，经营600英亩的农场需要至少1200英镑资金。只有少数佃户才有如此的财力。②而地主每年也要投入大宗资金以改进土壤，与佃户的资金投入相匹配。结果，这里的农业成了高度资本化的农业。在霍克汉地产上，农场主中为首的是十余个非常先进的农场主，他们有足够的资金用于改进他们的大农场，同时他们的耕作技术也很先进。他们放弃了五圃制或六圃制耕作，转而采取四圃制耕作，使绝大多数土地种上利润很高的谷物作物。③在这批农场主之外，是一批"勤勉的""百折不挠的"租佃农场主。他们的农耕技术常常比

① S. W. Martin, A Great Estate at Work. Holkham Estate and Its Inhabtants in the Nineteenth Century. Cambridge U. P., 1980. pp. 106, 107.

② S. W. Martin. A Great Estate at Work. Holkham Estate and Its Inhabtants in the Nineteenth Century. Cambridge U. P., 1980. p. 107.

③ S. W. Martin, A Great Estate at Work. Holkham Estate and Its Inhabtants in the Nineteenth Century. Cambridge U. P., 1980. pp. 108-109.

不上第一类农场主。此外还有一些为数不多的旧式农场主。在重土地上，也有极少数不思改进的小农场主。19世纪70年代至80年代的农业大萧条给租佃农场主以很大的打击，许多租佃农场主破产。到19世纪90年代，农场难以找到租户。从1880年到1890年霍克汉地产上有10个农场闲置，而1890年至1900年另有18个农场闲置。1895至1896年有6个租佃农场换了租户。新来的租户中有一部分来自高地区，如塞耶和斯帕汉便是当地的租户，他们与霍克汉地产上的佃户联姻。一些老佃户持续承租霍克汉地产上的农场。例如，威森汉的奥弗曼家族自1820年起持有威森汉霍尔农场，以后1888年和1890年又承租了另外两个农场，这个家族在那里租佃耕耘直到20世纪50年代。[①]佃户里子家族在1870年放弃了迈尔汉的西莱克汉和伯格伍德赫尔农场后，继续租种阿克里城堡的农场。贝兹家族曾租种4个农场，其中一个是阿希尔的彭沃斯霍尔农场，他一直租种到1900年。[②]

　　直到20世纪，英国除金、银外其他的矿藏都属于地面的所有者。因此，数世纪以来，英国的地主不断从他们的土地下面埋藏的矿产中获得收益。[③]

[①] S. W. Martin, A Great Estate at Work. Holkham Estate and Its Inhabitants in the Nineteenth Century. Cambridge U. P., 1980. p. 112.

[②] S. W. Martin, A Great Estate at Work. Holkham Estate and Its Inhabitants in the Nineteenth Century. Cambridge U. P., 1980. p. 112.

[③] J. T. Ward, "Landowners and Miniry？" in J. T. Ward and R. G. Wilson, (eds.), Land and Industry. David and Charles, 1971. p. 63.

第三节　地主的工矿业活动

随着时间向前推移和工业的发展，许多土地所有者与工矿业发生了越来越多的联系。1750年，劳瑟家族将500000英镑用于发展他们在西库伯兰的煤矿。19世纪20年代，约翰·巴德估计他在东北部新开的一座矿井耗资15000至150000英镑。在19世纪30年代，柯温家族在西库波兰新开一座矿井就花去160000英镑。1819至1854年伦敦德里侯爵投资了1000000英镑以发展煤矿和建设西汉姆港。达勒姆伯爵的矿山在1835年的估价达到540000英镑。[1]积极投资于矿山的土地贵族还有朗斯代尔、达德利、斯塔福德、费茨威廉、彪特等人。[2]

在康沃尔，锡矿和铜矿的采掘历史悠久。矿藏分布在其地产上的领主和地主都从矿业收益中分享了一部分。例如，1824年，比斯科维矿的收益按以下的比例分配给地主：拉什利家族分得六十分之三十五，阿加尔家族分得六十分之十，罗杰斯夫人分得六十分之八，卡莱恩家族分得六十分之七。康沃尔的地主从矿山得到的收益几乎完全以地租的形式取得。他们中除了法尔莫斯勋爵在19世纪30年代致力于法尔莫斯锡矿的开采，德邓斯塔维尔勋爵在他的多尔科斯矿拥有六

---

① J. V. Beckett, "Landownership and Estate Management." in G. E. Mingay, (ed.), Agrarian History of England and Wales, 1750−1850. Cambridge U. P., 1989. Vol. VI. p. 574.

② Harold Perkin, The Origins of Modern English Society 1780−1880. London, 1969. p. 76. 另见G. E. Mingay, (ed.), Agrarian history of England and Wales. Vol. VI. 1750−1850. Cambridge U. P., 1989. p. 575.

分之一的股份外，康沃尔的矿山都租给了采矿者。采矿者在承租矿山时冒着很大的风险。他们把出售矿石的一部分所得支付给地主，一般来说比例为二十分之一到十五分之一之间。例如在19世纪50年代，康沃尔公爵收取价值的十五分之一；贝德福公爵将其分成从19世纪40年代的十五分之一提高到50年代的十二分之一，因为到了50年代，矿石的利润超过了20000英镑。19世纪50年代是康沃尔矿业发展的鼎盛时期，铜矿石的开采量超过了锡矿石。1856年当地采掘的铜矿石的价值将近1300000英镑，锡矿石的价值达663850英镑。在贝德福公爵的102453镑收益中，有70%的收益来自英格兰西部的矿业收入。同一时期，康沃尔公爵的矿业收入一年达到6000至10000英镑。①

在英格兰北部，达勒姆主教、德文郡公爵和克里夫兰公爵，以及鲍斯和博蒙德等地主家族都介入了铅矿的经营，他们中大多数人出租他们地产上的矿床。从出售的矿石产品中分得一部分回报，通常比例为收益的八分之一到六分之一之间。他们中的德文郡公爵和博蒙德家族则介入了矿床的生产。德文郡公爵拥有两座铅矿的所有权。在德比郡的那座铅矿他租给别人开采，而位于约克郡柯拉辛顿铅矿，德文郡公爵在19世纪则在不同时期自己开采。19世纪50年代，德文郡公爵从铅矿业中每年平均获利12000至15000英镑。博蒙德家族自18世纪初以来便经营着该家族拥有的位于诺森伯兰的铅矿，同时经营从达勒姆主教处租来的位于库伯兰的铅矿。该家族还经营位于阿兰戴尔和维尔戴尔的三座冶炼厂。博蒙德家族拥有的铅矿规模很大。1856年时索普威

---

　　① David Spring, "English Landowners and the Nineteenth-Century Industrialism." in J. T. Ward and R. G. Wilson.（ed.），Land and Industry. The Landed Estate and the Industrial Revolution. Davis and Charles，1971. p. 28.

斯描述说，它是"当时世界上最大的铅矿，雇佣了2000人，在1845至1865年间每天生产的铅矿石份值有500英镑"。[1]

在19世纪，在领地上拥有铁矿藏的土地所有者中，有库伯兰的朗斯戴尔勋爵，约克郡北区的诺曼比勋爵、泽特兰侯爵、艾尔斯伯里子爵，约克郡西区的费茨威尔伯爵、沃恩克利夫勋爵，弗内斯半岛的布克利奇公爵、芒卡斯特勋爵和德文郡公爵，"黑乡"的柯兰维尔勋爵、达德利勋爵、拉尔夫·斯内德公爵、克利夫兰公爵和萨瑟兰公爵等。其中绝大多数土地所有者出租矿山给其他业主，根据矿山规模大小或矿石产量收取地租，少数地主自己开矿并做冶铁厂老板。但是，自己开采铁矿并做冶铁厂老板的例子在19世纪中逐渐减少。例如，费茨威廉勋爵和拉尔夫·斯内德公爵逐渐退出了这个行业。[2]

在自己地产上经营煤矿的土地所有者则更多。他们中在密德兰地区的有达德利和哈瑟顿勋爵、达特摩斯伯爵、波特兰公爵、拉特兰公爵、克拉夫兰公爵、哈斯丁斯侯爵；在兰开郡有埃尔斯米尔伯爵、德比伯爵、塞尔夫顿和克劳福德伯爵，有赫斯基思、利氏和布伦德尔家族；在库伯兰有朗斯戴尔伯爵、森豪斯和柯温家族；在约克郡和德比郡有诺福克公爵、德文郡公爵、菲茨威廉伯爵、曼弗斯伯爵、沃恩克利夫伯爵、卡迪根伯爵和马克斯波罗伯爵。[3]

---

① David Spring, "English Landowners and the Nineteenth-Century Industrialism." in J. T. Ward and R. G. Wilson.（eds.），Land and Industry. The Landed Estate and the Industrial Revolution. Davis and Charles，1971. p. 29.

② David Spring. "English Landowners and the Nineteenth-Century Industrialism." in J. T. Ward and R. G. Wilson,（eds.），Land and Industry. The Landed Estate nd the Industrial Revolution. Davis and Charles，1971. pp. 29-30.

③ David Spring, "English Landowners and the Nineteenth-Century Industrialism." in J. T. Ward and R. G. Wilson.（eds.），Land and Industry. The Landed Estate and the Industrial Revolution. Davis and Charles，1971. p. 32.

在诺森伯兰郡和达勒姆郡，拥有煤矿的贵族和乡绅数目众多。其中最著名的将所有的煤田加以出租的为诺森伯兰公爵，而自己经营地产上煤田的为伦敦德里勋爵、达勒姆伯爵和拉文斯沃思勋爵、沃恩克利夫勋爵和波伊斯家族。那些拥有煤矿并自己开采的土地所有者都极为富有。有人说1840年前后每家的投资都达到500000英镑。那些出租自己矿藏的土地所有者通常收取"一定的"地租，在一定时间内（通常是21年）收取固定数额的地租，而不管煤矿是否被开采。[①]

诺森伯兰公爵在瓦尔波特的煤矿在1792年初次出租，公爵本人至少到1860年始终拥有部分的运营资本。在帕西曼恩的煤矿，他在1827年以21年期限出租。而到1837年，煤矿生产出了大量劣质煤，次年又发了洪水，使得诺森伯兰公爵降低了煤矿的租金。诺森伯兰公爵从出租煤矿上得到的地租1790年为2255英镑，1813年为13215英镑，1831年为23400英镑，1834年为14700英镑，1835年为16200英镑，到1853年为15500英镑。[②]

彪特侯爵在8个郡内拥有116668英亩的地产。从1830到1887年彪特家族把大宗资金投入加的夫船坞。在达勒姆，彪特侯爵通过代理人在19世纪初取得并管理了3座煤矿。从19世纪50年代起开采罗恩达煤矿，1877年开始开采一座新煤矿。他将艾尔郡的矿厂租给贝尔德家族和达尔迈林顿铁业公司，分别获得租金3000英镑和2500英镑。到1918

[①] David Spring, "English Landowners and the Nineteenth-Century Industrialism." in J. T. Ward and R. G. Wilson. (eds.), Land and Industry. The Landed Estate and the Industrial Revolution. Davis and Charles, 1971. p. 33.

[②] David Spring, "English Landowners and the Nineteenth-Century Industrialism." in J. T. Ward and R. G. Wilson. (eds.), Land and Industry. The Landed Estate and the Industrial Revolution. Davis and Charles, 1971. p. 34.

年彪特侯爵的第四代把49000英亩下有矿藏的土地租给了25家企业。[①]

18世纪在约克郡南部，第二代罗金汉侯爵在他的府邸温特沃斯伍德豪斯附近建立了煤矿、铁矿、石矿、鼓风熔铁炉。以后费茨威廉伯爵继续了这些事业。在1807至1820年间，第二代费茨威廉伯爵花了122000英镑用于9座小煤矿的开采和运营，收益巨大。1801年时第二代费茨威廉伯爵矿业收入为4214英镑，在1837年为2576英镑，1901年则上升到87743英镑。[②]

在1833至1845年间，有一批贵族、地主和乡绅向各铁路公司投资。他们的投资在1833年时在联合铁路公司中占股份的20%，1837年时占股份的31%，1845年时占股份的34%。在大西部铁路公司的股份中，1835至1836年占股份的31%。在莱斯特-斯温明顿铁路公司中，1830年占股份的41%。在斯托克顿和达林顿铁路公司的股份中，1823年占股份的15%，1844年占股份的38%。[③]

一般来说，在18世纪土地所有者的工业收入不那么突出和重要，但是到19世纪重要性就增加了。例如，在英格兰北部，诺森伯兰公爵来自矿山的收入在1800年为3000英镑，而20年后超过20000英镑。克利夫兰公爵在提斯达尔的铅矿及在达勒姆和斯塔福德的煤矿在19世纪40年代使他获得6000英镑的收入，到19世纪50年代中期则超过14000英镑。在1812到1843年，朗斯达尔勋爵在库伯兰的矿业收入平均每年

---

① J. T. Ward, "Landerowners and Mining." From J. T. Ward and R. G. Wilson (eds.), Land and Industry. The Landed Estate and the Industrial Revolution. Davis and Charles, 1971. p. 68.

② David Spring, "English Landowners and the Nineteenth-Century Industrialism." in J. T. Ward and R. G. Wilson. (eds.), Land and Industry. The Landed Estate and the Industrial Revolution. Davis and Charles, 1971. p. 70.

③ G. E. Mingay, (ed.), Agrarian History of England and Wales. Vol. VI. Cambridge U. P., 1989. p. 586. Table 6. I. Landowners' Investmwnt in selected Railway Companies, 1833-1843.

达36000英镑。而在1798到1856年，菲茨威廉在约克郡的地产上煤矿的净受入达314000英镑。[1]

在19世纪70年代，苏格兰至少有44家新老地主每年从矿山得到的收益超过1000英镑，按其收入从高到低依次为：詹姆士·霍兹沃恩收入为21239英镑；德拉姆佩利埃的卡里克-布坎南收入为16424英镑；波特南公爵收入为16199英镑；吉莱斯皮收入为13125英镑；汉密尔顿收入为10779英镑；第十四世埃格林顿伯爵从阿尔郡矿山的收入为9520英镑，从阿德罗桑海港的收入为4525英镑；简·卡瑟卡特的收入为8734英镑；泽特兰伯爵的收入为7723英镑。在地产所有者中，从矿山年收入在4000到7000英镑的有格拉斯哥、威廉·福布斯、罗伯特·邓达斯。[2]

19世纪，一些地主从位于自己地产上的煤矿的发展中取得很好的收益。兰开郡的煤田使得阿宾顿伯爵、贝德福伯爵、克劳福德伯爵、德比伯爵和塞弗顿伯爵、班克斯家族、罗杰·利家族、亚历山大·戈登—伦诺克斯勋爵、勒·冈德·斯塔基诺家族增加了收益。例如罗杰·利在兰开郡拥有2337英亩土地，在19世纪70年代中一年就获得25000英镑收益。诺森伯兰和达勒姆的贵族如诺森伯兰和波特兰公爵，以及哈斯丁斯、拉文斯沃斯、温莎·霍顿、卡莱尔、达勒姆、伦敦德里、埃尔顿、邓桑尼、沃特福德和博伊恩勋爵都从煤矿得到了大宗收入。例如博伊恩勋爵，他通过联姻继承了煤业先驱拉塞尔在勃

---

[1] J. V. Beckett, "Landownership and Estate Management." In G. E. Mingay, (ed.), Agrarian History of England and Wales, 1750-1850. Cambridge U. P., 1989. Vol. VI. p. 627.

[2] David Spring, "English Landwners and the Nineteeth-Century Industrialism." in J. T. Ward and R. G. Wilson. (eds.), Land and Industry. The Landed Estate and the Industrial Revolution. Davis and Charles, 1971. p. 86.

兰塞佩斯的地产，在19世纪50年代他凭借出租10000英亩的煤田，一年就获益12000英镑。从煤田受益的还有赫兹尔里格、布莱克、里德利、马斯格雷夫、克拉弗林、伊登、米尔班克等勋爵，以及乡绅如汤纳利、克莱顿、埃利森、鲍氏等准男爵家族。[1]

通过西约克郡煤田获利的地主有很多1873年富勒顿家族从3300英亩土地上的煤田取得13000英镑的收入；准男爵阿米蒂奇1873年从3400英亩土地的煤田上收入17064英镑；1888年，准男爵乔治从3274英亩土地的煤田上获利8700英镑；等等。在南斯塔福德郡，萨瑟兰公爵从特伦特姆煤矿"一年收入几千镑"。该郡的斯塔福德勋爵、西德摩斯勋爵、达特摩斯勋爵、格兰维尔勋爵、哈瑟顿勋爵、里奇菲尔德和施鲁斯伯里勋爵等，都从煤矿中获得大宗收益。在诺丁汉郡和德比郡，长期以来许多地主从煤、铁矿获利。曼弗斯伯爵在1870年从5个郡的38000英亩地产上的矿产中获利达51649英镑。波特兰公爵亦从诺丁汉和苏格兰的矿产中大量获利。地主从矿业发展中程度不等地获得了收益。[2]达德利勋爵在南斯塔福德郡煤田的地产一共使他获得了68000英镑的收入。在19世纪70年代，安格尔西勋爵在卡诺克猎场煤田的地产一共使他获利91000英镑。达特摩斯勋爵在桑德维尔地产上的煤矿中获得的收入在他全部地产收入中的比例，从1850年的14%上

---

[1] David Spring, "English Landowners and the Nineteeth-Century Industrialism." in J. T. Ward and R. G. Wilson, （eds.），Land and Industry. The Landed Estate and the Industrial Revolution. Davis and Charles, 1971. p. 97.

[2] David Spring, "English Landowners and the Nineteeth-Century Industrialism." in J. T. Ward and R. G. Wilson, （eds.），Land and Industry. The Landed Estate and the Industrial Revolution. Davis and Charles, 1971. pp. 98-100.

升到19世纪80年代的56%。①

1913年，达勒姆勋爵从出售矿区使用权、通行权和建铁路的地租中就收入58911英镑，1918年通过出售免税的煤，收入40522英镑。德尼弗勋爵在1916至1918年通过出售矿山使用权平均每年收入7543英镑。邓拉文勋爵在1918年通过出售矿区使用权获58854英镑。汉密尔顿公爵通过拥有的煤田领主权，在1908至1917年平均每年收入为113793英镑。1918年诺森伯兰公爵的矿产总收入为82450英镑。在1912至1918年特里迪加勋爵出售矿山使用权的收入为74397英镑，而彪特男爵出售矿山使用权的收入为109277英镑。②

土地贵族还从经营金融业中获得收入。到18世纪后期，经济生活发展很快，民众的生活较为富裕，而人们仍需通过伦敦的银行融资，很不方便 。克里斯托弗·赛克斯在东约克郡观察到这一形势，他利用自己家族与伦敦的大金融家约瑟夫·丹尼森的联系，至1754年起就作为约瑟夫·丹尼森在当地的代理人。1790年1月1日，赛克斯在当地开设了自己的银行。赛克斯最初在银行中的资本为4000英镑，1795年获利324英镑。1796年，他在约克郡的三个银行分支拥有铸币1500英镑、本票27000英镑，但塞克斯的主要收入仍来自农场地租，银行赢利占收益的小部分。③其地租收入1771年为1960英镑，1796年上升为14500英镑。

---

① R. W. Sturgess, "Landowner, Mineing and Urban Development in Nineteenth Century Stanffordshire." in J. T. Word and R. G. Wilson,（eds.）, Land and Industry. The Landed Estate and the Industrial Revolution. Davis and Charles, 1971. p. 174.

② J. T. Ward,（ed.）, Landowner and Industry. The Landed Estate and the Industrial Revolution. Davis and Charles, 1971. p. 67.

③ Barbara English, Great Landlord of East Yorkshire 1530-1910. Harvester and Wheatsheaf, 1990. pp. 115-116.

第十三章
近代地产经营方式（二）
农业经营的二元结构

第一节　所有者经营和租佃农场经营之二元结构

到了19世纪后期，英国农业经济组织仍表现为二元结构，即所有者持有的地产和租佃农场。如果说使用雇佣劳动力的所有者农场属于资本主义农场，那么租佃制农场则是一种历史的、中世纪遗留下来的经济组织形式。由于租佃制农场长期存在，英国的租佃农在近代时期也长期存在着。这些财力不大、经营规模一般较小的农业经营者在18世纪到19世纪漫长的历史时期中没有取得土地所有权。

到了19世纪末和20世纪初，不仅在英格兰，而且在苏格兰和威尔士，都实行着农业土地租佃制，大部分农场都是租佃农场。1887年，英格兰和威尔士从事租地经营的农业业主为393047户，所有者农业业主为64588户，拥有部分土地所有权并租佃部分土地的农业业主为18991户。1888年，英格兰和威尔士从事租地经营的农业业主为

400297户，所有者农业业主为67389户，拥有部分土地所有权并租佃部分土地的农业业主为20327户。1889年，英格兰和威尔士从事租地经营的农业业主为405859户，所有者农业业主为66385户，拥有部分土地所有权并租佃部分土地的农业业主为20413户。1890年，英格兰和威尔士从事租地经营的农业业主为408040户，所有者农业业主为66130户，拥有部分土地所有权并租佃部分土地的农业业主为20665户。1891年，英格兰和威尔士从事租地经营的农业业主为404630户，所有者农业业主为68923户，拥有部分土地所有权并租佃部分土地的农业业主为31373户……1908年，英格兰和威尔士从事租地经营或以租地经营为主的农业业主为375212户，所有者农业业主为54869户。1909年，英格兰和威尔士从事租地经营或以租地经营为主的农业业主为374892户，所有者农业业主为55920户。1910年，英格兰和威尔士从事租地经营或以租地经营为主的农业业主为376241户，所有者农业业主为55433户。1911年，英格兰和威尔士从事租地经营或以租地经营为主的农业业主为381134户，所有者农业业主为54176户。1912年，英格兰和威尔士从事租地经营或以租地经营为主的农业业主为384914户，所有者农业业主为50972户。1913年，英格兰和威尔士从事租地经营或以租地经营为主的农业业主为386917户，所有者农业业主为48760户。1914年，英格兰和威尔士从事租地经营或以租地经营为主的农业业主为385920户，所有者农业业主为49204户……1919年，英格兰和威尔士从事租地经营或以租地经营为主的农业业主为368003户，所有者农业业主为48665户。1920年，英格兰和威尔士从事租地经营或以租地经营为主的农业业主为360757户，所有者农业业主为57234户。1921年，英格兰和威尔士从事租地经营或以租地经营为主的农业业主为349664户，所有者农业业主为70469户。1922年，英格兰和威尔士从事租地经营的农业业主为352035户，所有者农业业主为62680户。[①]

就英格兰和威尔士两种土地经营的面积来看，租地经营的土地面积比所有者经营的土地面积要多。1887年英格兰和威尔士租地经营的土地面积为23291000英亩，所有者经营的土地面积为4217000英亩。1888年，英格兰和威尔士租地经营的土地面积为23522000英亩，所有者经营的土地面积为4284000英亩。1889年，英格兰和威尔士租地经营的土地面积共23618000英亩，所有者经营的土地面积为4227000英亩。1890年，英格兰和威尔士租地经营的土地面积为23646000英亩，所有者经营的土地面积为4226000英亩。1891年，英格兰和威尔士租地经营的土地面积为23809000英亩，所有者经营的土地面积为4193000英亩……1908年，英格兰和威尔士租地经营的土地面积为24014000英亩，所有者经营的土地面积为3334000英亩。1909年英格兰和威尔士租地经营的土地面积为23986000英亩，所有者经营的土地面积为3337000英亩。1910年，英格兰和威尔士租地经营的土地面积为23964000英亩，所有者经营的土地面积为3329000英亩。1911年，英格兰和威尔士租地经营的土地面积为24002000英亩，所有者经营的土地面积为3247000英亩。1912年英格兰和威尔士租地经营的土地面积为24220000英亩，所有者经营的土地面积为2954000英亩。1913年英格兰和威尔士租地经营的土地面积为24239000英亩，所有者经营的

---

① Ministry of Agriculture, Fisheries and Food Department of Agriculture and Fisheries for Scotland, A Century of Agricultural Statistics, Great Britain 1866-1966. London, Her Majesty's Stationery Office, 1968. p. 24. Table 10, Number of Holdings by Tenure-England and Wales.

土地面积为2891000英亩。1914年英格兰和威尔士租地经营的土地面积为24152000英亩，所有者经营的土地面积为2962000英亩……1919年英格兰和威尔士租地经营的土地面积为23458000英亩，所有者经营的土地面积为2396000英亩。1920年英格兰和威尔士租地经营的土地面积为22407000英亩，所有者经营的土地面积为4103000英亩。1921年英格兰和威尔士租地经营的土地面积为20912000英亩，所有者经营的土地面积为5232000英亩。1922年英格兰和威尔士租地经营的土地面积为21386000英亩，所有者经营的土地面积为4640000英亩。[①]

从1887年到1891年，在英格兰和威尔士有82%的土地占有者是完全没有土地所有权的佃户，有14%的土地占有者拥有全部土地所有权，剩下的4%的土地占有者部分拥有土地所有权。在此期间，种植作物和种草的土地中约有85%是租佃经营地，有15%的土地是所有者经营的土地。

在苏格兰，就土地持有者的数量而论，1887年土地租佃者为74870户，土地所有者为5995户，部分租佃土地并拥有部分土地所有权的土地持有者为426户。1888年土地租佃者为75665户，土地所有者为6044户，部分租佃土地并拥有部分土地所有权的土地持有者为484户。1889年土地租佃者为75889户，土地所有者为6054户，部分土地所有权并租佃部分土地的土地持有者为510户。1890年土地租佃者为76393户，土地所有者为6049户，部分土地所有权并租佃部分土地的土地持有者为564户。1891年土地租佃者为76384户，土地所有

① Ministry of Agriculture, Fisheries and Food Department of Agriculture and Fisheries for Scotland, A Century of Agricultural Statistics, Great Britain, 1866-1966. London, 1968. p. 25. Table 11, Acreage of Holdings by Tenure—England and Wales.

者为6535户，部分租佃土地并拥有部分土地所有权的土地持有者为629户……1908年土地租佃者或主要是租佃土地的土地持有者为72129户，拥有土地所有权或部分拥有土地所有权的土地持有者为6419户。1909年土地租佃者或主要是租佃土地的土地持有者为72216户，拥有土地所有权或部分拥有土地所有权的土地持有者为6143户。1910年土地租佃者或主要是租佃土地的土地持有者为72024户，拥有土地所有权或部分拥有土地所有权的土地持有者为6110户。1911年土地租佃者或主要是租佃土地的土地持有者为71908户，拥有土地所有权或部分拥有土地所有权的土地持有者为6041户。1912年土地租佃者或主要是租佃土地的土地持有者为72426户，拥有土地所有权或部分拥有土地所有权的土地持有者为5236户。1913年土地租佃者或主要是租佃土地的土地持有者为71740户，拥有土地所有权或部分拥有土地所有权的土地持有者为5148户。1914年土地租佃者或主要是租佃土地的土地持有者为71259户，拥有土地所有权或部分拥有土地所有权的土地持有者为5891户……1920年土地租佃者或主要是租佃土地的土地持有者为69684户，拥有土地所有权或部分拥有土地所有权的土地持有者为6218户。1921年土地租佃者或主要是租佃土地的土地持有者为68449户，拥有土地所有权或部分拥有土地所有权的土地持有者为7554户。1922年土地租佃者或主要是租佃土地的土地持有者为68177户，拥有土地所有权或部分拥有土地所有权的土地持有者为7824户。[1]

就苏格兰土地面积而论，1887年苏格兰租地经营的土地面积为

---

① Ministry of Agriculture, Fisheries and Food Department of Agriculture and Fisheries for Scotland, A Century of Agricultural Statistics, Great Britain, 1866-1966. London, 1968. p. 29. Table 12, Number of Holdings by Tenure-Scotland.

4247000英亩，拥有所有权进行经营的土地面积为618000英亩。1888
年苏格兰租地经营的土地面积为4252000英亩，拥有所有权进行经
营的土地面积为627000英亩。1889年苏格兰租地经营的土地面积为
4263000英亩，拥有所有权进行经营的土地面积为626000英亩。1890
年苏格兰租地经营的土地面积为4278000英亩，拥有所有权进行经
营的土地面积为618000英亩。1891年苏格兰租地经营的土地面积为
4291000英亩，拥有所有权进行经营的土地面积为626000英亩。1892
年苏格兰租地经营的土地面积为4285000英亩，拥有所有权进行经
营的土地面积为616000英亩。1893年苏格兰租地经营的土地面积为
4275000英亩，拥有所有权进行经营的土地面积为615000英亩。1894
年苏格兰租地经营的土地面积为4284000英亩，拥有所有权进行经
营的土地面积为608000英亩。1895年苏格兰租地经营的土地面积为
4288000英亩，拥有所有权进行经营的土地面积为606000英亩。1896
年苏格兰租地经营的土地面积为4292000英亩，拥有所有权进行经营
的土地面积为605000英亩。[1]

1887年时，苏格兰约有15%的土地是由土地所有者经营的，到
1902年，所有者耕作的土地占12%。在1919到1933年，所有者经营的
土地面积上升为三分之一。1960年，在苏格兰土地所有者占有的土地
面积达到了51%。[2]

---

[1] Ministry of Agriculture, Fisheries and Food Department of Agriculture and Fisheries for Scotland, A Century of Agricultural Statistics, Great Britain, 1866-1966. London, 1968, p. 30. Table 13, Acreage of Holdings by Tenure-Scotland.

[2] Ministry of Agriculture, Fisheries and Food Department of Agriculture and Fisheries for Scotland, A Century of Agricultural Statistics, Great Britain, 1866-1966. London. 1968. p. 28.

第二节　近代租佃制

在17世纪中叶的英格兰，习惯保有权仍然广泛存在，但以这种方式持有土地的乡村居民比一个世纪以前要少得多。克里斯托弗·克雷估计，按习惯保有权持有土地的土地持有者可能占总的土地持有者的三分之一，但各地他们所占的比例相差很大。例如，在肯特郡，按习惯保有权持有土地者相对来说较少，在那里，乡村居民较多的或者是以自由持有保有权持有土地，或者以一年的租期或数年的租期租种土地。而在毗邻的萨里郡和苏塞克斯郡则存在着众多的以习惯保有权持有土地的乡村人口。在英格兰西南部，以习惯保有权持有土地相当普遍，但随着时间推移，这种持有者人数减少得很厉害。在英格兰北部某些地区如兰开郡平原，到18世纪初以习惯保有权持有土地的乡村劳动者实际上已经消失，而在另一些地方则仍占主导地位。以习惯保有权占有土地的最常见形式便是公簿持有保有权。公簿持有农支付很低的年地租（称作法令地租、保留地租、清偿地租）。保留地租数额很低，一年只有6便士到2英镑3先令，而此时多种改进地租一年为3英镑至40英镑。公簿持有农支付的地租额在各地都由习惯法规定，庄园领主不得参加。但是，在租地每次转手时，无论是由后代继承还是转让，或是更新租契时，公簿持有农都得支付一笔数额较大的特别租费。特别租费的数额可以由习惯法规定，也可以与庄园领主谈判商定。在后一种情况下，大法官法庭的立法认为，它必须是"合理的"。领主不能违反继承习惯将它提得很高。在实际做法中，按领主意愿确定的地租很难超过在15世纪已经固定下来的一年至多年改进后的土地价值。在佃户死去时，需要向领主交纳租地的继承税，通常用农场的一头家畜或用一笔现金来代替。公簿持有农有义务参加庄园法庭，租佃权的改变需要在庄园法庭登记。在英格兰西部，许多公簿持有农还要承担多种数额不大的古旧的财政义务，如救助费、圣诞节交纳一两只阉鸡为形式的实物地租，或提供一点劳役。①

由于16世纪中叶至17世纪中叶固定地租的实际价值在下降，所以更新地契的特别地租不会上涨得太高。②到18世纪中叶，按习惯保有权持有土地的总量比1640年时要少许多。公簿持有农数量减少的一个原因是，租期为数代人的公簿持有农大多数转变成为租期为99年的租地持有农。庄园领主通过占有习惯保有地得到的收入非常低，他们希望改变这种保有权形式。③这个时期地主有两种做法：一种方式是向公簿持有农出售习惯保有地，授予其土地权，使之成为自由持有农；另一种方式是庄园领主买下佃户的公簿持有权，把习惯持有地转变为自营地。这两种做法都导致了公簿持有农的减少。④

第二种租佃制是按照领主意愿的租佃制，这种租佃制逐年确定佃户对租佃农场的占有和使用权，称"逐年租佃佃户"或"按领主意愿

---

① Christopher Clay, "Landlords and Estatement in England." in Joan Thirsk, （ed.）, Agrarian History of England and Wales, 1500–1640. Cambridge U. P., 1967. Vol. Ⅳ. pp. 199–200.

② Christopher Clay, "Landlords and Estatement in England." in Joan Thirsk, （ed.）, Agrarian History of England and Wales, 1500–1640. Cambridge U. P., 1967. Vol. IV. p. 202.

③ Christopher Clay, "Landlords and Estatement in England." in Joan Thirsk, （ed.）, Agrarian History of England and Wales, 1500–1640. Cambridge U. P., 1967. Vol. IV. p. 208.

④ Christopher Clay, "Landlords and Estatement in England." in Joan Thirsk, （ed.）, Agrarian History of England and Wales, 1500–1640. Cambridge U. P., 1967. Vol. Ⅳ. p. 208.

的租佃农"。这两种佃户之间存有差别。按照领主意愿租佃土地的佃户并不与地主签订成文协议，但这并不是意味着地主可以任意地随时把佃户从土地上赶走。地主可以在一年的收获期结束时，决定下一年是否仍让该佃户租佃土地，可以让佃户收割当年他种下的庄稼。当地主决定驱逐他们时，法律要求地主提前一季度通告佃户，以使他们有足够的时间找到另外的租佃农场。如果佃户种植的作物在地里还未收割，佃户可以要求补偿，而地主得对佃户做出补偿。在法律上，对按领主意愿租种土地的佃户的保护期限不超过下一年的米迦勒节租地日。对于这些"按领主意愿租种土地"的佃户，地主并不敢随意把地租提得很高。当地主猛涨地租时，这些佃户常常不交纳提高了的地租，而是断然弃租。而地主找到的代替其承租农场的佃户常常无力像老佃户那样经营租地，饲养更多的家畜，很好地施肥，开沟排水的灌溉，也不善于积聚资本应付困难。这样，遇到苦难年景就会失败。佃户展开斗争也会使地主处于困难境地。费茨威廉的管家就曾报告说，在北安普敦郡的密尔顿地产上，无法找到能代替离去者的佃户。[1]

第三种是租期为一年和数年的佃户。逐年租种土地的佃户与地主通常有正式的口头协议或书面协议。从理论上说，每年的出租在每个农业年度结束时由地主和佃户双方决定。但是在实际做法上，一年期佃户时常继续租用土地，持续一个长时期。布里斯托尔的伍尔诺思家族在格洛斯特郡伊斯廷顿的一个农场是逐年出租的。这个农场为一户佃户从父亲到儿子长期持续租种达半个世纪，直到1748年。租期为数

---

① Christopher Clay, "Landlord and Estate Management in England." Christopher Clay, "Landlords and Estatement in England." in Joan Thirsk, (ed.), Agrarian History of England and Wales, 1500-1640. Cambridge U. P., 1967. Vol. IV. pp. 210-211.

年的佃户和地主也有口头或书面的协议，但签订书面协议更常见。[①]

在收取盘剥性地租的租佃制中，地主和佃户订立的协议通常要写明对租地使用，如佃户耕种茬数的限制。[②]

在庄园内部进行圈地的过程中，便出现了领主部分改变租佃关系的情况。有的租地农成为按照领主意愿租佃土地的佃户，也有根据领主意愿租佃土地的佃户转为租地持有农的例子。从16世纪开始，许多公簿持有保有权被"有利可图的租地权"所取代。地主通过这种租佃权的建立，提高一次性收取租费的总额（即入地费），而以较低的年地租为代价。也可以将这种方法理解为领主从他的佃户那里预支钱。这种租地制使得佃户的地位正规化，并强制推行保有权条件。[③]

在莱斯特以南的大威格斯顿，这里有两个庄园。其中一个庄园在1586至1588年出售给习惯佃户，很可能是因为习惯地租数额固定，而物价上涨，领主的收入骤减，该庄园的绝大多数习惯佃户因此成为自由持有农。另一个庄园到1585年为约翰·丹弗斯所有。因为在他以后几年间庄园几次易手，情况混乱。他与他的佃户就公簿持有权发生争执。佃户们争辩说，给予他们的财产属于规定有固定入地费的可无条件继承的不动产。这实际上与自由持有保有权并无二致。约翰·丹弗斯称他们只拥有终身保有权。双方展开了法律诉讼，结果不明，似乎丹弗斯败诉。至1606年，该庄园土地出售给佃户。[④]

_____

① Christopher Clay, "Landlord and Estate Management in England." in Joan Thirsk, (ed.), Agrarian History of England and Wales, 1500-1640. Cambridge U. P., 1967. Vol. IV. pp. 212-213.

② Christopher Clay, "Landlord and Estate Management in England." in Joan Thirsk, (ed.), Agrarian History of England and Wales, 1500-1640. Cambridge U. P., 1967. Vol. IV. p. 217.

③ Mark Overton, Agricultural Revolution in England. Cambridge U. P., 1996. p. 154.

④ Mark Overton, Agricultural Revolution in England. Cambridge U. P., 1996. p. 155.

在北安普敦郡斯坦尼恩的厄普希尔庄园，1631至1635年把7户原租地持有农变为按领主意愿的租佃农。他们需对敞地上每英亩土地支付平均4先令的"新地租"，而对租用的牧场土地支付10先令。在狄恩庄园，绝大多数佃户在1635年按有利可图的租地制租种土地，而1642年的概览表明，此时他们已转为按领主意愿的租佃农。毫无疑问，租佃制的改制可使得领主取得更多的地租收入。例如，在1635年布鲁德内尔勋爵曾表示，通过租佃制的改变可以使他取得80英镑13先令4便士的收入。[1]在莱斯特郡的斯通顿庄园和克兰诺庄园，在1631年结束了有利可图的租佃制，改为按领主意愿的租佃制。佃户们现在支付的商业性地租每英亩土地为7先令，比先前支付的地租每英亩高出2先令至2先令6便士。在艾斯顿，1623年前后将按领主意愿租种土地的佃户改为租地持有农，地租率仍为每英亩2先令6便士未变。[2]

在公簿持有保有权向租地持有保有权转变过程中，地主常用的一种做法是把好地捡出和提高入地费，使之戏剧性地上升至习惯佃户无法接受的水准，而地主坚持说这种水准是合理的，最终使习惯佃户被驱逐。[3]领主滥用权力迫使佃户离开土地，或者迫使他们转为交纳盘剥性地租的租佃持有保有权。这种高压措施是露骨的和非法的。在17世纪佃户与领主的争端中，在法律理论上，法律是维护庄园习惯法的，佃户应当得到支持。但是，在法庭对入地费的"合理性"进行裁决的过程中，由于领主比佃户有更强大的财力，他们常常在法庭审理

---

① M. E. Finch, The Wealth of Five Northamptonshire Family 1540-1640. Oxford, U. P., 1956. p. 159.

② M. E. Finch, The Wealth of Five Northamptonshire Family 1540-1640. Oxford, U. P., 1956. p. 161.

③ Mark Overton, Agricultural Revolution in England. Cambridge U. P., 1996. p. 155.

中占有优势。所以，在某些情况下，改为租地持有保有权不利于习惯佃户的利益。①

到18世纪末，一部分英格兰乡村中，按长期租佃制来收取盘剥性的地租在土地经营中占据了主导地位。例如在希罗普郡、格洛斯特郡、白金汉郡和肯特郡便是这样。但调查也表明，各郡情况相差甚大。在库伯兰郡、伍斯特郡和贝德福德郡并未实行租地持有保有制，在另一些郡实行短期年租佃制。②

在18世纪，诺丁汉郡的大地主把长期租地制改为租期为一年的租地制度。从18世纪60年代到19世纪初，约克郡东区旧有的以7年为期限的租地制消失了。在整个南威尔士，以终身或数年为期限的租地制，在19世纪上半叶逐渐为租期为一年的租地制所取代。③根据18世纪末19世纪初农业部的报告，以一年为租期的租佃制在约克郡、伍斯特郡、莱斯特郡、北安普敦郡、亨廷顿郡、中塞克斯郡、伯克郡和萨默塞特郡广泛实行。④

18世纪末对中塞克斯郡农业进行的调查的约翰·密德尔报告说，一些贪婪的地主和他们拙劣的管家时常在租佃土地时实行极短的租佃期，例如为期一年的租期，以此来要挟盘剥租户。极短的租佃期使得农民不愿意向土地投入肥料，致使土地日益贫瘠。⑤有的佃户在租期结束前出于对地主的不满，采取破坏土地的办法，甚至引发了地主对

---

① Mark Overton，Agricultural Revolution in England. Cambridge U. P.，1996. p. 156.

② Mark Overton，Agricultural Revolution in England. Cambridge U. P.，1996. p. 156.

③ J. V. Beckett，"Landownership and the Estate Management." in G. E. Mingay，（ed.），Agrarian History of England and Wales. Cambridge U. P.，1989. Vol. Ⅵ. pp. 612-613.

④ J. V. Beckett，"Landownership and the Estate Management." in G. E. Mingay，（ed.），Agrarian History of England and Wales. Cambridge U. P.，1989. Vol. Ⅵ. p. 613.

⑤ John Middleton，General Views of the Agriculture of Middlesex. London，1813. p. 83.

农民的诉讼。例如，1802年赫里福德巡回法庭便审理过一起卡帕诉韦尔斯案。诉讼案中被告佃户在租期快满时，接到退租通知，他开始破坏自己先前租种了8年的租地。他掘翻草地，停止给农田施肥，在果园里把油桃树和桃树拔掉，并拔掉苗木，用他可能的一切方法进行破坏。他处于这样的观念，即一个根据地主意愿租种土地的佃户有权这样做。①

在另一些地方，地主对大租佃农场采取了租期为多年的租地制度，将它作为防止地租收入受损失的一种措施。1788年在霍克汉地产上，有39块租地的租期为21年，另外有18块租地的租期为18至20年。到18世纪末，这种形式在诺福克郡不受人欢迎，人们对这种租地制的信心也发生了动摇。到19世纪初年，对长期租地制的怀疑成为一股大潮流。到了拿破仑战争以后，土地所有者反对物价上涨，认为长期租佃制对他们提高地租的水平不利，这成为他们转而采取逐年租佃土地制度的主要原因。例如，在1795到1812年，科巴姆的达恩利勋爵把他在肯特郡的土地经营方式从租地持有保有制改为按领主意愿的租佃制，使自己能够增加地租收入。在19世纪的威尔特郡，长期租地制被短期租地制及租期为一年的租地制代替。及至1870年，以一年为租期的租地协议在威尔特郡已非常普遍。②

从对农业发展的作用而论，长期租佃制有其历史作用。为期21年或者为期三代人的租佃制对于农场经营和发展起了非常重要的作用，这种时间上的保证能够保证佃户投资于农场，让他们有时间改进土地

---

① John Middleton，General Views of the Agriculture of Middlesex. London，1813. p. 89.

② J. V. Beckett，"Landownership and the Estate Management." in G. E. Mingay，（ed.），Agrarian History of England and Wales. Cambridge U. P.，1989. Vol. Ⅵ. pp. 613-614.

和建筑房舍，同时可以确保地主能从对农场地产的投资中取得利润回报中的一部分，而短期租佃制度则不可能促使佃户向农场投入足够的资本。公簿持有保有权对于持有地稳定地耕作亦非常不利。但是，正如农业部组织的对库伯兰郡的调查报告所指出的，习惯佃户"看来继承了他们先祖的地产和他们对农耕的想法"。他们改变这种见解经历了很长的时间，直到1815年以后，绝大多数公簿持有农才发现这种持有土地的模式是不经济的。[1]这样，18世纪以来，为期三代人的租佃农场制逐渐被看作理想的土地制度模式。

　　但是，实行为期99年或三代人的租地制度也有困难和障碍，实施这种制度要求佃户牺牲目前利益以获取长远利益，这与佃户的利益会发生冲突。这种制度面临的另一个问题是其前提是列入租地契约名单中的人必须存活。在这种制度的实践中，地主还遇到很多问题，因为租户的租期是不确定的，不可能频繁地向佃户征收入地罚金。农场遭到过度垦殖，到租期临近结束时弊端成堆，而佃户用尽了获得的资本，除了支付地租外，不可能再做什么别的事。[2]到了拿破仑战争以后，尤其是到了19世纪20年代初的困难时期，长期租佃制实施的土地面积急遽下降，一蹶不振。尽管在诺福克、索福克郡和轻质土地地质的农场仍采用这种租佃形式，但在兰开郡和诺森伯兰郡都消失了。而每年更换契约的租佃制，则成为英国流行的租佃制形式。[3]

　　资本的投入是农业发展的重要前提，也是在地产的租佃农场经

---

　　① J. Bailey and G. Culley, General View of the Agriculture of the Country of Cumberland. p. 181.

　　② G. E. Mingay,（ed.）, Agrarian History of England and Wales. Cambridge U. P., 1989. Vol. VI. pp. 611−612.

　　③ F. M. L. Thompson, English Landed Society in the Nineteenth Century. London, 1968. pp. 229−231.

验中，地主和租佃农场主所面临的共同问题。在英国，土地所有者和租佃农场主在土地经验中有不同的责任分工。租佃农场主必须自己去寻找生产资本，包括生产工具、送货马车、大车、家畜、种子和肥料。有的时候，租佃农场主承担的责任更大些。如果租种一个较大的农场，租佃农场主便需要有较多的资本准备，而土地所有者要承担改良土地的责任。随着农业革命的开展，耕作技术和水平的提高，单位面积对资本准备的要求也日渐提高。原则上每英亩土地要准备1至4英镑的资金。例如，1771年，在埃塞克斯的东北部和西北部，每英亩土地需要的资本达到3英镑。而到1807年，在埃塞克斯的西北部，每英亩土地需要7英镑资金，在该郡东部，每英亩土地需要10英镑资金。从18世纪90年代到1814年，单位面积土地对资本的要求增加了25%至100%。[①]到1850年，每英亩土地至少需要8至10英镑资金，最好能有10至12英镑资金。[②]这样的资本标准绝非租佃农场主能够轻易达到的。

在佃户对农业经营保有的希望和持有的信心减退的情况下，租地农场持有人乐意接受将为期多年的租地制度改为为期一年的租佃制。他们这时不必担心自己在租期内改进农场的投资会遇到损失，因为各郡都有对土地租佃者的投资作出补偿的决定。例如，在约克郡西区，佃户在租种土地的最后一年，用于土地的种子和肥料将得到补偿。而在此之前一年投入租地的费用将补偿一年。在林肯郡，租佃农场主在没有成文的年度租佃契约的情况下也不担心。他们认为，强有力的地

① G. E. Mingay，The Agriculture and Revolution Change in Agriculture 1650－1880. London，1977. p. 4.

② G. E. Mingay，（ed.），Agrarian History of England and Wales. Cambridge U. P.，1989. Vol. Ⅵ. p. 609.

方习惯法和地主的声誉和诚意可以保证他们的安全。例如，1847年，特鲁斯索普的威廉·洛夫特接受了将其承租的500英亩荒原和500英亩以上的沼泽地的租期由14年改为1年。[①]到19世纪50年代初，在诺丁汉郡、萨里郡、苏塞克斯郡、肯特郡的森林地带、约克郡的西区和林肯郡，佃户的租佃权都得到了保证。[②]1864年，拉姆利家族在达勒姆郡、约克郡和林肯郡的地产上，实行了与佃户每年签订协议的做法。协议规定：有哪一方在下一处承担租佃关系，必须提前6个月通知对方，租地上的采矿权、伐木权和狩猎权均归地主。在约克郡，租地农场的租期从每年的2月2日开始，农场建筑的租期从每年的5月1日开始。在耕种土地前，需要订立书面协议。如果佃户无视签订的条款，需要罚款10英镑。地租每年交纳一次，土地租佃者需要负责除地主的财产税以外的其他一切支出。实行四圃制，不得连续两次种植小麦或玉米。在佃户离开租地时，佃户将按照当地习惯规定的条件得到他为改进农业所做投资的补偿。[③]

总的来说，在19世纪通过有效的规定租佃权的法令之前，地产租佃制的双方可以按照他们认可的条件自行确定租佃条件，在实施长期租佃制的地区，在租佃期满两年前双方进行谈判，避免突然"结束租佃农耕"。此外，在这两年中，租佃农场主可以自由地放纵自己去掠夺和榨取这些土地上的地力。此外，长期租佃制实行固定的货币地

---

① T. W. Beastall, "Landlord and Tenants." in G. E. Mingay, （ed.）, Victorian Countryside. London，1981. pp. 432-433.

② G. E. Mingay, （ed.）, Agrarian History of England and Wales, 1750-1850. Vol. Ⅵ. Cambridge U. P., 1989. pp. 616-617.

③ T. W. Beastell, "Landlords and Peasants." in G. E. Mingay, （ed.）, Victorian Countryside. London，1981. p. 431.

租，租佃双方中这方或那方常常会提出租款对自己一方不公正的问题。当价格上涨时，佃户可以获得利润，而在萧条加剧时期，只有通过地主自愿减租，佃户才能在灾难中得以幸免。长期租佃制度在农业波动和萧条加剧的情况下，明显对佃户不利。[①]

到了19世纪30年代，即便那些财力较丰厚的农场主，他们倾向把资金购买家畜饲料和肥料，不再把资金用于农场固定资产的投资上。1833年一位土地代理人写道："在贝德福公爵的地产上，晚近一直在开展大宗的排水工程，他给他的佃户砖石和木料去修排水道；但是，在那些地主无法承担开支的地方，则依然如故……佃户无力投资以改进土地，他们没有财力。"另一位威尔特郡的土地代理人报告说："排水工程过去一直进展得很迅速，而它现在停下来了，除非地主来完成它……我发现佃户不能总做这件事，除非允诺支付他们的部分开支或全部开支。"随着时间的推移，越来越无法指望佃户承担改善土地的工作，而地主只得承担提供农场固定设施的职能。[②]这种在农业投资上相互推诿的现象表明，英国大地产下的租佃农场制不适应于农业发展的根本性弊病和矛盾。

从19世纪初到19世纪中叶，是英国租佃农场制的繁荣时期。而在19世纪，英国租佃农场主的状况逐渐恶化，可以从约克郡霍克汉地产上的租佃农场主哈斯丁斯家庭的经营为例加以说明。1816年约翰·萨顿·哈斯丁斯承租了霍尔农场，他时年26岁。约翰的农场当时的面积为584英亩，到1850年该农场交纳的地租上升到606英镑。约翰·萨

---

① James A. Watson, Land Ownership, Farm Tenant, and Farm Labor in Britain. Agricultural History. Vol. 17. no. 2.（1943）. p. 75.

② F. M. L. Thompson, English Landed Society in the Nineteenth Century. London, Routledge and Kagan Paul, 1968. p. 237.

顿·哈斯丁斯在世期间，一直富于进取地经营农场。他死后，农场由其子约翰·哈斯丁斯接管租种，这时，谷物价格开始下跌。但是在19世纪60年代，家畜的产量一直在上升，饲养家畜的收入暂时弥补了谷物生产的不佳状态。约翰·哈斯丁斯维持着农场，他希望经营有所转机。他继续努力积累资金以支付高额的地租。但是，谷物低廉的价格在英格兰持续着，农场的处境不妙。1882年约翰·哈斯丁斯不得不告知地主，他欲在米迦勒节时中止农场租约，并要求得到一笔贷款使他得以把农场维持到那时。莱斯特勋爵面对众多佃户降低地租的要求，表示无法支付这笔贷款，同时要求约翰·哈斯丁斯继续留在农场上直到次年2月。1884年，约翰·哈斯丁斯死去，农场由其子继续租种。地主同意按5%利息借给他500英镑，并允许他抵押一部分家庭财产。1885年，该农场的租金最终从1013英镑下降到700英镑。但约翰·哈斯丁斯之子仍无力支付这笔地租。1887年，他已负债877英镑。他再次向地主提出退租。地主通过地产代理人要求坚持到次年米迦勒节。由于找不到新的租户，地主同意把农场的地租减至600英镑，外加21英镑的狩猎费。1888年，地主的地产代理人要求他继续经营农场。1891年他第三次提出退租。但地主找不到愿意承租的新的租户，在维持原地租额的同时，答应由地主承担修缮费，并在农场南角建筑新的养牛的院子等设施。1895年，在他退租的威胁下，农场的地租降低到477英镑。[1]

　　在约克郡霍克汉的地产上，租佃农场主的状况普遍不佳，只有极少数租佃农场主自己饲养牛或奶牛，这种萧条的状况使许多租佃农主

---

　　[1] S. W. Martin, A Great Estate at Work. The Holkham Estate in Its Inhabitants in the Nineteenth Century. Cambridge U. P., 1980. pp. 119-125.

破产。到19世纪90年代，农场难以出租。在1880年到1890年，有10个农场空出，无人租种。在1890年至1900年有18个农场空出。在1895年至1896年又有6个农场转手。①

在19世纪的租佃关系中，从土地所有者一方来说，他们希望找到或保留有资本、有农业技艺、勤勉且政治见解温和的佃户。地主不情愿那些能很好地租佃土地并按期支付地租的佃户离去。地主们竭力不驱赶佃户，特别是那些长期租种地产土地的佃户。因为在19世纪已难以找到好的佃户承租农场。莱斯特勋爵是个精明的地主，甚至当他把租额降低42%到56%，也无法留住佃户。从一般的佃户来说，他们在维持租期为一年的租佃制时，他们需要保证他们租佃者的地位，需要有一种有效的关于租佃权的制度，以增加他们投资改进租地农场的信心和积极性。而在莱斯特勋爵的地产上，佃户往往宁可让自己的儿子从事公职或自由职业，也不愿意让他们投资租地农场而赔本。②

19世纪在租佃农场制广泛存在的背景下，为了保证租佃农场主自身的权益，使其投入土地的资金在他们撤离农场时能得到补偿，从维多利亚中期展开了争取租佃权的运动，以争取通过有利于租地农场主权益的一般立法。在1847年和1849年，在伦敦农场主俱乐部支持下，伯克郡乡绅出身的议员菲利普·普西先后两次在议会下院提出议案。议案提出，在租地农场主意欲离开他租种土地的前3个月，需要向地主报告他向土地投入未消耗尽的资金额，以使他们的投资得到补偿。但这两项法案均未能在议会两院通过。1872年，诺福克郡富裕的农场

① S. W. Martin, A Great Estate at Work. The Holkham Estate in Its Inhabitants in the Nineteenth Century. Cambridge U. P., 1980. p. 110–111.

② S. W. Martin, A Great Estate at Work. The Holkham Estate in Its Inhabitants in the Nineteenth Century. Cambridge U. P., 1980. p. 111.

主克莱尔·休厄尔·里德和詹姆斯·霍华德向议会提出争取租佃权的法案，仍未能获得通过。[①]1875年通过了《农业持有地条例》，对于佃户改良设施的补偿予以法律化，并对退耕预先报告作出了规定。但是，这项条例具有很大的随意性，缺乏能对地主的实施补偿的强制性规定。1883年制定的《农业持有地条例》最终把地主对租地农场主的赔偿规定为强制性的。这项法令成为租佃权立法史上一个重要的转折点。[②]

然而，对租佃权立法的实施并未从根本上改变英国租佃农场主的窘困状态。在19世纪70年代开始的农业萧条时期，小农场遭到严重打击。里德报告说："在诺福克郡我们有大量的约曼，而他们在所有的人中遭到的打击最大。"租佃农场主也遭到沉重的打击，特别是那些资本较小的租佃农场主。[③]此外，19世纪英国雇佣劳动者的工资持续在上升，这使得租佃农场相应的劳动力开支增大。有人作过这样的计算，1866到1869年，奥佛曼支付的劳动力的工资平均每年增加了300英镑。1872到1881年，在奥佛曼的农场上，每英亩土地劳动力支出上升了5先令。1879年时，奥佛曼经营的1100英亩农场，支付的劳动力工资为2480英镑。[④]

到了19世纪80年代，英国地主和佃户的关系发生了变化。《秘密投

[①] Julian R. McQuiston, "Tenant Right: Farmer against Landlord in Victorian England 1847–1885." Agricultural History, Vol. 47. no. 2. (April 1973). pp. 95–113. See J. R. Fisher, "Landowners and English Tenant Right." Agricultural History, Vol. 31. no. 1. (1983).

[②] ［英］克拉潘：《现代英国经济史》（中卷），姚曾廙译，商务印书馆1975年版，第330页。

[③] S. W. Martin, A Great Estate at Work. The Holkham Estate in Its Inhabitants in the Nineteenth Century. Cambridge U. P., 1980. pp. 29–30.

[④] S. W. Martin, A Great Estate at Work. The Holkham Estate in Its Inhabitants in the Nineteenth Century. Cambridge U. P., 1980. p. 28.

票法》通过以及选举权的扩大，使得地主难以控制佃户。1880年通过的《狩猎法》，给予农场主宰杀捕获兔子和野兔的权利。取得初步胜利的租佃农场主开始在地租、租佃权、农作物栽培方面重新考虑自己的权利要求。而此时，英国政府和议会的注意力也不再过多地放在农村。面对着大量外国廉价的小麦进入英国市场，地主显得无能为力。地主对佃户退出的经济问题也束手无策。在这种背景下，租佃关系的双方位置发生了逆转，变得地主更依赖佃户而不是佃户依赖于地主。

1881年，地主爱德华·赫尼齐为改进农业技术花去100000英镑，但他只能按照1847年的水准来征收地租。他在1886年谈到他在林肯郡中央荒原大农场上的佃户时说："我担心即使在降低地租的情况下，我也会失去大农场上的某些佃户。"他还提到，与他邻近的农场主们"处在这种恐慌中，他们正在以任何价格出租土地，并给予佃户减少30%到40%的地租"。①

租佃农场主在自身状况每况愈下的情况下，越来越不愿意与地主合作。1890年，兰开郡租佃农场主有组织的斗争越来越激烈。1893年，在兰开郡租佃农场主协会的努力下，建立了"租佃农场主全国联盟"。这个联盟提出了实现稳定的持有权和公正的地租的要求。这一要求实质上是要把地主与佃户的关系确定为纯粹的商业关系，这便对乡村社会中地主的领导权提出了挑战。各租佃农场主的组织经过努力，1908年在"东盎格利亚农场主联盟"的基础上，创立了"全国农场主同盟"。地主及其代理人被排斥在这个同盟之外。②

---

① T. W. Beastell, "Landlords and Tenants." in G. E. Mingay（ed.）, Victorian Countryside. London, 1981, Vol. Ⅱ. p. 435.

② J. V. Beckett, "Land, Labor, Capital, Taxation." in E. J. T. Collins（ed.）, Agrarian History of England and Wales. Cambridge U. P., 2000. Vol. Ⅶ. pp. 744—745.

第三节 所有者持有的地产的扩大

从19世纪末到20世纪，英国所有者占有的地产比例有很大增长。以英格兰和威尔士的地产为例，1887年，在土地占有者中，所有者占据14.4%，他们占有的土地面积占土地总面积的5.2%（不包括部分所有租种者）。1891年，在土地占有者中，所有者占据14.6%，他们占有的土地面积占总面积的5.0%。1908年，在土地占有者中，所有者占据12.8%，他们占有的土地面积占总面积的12.2%。1914年，在土地占有者中，所有者占据11.3%，他们占有的土地面积占土地总面积的10.9%。1919年，在土地占有者中，所有者占据11.7%，他们占有的土地面积占土地总面积的12.1%。1922年，在土地占有者中，所有者占据5.1%，他们占有的土地面积占土地总面积的17.8%。从20世纪20年代起，种种原因致使农业土地所有权变得不那么有价值。大地产发生分裂，许多农场出售给居住在其上的佃户，致使所有者占有土地的人数激增。从1919到1927年，在英格兰和威尔士，所有者占有农场的人数从占有者的11.7%上升到36.6%。尤其是自第二次世界大战结束后，传统的土地所有者拥有的地产急剧下降，新的土地所有者的人数和拥有土地的面积激增。1927年，在土地占有者中，所有者的比例上升到36.6%，他们占有的土地面积占土地总面积的36.0%。1941年，在土地占有者中，所有者占据34.6%，他们占有的土地面积占土地总面积的32.7%。1950年，在土地占有者中，所有者占据39.0%，他们占有的土地面积占土地总面积的38.0%。1960年，在土地占有者中，所有者占据56.7%，他们占有的土地面积占土地总面积的49.2%。1970年，在土地所有者中，所有者占60.6%，他们占有的土地面积占土地总面积的53.1%。1975年，在土地占有者中，所有者占62.9%，他们占有的土地面积占总面积的53.7%。到1983年，在土地占有者中，所有者占70.4%，他们占有土地面积占土地总面积的60.2%。[①]

第四节　使用雇佣劳动力和不使用雇佣劳动力的农场

生产规模和使用雇佣劳动力的情况是衡量农业资本主义发展程度的重要标准。

1831年的人口统计表明，当年英格兰共有236343户从事农业的土地所有者，他们中有36%没有雇佣任何劳动力。其中有地理差别。在德比郡、拉特兰郡、威斯特摩兰郡和西约克郡，有50%以上的农场主没有雇佣任何劳动力。而在白金汉郡，有80%以上的农场主使用了雇佣劳动力，数量不小的这批小农场的主人更关心家庭的需要、邻里的义务，以及农产品贸易的利润。[②]

根据1851年人口统计资料和议会文件，我们可以了解此时英格兰各地和威尔士农场的规模和使用雇佣劳动力的情况。在英格兰东

---

① David Grigg, English Agriculture: A Historical Perspective. Oxford, Basil Blackwell, 1989. p. 104. Table. 8. 3.

② Mark Overton, Agricultural Revolution in England, The Transformation of the Agrarian Economy 1500-1800. Cambridge University Press, 1996. p. 178.

南部，占地100英亩以下的农场占农场总数的48.8%，占地500英亩以上农场的比例为22.2%，未雇佣劳动力或未说明没有使用雇佣劳动力的农场的比例为18.3%，使用两名以上劳动力的农场占农场总数的59.3%。在南密德兰地区，占地100英亩以下的农场占农场总数的44.5%，占地500英亩以上农场占农场总数的17.7%，未雇佣劳动力或未说明没有使用雇佣劳动力的农场占农场总数的17.5%，使用两名以上劳动力的农场占农场总数的62.8%。在英格兰东部，占地100英亩以下的农场占农场总数的53.5%，占地500英亩以上的农场占农场总数的18.9%，未雇佣劳动力或未说明没有使用雇佣劳动力的农场占农场总数的18.2%，使用两名以上劳动力的农场占农场总数的57.4%。在英格兰西南部，占地100英亩以下的农场占农场总数的60.8%，占地500英亩以上的农场占农场总数的8.6%，未雇佣劳动力或未说明没有使用雇佣劳动力的农场占农场总数的37.5%。在英格兰西北部，占地100英亩以下的农场占农场总数的86.8%，占地500英亩以上的农场占农场总数的0.8%，未雇佣劳动力或未说明没有使用雇佣劳动力的农场占农场总数的58.4%，使用两名以上劳动力的农场在农场总数中占的比例为15%。在约克郡，占地100英亩以下的农场占农场总数的73.3%，占地500英亩以上的农场占农场总数的4.8%，未雇佣劳动力或未说明没有使用雇佣劳动力的农场占农场总数的54.7%，使用两名以上劳动力的农场占农场总数的18.2%。在英格兰北部，占地100英亩以下的农场占农场总数的55.2%，占地500英亩以上的农场占农场总数的10.3%，未雇佣劳动力或未说明没有使用雇佣劳动力的农场占农场总数的47.2%，使用两名以上劳动力的农场在农场总数中占24.9%。

在西密德兰，占地100英亩以下的农场占农场总数的56.1%，占地500英亩以上的农场占农场总数的8%，未雇佣劳动力或未说明没有使用雇佣劳动力的农场占农场总数的34.6%，使用两名以上劳动力的农场占农场总数的36%。在北密德兰，占地100英亩以下的农场占农场总数的65.4%，占地500英亩以上的农场占农场总数的9.7%，未雇佣劳动力或未说明没有使用雇佣劳动力的农场占农场总数的46.5%，使用两名以上劳动力的农场占农场总数的25.8%。在威尔士，占地100英亩以下的农场占农场总数的71.9%，占地500英亩以上的农场占农场总数的3%，未雇佣劳动力或未说明没有使用雇佣劳动力的农场占农场总数的54.4%，使用两名以上劳动力的农场占农场总数的17.1%。[①]

1851年，在英格兰和威尔士，未使用或没有单独使用雇佣劳动力的农场为91698个，仅使用一个雇佣劳动力的农场为33465个，使用两个雇佣劳动力的农场为27949个，使用3个雇佣劳动力的农场为17348个，使用4个雇佣劳动力的农场为14109个，使用5个雇佣劳动力的农场为7622个，使用6个雇佣劳动力的农场为6449个，使用7个雇佣劳动力的农场为3849个，使用8个雇佣劳动力的农场为3806个，使用9个雇佣劳动力的农场为2423个，使用10至14个雇佣劳动力的农场为8632个，使用15至19个雇佣劳动力的农场为3221个，使用20至24个雇佣劳动力的农场为2073个，使用25至29个雇佣劳动力的农场为850个，使用30至34个雇佣劳动力的农场为721个，使用35至39个雇佣劳动力的农场为256个，使用40至44个雇佣劳动力的农场为275个，使用45至49个雇佣劳动力的农场为106个，使用50至54个雇佣劳动力的农场为132

① G. E. Mingay,（ed.）, Agrarian History of England and Wales, 1750-1850. Vol. IV. Cambridge U. P., 1989. p. 694. Table 7. 5. Size of Farms and Employment of Labour in 1851.

个，使用55至59个雇佣劳动力的农场为65个，使用60个或更多雇佣劳动力的农场为170个。

在索福克郡，不使用雇佣劳动力的农场为748个，占该郡农场总数的14.7%；使用一个雇佣劳动力的农场为686个，占农场总数的13.5%；使用两个雇佣劳动力的农场为650个，占农场总数的12.8%；使用3个雇佣劳动力的农场为482个，占农场总数的9.5%；使用4个雇佣劳动力的农场为468个，占农场总数的9.2%；使用5个雇佣劳动力的农场为321个，占农场总数的6.3%；使用6个雇佣劳动力的农场为268个，占农场总数的5.3%；使用7个雇佣劳动力的农场为170个，占农场总数的3.3%，使用10人以下雇佣劳动力的农场共有4147个，占农场总数的81.6%，使用10人以上雇佣劳动力的农场共有933个，占农场总数的18.4%。[①]

这说明，英国农业中资本主义雇佣剥削关系到19世纪中叶已有相当程度的发展，但已使用雇佣劳动力的农场不过占农场总数的一半稍多，其中还有相当一批是使用极少量雇佣劳动力的农场。这说明，纯粹家庭农场和把雇佣劳动力作为辅助劳动力的农场占农场的多数，即真正的资本主义农场只占农场的少数。这是在估计19世纪中叶英国农业资本主义发展程度时需要重视的史实。

① Howard Newby，The Deferential Worker. A Study of Farm Workers in East Anglia. London，Allen Lane，1977. p. 26. Table 5. Number of labourers employed on farms in England and Wales and in Suffolk，1851.

第十四章
近代土地法的几个问题

　　资产阶级革命在一国的胜利并不意味着资本主义经济已经确立，也不意味着资本主义财产关系业已成熟。同样，大规模资本的积累和工业革命的胜利作为一种经济史的事实也不等于资本主义财产关系的最后确立。马克思曾注意到资本主义私有制建立的复杂性。他说："以个人劳动为基础的分散的私有制转化为资本主义私有制，同事实上已经以社会生产为基础的资本主义所有制转变为公有制比较起来，自然是一个长久得多、艰苦得多、困难得多的过程。"①而英国在没有摧毁封建法律体系的情况下向近代社会过渡，在残存着相当的封建法律残余的背景下在农业和土地制度领域向资本主义关系的过渡，其农业发展的道路自然就更漫长、更艰巨。许多学者在描述英国近代资本主义发展的典型性时很少注意到这方面的历史事实。法律制度是一种社会经济制度的重要方面。对英国近代时期土地法和习惯作一粗略的浏览，对于理解这个时期农村土地关系的变化非常必要。

---

① [德] 马克思：《资本论》（第一卷），人民出版社1975年版，第832页。

第一节 革命时期的土地立法

在1640年开始的英国革命期间，长期议会及以后的护国政府颁布了一系列土地立法。这些立法剥夺了王室和王党的土地，在一个时期内造成了土地所有权的部分变动。

1646年2月，长期议会颁布法令取消监护法庭。这项法令宣布取消国王对贵族地产的监护和转让权，所有行封建臣从宣誓礼的领有土地者，所有通过罚款、特许、查封、赦免进行土地转让者，均取消一切附加费用。过去对国王履行骑士义务而领有土地者，现在成为土地的所有者。①以后，护国政府重申了这一法令。这项法令废除了地主对国王的封建臣属关系和义务。但是，革命时期并没有进一步废除农民对地主的封建义务，也没有废除地主的司法权，没有取消什一税。

长期议会颁布一系列法令，没收了封建贵族和王党的土地。1643年9月，议会颁布了扣押国王、王后和王子收入的法令，规定王室领地上的收入交由议会支配。1649年7月，议会颁布出售属于国王、王后和王子的领地、庄园和土地的法令。1653年11月，议会又颁布了出售王室拥有的森林的法令。此外，长期议会还没收了王党分子的土地和财产。1642年10月，议会决定没收"拿起武器帮助国王的罪犯"的收入。1643年3月，议会通过立法扣押声名狼藉的王党分子的土地。

---

① S. R. Gardiner,（ed.），Constitutional Documents of the Puritan Revolution，1625–1660. Oxford U. P.，1906. p. 290.

一切支持国王的人的地产，除留五分之一为其家庭维生外，均予没收。1650年6月以后，议会又数次通过出售未交纳罚款的王党分子的领地的法案，迫使王党分子再次大规模出售土地。从1651到1652年，议会多次通过法令，详细列出了其土地应出售的人的名单。其中一个法案中列举了74人的姓名，另一个法案中列举了29人的姓名，再一个法案中列举了678人的姓名。[①]但是长期议会和护国政府从未宣布封建地产为非法。几乎所有没收土地的法令在说明其原因时，都强调没收是为了解决议会军与王党作战的财政需要。例如1653年11月一项出售王室森林的法令便强调，作出这项决定是因为议会的事业"需要大量的财政开支"。[②]

长期议会还制定了没收教会土地的法令。1641年7月9日，下院决定没收14个主教的土地。1646年10月9日，长期议会取消大主教职，将其领地交给国家管理。1646年11月，通过出售大主教和主教领地的法令。1649年4月，议会取消了教长、牧师会成员和受俸牧师的职务和土地所有权。教会地产属于封建产业，但议会在没收上层教职人员的土地时，却把没收的原因归结为教士个人的罪行。[③]

总的来说，革命时期的土地立法使土地所有权发生了部分变化，共没收和出售了价值5500000英镑以上的土地，向王室罚款将近1500000英镑。[④]

---

① [苏]塔塔里诺娃：《英国史纲——一六四〇年至一八一五年》，何清新译，生活·读书·新知三联书店1962年版，第129页。

② C. H. Firth and R. S. Rait，（eds.），Act and Ordinance of the Interreganum 1640—1660. London，1911. Vol. Ⅱ. p. 783.

③ 如1641年9月9日的法令。参见Christopher Hill，Puritanism and Revolution. London，Lawrence and Wishart，1958. pp. 170—171.

④ C. Hill，Reformation to Industrial Revolution，British economy and society 1530—1780. London，Weidenfeld and Nicolson，1967. p. 116.

在长期议会通过的出售土地的法案中作出了这样的规定：如果该地产对除国王和王党外的任何人欠有任何债务，那么购买者就要对这个债主履行这些债务。大多数出售土地的法令给土地的直接租佃者以购买土地的优先权，这个优先权保留30天。土地的价格定为土地年收入的10倍，并且规定，买主在购买时须立即交付地价总额的50%，余下的在6个月内付清。许多出卖土地的法令，保留了国家的债主权利。他们借给国家的款项，在购买土地交款时扣除，有时还给予他们购买土地时仅次于直接租户的优先权。[①]地产所有者过去享有的一切特权、权利和惯例，也随同土地转归买主。这样，就形成了新的土地所有权和原先对农民的封建权利的结合。如果新的土地所有者购买的是教会土地，那么买主不仅可以获得土地及所属的全部财产，而且可以获得收取什一税和教会捐税的权利，推荐和任命神职人员的权利等，以及原先土地所有者在地产范围内的司法权。[②]

根据瑟尔斯克对英国革命时期出售没收土地的研究，在出售的295块地产中，由议会官员买下的为18块，由伦敦商人买下的为79块，由地方乡绅买下的为13块，由伦敦的乡绅买下的为7块，由地方的约曼和技工买下的为41块，由律师买下的为4块，由王党的代理人买下的为20块，购买者身份不明的为9块。在获得出售的王党封建地产的各社会集团中，伦敦商人买得的土地最多。[③]

---

① ［苏］塔塔里诺娃：《英国史纲———六四〇——一八一五年》，何清新译，生活·读书·新知三联书店1962年版，第129页。

② ［苏］塔塔里诺娃：《英国史纲———六四〇——一八一五年》，何清新译，生活·读书·新知三联书店1962年版，第130页。

③ Joan Thirsk, The Rural Economy of England. Collected Essays. London, 1984. Table1. p. 106；Table Ⅲ, p. 108.

出售的王党分子的土地，很多被原土地所有者的代理人买回。瑟尔斯克在研究中发现，在埃塞克斯、赫福德、肯特和萨里郡出售的土地中，有25%在当时又落到原所有者手中。在伯克郡、汉普郡、牛津郡和苏塞克斯郡，出售的没收土地有39%又落到原所有者手中。根据霍利戴的研究，约克郡出售的没收的王党分子的土地有67%被原主人买下。瑟尔斯克发现，到1660年，在东南各郡130个被1651至1652年的3个议会法令没收并加以出售的原所有者中，有不少于126人最终恢复了自己的地产。霍利戴发现，这一比例在约克郡更高。在上述3个法令没收的14个家族的地产中，只有一个家族没有恢复其地产。诚然，这些恢复了地产的王党分子并非都有能力持续保持原有地产，有的恢复其被没收地产者，以后又将其中一部分出售。[①]

到了17世纪50年代护国政府时期，议会曾建议公簿持有农取消封建宣誓这一做法，改为公簿持有农作一种简单的自白，说他从该地主处领有土地。当公簿持有农的土地转入另一个人手中时，地主任意征收的费用应当改为交纳一定数量的费用，等于该地段一年的地租。尽管公簿持有农多次提出要求废除公簿持有制这种土地领有形式，但是这种形式仍然存在。[②]

复辟以后，一切在革命中被没收的土地，都归还了原主，但在革命时期由地主自己出售的土地，则仍归买主所有。在这个问题上没有

① Christopuer Clay, "Landlords and Estate Management in England." in Joan Thirsk,（ed.）, Agrarian History of England and Wales 1650-1750. Vol. Ⅴ. Ⅱ. Cambridge U. P., 1984. p. 143. Joan Thirsk,（ed.）, Agrarian History of England and Wales. Vol. Ⅳ. p. 144.

② ［苏］塔塔里诺娃：《英国史纲——一六四〇——八一五年》，何清新译，生活·读书·新知三联书店1962年版，第113—114页。

恢复革命前的情况。①

议会在1660年颁布法令，完全取消了封建主与国王之间的封建依附关系。这个法令继续了1646年2月的法令的内容，取消骑士领地制，把过去为国王服役而领有的贵族领地，变成与国王没有任何封建联系的地产。②

总的说来，英国近代初期的土地法在理论上仍然承认中世纪保有权的框架，并且继续用传统的术语讨论他。爱德华·科克接受了利特尔顿和更早的布莱克顿的著作中对保有权的分类方法。近代英格兰的土地法的主要内容是围绕着五种保有权关系发展起来的，这就是骑士义务、无兵役租佃制、公簿持有保有权、教会永远所有的捐助产和租地者每年向国王交纳的军器赋。其中租地者每年交纳给国王的军器赋到了伊丽莎白一世时期已经消失。而教会所有捐助之产只与教会土地有关。骑士义务最终在1660年被取消。③17世纪英国革命以后，封建制度在严格意义上已经崩溃，但庄园体系一般说来仍然保存着。④18世纪法学家布莱克斯通指出了英国土地制度的若干荒谬之处，例如，在更新租契时要交纳特别地租，以及存在租地收回的制度。直到19世纪，英国土地法的概念和文字，都还是用封建语言写成。如同狄骥在1905年时所评述的，尽管此时英国已成为一个民主国家，但它的土地法仍还属于一个贵族国家。⑤

---

① [苏] 塔塔里诺娃：《英国史纲——一六四〇—一八一五年》，何清新译，生活·读书·新知三联书店1962年版，第172页。

② Act Abolishing Tenure by Knight Service, etc. in A. E. Bland, P. A. Brown, and R. H. Tawney, (eds.), English Economic History, Select Documents. London, 1914. p. 670.

③ Mildred Campbell, English Yeoman Under Elizabeth and the Early Stuart. Kelly, 1942. pp. 107-109.

④ Mildred Campbell, English Yeoman Under Elizabeth and the Early Stuart. Kelly, 1942. p. 107.

⑤ A. V. Dicey, "The Paradox of the Land Law." Law Quarterly Review, Vol. 21. p. 221.

第二节　土地继承制

社会的继承制度是财产从死去的人向活人转移的过程，特别是代与代之间财产转移的过程，这是财产关系的再生产的一个组成部分。[①]而土地继承制是土地制度史和农业经济形态研究的重要方面，它涉及不动产所有权的转移，土地是否资本化，以及土地市场的形成等诸问题。它是检验资本主义财产制度和经济自由原则是否形成的一个重要指标。这里就所及的资料，对近代英国的土地继承制稍加叙述。

大土地所有者授产的意图在各个时代都是相似的，他们希望自己在世时有最大限度的自由，同时希望在他们死后把土地财产保持在自己家族手中，但希望限制他们后代相关的自由。这就是英国中世纪限制继承权的原则，这体现在1285年的《赠与法》中。1285年的《赠与法》规定，赠与人的遗嘱必须得到执行，受赠人无权做出有损赠与人及其子女利益的转让。该法令还规定，通过在血统继承制中追索财产的令状，受赠人的继承人能从受让人手中重新取得让予物。对赠与人而言，他可以从大法官法庭取得令状。而且，这种称为"追索财产令"的令状，实际上与归还令状是相联系的。[②]

英国普通法关于继承的原则在诺曼征服后不久便建立，直到1925

[①] Jack Goody, "Introduction", in Jack Goody, Joan Thirsk and E. P. Thompson, (eds.), Family and Inheritance. Rural Society in Western Europe 1200-1800. Cambridge U. P., 1976. p. 1.

[②] [英] S. F. C. 密尔松：《普通法的历史基础》，李显冬、高翔、刘智慧、马呈元译，大百科全书出版社1999年版，第188页。

年被推翻。其首要的原则众所周知，即地产传递给长子，而排除其他同宗兄弟姊妹的继承权。其次的原则则不那么为人所知，即如果没有儿子，土地传递给女儿。这样，普通法给了男性以优先权，但只是有限的优先权。普通法把儿子置于女儿之上，而女儿位于旁系男性亲属之上。如果有几个女儿，她们有同等的继承权。在最初，女儿中只有一个有继承权，但到了12世纪中叶，这个规则有所修改，此后诸女儿有同等的继承权。[①]但是，在中世纪，在英国法律框架中，关于继承制不甚明了。14世纪以来，长子在继承制中处于优势地位，但次子有时也有收获。到了15世纪后期，虽然长子在继承制中的地位有所削弱，但长子继承制的优势地位没有遭到有力的挑战。到了16世纪，围绕继承制问题产生了争论。托马斯·斯塔基写了《枢机主教波尔和托马斯·勒普塞特的对话》（1532—1534）一书，在书中斯塔基批评长子继承制剥夺次子的继承权不正当。在这本书中，枢机主教波尔也对长子继承制表示强烈的不赞成，只有托马斯·勒普塞特支持长子继承制。他指出，在英国长子继承制渗透到等级社会中。到了17世纪30年代，约翰·塞尔顿肯定英国早期的继承实践。他认为，在各个儿子中分割财产，是英格兰早期萨克森人的习惯，诺曼征服后在肯特郡继续存在。[②]从宗教改革到17世纪英国革命，曾作出过平均分割继承的改革尝试，但是最终都失败了。

在莱斯特郡基布沃思哈科特教区，在16世纪，父亲倾向在死前不

---

① Eileen Spring, Law, Land, and Family. Aristocratic Inheritance in England, 1300-1800. The University of North Caroline Press, Chapel Hill & London, 1994. pp. 9-10.

② Joan Thirsk, "The European Debate on Customs of Inheritance, 1500-1700." in J. Goody, Joan Thirsk, and E. P. Thompson, (eds.), Family and Inheriyance. Rural Society in Western Europe 1200-1800. Cambridge U. P., 1976. pp. 183-191.

再放弃土地的权利；而寡妇则常常拥有土地数年，她主宰她家的房屋直到退休，那时，会给她一个安生之处，通常是一个带灶的房间和院内一个储藏物品的处所。在16世纪，在土地短缺的地方，在所有的儿子中平分土地会导致家庭持有地分成小块土地。土地再划分在经济上简直就是一种自杀行为。所以，不可能采取在诸子中平分土地的做法。我们在遗嘱中可以看到，得到土地的儿子则没有家畜和动产，家畜和动产转归其余的子女。例如，在1536年，罗伯特·史密斯只拥有半维格特的土地和价值13英镑的动产，他把土地遗产给了他的妻子和长子，而把他的动产给了他其余的儿子和女儿。他指令说："我希望我的子女们将共同留在我的房屋内，使用我留给年仅16岁的幼子的家畜。"1543年斯密顿的托马斯·斯蒂文森作出了类似的决定："如果我的任何一个子女离开了或者结婚了，属于他的那部分财产应当在其他子女中分割。"在基布沃思哈科特教区，土地继承制的基本原则仍是保持财产尽可能不被分割的原则。①

在无兵役租佃保有权实行中，根据普通法程序，一般由长子继承租田。但在某些地方，实行无遗嘱的死者土地均分制，即死者如果未留下遗嘱，继承者年满15岁以后，他们可以均分土地，在没有男性后代时，女性后代均分土地。无遗嘱死者的土地均分制在肯特郡、威尔士、东诺福克、波特兰岛、伦敦河谷、密德兰平原和北方诸郡实行。以后，亨利八世时期先后在威尔士和肯特郡取消了许多地产上的无遗嘱死者土地均分制，1601年在肯特郡取消了这种制度。②

---

① Ciecly Howell, Land, Family and Inheritance in Transition. Kibworth Harcourt 1280-1700. Cambridge U. P., 1983. pp. 260-261.

② Eric Kerridge, Agrarian Problems in the Sixteenth Century and After. pp. 34-35.

在17世纪初，伦敦在继承人中采取分割继承的方式。通常在支付了债务和葬礼的费用之后，把动产平均分成三份：一份给寡妇，一份在没有得到遗产的子女中平均分配，而另一份可作自由遗赠。这种做法长期以来使得伦敦富人的寡妇所得的遗产比她的女儿要多。到了17世纪后期，伦敦商人也不再采取分割继承的方式，而是逐渐采取乡村社会土地继承的方式。1692年和1696年在约克郡和威尔士乡村，立遗嘱的人可以自由地不受习惯的束缚，寡妇除了先父留给她的遗产外，还可以要求三分之一的遗产。这样，诸子所得的遗产减少。1724年，在上述地区，强制实行遗产均分的习惯被取消。以后，大地主没有采取任何有效的行动保证他们的次子分享他们父亲的财产。①

"以他们的名义和家族的名义"是17世纪和18世纪初的常用语，将主要的地产授予他的长子，限定他的继承权给年长者，有时也把地产分割开，授予他的末子。这是授产制度基本的做法，多年来变化极小。②在约克郡东区实施继承的过程中，授产是占统治地位的方式。如果一个土地所有者死时没有立下遗嘱，按照普通法，他的土地便要依照法律传递给他的长子，或最亲近的男性亲属，但是在约克郡东区继承实施过程中，后一种情况始终未发生过，也未发生过继承失败的事例。③

在约克郡东区，从1530至1919年的将近400年间，共有127起继承案。大地主在死后将他的地产遗留给他的继承人，没有一起地产继承

① J. P. Goody, "Patterns of Inheritance and Settlement by Great Landowners from the Fifteenth to Eighteenth Centuries." in J. Goody, Joan Thirsk, and E. P. Thompson, (eds.), Family and Inheritance, 1200-1800. Cambridhge U. P., 1976. pp. 225-226.

② Barbara English, The Great Landowner of East Yorkshire 1530-1910. Havester, 1990. p. 75.

③ Barbara English, The Great Landowner of East Yorkshire 1530-1910. Havester, 1990. p. 100.

案是在地主在世时进行的。在这127起继承案中，有78起是由儿子继承土地所有者的地产，占继承案的64.1%；有7起是由孙子继承土地所有者的地产，占继承案的5.5%；有7起是由女儿继承土地所有者的地产，占继承案的5.5%；有7起是由外孙继承土地所有者的地产，占继承案的0.8%；有11起是由兄弟继承土地所有者的地产，占继承案的8.7%；有4起侄子继承土地所有者的地产，占继承案的3.1%；有7起由姐妹的儿子继承土地所有者的地产，占继承案的5.5%；有1起由姐妹的孙子继承土地所有者的地产，占继承案的0.8%；有3起由叔伯继承土地所有者的，占继承案的2.4%；有7起由男性堂兄弟继承土地所有者的地产，占继承案的5.5%；有1起由养子继承土地所有者的，占继承案的0.8%。在继承案中，占主导地位的是男性亲属，而在女性亲属中，只有女儿可能继承父亲的财产。[1]

根据劳伦斯和珍妮·斯通的研究，从1540至1780年，在英格兰的赫德福德郡、北安普敦郡和诺森伯兰郡的362个乡村宅邸的2000个以上的所有者对地产的处置，平均有5%的地产传给了女儿，在另一张表格中，有8%传给了女性。[2]彼特·拉斯莱特根据对詹姆斯一世授封的准男爵的分析，得出结论说，在1610至1760年，每个世系有八分之一的父系继承中断。[3]

1702年，第九世德比伯爵死后，在他的女儿和继承人亨莉塔及他

① Barbara English, The Great Landowner of East Yorkshire 1530−1910. Havester, 1990. pp. 99−100. Table Relationship of great landowners to their successors.

② Eileen Spring, Law, Land, and Family. Aristocrayic Inherience in England, 1300−1800. University of North Caroline Press, 1994. p. 14.

③ Eileen Spring, Law, Land, and Family. Aristocrayic Inherience in England, 1300−1800. University of North Caroline Press, 1994. p. 15.

的兄弟和男性继承人第十世伯爵詹姆士之间展开了长时期的继承诉讼。直到1715年他们才接受了大法官法庭的裁决。克雷教授指出，在1670至1740年期间，女性继承人的数目有所增长，这个时期男性继承人占的比例在下降。[①]根据斯通的研究，在1840至1880年，在财产继承中，有10%的财产为女性所继承。[②]

封建继承法是封建经济的一种表现形式。大土地所有者为了他们自己的利益保存了指定继承制，使个人的财产转变为家族指定继承人的财产。他们在实行这种继承制之时，努力保持大地产的完整性，防止遗产的分散和地产的变小，以使地主集团保持自己的经济实力，为其继续控制政治权力提供一个经济基础。正如考茨基所评价的："在法国，革命彻底地扫除了封建经济即封建继承法。反之，在英国和德国的大土地所有者在资产阶级社会中还保持了极大的势力，这种势力有时表现于继承法的一种特殊形态。"[③]"只有实行土地的完全私有制，取消阶级和出生的特权，才能打破压迫农业经济和工业的封建锁链，并使农业经济能够继续向前发展。""有产者社会，不仅需要一切公民在法律面前平等，而且需要家庭内一切儿童的平等，也就是说，在儿童间平均分配父母的财产。"[④]

[①] J. P. Cooper, "Patterns of Inheritance and Settlement by great Landlords from the Fifteenth to Eighteenth centuries." in J. Goody, Joan Thirsk, and E. P. Thompson, (eds.), Family and Inheritance, 1200−1800. Cambridhge U. P., 1976. p. 229.

[②] L. and J. F. C. Stone, An Open Elite? England 1540−1880. Oxford U. P., 1986. p. 60.

[③] [德] 考茨基：《土地问题》（上卷），岑纪译，商务印书馆1936—1937年版，第285−286页。

[④] [德] 考茨基：《土地问题》（上卷），岑纪译，商务印书馆1936—1937年版，第282页。

第三节　19世纪对土地法的改革，公簿持有农的消灭

　　19世纪20年代，詹姆斯·汉弗莱斯对英国的不动产法提出了一系列的批评，同时他在提出的一个综合性法典的框架中纳入了改革的内容。他比同时代的法学家走得更远，建议给予终身佃户以严格授予的权利。边沁对汉弗莱斯的提议表示赞同。此后，根据布鲁姆1828年所作的著名讲演，成立了不动产委员会。不动产委员会在1829年、1830年、1832年、1833年先后提出了4份详细的报告，建议对不动产法实行温和的改革。1829年的第一份报告的内容涉及继承、遗孀产权、鳏夫产权、契约和更新租契时的地租收回、长期使用的权利要求和有效期限。1830年提出的第二份报告涉及关于土地的一般契约和文件的登记。1832年提出的第三份报告涉及保有权、随附的继承权、未来的利益和永久所有权，以及关于教会权利的条款和限制。[①]1833年提出的第四份报告涉及遗嘱和遗嘱检验。[②]从1829年的第一份报告中可以看出，"不动产委员会"对于土地改革的态度非常动摇和矛盾。这份报

　　① J. P. Cooper, "Patterns of Inheritance and Settlement by great Landlords from the Fifteenth to Eighteenth centuries." in J. Goody, Joan Thirsk, and E. P. Thompson, (eds.), Family and Inheritance, 1200−1800. Cambridhge U. P., 1976. pp. 225−226.

　　② Joan Thirsk, "The European debate on customs of Inheritance, 1500−1700." in Jack Goody, Joan Thirsk and E. P. Thompson, (eds.), Family and Inheritance, 1200−1800. Cambridhge U. P., 1976. pp. 183−191.

　　Cicely Howell, Land, Family and inheritance in Transition. Kibworth Harcourt 1280−1700. Cambridge U. P., 1983. p. 261.

　　A. W. B. Simpson, History of Land Law. Oxford, Clarendon Press, 1986. Second Edition. p. 274.

告中写道："我们得到令人满意的报告，对我们来说，不动产只需要很少的本质性变动。"除了在一些相对来说不那么重要的特例中，英国法看来几乎可以像任何人类制度那样期盼完善。与此同时，委员会的报告评述说，有关不动产转手的法律"极度地不完善"，因此需要进行"许多重大的变更"。造成这种不完善状况的原因很清楚，那就是曾经适合于现状并且理性化的规则和准则，在社会状况和财产状况已经变化的情况下依然如故。委员会指出："在封建时代非常有效的理论基础，看来在19世纪不再有效。现在出租和再出租的迂回方式本身，看来成为开支浩繁的原因。"①根据不动产委员会上述报告的内容，英国制定了6项立法，这就是：1833年的继承法令、1833年的获得和更新租契时交纳的地租及收回的法令、1833年的物权诉讼法、1833年的遗孀产权法、1837年的遗嘱法和1845年的物权法。②这些法令的通过，朝着确立地产的绝对财产权迈出了重要的第一步，是具有资本主义性质的土地法令。但是到此时，对英国土地法的资产阶级改造并未最终完成。

19世纪中叶，几乎在"反谷物法同盟"活动的同时，科布登和布莱特领导了一个激进的要求"自由的土地"的运动。到19世纪50年代，这一活动进一步发展。科布登在1864年说，"我须得承担亚当·斯密的责任"，"并且我恐怕要建立一个争取自由贸易的联盟，正如我的建立谷物自由贸易同盟一样"，"如果你也能够呼吁土地和劳动的自由贸易……那么，我说，那些人对英格兰所做的，恐怕比我通过

---

① A. H. Manchester, A Modern Legal History of England and Wales, 1750–1950. London, Butterworths, 1980. p. 303.

② A. W. B. Simpson, History of Land Law. Oxford, Clarendon Press, 1986. Second edition. pp. 276–278.

实行谷物自由贸易做得更多"。科布登展开了取消长子继承权、取消限定继承权和让渡权，以及使土地转手简单化的斗争，但取得的成就甚微。[1]在改革土地法要求建立土地的自由市场及土地转让简单化的压力下，1854年帕麦斯顿内阁时期，国家成立了专门的王室委员会。[2]1862年，根据威斯特伯里勋爵的法令建立了全国范围的土地所有权登记制度，规定在严格的检查后自愿登记土地所有权。此后，在1897年通过了土地转让法，实行了地产强迫登记制度。[3]

从19世纪50年代开始制定的一系列法令逐渐增大了终身佃户对土地的管理权。这些法令的实施，使终身佃户取得了相当大的管理权。1864年的土地改进法给予终身佃户以投资改进土地的权利。1856年和1857年给予终身佃户在法庭允许的情况下出售土地、分割土地的权利。1877年的法令进一步规定，佃户无须经过领主同意便可租种土地21年，但财产授予人可以剥夺终身佃户的这种权利。1882年的法令采取了更为大胆的步骤，把全部土地管理权交给终身佃户，而终身佃户可以不受束缚地自行使用这些权利。[4]

19世纪70年代，以张伯伦为首的激进派再一次提出自由土地的要求。张伯伦在1873年解释了他提出的自由土地意味着什么。他说："我赞成把土地从所有的束缚下解放出来，因为这些束缚抑制了土

---

① A. H. Manchester, A Modern Legal History of England and Wales 1750–1950. London, Butterworths, 1980. p. 305.

② A. W. B. Simpson, History of Land Law. Oxford, Clarendon Press, 1986, Second edition. p. 281.

③ A. W. B. Simpson, History of Land Law. Oxford, Clarendon Press, 1986, Second edition. pp. 282–283.

④ A. W. B. Simpson, History of Land Law. Oxford, Clarendon Press, 1986, Second edition. p. 285. 参见［英］克拉潘：《现代英国经济史》（中卷），姚曾廙译，商务印书馆1975年版，第326页。

地最大限度的产出。我赞成通过一切手段推进土地随时出售和转
手。""我赞成取消不合理的长子继承制的习惯法","我赞成取消限定
继承人的法律,因为为了设想中的不到150个家族的利益,全国有半
数的土地被束缚在那里。""其次,我赞成修订影响占用公地的法律,
由于需要根据公正合理的条件,为了人民确保这些残存的公地,并且
从国家那里拿出小块土地直接确保租佃权。""最后,我赞成给予每
个农场主以充分的租佃权,而不管任何租佃条件。这样将使得他们对
于给予他们的地产不断进行改进。"①与此同时,土地法同盟在1869
年宣布了这个组织努力的目标,包括:"推进土地的自由转手,确保
通过一项《无遗嘱地产法》;保留社会对于土地的权利,以及反对请
求颁布议会法以授权圈地的土地权,并反对把这些土地兼并到附近地
主的地产上的做法;推进适当的干涉私有权的措施,以便使劳动者和
土地耕作者在目前获得的土地上获得利益;致力推动对公共拥有的财
产的管理。"一批律师以极大的热情加入了这场辩论。王室法律顾问
约瑟夫·凯指出,运用现有的土地法在技术上非常困难,"甚至连律
师也难以理解"。J. F. 斯蒂芬认为,应当取消不动产与动产之间的区
别,地产法应当成为适用于所有财产的一般性法律,成功地实施这样
的变革可以使法律简单化。②

在19世纪,争取土地转让是立法改革的一项具体内容,这是朝着
确认土地绝对所有权的重要一步。早在1815年和1816年,萨金特·翁
斯洛和萨缪尔·罗米利爵士先后试图提出关于对契约进行一般注册的

① R. Douglas, Land, People and Politics. from A. H. Manchester, A Modern Legal History of England and Wales 1750-1950. London, Butterworths, 1980. p. 305.

② A. H. Manchester, A Modern Legal History of England and Wales 1750-1950. London, Butterworths, 1980. pp. 305-306.

法案，但可惜都没有成功。不动产委员会当然赞成这项计划。该委员会陈述说，在现有的制度下，主要的弊病是不能确保土地财产所有权的安全。为了确保所有权的问题，需要弄清产权问题。但这个过程花费甚大并且耽搁时间。委员会向人们描述了该如何建立这种注册制度。为了贯彻不动产委员会的提议，议会下院在1830年和1834年先后提出了7份法案。1845年和1846年，坎贝尔在上院也做了同样的尝试，但均失败了。到了1846年，上院一个专门委员会报告说，不动产转手过程中耗资甚大，有必要彻底地考察整个不动产的让与过程。该委员会认为，对所有不动产的产权进行注册是根本办法。于是，1847年建立了"注册和转让委员会"。1853年，克兰沃斯勋爵提出议案，专门委员会提议成立一个王室委员会处理这一问题。这个委员会于1854年成立，后于1857年提出了报告。该委员会在报告中陈述说，要找出持久性的方法来保护现存的土地所有权，希望找到一种土地注册制度，使得土地所有者能够以一种简易的方式来买卖土地。而就土地财产权而论，可以允许主体的性质有所差别。[①]

当时以委员会报告为基础提出了两项法案。一项是1859年的《所有权注册法案》，这项法案未能通过。另一项是韦斯伯里勋爵于1862年提出的《土地注册法》，结果这个法令未遭激烈抵制便获得通过。法令规定，国家保证进行登记的一切土地财产的所有权有效。但是，所有者首先有义务去证明他对自己土地有财产的所有权，而这种注册纯粹是自愿的。当时，许多地主在技术上无法很好地证明自己对土地财产的所有权，他们不情愿把这些事实公开，在这种情况下，很可能

---

① A. H. Manchester, A Modern Legal History of England and Wales 1750–1950. London, Butterworths, 1980. pp. 308.

他们的邻居会对土地的边界提出质疑。所以，当时人们对这一法令的实施热情不够。从1862年10月到1868年1月，申请地产所有权注册的只有507个。土地财产所有权登记的案例只有200个。[①]

1875年凯恩斯勋爵提出了《土地转手法》，几年以后实施这项法令，注册过程成为一种自愿的过程。此后，保守党财政大臣哈尔斯伯里勋爵在1897年成功地通过了《土地转手法》。这项法令规定，在数年之内，在全国进行强制性的地产注册。在土地法改革过程中，英国的土地所有者不情愿地进行了土地法的变革。他们害怕这些变革会影响到财产让与。他们不赞成任何把土地财产公开化的措施，他们认为这是土地所有者自己的事情。[②]

使公簿持有农获得公民权，这对公簿持有农至关重要。这可以使公簿持有农摆脱公簿持有权，转为拥有自由持有权。这样一来，公簿持有农对领主的全部义务便取消了。对他们起作用的就不再是庄园习惯法，而是适用于自由持有农的法律。因此，公民权是对公簿持有农最重要的、最有价值的权利。完成了这项工作，英国这部分农民才真正从法律身份上获得完全解放，成为严格意义上的自由农民。

授予公簿持有农以公民权一事，19世纪中叶方才提到英国政治经济生活的日程上来。1841年，英国议会通过了一项《公簿持有权法》，这项法令保证领主通过颁发证书授予公簿持有农以公民权，以及用地租折算公簿持有农的庄园义务。这种折算可以通过过去与任何单个佃户的协议作专门的折算，或是通过在领主和所有的或大部分

---

① A. H. Manchester, A Modern Legal History of England and Wales 1750−1950. London, Butterworths，1980. p. 309.

② A. H. Manchester, A Modern Legal History of England and Wales 1750−1950. London, Butterworths，1980. p. 310.

佃户之间规定的统一的折算方式来进行。1841年的法令开创了在领主和佃户达成协议后建立"公簿持有权委员会"的做法。在这项法令之后，又在1843年和1844年通过了两项法令，后者扩展了1841年法令的内容。这三项法令保证了自愿授予公簿持有农公民权的原则。①由于普通法不授予任何强制实施的权力，因此，授予公民权必须是自愿的，即通过领主与佃户双方的协议来确定，这是一种正式的成文契约，佃户必须支付一定的款项，协议上要写明公簿持有农交纳金钱的数额和取得的权利，这是领主通过协议出售自由持有权的形式。②

1852年制定的《公簿持有权法》，迫使领主的佃户通过告之第三者的做法，给予所有的公簿持有农或习惯持有农以公民权。③此后，1858年的《公簿持有权法》废除了统一折算的做法。1887年通过的法令修改了1858年的《公簿持有权法》，取消了一般的折算。此外，还取消了1853年通过的一个简短的法令。④

1887年颁布的《公簿持有权法》结束了新的公簿持有地的创设。这项法令第6条明确指出了这一点。以后，1894年的《公簿持有权法》第81条对这一条重新加以颁布。该条款指出，任何庄园领主不得再把先前非公簿持有权土地授予某人，让其持有庄园法庭簿册的副本

---

① B. W. Adkin, Copyhold and Other Land Tenure of England. London, the Estate Gazette, 1919. pp. 202-203.

② B. W. Adkin, Copyhold and Other Land Tenure of England. London, the Estate Gazette, 1919. p. 119.

③ B. W. Adkin, Copyhold and Other Land Tenure of England. London, the Estate Gazette, 1919. p. 119.

④ B. W. Adkin, Copyhold and Other Land Tenure of England. London, the Estate Gazette, 1919. p. 203.

而持有这块土地，除非领主事先取得农业渔业部的同意。①

　　授予公簿持有农公民权的权力机构几经改变，早先相关的权力先后属于1836年成立的什一税委员会，根据1841年的《公布持有权法》建立的公簿持有权委员会，以及与根据1845年的《一般圈地法》建立的圈地委员会合并而成的土地委员会。1889年，根据农业部的法令，土地委员会被取消，建立了一个新的机构农业部，接管了上述相关权力。1893年建立了农业渔业部。②

　　1894年通过了新的《公簿持有权法》，这项法令取消了先前已经失效的六个法令（1814年、1843年、1844年、1852年、1858年和1887年的法令），并取而代之。同时，1894年的法令取消了1860年的《大学和学院地产法延伸法令》，而在本法令中重新写进了它的主要条款。1894年的《公簿持有权法》适应于英格兰和威尔士的地产，而不适用于苏格兰和爱尔兰的地产，也不适用于王室、兰开斯特公爵、康沃尔公爵、宗教团体和宗教委员会的地产。它适用于所有公簿持有地和习惯自由持有地。③这项法令授予所有公簿持有地和习惯持有地的持有者以公民权，即在持有者支付适当的补偿金的情况下，这些土地转变成为正常的自由持有地。授予公民权可以通过协议来实行或强制实行。所有授予公民权的行为都要通过农业和渔业部批准。一般来说，一个人可以通过交纳不超过2至3次入地费的现金，而摆脱所有的

---

　　① B. W. Adkin, Copyhold and Other Land Tenure of England. London, the Estate Gazette, 1919. p. 119.

　　② B. W. Adkin, Copyhold and Other Land Tenure of England. London, the Estate Gazette, 1919. p. 204.

　　③ B. W. Adkin, Copyhold and Other Land Tenure of England. London, the Estate Gazette, 1919. p. 214.

负担。①根据这项法令，授予公民权的方式有了强制性的或自愿的两种。前一种办法是通过颁布一份强制授予的文告作为开始，以农业和渔业部的授予作为完成。自愿授予的做法由佃户和经过双方签订的一项协议作为开始，由农业和渔业部批准一项证书为完成。在强制性地授予公民权的过程中，佃户必须一次付给领主一批现金或4%的地租。在自愿授予时，允许有4种不同的方式，如付给领主可固定数目的现金或变化的地租，或是让出土地，或是让出开矿权，或是把荒地的权利让给庄园。②

根据农业和渔业部的报告，根据《公簿持有权法》，自1841到1914年，作出了23001件授予土地持有者公民权的决定。公簿持有农为取得公民权付出了2759092英镑，同时还支付给领主21248英镑和1388英亩土地作为补偿。1914年，又向农业和渔业部提出了169件授予权利的申请，其中49件的执行是无偿的。1919年农业和渔业部作出了对补偿修改的决定，鼓励授予公簿持有农公民权。③

1922年英国通过了《财产法》，该法规定所有的公簿持有地的持有者都被授予公民权，即公簿持有地成为自由持有保有地，实行无兵役租佃制。1922年这个法令开始生效，公簿持有保有权最终被取消。而公簿持有权附带的最后的封建义务在1935年被取消。④

---

① B. W. Adkin, Copyhold and Other Land Tenure of England. London, the Estate Gazette, 1919. p. 216.

② B. W. Adkin, Copyhold and Other Land Tenure of England. London, the Estate Gazette, 1919. pp. 219-220.

③ B. W. Adkin, Copyhold and Other Land Tenure of England. London, the Estate Gazette, 1919. p. 120.

④ Sir Robert Megarry and W. R. Wade, The Law of Real Property. Stevens and Sons. 1984. pp. 32-33. Stanberg's Dictionary of British History. London, 1970. p. 87. J. P. kenyon, (ed.), A Dictionary of British History. London, 1981. p. 92.

第十五章
土地经营的规模：小租佃农场和
小土地所有者的衰落

　　19世纪中期以来，英国农业史的历史编纂学的一个讨论热点便是土地经营的规模和小土地所有者消失的问题。自1909年阿瑟·H·约翰逊发表《小土地所有者的消失》一文以来，1904年德国学者列维出版了《大小持有地，英格兰农业经济学研究》（随后于1911年出版英译本），到1987年戴维·格里格在《农业史评论》上发表《从早期维多利亚时代到现今英格兰和威尔士农场的大小》一文为止，相关的讨论源源不绝。其中马克思关于英格兰自耕农消失的观点在中国影响很大。两极分化问题，曾成为第二国际时期马克思主义者和伯恩斯坦争论的一个焦点，在理论界也为人关注。

　　16世纪至17世纪，英格兰各地形成了一批小租地农场。在17世纪，在牧羊业和谷物混合产区，每户农家通常持有10到50英亩土地，并拥有共有权。这类家庭构成柴郡和希罗普郡乡村团体的核心。这些家庭农场有的为自由持有地，更普遍的为租地持有地，租期为3代人。租地持有农通常有权出售他们的租地，有权利转租他们的租地，并有权利增加他们认为合适的新的承租人。在密德兰地区西部，到1700年时，劳工占到人口总数的三分之一到二分之一，但对家庭农场的最大威胁来自上层。总的来说，在这个地区，与家庭农场相伴随的传统放牧经济在1640到1750年仍然残存着。到18世纪中后期，为期3代人的租地制消失了。小块租佃地并入了面积在300到400英亩的大农场。①

在北伍斯特郡，有大批小农场，平均面积为40英亩大小，适合于奶业。②在密德兰西南部格洛斯特河谷地区，是畜牧业和农业混合地区，这里的农村面积都很小。例如，马格里特·弗兰库姆直到1688年一直在奥尔维斯顿教区的托金顿务农，他的畜群包括72头奶牛、阉牛和小牛，但是他只有19英亩耕地。直到1719年，亨伯里的约翰·布莱克专门从事奶业，并饲养牲畜供宰杀。他放牧了25头奶牛、5头小奶牛和牛犊、16头阉公牛、1头公牛，另外耕种了7英亩农田。③在阿希彻奇教区的诺思维和纳顿，有8户习惯持有农，他们持有土地面积最大的为62英亩。1666年时地租为5英镑13先令8便士。④在迪安森林的纽兰德教区的克利尔韦尔，农场主亨利·摩根在1648年有了32头牲畜和124只羊，还有12头猪、2匹小马和2匹小公马，但种庄稼的可耕地

① David Hey, "The North-west Midland." in Joan Thirsk, (ed.), Agrarian History of England and Wales 1650-1750. Cambridge U. P., 1984. Vol. V 1. p. 149.

② Joan Thirsk, The South-West Midlands. in Joan Thirsk, (ed.), Agrarian History of England and Wales 1650-1750. Cambridge U. P., 1984. Vol. V 1. p. 186.

③ Joan Thirsk, (ed.), Agrarian History of England and Wales 1650-1750. Cambridge U. P., 1984. Vol. V 1. p. 187.

④ Joan Thirsk, (ed.), Agrarian History of England and Wales 1650-1750. Cambridge U. P., 1984. Vol. V 1. p. 188.

只有24英亩。^①

在诺斯伯兰郡和达勒姆郡的彭宁山脚下，绝大多数农耕农场是中等大小的，这里的高地农场平均年产出在40至60英镑之间，位于山脚下的农场平均年产出为80至100英镑。在1640至1750年这个时期，他们变化不大。当然，也有的农场要大些。例如，爱德林汉的亨利·奥格尔的农场和西惠平顿的托马斯·斯科林的农场，谷物和牲畜的年价值达350英镑。而在山脚下的小农场，年产出只有3至4英镑。在低地地区的农场规模比山地和山脚下的农场规模要大，谷物和牲畜的年产值超过100英镑。^②

在约克郡南部，水手威廉·米德尔布鲁克是一个富裕的农场主，家畜年价值为77英镑5先令6便士，其他地产价值超过110英镑，现金加利息共达到280英镑，到期该归还他的债务为66英镑。坎普塞尔的乡绅托马斯·亚普勒有20头菜牛、12头牛、1头公牛、10头乳牛、9匹阉马和母马、172只羊。另一位乡绅乔治·布莱德温有15头菜牛、6头阉牛、2匹马、3匹母马、2只驹子、122只羊。^③特伦特河上萨顿庄园的乔治·希特是一个较富裕的农场主。1717年8月他的财产清单上说他全部的财产收入为437英镑6先令9便士，他主要靠奶业和饲养肉用家畜致富。特伦特河上另一个诺丁汉的农场主，卡科斯顿的威廉·布雷特的账上年收入达205英镑，他致力于奶业，1748年他有14头乳

① Joan Thirsk，（ed.），Agrarian History of England and Wales 1650-1750. Cambridge U. P.，1984. Vol. Ⅴ 1. p. 192.

② Paul Brassley，"Northumberland and Durham." in Joan Thirsk，（ed.），Agrarian History of England and Wales 1650-1750. Cambridge U. P.，1984. Vol. Ⅴ 1. pp. 35-36.

③ G. E. Mingay，"The East Midland." in G. E. Mingay，（ed.），Agrarian History of England and Wales 1750-1850. Vol. Ⅵ. i. Cambridge U. P.，1989. pp. 80-81.

牛、5个干草堆,他的仓库中贮存了1200块奶酪。①

小农场主的例子很多。诺丁汉郡沃尔德的威洛比的约翰·帕尔默在1698年时,地里的庄稼价值35英镑,家畜值42英镑10先令,他的全部财富为105英镑10先令。韦萨里附近的理查德·史密斯有8头乳牛、2头牛仔、3头小母牛、80只羊、5匹母马、2匹骟过的马,另有2匹公马。他的可耕地上的庄稼值50英镑,仓库中囤积的粮食共值10英镑8先令,他全部的谷物价值为180英镑11先令。诺丁汉郡西哈顿的威廉·克拉克则比史密斯富,1746年时他全部谷物值56英镑12先令6便士。他有28只羊和15只羊羔值13英镑5先令,有2匹马值8英镑10先令。他种草和谷物的土地值10英镑,他仓库中贮存的豆类、谷物、干草等共值13英镑。②东密德兰沼泽地上绝大多数农场是小农场。在17世纪90年代一般大小的农场上羊群有36只羊、9头母牛、4匹马、4头猪。17世纪30年代到90年代中等大小农场耕地平均为13.5英亩,土地不多。③

在东密德兰的沼泽地有较大的农场。例如,韦尔顿勒马什的福恩森·马金德,他养了691只羊,1748年时他的全部畜群价值580英镑11先令6便士。他还养了20头牛、11匹马、6头猪,种植菜籽和芜菁。威瑟恩的约翰·安布罗斯·埃瑟林顿,1665年共出借65英镑4先令现

---

① G. E. Mingay, "The East Midland." in G. E. Mingay, (ed.), Agrarian History of England and Wales 1750−1850. Vol. Ⅵ. i. Cambridge U. P., 1989. p. 103.

② G. E. Mingay, "The East Midland." in G. E. Mingay, (ed.), Agrarian History of England and Wales 1750−1850. Vol. Ⅵ. i. Cambridge U. P., 1989. p. 104.

③ G. E. Mingay, "The East Midland." in G. E. Mingay, (ed.), Agrarian History of England and Wales 1750−1850. Vol. Ⅵ. i. Cambridge U. P., 1989. p. 113.

金，他还有其他可收回的利息等共60英镑。①

在东密德兰，绝大多数农场主持每年的协议或按领主的意愿租种农场，特别是那些大土地所有者属下的小佃户更是如此。他们很少有人转让自己的租地农场。在某些地区，特别是舍伍德森林，有一定数量的公簿持有农，但在这个地区，公簿持有农不普遍。农场租期是地主与相关佃户谈判的一个主要内容。地主为防止落入不能胜任的名声不好的佃户手里，常常把农场租期定得较长，而租给一个名声较好的租户。而租户出于自身的利益则不愿意长期承租。因此，便有1712年靠近奥卡姆的利氏地产的管家安德鲁·洛夫调查现有佃户中是否有人愿意长期承租农场的事例。他认为这是改进农场的最好办法。但他发现，只有两户佃户愿意以21年租期长期租种农场，而另两位佃户愿意以11年的较短租期承租农场。②绝大多数村庄有两个大土地所有者，同时还有相当数量的小自由持有农。租地农场主通常从不止一个大地主处租种土地。此外，也有相当数量的自由持有农从大地主手中租种部分土地。在诺丁汉郡的伊克林教区，金斯顿公爵拥有1011英亩土地，租种他的土地的有21个佃户。乔治·萨维尔爵士拥有753英亩土地，租种他土地的有30个佃户。另有37个自由持有农租种余下的633英亩土地。有的村庄有大批独立的自由持有农。例如，在拉克斯顿教区，1732年有57户自由持有农，他们共持有1365英亩土地，超过教区

① G. E. Mingay, "The East Midland." in G. E. Mingay, （ed.）, Agrarian History of England and Wales 1750-1850. Vol. Ⅵ. i. Cambridge U. P., 1989. p. 113.

② G. E. Mingay, "The East Midland." in G. E. Mingay, （ed.）, Agrarian History of England and Wales 1750-1850. Vol. Ⅵ. i. Cambridge U. P., 1989. pp. 113-114.

土地的一半。[①]

    在农业史研究中，由于缺乏详细的单个农场经营的档案资料，只能根据农场的规模即田亩数来区分或判断该农场完全是家庭农场还是使用雇佣劳动力的资本主义农场。各种信息表明，一个农民家庭可以在不雇佣劳动力的情况下，耕种50至60英亩大小的农场，而耕种面积超过100英亩的农场则必须使用雇佣劳动力。可以粗略地说，非资本主义化农场的面积不超过60英亩，而面积在100英亩以上的农场必定使用雇佣劳动力，而面积在60到100英亩农场则属于这两种类型之间的过渡型的农场，它们几乎同等地使用家庭劳动力和雇佣劳动力。阿瑟·杨试计算过多种类型的农场所需要的劳动力。他的计算表明，可耕地面积在8到25英亩的农场几乎不耗用劳动力的时间。面积为36英亩的可耕地农场，除了在收获季节外，可以由一个劳动力耕作。一个成年劳动力在耕种50英亩可耕地农场时，用去52%的劳动时间。当然，这里没有计算进去妇女和儿童的劳动。[②]

    及至近代，乡村无地劳动者增加，小农场主的数量减少。这个现象从马克思时代开始便引起了人们的极大关注。人们给这一现象贴上了不同的标签。有的称之为"小土地所有者的衰落"，有的称之为"小农场主的衰落"，有的则称之为"农民的消失"。正如欧弗顿教授指出的，对于这种现象多种多样的标签表明了人们对于这个需要调

---

① G. E. Mingay, "The East Midland." in G. E. Mingay, (ed.), Agrarian History of England and Wales 1750-1850. Vol. Ⅵ. i. Cambridge U. P., 1989. p. 116.

② Arthur Young, The Farmer's Guide in Hiring and Stocking Farms. London, 1970. from Richard Allan, Enclosure and the Yeoman, the Agriculture Revolution of the South Midland 1450—1850. Oxford U. P., 1992. p. 51.

查的问题的性质模棱两可。[1]

自17世纪末以来，合并为大地产和小土地所有者迅速消失的过程加速进行。[2]相关的证据来自当时人的陈述和统计资料两方面，而对当时人的叙述必须小心谨慎。约翰逊对英格兰一些郡的教区作了比较研究。他把都铎王朝和斯图亚特王朝对牛津郡24个教区的概览与1785年土地税征收资料比较后得出结论，在16世纪和17世纪，当地持有土地在100英亩以下的有482户自由持有农、公簿持有农或终身佃户，他们共持有土地13674英亩，即平均每户为28英亩。而到1785年，他们减少到212户，共持有4494英亩土地，平均每户21英亩。即他们在户数上减少了一半，持有土地的总量减少了三分之二。

在格洛斯特郡的10个教区，16世纪到17世纪持有土地者在100英亩以下的为229户，他们共持有土地6458英亩。而1782到1785年，持有土地者100英亩以下的只剩下80户，他们共持有土地1104英亩。即持有土地者100英亩以下的人数减少到原来的三分之一，持有土地总量为原来的五分之一。[3]

在另外6个郡的15个教区，在亨利八世统治时期，有472户自由持有农或公簿持有农，59户茅舍农，而到1786年前后，土地占有者减少为92户，茅舍农减少为35户，而土地所有者减少为225户。[4]

在牛津郡的301个教区中，不少于96个教区根本没有土地所有者，在另外75个教区中，土地所有者的数目低于6户。1753年，在肯特郡的40个教区中，有10个教区没有土地所有者占有土地，在13个教

---

① Mark Overton，Agricultural Revolution in England. Cambridge U. P.，1996. p. 171.

② A. H. Johnson，Disappearance of the Small landowner. Oxford U. P.，1909. p. 128.

③ A. H. Johnson，Disappearance of the Small landowner. Oxford U. P.，1909. pp. 132-133.

④ A. H. Johnson，Disappearance of the Small landowner. Oxford U. P.，1909. p. 133.

区中土地所有者低于6户。1712年，在诺福克郡25个教区中，有两个教区没有土地所有者，有7个教区土地所有者的数目在6户以下。从1760年到1785年，在牛津郡的8个教区中，土地所有者的人数从69户减少为41户。①从1772年到1802年，在牛津郡的21个教区中，拥有土地在6英亩以上的土地所有者的数目从219户减少到203户，拥有土地在6英亩以下的则从4户增加到37户。②

18世纪末到19世纪初，根据农业部的调查，土地兼并和圈积活动在贝德福郡、柴郡、德文郡、多塞特郡、希罗普郡、斯塔福德郡和威尔特郡引人注目。但是，小农场在康沃尔郡、库伯兰郡、德比郡、德文郡、肯特郡、兰开郡、中塞克斯郡、诺丁汉郡、牛津郡、拉特兰郡、希罗普郡、萨里郡、苏塞克斯郡、威斯特摩兰郡、伍斯特郡、约克郡北区广泛存在。③在威尔士，特别是在威尔士南部持续存在。④

事实上，500英亩以上的农场主要存在于南密德兰地区、东盎格利亚地区和南部诸郡。而为数在100至150英亩或为数更小的租佃农场则在英格兰西北部、英格兰西南部、北密德兰地区、威尔士和林肯郡沼泽地带占主导地位。⑤

在英格兰，很少有土地被拿到土地市场上去出售，英国绝大部分土地是限定继承人的，所有者有义务在他死后原封不动地把地传递给

---

① A. H. Johnson, Disappearance of the Small landowner. Oxford U. P., 1909. pp. 135-136.

② A. H. Johnson, Disappearance of the Small landowner. Oxford U. P., 1909. p. 150.

③ G. E. Mingay, (ed.), Agrarian History of England and Wales 1750-1850. Cambridge U. P., 1989. Vol. VI. pp. 607-608.

④ R. J. Colyer, "The Size of Farms in the Later eighteenth and early nineteenth Century Cardiganshine." Bulletin of the Board of Celtic Studies, XXVII, 1976. p. 119.

⑤ G. E. Mingay, (ed.), Agrarian History of England and Wales 1750-1850. Cambridge U. P., 1989. Vol. VI. p. 609. [英]克拉潘：《现代英国经济史》（上卷），姚曾廙译，商务印书馆1964年版，第149-151页。

他的长子或其他法定继承人。众多土地所有者无法出售土地，而只能购买土地，以至于土地所有权长期为极少数人掌握。可以说，英格兰有50%的土地为2000至3000人所有。由于提供给市场的土地很少，所以土地价格很高。①小农业经营者没有资本去购买土地，而只能租种一块小持有地。

把大农场划成小农场而发展小租佃农场，也造成土地所有权方面的问题。②这取决于大地主是否愿意形成小农场。因为在开始时需要建立农场住宅以及供水系统等，这需要耗费巨大的资金，所以他们不愿意这样做。如果这样能获得可靠的更大的利润，他们愿意为此筹措资金，但实际上很难办到。所以从经济上考虑，大地主不愿意这样做。③对地主来说，小土地持有制不如大土地更有利于运动和狩猎。许多思想保守的地主怀疑，把大土地切成小块，会削弱他们的影响力。④

弗兰德斯·钱宁爵士曾说："这是一个极端奢侈的年代。在此时，极富有的人为了社会尊严而买下地产，而根本不考虑附着在土地所有者身上的民族受托人的职责。他们许多人，对运动的热情超过了其他，而对土地再分割设置许多障碍，因为这种做法危及狩猎射击的乐趣。"而大农场主本人也反对把土地分成小农场租给农业劳工。因

---

① Hermann. Levy, Large and Small Holding. A History of English Agricultural Economics. London，1966. pp. 118-119.

② Hermann Levy，Large and Small Holding. A History of English Agricultural Economics. London，1966. p. 119.

③ Hermann Levy，Large and Small Holding. A History of English Agricultural Economics. London，1966. p. 120.

④ Hermann Levy，Large and Small Holding. A History of English Agricultural Economics. London，1966. p. 121.

为拥有大农场会增强他们与大地主和土地代理人抗衡的基础。他们还认为分成小块土地出租会使劳工过于独立，会导致他们更多的靠耕作分得的土地来为生，而不是依靠大农场主。[①]

19世纪末在乡村中存在大量茅舍农，他们往往没有土地或共有权。他们中许多人一直以农业劳动力的身份生存着。此外，还存在有大量的"农场仆役"，他们居住在农场的房屋内。托马斯·斯通记叙道："一般说来，（他们）经营共有地农场，他们不占有任何土地。"[②]

人们时常指出，农民并没有在他们的土地上被驱赶走。小土地所有者的数目已经大量减少，但相当较多的小佃户仍然存在。1886年的统计资料表明，英格兰所有持有土地的人士中，有66%的人持有的土地面积在1至50英亩之间，而这并不包括多由农业劳工持有的大量划成小块出租的土地。在19世纪末20世纪初，一般讲的"小持有地"（small holding）是指那些在1到50英亩之间的土地，[③]而"小块园地"（allotment）是指那些在1至5英亩之间的土地。[④]

从18世纪中期以后，英国朝野不少人士主张在发展有利可图的大土地所有制的同时，把小块持有地租给乡村劳动者，以维持他们的生存。1775年纳撒尼尔·肯特在谈到大农场的必要性的同时，倡导小土地持有制。他最先倡导"三英亩地和一头牛"，即在给勤勉的乡村劳

---

① Hermann Levy, Large and Small Holding. A History of English Agricultural Economics. London，1966. p. 122.

② Hermann Levy, Large and Small Holding. A History of English Agricultural Economics. London，1966. p. 263.

③ Hermann, Levy, Large and Small Holding. A History of English Agricultural Economics. London，1966. p. 263.

④ Hermann Levy, Large and Small Holding. A History of English Agricultural Economics. London，1966. p. 264.

工以茅舍外，乡村劳工还应当有3英亩牧场和一头乳牛，同时至少有半英亩的菜园。[①]温彻西伯爵也倡导向农业劳工提供土地，让他们在靠近房舍附近被圈占的草地上拥有园圃，并养一头或几头母牛。阿瑟·杨在他晚年也倡导小块持有地，他还认为拥有一头牛和足够的牧场比小块持有地更有利于农业劳动者。弗里德里克·埃登爵士则希望留有足够的土地和牧场使他能养一两头牛，同时还有猪、家禽，可以生产马铃薯以满足家庭每年的需要。[②]

1769年，托马斯·巴纳德和威廉·威尔伯福斯等人创办了"改善贫民状况会社"，致力于为贫民提供小块土地，但没有成功。[③]

1800年，农业部提供的奖项有两项金奖，一项金奖是给予在地产上建筑更多地提供给劳工的茅舍的人，每座茅舍有适当的土地可饲养一头牛，同时还包括好的菜园，另一项金奖给那些在全王国能为农业劳工提供小块土地的人。农业部此时主要由地主组成，这项措施反映了他们的意见。

在1801年通过的《一般圈地法》中，第13条款规定，从圈地费用中拿出一部分提供小块的园地，在公地中用蓝色木桩围圈起用做放牧的土地安置他们。

1806年威尔特郡布罗德萨默福德的一项圈地法，指定分给教区每

---

① W. H. R. Curtler, The Enclosure and Distribution of Our Land. Oxford Clarendon Press, 1920. p. 265.

② W. H. R. Curtler, The Enclosure and Distribution of Our Land. Oxford Clarendon Press, 1920. p. 265.

③ W. H. R. Curtler, The Enclosure and Distribution of Our Land. Oxford Clarendon Press, 1920. p. 266.

个茅舍农二分之一英亩土地，临近的教区也仿效这种做法。①

1810年，分派小块土地的做法为温彻西伯爵在拉特兰郡和威尔特郡试验推广，在这一个郡的地产上，有70至80个劳动者得到足够的土地，每人饲养1至4头牛。②1815年，彼得巴勒勋爵贮集了一批土地分给他的农业劳动者。在此以前，埃塞克斯郡切斯特福德的教区长和若干地主也采取了类似的做法。1821年，科贝特在各地旅行时注意到，在英格兰的一些地方，特别是南部诸郡，向劳动者提供菜园使之受益，在苏塞克斯，他"高兴地看到每个农业劳工的茅舍都有一头猪"③。

1819年通过一项法令，授权济贫法当局在教区会同意下，掌握一些在教区内或附近不超过20英亩的属于教区的土地，在法律指导下安置一些人的工作，或就这些贫民的工作付给一笔钱。除了由教区耕种这些土地外，也可向贫民出租这些土地。④

1831年，将上述法令提出的20英亩土地的标准提高到50英亩，随后，由于许多教区贫民需要更多的土地，决定扩展"这个法令有关的仁慈意向"。

1832年，威廉四世第二年颁布的法规第四十二章规定，将更多的土地归劳工使用。根据阿希利《牛津郡的小块土地和小持有地》一书

---

① W. H. R. Curtler, The Enclosure and Distribution of Our Land. Oxford Clarendon Press, 1920. p. 266.

② W. H. R. Curtler, The Enclosure and Distribution of Our Land. Oxford Clarendon Press, 1920. p. 267.

③ W. H. R. Curtler, The Enclosure and Distribution of Our Land. Oxford Clarendon Press, 1920. p. 267.

④ W. H. R. Curtler, The Enclosure and Distribution of Our Land. Oxford Clarendon Press, 1920. p. 267.

所述，在1873年，在该郡大约有600至800英亩土地为无地的农业劳动者提供燃料。

在这一过程中，大地主也理解了为农业劳工提供小块土地的益处。1829年贝德福德公爵、德·格雷伯爵和其他地主从自己的地产中拿出部分土地作小块分给无地的农业劳动者，这成为一趋势。①

1834年济贫法委员会著名的报告，提到了向农村劳动者提供小块土地之事，报告说，当个人出于自己意愿拿出土地分成小块给贫穷农村劳动者，则较易实行。济贫法委员会的报告告诉我们，在威尔特郡、多塞特郡，没有哪个教区不向无地的农业劳动者提供小块土地的。②在剑桥郡，较普遍地采取了向劳动者分发小块土地的做法，在萨里郡、西苏塞克斯郡、中苏塞克斯郡，许多大土地所有者都拿出小块土地给农村无地劳动者。在亨廷顿郡这种现象非常普遍；在约克郡西区，大土地所有者为茅舍农提供食宿。③

诚然，有的地方分给茅舍农的土地非常小。例如，巴斯和韦尔斯主教把50英亩土地出租给203人，每个租户只得到十二分之一至二分之一英亩的土地，地租按每英亩50先令计算，佃户免交土地税和什一税。④

1834年新济贫法通过后，给予农村贫民以补助的做法被取消。从1834年到1846年谷物法被取消，许多地方乡村贫苦劳动者的生存状况

---

① W. H. R. Curtler, The Enclosure and Distribution of Our Land. Oxford Clarendon Press, 1920. p. 268.

② W. H. R. Curtler, The Enclosure and Distribution of Our Land. Oxford Clarendon Press, 1920. p. 269.

③ W. H. R. Curtler, The Enclosure and Distribution of Our Land. Oxford Clarendon Press, 1920. p. 270.

④ W. H. R. Curtler, The Enclosure and Distribution of Our Land. Oxford Clarendon Press, 1920. pp. 270−271.

恶化。①埃塞克斯郡和林肯郡属于例外，许多乡村贫穷劳动者仍能得到小块土地甚至奶牛。②在德文郡、康沃尔郡和萨默塞特郡，在北安普敦郡的部分地区，仍非常普遍地给予无地劳动者以土地。

1868到1881年，提供小块土地的运动遭到挫折。1881年，王家农业委员会报告说，这个运动在许多郡消失了。③看来，那种基于自愿把小块土地拿出来分给茅舍农的做法无法满足需要。④

1880年，杰西·柯林斯致力于小持有地运动，最终议会在1882年通过了《扩大小块土地法令》，但这个法令未能很好实施，因为土地保管人对此设置了许多障碍。⑤1892年，议会又通过了《小持有地法令》，它授权郡委员会用购买或租赁的办法而不是强制性的办法获得土地，向劳动者生产或出租面积在1至50英亩的"小持有地"。但各郡在购买土地时受到很大限制，这个法令未取得很大成效。从1892年到1907年，仅在9个郡实施了这个法令，一共买得716.75英亩土地，出售了59块，出租了135块，成果甚微。⑥

如列维所说："在大农场制度取得进展的同时，在19世纪初根据其社会基础开始的反向运动没有取得真正的实际效果。农业部极其热

---

① W. H. R. Curtler, The Enclosure and Distribution of Our Land. Oxford Clarendon Press, 1920. p. 272.

② W. H. R. Curtler, The Enclosure and Distribution of Our Land. Oxford Clarendon Press, 1920. pp. 275-277.

③ W. H. R. Curtler, The Enclosure and Distribution of Our Land. Oxford Clarendon Press, 1920. p. 281.

④ W. H. R. Curtler, The Enclosure and Distribution of Our Land. Oxford Clarendon Press, 1920. p. 281.

⑤ W. H. R. Curtler, The Enclosure and Distribution of Our Land. Oxford Clarendon Press, 1920. p. 282.

⑥ W. H. R. Curtler, The Enclosure and Distribution of Our Land. Oxford Clarendon Press, 1920. p. 296.

心的支持者发起了一场旨在帮助更多的农业劳动者使用少量的土地的方法。为争取小块土地进行的请愿证明失败了。"①

1888年，英国议会下院指派一个审查委员会去调查在不列颠建立小持有地的利弊。该委员会提出的报告书指出，在全国不止一个郡存在着10到50英亩的可供利用的持有地。1892年10月通过了一项议会立法。这项法令指出，如果有任何人向郡委员会提出请愿表明其土地要求，郡委员会就有权利为满足这些要求创立小持有地。国家将会以极低的利率提供必需的用以购买土地的资本。购买者必须支付至少地价的四分之一的款项。这样一块小持有地面积不应当超过15英亩，其年地租不应当高于15英镑。这些小持有地可以按分期付款的办法出售。这项措施主要是为了创立小土地所有者而不是小租佃农。这项立法未取得大的成效。在议会立法公布以后一年间，英国各郡的议会取得了652英亩土地，其中出售给农民的不足300英亩。②

在这个法案通过后10年间，英格兰和威尔士有27个郡、苏格兰有14个郡受到了要求获得土地的请愿书。但是，英格兰仅有5个郡，苏格兰仅有1个郡购买了土地，英格兰有3个郡租下了土地，以满足这些劳动者的要求。1902到1906年，英格兰的郡委员会会议只讨论了两例购买了土地以解决劳动者需求的要求，一例是46英亩，另一例是92英亩。③

关于英国近代后期土地持有面积的变化，我们看到一些地方性的

① Hermann Levy，Large and Small Holdings，A Study of English Agricultural Economics. London，1966. p. 51.

②［英］克拉潘：《现代英国经济史》（下卷），姚曾廙译，商务印书馆1977年版，第135页。

③ Hermann Levy，Large and Small Holdings，A Study of English Agricultural Economics. London，1966. p. 126.

资料。

在拉克斯顿庄园，租地农场的规模在19世纪前60年变化不大。1789年时，面积在100英亩以上的农场占非荒地面积的51%，从1812年到1862年，面积在100英亩以上的农场占非荒地面积的60%左右。占地50英亩以上的农场，1812年为25个，1820年为23个，1839年为22个，1862年为22个，1870年为22个，1905年为26个，1910年为25个，1915年为24个。到20世纪初年，占地50英亩以上的农场的数量稍有增加。而从占地50英亩以上的农场的总面积来看，1862年以后增长较快。占地50英亩以上农场的总面积1820年为2802英亩，1839年为2721英亩，1862年为2725英亩，1872年为2876英亩。[①]1890年时占地50英亩以上的农场面积增加到3387英亩，1895年为3346英亩，1900年为3330英亩，1905年为3462英亩，1910年为3588英亩，1915年为3592英亩。这表明，在拉克斯顿庄园，占地50英亩以上的大租地农场的面积总体上有缓慢增长。

而在拉克斯顿庄园，占地在50英亩以下的小租地农场的数目在下降。1862年为90个，1870年减少到49个，1890年减少到34个，1905年减少到29个，1910年减少到27个，1915年仍为27个。从大萧条时期到第一次世界大战爆发，拉克斯顿庄园农场总数减少了40%。1915年小农场的数目只有1862年时的30%、1870年时的55%。[②]但是，直到第二次世界大战前夜，占地50英亩以下的小农场仍占相当大的比例，占拉克斯顿庄园农场总数的52%。在这里并未出现小农场消失的现象。

---

① J. V. Beckett, A History of Laxton, England's Last Open Field Village. Oxford, Basil Blackwell, 1989. pp. 184, 244.

② J. V. Beckett, A History of Laxton, England's Last Open Field Village. Oxford, Basil Blackwell, 1989. pp. 184, 244, 267, Table 6. 8; Table 8. 3; Table 9. 2.

诚然，如研究者指出的，在拉克斯顿庄园，小租地农场在农场中占的比例较高，它大大超出了全英国的一般水准。

1870年在林肯郡沼泽地区的阿克斯霍尔姆的5个教区中，有396人持有的农场面积在5英亩以下，有29人持有农场的规模为5至20英亩之间，有142人持有农场的面积在20至25英亩之间，有72人持有农场面积在50至100英亩之间，有63人持有农场面积在100英亩以上。在全部964个农场中，面积在5英亩以下的农场占农场总数的41%，面积在5至20英亩的农场占农场总数的30.2%，面积在20至50英亩的农场占农场总数的14.7%。

在霍兰德的15个教区中，持有农场面积在5英亩以下的有564人，持有农场面积在5至20英亩的有711人，持有农场面积在20至50英亩的有410人，持有农场面积在50至100英亩的有235人，持有农场面积在100英亩以上的有247人。在全部2167个农场中，面积在5英亩以下的农场占农场总数的26%，面积在5至20英亩有农场占农场总数的32.8%，面积在20至50英亩的农场占农场总数的18.9%。

在凯斯特曼的9个教区中，持有农场面积在5英亩以下的有82人，持有农场面积在5至20英亩的有156人，持有农场面积在20至50英亩的有83人，持有农场面积在50至100英亩的有53人，持有农场面积在100英亩以上的有78人。在当地全部452个农场中，面积在5英亩以下的农场占农场总数的18.4%，面积在50至100英亩的农场占农场总数的11.7%，面积在100英亩以上的农场占农场总数的17.2%。[1]

在林肯郡科斯塔盐沼黏土地的5个教区中，持有农场在5英亩以

---

[1] Joan Thirsk, English Peasant Farming, The Agrarian History of Lincohnshire from Tudor to Recent Times. London, Routledge & Kegan Paul, 1957. Table 36. p. 216.

下的有145人，占当地农场总数的24.6%；占地在5至20英亩的农场有235个，占当地农场总数的39.9%；占地在20至50英亩的农场有115个，占当地农场总数的19.5%；占地在50至100英亩的农场有48个，占当地农场总数的8.1%；占地在100英亩以上的农场有46个，占农场面积的7.8%。

在中沼泽地的12个教区中，占地在5英亩以下的有147个，占农场总数的23.4%；占地在5至20英亩的农场有226个，占农场总数的35.9%；占地在20至50英亩的农场有113个，占农场总数的18%；占地在50至100英亩的农场有66个，占农场总数的10.5%；占地在100英亩以上的农场有77个，占农场总数的12.2%。[①]

在林肯郡的高地地区，1870年时农场规模如下：在凯斯特文希斯的11个教区中，占地在5英亩以下的农场有44个，占农场总数的16.2%；面积在5至20英亩的农场有79个，占农场总数的29%；面积在20至50英亩的农场有34个，占农场总数的12.5%；面积在50至100英亩的农场有38个，占农场总数的13.9%；面积在100英亩以上的农场有77个，占农场总数的28.3%。

在林赛克里夫的7个教区中，面积在5英亩以下的农场有8个，占农场总数的9.7%；面积在5至20英亩的农场有23个，占农场总数的28%；面积在20至50英亩有农场有9个，占农场总数的11%；面积在50至100英亩的农场有8个，占农场总数的9.7%；面积在100英亩以上的农场有34个，占农场总数的41.5%。

在沃尔斯的24个教区中，面积在5英亩以下的农场有116个，占

---

① Joan Thirsk，English Peasant Farming，The Agrarian History of Lincohnshire from Tudor to Recent Times. London，Routledge & Kegan Paul，1957. Table 40. p. 242.

农场总数的31.7%；面积在5至20英亩的农场有84个，占农场总数的22.9%；面积在20至50英亩的农场有30个，占农场总数的8.2%，面积在50至100英亩的农场有34个，占农场总数的9.3%；面积在100英亩以上的农场有102个，占农场总数的27.9%。①

1870年在林肯郡粘土和混合土地上的农场中，面积在5英亩以下的农场有374个，占农场总数的26.5%；面积在5至20英亩的农场有415个，占农场总数的29.4%；面积在20至50英亩的农场有194个，占农场总数的13.7%；面积在50至100英亩的农场有155个，占农场总数的11%；面积在100英亩以上的农场有273个，占农场总数的19.3%。②

19世纪末，根据约翰·斯坦德林向专门委员会的报告，埃普沃斯教区存在着大量的小持有农。持有土地在100到200英亩的是12人，持有土地在50至100英亩的是14人，持有土地在20到50英亩的是31人，持有土地在10到20英亩的是40人，持有土地在2到10英亩的是115人，持有土地在0.5到2英亩的为80人。即该地区绝大多数农户属于小土地持有者。③

剑桥郡的索哈姆教区是一个敞地和小土地持有者广泛存在的教区。这个教区与剑桥郡其他教区不同，这里始终未进行议会圈地。根据什一税征收记录，该教区共有12706英亩土地，还有1556英亩公地。1889年小土地持有专门委员会取得的资料说，持有土地在1英亩

---

① Joan Thirsk, English Peasant Farming, The Agrarian History of Lincohnshire from Tudor to Recent Times, London, Routledge & Kegan Paul, 1957. Table 42. p. 264.

② Joan Thirsk, English Peasant Farming, The Agrarian History of Lincohnshire from Tudor to Recent Times, London, Routledge & Kegan Paul, 1957. Table 46. p. 298.

③ Gilbert Slater, The English Peasantry and the Enclosure of Common Fields. New York, 1907. p. 58.

以下的有195人，持有土地在1至5英亩的有77人，持有土地在5到10英亩的有34人，持有土地在10至20英亩的有43人，持有土地在20至50英亩的有57人，持有土地在50到100英亩的有32人，持有土地在100到200英亩的有6人，持有土地在200到500英亩的有8人，持有土地在500英亩以上的有5人。[1]合计小土地持有者持有土地在100英亩以下者为395人，持有土地在100英亩以上者为19人。上述地区存在着较多的小土地持有者。

在英格兰和威尔士，在1870年，持有土地不超过5英亩的小农户有113050户，持有土地在5到20英亩的农户有127761户。这样，持有土地不超过20英亩的农户共240811户。同年，持有土地在20至50英亩的农民有75418人，持有土地在50英亩以下的农民共有316229户。1871年，持有土地不超过20英亩的农民有237999户。1872年，持有土地在0.25到1英亩之间的农户有18659户，持有土地在1到5英亩的农户为103189户，持有土地不超过5英亩的农户共有121848户。1875年，持有土地不超过50英亩的农户共有333630户。1880年，持有土地不超过50英亩的农户共有336149人。1885年，持有土地在0.25到1英亩的农户有22162户，持有土地在1到5英亩的农户为114273户，这样，持有土地在5英亩以下的小农为136425人。持有土地在5到20英亩的农民有126674户，持有土地在20到50英亩的农户有73472户，这样，持有土地不超过50英亩的农民共有339571人。1889年，持有土地在0.25到1英亩的农民为27352人，持有土地在1到5英亩的农民为121826户，持有土地在5到20英亩的农民为129250人，持有土地在20到50英

① Gilbert Slater, The English Peasantry and the Enclosure of Common Fields. New York, 1907. p. 61.

亩的农民有74611户，这样，持有土地在50英亩以下的农民共353039人。1895年，持有土地在1到5英亩之间的农民133372户，持有土地在5到20英亩之间的有126714户，持有土地在20到50英亩之间的农民有74846户。持有土地在50英亩以下的农民合计有334942户。[1]

1895年以后，英格兰和威尔士的小土地持有者人数有所下降，但下降的幅度不大。1903年，持有土地在1到5英亩之间的农民有91797户，持有土地在5到10英亩的农民有198874户。1908年，持有土地在1到5英亩之间的农民有89958户，持有土地在5到50英亩的农民有197218户。1913年，持有土地在1到5英亩的农民有92302户，持有土地在5到20英亩的农民有122117户，持有土地在20到50英亩的农民为78027户。这样，持有土地在5到50英亩土地的农民为200144户。1914年，持有土地在1到5英亩土地的农民有91570户，持有土地在5到20英亩的农民为121698户，持有土地在20到50英亩之间的农民为78454户。这样，持有土地在5到50英亩的农民共有200152户。[2]

在英格兰各郡，持有土地在50英亩以下的农户数目的变化有详细的统计资料。

在贝德福郡，持有土地在50英亩以下的农民在1875年为2802户，1895年为2695户，1915年为3142户。在伯克郡，这类农民在1875年为2652户，1895年为2493户，1915年为2364户。在白金汉郡，这类农民

---

[1] E. J. T. Collins,（ed.），Agrarian History of England and Wales 1850-1914. Cambridge University Press，2000，Part ii . p. 1842. Table 37. Ia. Number of Holdings of Various Sizes in England and Wales，1870—1895.

[2] E. J. T. Collins,（ed.），Agrarian History of England and Wales 1850-1914. Cambridge University Press. 2000. Vol. VII. Part ii . p. 1843. Table 37. Ib. Number of Holdings of Various Sizes in England and Wales，1895—1914.

在1875年为3433户，1895年为2975户，1915年为3335户。在剑桥郡，这类农民在1875年为5747户，1895年为5238户，1915年为6393户。在柴郡，这类农民在1875年为10816户，1895年9523户，1915年为8631户。在康沃尔郡，这类农民在1875年为10710户，1895年为10224户，1915年为9752户。在坎伯兰郡，这类农民在1875年为4354户，1895年为3943户，1915年为3919户。在德比郡，这类农民在1875年为10698户，1895年为9296户，1915年为8018户。在德文郡，这类农民在1875年为11628户，1895年为9172户，1915年为9570户。在多塞特郡，这类农民在1875年为3686户，1895年为3194户，1915年为3404户。在达勒姆郡，这类农民在1875年为4098户，1895年为4278户，1915年为4314户。在埃塞克斯郡，这类农民在1875年为5254户，1895年为4919户，1915年为5275户。在格洛斯特郡，这类农民在1875年为8475户，1895年为6943户，1915年为6658户。在汉普郡，这类农民在1875年6105户，1895年为6382户，1915年为7220户。在赫里福德郡，这类农民在1875年为5395户，1895年为4117户，1915年为4152户。在哈福德郡，这类农民在1875年为2776户，1895年为2234户，1915年为2240户。在亨廷顿郡，这类农民在1875年为2117户，1895年为1637户，1915年为1627户。在肯特郡，这类农民在1875年为6760户，1895年为6826户，1915年为7553户。在兰开郡，这类农民在1875年为18210户，1895年为15372户，1915年为14025户。在莱斯特郡，这类农民1875年为5974户，1895年为5179户，1915年为4572户。在林肯郡，这类农民在1875年为19706户，1895年为16796户，1915年为15190户。在中塞克斯郡，这类农民在1875年为2406户，1895年为2343户，1915年为1694户。在蒙默思郡，这类农民在1875年为3242户，1895年为

3398户，1915年为3064户。在诺福克郡，这类农民在1875年为12493户，1895年为8950户，1915年为9509户。在北安普敦郡，这类农民在1875年为4406户，1895年为3825户，1915年为3298户。在诺森伯兰郡，这类农民在1875年为3070户，1895年为3146户，1915年为3170户。在诺丁汉郡，这类农民在1875年为6194户，1895年为5373户，1915年为4290户。在牛津郡，这类农民在1875年为2789户，1895年为2652户，1915年为2596户。在拉特兰郡，这类农民在1875年为950户，1895年为665户，1915年为500户。在希罗普郡，这类农民在1875年为8281户，1895年为8121户，1915年为7904户。在萨默塞特郡，这类农民在1875年为11999户，1895年为9972户，1915年为9291户。在斯塔福德郡，这类农民在1875年为10870户，1895年为9588户，1915年为8483户。在萨福克郡，这类农民在1875年为5667户，1895年为4671户，1915年为4591户。在萨里郡，这类农民在1875年为4159户，1895年为3567户，1915年为3321户。在苏塞克斯郡，这类农民在1875年为5717户，1895年为5555户，1915年为5839户。在沃里克郡，这类农民在1875年为5210户，1895年为4991户，1915年为4794户。在威斯特摩兰郡，这类农民在1875年为2134户，1895年为1993户，1915年为1834户。在威尔特郡，这类农民在1875年为5295户，1895年为4503户，1915年为4106户。在伍斯特郡，这类农民在1875年为6210户，1895年为6246户，1915年为6295户。在约克郡东雷丁区，这类农民在1875年为5573户，1895年为4463户，1915年为4288户；在约克郡北雷丁区，这类农民在1875年为10260户，1895年为8411户，1915年为7704户；在约克郡西雷丁区，这类农民在1875年为25152户，1895年为21776户，1915年为19286户。

据上综述，在英格兰所有各郡，1875年时持有土地在50英亩以下的农民为293469户，到了1895年为257646户，1915年为247181户。英格兰农民总户数在1875年为412340户，到了1895年为380176户，1915年为372637户。威尔士各郡持有土地在50英亩以下的小农户，1875年为40161户，到了1895年为41732户，1915年为42508户。英格兰和威尔士持有土地在50英亩以下的农户数，从1875年的330630户，下降到1895年的299378户和1915年的289689户。[①]在近代时期最后40年间，占地在50英亩以下的小农户的户数下降了13%，这种减少的速度不是很快。

总之，近代时期随着时间的推移，英国的小土地所有者和小租佃农场在不断减少。到20世纪初期，他们的人数已很少，在乡村经济生活中起的作用不大，但这个群体并未最后消失。

---

① E. J. T. Collins, (ed.), Agrarian History of England and Wales 1850-1914. Cambridge University Press. 2000. Vol. Ⅶ. part ⅱ. pp. 1807—1813. Table 36. 10. Landholdings by Counties, 1875, 1895, 1915.

第十六章
中世纪以后英国土地经济发展的
道路及若干理论思考

第二次世界大战结束后，在20世纪40~50年代以及70年代后期，史学界对于欧洲的封建主义向资本主义过渡问题展开了两次国际学术大讨论。马克思主义历史学家尤其是英美的马克思主义历史学家在这两次大讨论中扮演了主角。从今天来看，这两次大讨论并没有很好地解决欧洲和英国从封建主义向资本主义过渡的问题。

在第二次世界大战结束后展开的第一次关于过渡问题的大讨论中，原民主德国的学者库辛斯基过高地估计了英国绝对主义国家体制对资本主义所起的作用。库辛斯基写道："绝对君主专制是英国资产阶级发展的一个产物。在这个时代，这种政府形式和它的制度很有价值地保卫了资本主义而反对了封建主义。"[1]他认为在绝对主义国家时期，资本主义已经具有了充分发展的形式，提出了自给自足的庄园经济直接发展进入资本主义经济的看法。库辛斯基的这一看法遭到托

---

[1] J. Kuczynski, "A Rejoinder." Labour Monthly, Vol. 22. p. 654.

尔的批评。托尔指出，库辛斯基"忽视了对资本主义发展至关重要的小商品生产这个中间阶段。在他对16世纪英国社会概览中，他忽略了社会最大的部分即农民，并使用了较晚阶段的适用于确定的资本主义社会的范畴，假定存在着相当数量的无产阶级"①。库辛斯基称16世纪"本质上是资本主义"之时，他未能认识到这个时期是不同经济形式的混合。如果作进一步的探讨，便可以清楚地发现，在16世纪资本主义农业并不是"占统治地位的形式"。多布撰文指出，库辛斯基否认在斯图亚特王朝时期英国封建主义生产形式占据统治地位是正确的。但是，他把这个时期与商业资本主义时期等同起来则是一种回避，因为这种形式直到稍后的资本主义发展中，也没有深入到生产中去。②多布提出，封建主义危机发生在14世纪和15世纪，而资本主义发展只能真正始于17世纪初。在这两种体系之间存在着一种"就其生产形式而论，既非封建亦非资本主义"的体制。③英国共产党历史学家小组在《共产主义评论》上发表的文章进一步提出这样的问题："在17世纪开始时，英国人的生产中占统治地位的关系究竟是什么？"④

　　上述争论中提出的问题十分重要。但是，当时并未引起人们的充分注意，以后也未展开深入讨论。正如霍布斯鲍姆所指出的，这次国际大讨论所提出的"西欧封建主义以后是什么？"的重大问题，当时

---

① D. Torr, "The English Revolution." Labour Monthly, February, 1941. p. 90.

② M. H. Dobb, "The English Revolution." Labour Monthly, Vol. 23. no. 2. pp. 92–93.

③ M. H. Dobb, Studies in the Development of Capitalism. London, Routledge and Regan Paul, 1963. p. 19.

④ Historians' Group, "State and Revolution in Tudor and Stuart England." Communist Review, July 1948. p. 208.

并未得出圆满的解释。以后，在20世纪70年代展开了第二次关于过渡问题的国际学术大讨论，也未再涉及这些问题。因此，我们可以认为，第二次过渡问题大讨论的水准，并未超出第一次大讨论。[①]

20世纪70年代，国际史学界展开了第二次关于从封建主义向资本主义过渡的大辩论。这次大辩论，是由1976年2月美国加利福尼亚大学的罗伯特·布伦纳在《过去和现在》杂志发表的以《前工业欧洲农村的阶级结构和经济发展》为题的论文引起的。布伦纳在文中指出，是英国和法国两国农村阶级结构的不同决定了农业发展的不同结果。在英国，"由于农民未能确立在本质上对土地的自由持有权，地主便得以垄断、合并和圈围农民的土地，并把它们租给租地农场主。这对农业发展是必不可少的，因为农业发展要求投入资本，引进新技术和大规模经营"。"在15世纪末和16世纪初，英吉利君主国在其走向中央集权的过程中对地主的依赖，就阻碍了它在帮助农民在其争取自由持有地的流产的斗争中所起的决定作用……英国贵族和乡绅的重要部分，在争取秩序和争取经济发展的稳定条件的利益方面，显然是支持王室的。然而，正是这些人在圈地和合并条形地以及农业资本主义的利益方面，损害了农民的财产。""正是基于农业资本家阶级的出现的

---

① 霍布斯鲍姆指出，关于西欧第一次奴隶制的衰落，以及在某些国家转变为一种介入农业资本主义的土地关系，恰恰发生在全球资本主义体系形成之前，而由于摧毁使大领主地产成为可能的早期经济的结果，他并没有直接被承认转变到"资本主义农业"。众所周知的多布—斯威奇辩论，至今他提出了"西欧封建主义以后是什么？"回到了这个问题。从封建主义向资本主义过渡的辩论晚近又重提。（Eric Hobsbawm，"Scotish Reformers and Capitalist Agriculture." in Eric Hobsbawm，（ed.），Peasant in History. Essays in Honour of Daniel Thorner. Oxford U. P.，1980. p. 29. 脚注第79.）这里参考了基思·特赖布的评论意见。见Keith Tribe，Genealogies of Capitalism. Macmillan，1981. Chapter 1，The Problems of Transition and the Question of Origin. pp. 1-34.

一种农业革命，使得英国变成第一个经历工业化的国家。"①

布伦纳虽然是一个马克思主义者，但他的文章存在着理论结论和研究方法上的严重问题，他的文章不是一篇好的史学文章。他的文章发表后，遭到了史学工作者的批评。法国马克思主义史学家吉·布瓦指出，布伦纳批评人口决定论者模糊了阶级关系的论点是正确的，但是他的研究有一个致命的问题，那就是"布伦纳教授的思考事实上被安排围绕着一个单独的活动：理论上的归纳总是先于直接样本的历史资料"。吉·布瓦教授剖析了布伦纳在方法论和理论上的弱点。他指出，布伦纳教授的马克思主义是"政治的马克思主义"，是对现代历史编纂学中经济学家倾向的浪潮的反动，但是他的论点是从"历史唯物主义的基本原理：阶级斗争的推动力"这个现成的理论结论出发的。这样，他就"剥夺了一切真正实体的历史唯物主义即生产形式的基本概念"，"放弃了经济实体领域"的研究，在他的文章里完全看不到封建主义这个概念。吉·布瓦揭示，布伦纳教授的方法甚至在表面上也没有讨论什么是构成封建主义特征的诸生产形式，有没有这种制度可持有的政治经济学，考察其发展的规律是不是必要的或是否可能这样一些重大问题。吉·布瓦教授强调："只要布伦纳教授坚持这种态度，换言之，只要拒绝把生产方式本身看作是一种正当的研究目标，并且拒绝承认它赖以起作用的方式仍然有待于充分理解，那么对于资本主义起源的奥秘之深入研究就要受到阻碍，而人们的意见也会

---

① Guy Bois，"Against the Neo-Malthusian Orthodoxy" in A. H. Aston and C. H. E. Philpin，（eds.），The Brenner Debate. Agrarian Class Structure and Economic Development in Pre-industrial Europe. Cambridge U. P.，1987. p. 49.

产生从经验主义到投机的令人生厌的摇摆。"[①]显而易见，布伦纳辩论并没有取得比第一次过渡大辩论更深入的成果，他甚至没有解决第一次过渡大讨论中提出的问题。

晚近，布伦纳的文章遭到更多的批评。霍伊尔批评布伦纳对农业资本主义的发展道路的解释采取了单一化道路和单色调的解释方法，他认为，"16世纪的发展趋势完全不同于布伦纳的观察"[②]。布伦纳曾说，英国农民"他们无论如何相对来说未能确立对于众多土地的自由持有权（如他们在法国相应的部分在更早的时候所做的那样），在独立于地主的农民的发展中，就剥夺了领主制潜在的财政基础"。"地主便得以垄断，合并和围圈农民的土地，并把它们租给租地农场主。"霍伊尔认为，布伦纳确认地主在16世纪便具有把公簿持有农转变为自由佃农，驱逐佃户，通过占有土地在经济上获利的现象，在近代初期并未出现。在16世纪后期，难以把公簿持有农转变为自由佃户，因为习惯佃户已经了解公簿持有农的有利性，并能够从衡平法院取得对他们的支持。霍伊尔批评了布伦纳简单的分析方法，强调要对复杂的土地占有关系作进一步的研究，他认为地区性个案的研究应当是研究的基本方法。[③]简·惠特尔批评布伦纳说，他的弱点在于，他在分析历史变革时，过于依赖第二手著作。布伦纳的辩论和布伦纳本人的论文表明，在对长期发展的理论研究与经验的历史探讨之间存在

[①] Guy Bois, "Against the Neo-Malthusian Orthodoxy" in A. H. Aston and C. H. E. Philpin, (eds.), The Brenner Debate. Agrarian Class Structure and Economic Development in Pre-industrial Europe. Cambridge U. P., 1987. p. 116.

[②] R. W. Hoyle, "Tenure and the Land Market in Early Modern England or a Later Contribution to the Brenner Debate." Economic History Review. 2nd ser. SLIII. No. 1, 1990. p. 8.

[③] R. W. Hoyle, "Tenure and the Land Market in Early Modern England or a Later Contribution to the Brenner Debate." Economic History Review. 2nd ser. SLIII. No. 1, 1990. p. 17.

着相当大的距离。①

从两次关于从封建主义向资本主义过渡问题的讨论来看，英国农业史正处于大讨论的中心点。由于一些学者过去习惯把英国农业发展看作近代农业资本主义发展的典型，为了准确地理解这一历史上重要的社会过渡，回过头来重新认真研究英国农业经济形态发展的道路，便成为历史学者关注的一个重要课题。

封建主义瓦解以后，英国土地经济形态究竟是怎么样的？这是研究从封建主义向资本主义过渡时期和近代资本主义时期英国土地制度史和农业史时需要注意的问题。然而，长期以来，人们在强调英国是第一个完成工业革命的国家之时，却忽视了这个问题。缺少对农业经济组织个案和乡村社区多样性的观察可能是其中的一个原因。

近代英国土地经济的发展表现出明显的二律背反，对封建法的承继使英国的土地持有保留了封建保有权的旧框架。但是，农业生产却有了大的发展。

就英国农业发展的形式而论，认为在近代初期庄园制便瓦解了，以后迅速过渡到资本主义大农业，如前所说，这种看法并不符合英国农业史发展的事实。

从广义上说，土地租佃制，包括租地农场制，是中世纪以后英国农业经济制度基本的内在结构。这种经济组织形式是从中世纪延续下来的。农场出租是1400到1750年英格兰土地制度中到处可见的结构因子。它反映了所有权的胜利和重建基于有限期契约的一条保有权服从的链条。这种契约起源于中世纪庄园自营地的出租。他们在公簿持有

---

① Jane Whittle，The Development of Agrarian Capitalism. Land and Labour in Norfolk 1440-1580. Oxford，Clarendon Press，2000. pp. 6-7.

保有权中也重建和复制了这种关于租地保有权的契约（在公簿持有农中间，有时是通过强制，有时是靠同意）。到1600年，英格兰有三分之二的土地已属于自由持有地。他们中大部分属于靠地租过活的人。到1750年，绝大部分英格兰的土地出租给几乎没有固定资本投资的人耕种，以收取地租。地主与这些农场主之间是一种契约关系，地租被视为租用固定资本的回报。租用有固定的期限。通过协商更新契约，而时间长度可变。[①]在霍尔德内斯的上述叙述中，使用了像"固定资本"和"契约关系"这样的现代经济关系的概念，但并不能证实在15至17世纪，甚至在更迟一个世纪，英国农业经济已经确定了现代经济关系。

在中世纪的英国和欧洲的中世纪，租佃制是和封建领主制紧密相连的。它的特征是，不仅有包含在地租关系中的经济从属关系，还有领主制本身对农奴和作为他以后的变种的部分农民的束缚关系。中世纪的领主—农民关系持续了许多世纪。这种残余在许多地方甚至一直持续存在到近代后期。及至近代，领主和农民制度不仅持续存在着，而且在适当的条件下，它还能使自己得以休养生息。[②]在这种制度下，"土地、农民和领主这三者仍然被束缚在一起，甚至当农民已经与市场建立了某种关系时，农民们继续被束缚在土地上（如旧法律大全所说）；而同样重要的是，农民也束缚了土地。直到现在，还没有土地所有权。领主对土地拥有权利，农民对土地也拥有权利，不过如此而已。他们深表关心的是这些权利究竟是什么？但这是用不着向局外人

[①] B. A. Holderness，Pre-industrial England Economy and Society，1550-1700. London，1976. pp. 76-77.

[②] ［英］约翰·希克斯：《经济史理论》，厉以平译，商务印书馆1987年版，第92-94页。

阐明的。权利是根据习惯确定的，每当权利受到挑战时，申诉都是向习俗提出的。"①领主制残余与商业化农业同时混杂并存。

需要把租佃制作为一种独立的经济形态看待，对它做一些讨论。这里把它视为一种独立的经济形态或独立的经济形式，可能有不少人不赞成。在他们看来，中世纪租佃制与农奴制相联系，属于封建经济；而近代租佃制与资本主义农场相联系，则属资本主义经济。其实，地主与农民之间的土地租佃关系，即使是最纯粹的租佃关系，也从来就不是典型的资本主义关系。租佃关系在中西方历史上都曾广泛存在过。例如他在1949年以前的旧中国便广泛地存在。毛泽东认为租佃制是封建关系的一部分。他曾分析说："占有土地，自己不劳动，或只有附带的劳动，而靠剥削农民为生的，叫作地主。地主剥削的方式，主要靠收取地租，此外或兼放债，或兼雇工，或兼营工商业。但对农民剥削地租是地主剥削的主要的方式。"②"地主阶级对农民的剥削"是"封建剥削制度的根基"。"地主阶级……是用封建制度剥削和压迫农民的阶级。"③而"在农民群众方面，几千年来都是个体经济，一家一户就是一个生产单位，这种分散的个体生产，就是封建统治的经济基础，而使农民自己陷入永远的穷苦"。④

马克思在《1844年经济学哲学手稿》中，对地产在不同历史时期的形态作了有洞察力的阐述，对19世纪英国地产制度的特征作了精确

---

① [英]约翰·希克斯：《经济史理论》，厉以平译，商务印书馆1987年版，第97页。

② 毛泽东：《怎样分析农村阶级》，《毛泽东选集》（第1卷），人民出版社1977年版，第113–115页。

③ 毛泽东：《中国革命和中国共产党》，《毛泽东选集》（第2卷），转引自梁寒冰等编：《历史理论辑要》，中华书局1982年版，第495，501–502页。

④ 毛泽东：《组织起来》，《毛泽东选集》（第3卷），人民出版社1977年版，第885页。

的描述。他指出："封建的土地占有已经包含土地作为异己力量对人们的统治。""私有财产的统治一般是从土地占有开始的，土地是占有私有财产的基础。""但是，在封建的土地占有制下，领主至少在表面上看起来是领地的君主，同时，在封建领地上，领主和土地之间还存在着比单纯物质财富的关系更为密切关系的假象。地块随着它的主人一起个性化，领主有他的爵位，即男爵或伯爵的封号；有他的特权、他的审判权、他的政治地位等等。""地产的统治在这里并不直接表现为单纯的资本的统治。""封建地产也给他的领主以称号……这一切都使他的地产人格化，使地产名正言顺地变成他的家世，使地产人格化。同样，那些耕种他的土地的人并不处于短工的地位，而是一部分像农奴一样本身就是他的财产，另一部分对他保持着尊敬、忠顺和纳贡的关系。因此，领主对他们的态度是直接政治的，同时又有某种感情的一面。"[1]

马克思指出，到资本主义关系完全成熟之时，"地产这个私有财产的根源必然完全卷入私有财产的运动而成为商品"，"所有者和他的财产之间的一切人格的关系必然终止"，"最后，在这种竞争中，地产必然以资本的形式既表现为对工人阶级的统治，也表现为对那些随着资本运动的规律而升降沉浮的所有者本身的统治。从而，中世纪的俗语'没有不属领主的土地'被现代俗语'金钱没有主人'所代替。后一俗语清楚地表明了死的物质对于人的完全统治"。[2]

那么，在马克思所处的时代，英国的大地产中的社会关系究竟如何呢？马克思曾有敏锐的察觉。他写道："更不用说现代英国的地产

① [德] 马克思：《1844年经济学哲学手稿》，人民出版社1985年版，第41页。
② [德] 马克思：《1844年经济学哲学手稿》，人民出版社1985年版，第42页。

形式了，在那里，土地所有者的封建主义是同租地农场主的牟利和勤勉结合在一起的。"①马克思根据李嘉图的理论指出："土地所有者同租地农场主即社会的相当大一部分人的利益是敌对的。"②马克思这种关于近代大地产仍带有残余的封建性的见解，对于我们认识两种土地经营形式的性质有很大的意义。

诺斯和托马斯曾经断言，庄园制度的变革会导致"土地绝对所有权和自由劳动力市场"。他们认为，这些是"有利于经济增长和有效分配的终点"。③然而，诺斯和托马斯提出的模式过于理论化和理想化。阿普尔比在研究了英格兰西北部的土地制度后指出："很清楚，在法律上，自由劳动力市场形成了，但是土地所有权在西北部并未绝对化。"④事实上，不仅在英国的一些地区可以找到不符合诺斯和托马斯所概括的一般道路的范例，从整体上说，英国近代农业组织的结构都与上述发展模式相去甚远。绝大多数英国地主没有或者说不愿意扮演资本主义雇主或企业家的角色，在16世纪30年代修道院解散以后，他们在控制农民的土地让与、限制农民团体的存在和乡村经济组织问题上走过了漫长的道路。⑤从16世纪开始，英国农业中出现了三层式的体系，他们由富裕的以地租为生的地主、大租地农场主和无地的劳动者构成。⑥英国形成了以土地租佃制为核心的

---

① ［德］马克思：《1844年经济学哲学手稿》，人民出版社1985年版，第43页。

② ［德］马克思：《1844年经济学哲学手稿》，人民出版社1985年版，第38页。

③ Douglase C. North and Robert Thomas, The Rise and Fall of the Manorial System: A Theoretical Model. Journal of Economic History. Dec. 1971. pp. 777-803.

④ A. B. Appleby, "Agrarian Capitalism or Seignerial Reaction? The Northwest Emgland 1500—1700." American History Review. Vol. 20. no. 3., 1975. p. 593. footnote 71.

⑤ Richard Lachmann, From Manor to Market, Structural Change in England 1536-1640. Wisconsin U. P., 1987. pp. 139-140.

⑥ L. A. and J. C. F. Stone, An Open Elite? England 1540-1880. Oxford U. P., 1986. p. 282.

分层土地占有制度。

到了19世纪后期，英国农业经济组织仍表现为二元结构，即所有者持有的地产和租地农场。考茨基早就指出，租佃制农场的广泛存在是英国农业的一大特点。考茨基写道："英国地主比大陆上的地主更早地对他的农奴取消了封建义务，而且不得不更早地过渡到资本主义的经营。不过他们的企图仍然只是一种尝试，因为当时信用事业远没有发展。他们不得不（在15世纪时已经就是如此）将自己的土地分为大块小块的土地。再把这些土地租给农业经营者，这些农业经营者手里有耕种土地必需的活的及死的农具。土地租给资本主义的租佃者——这就开辟了他们把必需的农业投入到农业经济方面去的一条道路。""在欧洲大陆上尤其在阿尔卑斯山麓以北，近代资本主义的租佃制都不同于英国那样的发展。"①如果说使用雇佣劳动的所有者农场属于资本主义农场，那么租佃制农场则是一种历史的、中世纪遗留下来的经济组织形式。租佃制农场和租佃农在英国近代时期长期存在。这些财力不大、经营规模一般较小的农业经营者在18世纪到19世纪漫长的历史时期中没有取得土地所有权。

如前所述，到了19世纪末和20世纪初，在英格兰、苏格兰和威尔士，广泛地实行着农业土地租佃制，大部分农场都是租佃农场。到了1914年，英格兰和威尔士从事租地经营或以租地经营为主的农业业主为385920户，所有者农业业主为49204户。②就英格兰和威尔士两种土

---

① ［德］考茨基：《土地问题》（上卷），岑纪译，商务印书馆1936—1937年版，第117-118页。

② Ministry of Agriculture, Fisheries and Food Department of Agriculture and Fisheries for Scotland, A Century of Agricultural Statistics, Great Britain 1866-1966. London, Her Majesty's Stationery Office, 1968. Table 10, Number of Holdings by Tenure' England and Wales.

地经营的面积来看，租地经营的土地面积比所有者经营的土地面积要多。1914年英格兰和威尔士租地经营的土地面积为24152000英亩，所有者经营的土地面积为2962000英亩。[①]在苏格兰，1914年土地租佃者或主要是租佃土地的土地持有者为71259户，拥有土地所有权或部分拥有土地所有权的土地持有者为5891户。[②]1896年苏格兰租地经营的土地面积为4292000英亩，拥有所有权进行经营的土地面积为605000英亩。[③]1919到1933年，所有者经营的土地面积上升为三分之一。[④]

近代英国非庄园制条件下的租佃农场制已不带有旧的封建领主关系，但是它与纯粹的资本主义关系尚有不同。在租地农场主身上，反映了多重经济关系。首先，租地农场主没有土地所有权，他们通过支付租金，取得土地的有条件的使用权，而并非经济上拥有全部产权的资产者。他们通过支付租金取得土地的有期限的使用权，契约观念的确立则保证了他们的这种使用权的相对可靠性。另一方面，租地农场的规模各不相同。有的农场为上千英亩的大租地农场，也有面积在十几英亩到几十英亩的家庭小农场。在租佃制的一端，大租地农场主对土地进行资本投入，使用众多的雇佣劳动力，他们的农产品提供给市场，介入资本主义市场关系。它们的性质属于资本主义农场。

[①] Ministry of Agriculture, Fisheries and Food Department of Agriculture and Fisheries for Scotland, A Century of Agricultural Statistics, Great Britain, 1866-1966. London, 1968. p. 25. Table 11, Acreage of Holdings by Tenure-England and Wales.

[②] Ministry of Agriculture, Fisheries and Food Department of Agriculture and Fisheries for Scotland, A Century of Agricultural Statistics, Great Britain, 1866-1966. London, 1968. p. 29. Table 12, Number of Holdings by Tenure-Scotland.

[③] Ministry of Agriculture, Fisheries and Food Department of Agriculture and Fisheries for Scotland, A Century of Agricultural Statistics, Great Britain, 1866-1966. London, 1968. p. 30. Table 13, Acreage of Holdings by Tenure-Scotland.

[④] Ministry of Agriculture, Fisheries and Food Department of Agriculture and Fisheries for Scotland, A Century of Agricultural Statistics, Great Britain, 1866-1966. London, 1968. p. 28.

　　至于说处于租佃制另一端的小租佃农场和小佃户，他们依靠租种地主的土地为生，他们的农场属于家庭农场，他们要承担地租。他们生产的农产品相当一部分供自己家庭维生所用，也有一部分提供给市场。他们对土地的投入，以及他们购置的农具将他们束缚在土地上，甚至他们中的一些人会拥有一点土地，他们无法像雇佣工人那样随时可以离开租地。租地对他们有一种自然束缚性。

　　在这里需要对租佃制作些理论探讨。

　　在19世纪的马克思主义理论家中，恩格斯对租佃制度的性质作出了比较全面的分析。恩格斯注意到租佃制度在历史上是一种长期存在的制度。同时，他揭示了租佃制在近代资本主义时期所具有的复杂属性。对于前一点，恩格斯指出，"租佃制或'分成制'是从罗马时代起到现在为止意大利农业的基础"[①]。对于租佃制的复杂性，恩格斯又从两方面作了分析。一个角度是考察了租佃者在生产关系中的地位，租佃者不是所有者，他们要受地主的剥削。"土地所有者对租佃者的剥削……也是很重的，而下层农民的交租负担则特别沉重。""在法国、德国、比利时和爱尔兰小租佃者常常遭受那种贫困、愚昧和落后。"另一个角度是分析了经营规模不同的租佃农的属性有所不同。恩格斯指出，租佃者有两种类型或两种地位不同的群体，"凡是有大地产的地方，租佃者按其和工人的关系来说是资本家"，而在"地块不大的地方，租佃者虽然名义上是小资本家或小私有者……但是实际上，他们通常也落到像无产者一样贫困的地步"。[②]恩格斯在这里提出

　　①［德］恩格斯：《致卡洛·卡菲埃罗》（1871年7月1—3日），载《马克思恩格斯全集》（第33卷），人民出版社，第244页。
　　②［德］考茨基：《土地问题》（上卷），岑纪译，商务印书馆1936—1937年版，第281页。

了比较完整的租佃制属性的分析。

考茨基注意到"租佃制也有它的黑暗面。这里的农业企业家所最关心的是为了要使土地能够提供较高的收入，他就去创造最优良的条件；可是他并不关心这种收入的长久。他的租约为期愈短，则他愈不关心"。"租佃制不能大幅促进经济的进步。"[①]考茨基在讨论商业化农业所遇到的困难时，看到"地租的影响在这一方面也是一样有害的"[②]，但是他把这种消极影响归结为"资本主义方法之有害于农业经济"[③]。考茨基注意到了租佃农场制在经济运行中的弱点，但他仍然把租地农场制作为纯粹的资本主义农业经济的典型形式，没有能揭示租地农场是在资本主义的私有关系中居于从属地位的一种次级占有形式。正是这种所有权的缺失，致使租地农场主缺少某种程度的经济积极性和主人翁意识，使得租地农场经营具有短视的根本弊病。

希克斯对现代领主制残余和领有租佃制作了描述。他指出，有一种"在习俗经济和指令经济边缘"进行的经营活动的经济形态。[④]"我们需要有一种比'封建制度'更普遍、更明确的农业概念。""我们需要的概念不仅要使人想到那种特殊形式，而且在需要时可以很容易延伸为俄国的波雅尔和日本的大名。""有一种长期存在的农业制度，我认为我们应称之为领主和农民制度。"[⑤]希克斯敏锐地指出，领主和农民制度"持续了许多世纪，在许多地方几乎一直延续

① ［德］考茨基：《土地问题》（上卷），岑纪译，商务印书馆1936—1937年版，第281页。
② ［德］考茨基：《土地问题》（上卷），岑纪译，商务印书馆1936—1937年版，第277页。
③ ［德］考茨基：《土地问题》（上卷），岑纪译，商务印书馆1936—1937年版，第277页。
④ ［英］约翰·希克斯：《经济史理论》，厉以平译，商务印书馆1987年版，第32页。
⑤ ［英］约翰·希克斯：《经济史理论》，厉以平译，商务印书馆1987年版，第92页。

到现代，已无需作进一步说明"①。希克斯在笔下描绘了一种现代领主制的模式，这几乎完全是据英国的原型绘出来的。"土地、农民和领主这三者仍然被束缚在一起，甚至当农民已经与市场建立了某种关系时，农民仍然被束缚在土地上（如旧法律大全所说）；而同样重要的是，农民也束缚了土地。直到现在，还没有土地所有权。领主对土地拥有权利，农民对土地也拥有权利，不过如此而已。他们深表关心的是这些权利究竟是什么；但这是用不着向外人阐明的，权利是根据习俗确定的，每当权利受到挑战时，申诉都是向习俗提出的。"②希克斯指出，这样一来，"地主（我们现在可以这样称他）对制裁的需要和农民对安全的需要两者都可以得到满足，但只有通过某种折中办法才能得到满足。典型的折中办法是租借地，几年为期，实行佃耕。永佃制在佃户看来不失为一种有吸引力的办法。因为只有在佃户不交租时地主才有权让佃户退田；但地主对此不感兴趣，结果在劳动力充裕的条件下（我们仍然是在假定），农民大概不会有取得永佃权的谈判力量。地主如果不提供某种安全就不能收租，但他所需要提供的安全仅以绝对必需的为限"③。

希克斯进一步讨论了在这种租佃制度下地主与佃户的关系。他写道："因为土地一直掌握在地主手里，而且租期届满时，土地就归地主自由处置，从而使他进行长期土地改良更有保证。他必须像以往那样把钱进行投资（或者说他自己必须能够使他的资本有所增加）；同时，通过长期投资从技术上增进生产力的机会当然必须开放。如果上

---

① ［英］约翰·希克斯：《经济史理论》，厉以平译，商务印书馆1987年版，第94页。
② ［英］约翰·希克斯：《经济史理论》，厉以平译，商务印书馆1987年版，第97页。
③ ［英］约翰·希克斯：《经济史理论》，厉以平译，商务印书馆1987年版，第99—100页。

述条件都能得到满足（像在英国典型的地主和佃户制度中这些条件一般都能得到满足），地主便得到一种新的职能，与其佃户结成一种新的伙伴关系。"①希克斯还提出了在租佃关系中又存在次级的差别形式，"甚至在一切变革当中，在可说成是独立耕作制与依附耕作制的两种耕作制之间是存在着一道界线的"。希克斯提出这样一个类型学的问题："它不是一个所有制问题，那么应该如何解释它呢？"②

可以认为，地租剥削是一种带束缚性的剥削。地主通过给佃户使用权，将其束缚在土地上。土地租佃制中的契约关系，并非两个法人之间地位平等的契约关系，佃户有某种经济上的不自由和潜在的对土地的依附性。

租佃制是人类历史上一种特定的农业生产关系，它在封建社会和资本主义社会都出现过，但在这两个社会中，它又各有随附的要素和特定的配置，如大规模的租佃农场纳入了雇佣劳动关系等。但是，把租佃农场直接等同于纯粹性质的资本主义农场，在所有权理论上是无法自圆其说的。与其说租佃农场与资本主义经济制度相联系，还不如说它与一种特定的经济部类即农业部类相联系。

在讨论英国资本主义时代的农业经济时，我们需要看到，近代农业经济部类仍具有传统经济的特征。在农业部类的生产中有着工业部类所没有的自然环境和自然经济制约性。这些自然制约性使农业部类的生产到了近代仍保留着大量中世纪生产方式的痕迹。在农业生产中，由于其生产条件不同于工业，恐怕永远无法完全实行移植的工厂制度，也不可能完全实行集约化生产。资本主义国家的国

---

① [英] 约翰·希克斯：《经济史理论》，厉以平译，商务印书馆1987年版，第108页。
② [英] 约翰·希克斯：《经济史理论》，厉以平译，商务印书馆1987年版，第105页。

民经济中的农业部类在长时期中都将具有多元的不同规模和不同性质的经济成分。

　　在英国租佃制内部，还存在着复杂的次级租佃关系。在19世纪，英国土地持有为多次或多层分割占有。1870年由J. M. 威尔逊编撰的《英格兰和威尔士帝国地名词典》中，经常使用"财产权为以它的名字命名的地产所有人所有"，或地产"在少数几个人中分割""再分割""多次再分割"之类的用语。[①]这种描述反映了英国土地占有的实际情况。根据埃维里特对肯特郡地产资料的研究，在那里有188个教区的地产（平均每个教区为1811英亩）为少数人所有，有54个教区的地产（平均每个教区为3514英亩）实行了再分割租佃持有，另有98个教区的地产（平均每个教区为4253英亩）实行了多次再分割租佃持有，[②]即教区面积越大，多次再分割、分层租佃持有的特征愈明显。根据埃维里特的研究，在莱斯特郡，有8%的教区，土地集中在一个地主手中，有44%教区土地为几个人掌握，有24%的教区地产实行了再分割租佃，另有24%的教区地产实行了多次再分割租佃。在北安普敦郡，有10%的教区的地产为一个地主所有，有57%的教区地产为几个人所有，有20%的教区地产实行了再分割租佃，有13%的教区地产实行了多重再分割租佃。[③]剑桥郡墨尔本教区是19世纪英国地产中复杂的保有权结构的再一个范例。墨尔本教区是一个较大的教区，共有土地4512英亩，1841年时人口为1608人。1839年时墨尔本教区有土地所有者163人、佃户264人。佃户中有199人属于租有佃户土地

---

① D. R. Mills，Lords and Peasants in Nineteenth Century Britain. London，1980. p. 88.

② D. R. Mills，Lords and Peasants in Nineteenth Century Britain. London，1980. p. 89.

③ D. R. Mills，Lords and Peasants in Nineteenth Century Britain. London，1980. p. 87. Table 4. 11.

者，他们中基本上属于没有土地的佃户。土地所有者中有42人是在外地主，这些人在村庄中有双重职业。例如，一个人拥有一家铁匠铺，同时又租种可耕地或农场，以耕种土地和饲养马匹为主要维生手段。绝大部分土地为十多户大农场占有，一些佃户、约曼持有的土地在100到400英亩之间。在这里存在着4种土地占有方式，即拥有所有权的占有者、地主、租用地佃户和真正的佃户。这4种土地占有方式的结合与搭配，形成了不下于11种土地持有方式，形成了所有权占有和租佃占有方式之间复杂交错的梯级多层占有制系统。诚然，其中一些大土地持有者势必会或多或少地雇佣雇工，各个层次的持有者的使用权通过契约和习惯法也都得到一定程度的保证。但这些保有方式中的任何一种都绝非绝对的所有权，这种土地保有权网络的核心线索是租佃制。①墨尔本教区村民的土地持有结构从一个角度反映了工业革命完成时期英格兰乡村土地保有权的复杂构成。这种网络的核心仍是地主—佃户关系这一传统的社会经济关系。

至于在苏格兰，土地制度的发展要比英格兰落后。苏格兰的经济和社会都是二元的，部落制的高地地区与较发达的低地地区不同的农业制度并存。在那里，财产权的法律基础完全是封建的。这样，在法律上，与习惯权利相区别的所有土地占有者都是国王或其陪臣的佃户，他们成为在宗教改革时期取消宗教保有权后"近代时期唯一的持有者"。在法律上取消封建主义采取的形式后，并没有取消封建保有权，而是将它们转变为同等的财产或商业保有权，即将租地持有制封建化，同时，取消了习惯保有权的全部立法力量。这样，在那里并没

---

① D. R. Mills, *Lords and Peasants in Nineteenth Century Britain*. London，1980. pp. 70–71. Table 4. 3. Tenurial Functions in Melbourn，1839–1841. p. 70.

有创立一般的资产阶级的财产权，以至于土地所有者的实际人数仍然非常少，全苏格兰不到8000人。他们由年土地价值在2000英镑以上的地主（不到400户）、年土地收入在500至2000英镑的地主（1000户稍多）、6000个小土地所有者和144个公司法人构成。[①]

通过以上的叙述，农奴制瓦解后英国农业经济形态发展的形式特征已经清晰地呈现在我们面前。从庄园自营地中发展起了早期的租地农场，在16世纪前后土地变动中则形成了近代新兴地主地产。而16世纪以后的近代时期，领主租佃制和自由契约租佃制一度共存，租佃制仍是大地产内部的基本纽带。在整个近代时期，英国中世纪的法律体系继续存在，绝对产权制度难以建立，中世纪农民等级身份制的残余继续存在，例如公簿持有农在英国近代持续存在，英国在近代没有在严格意义上形成一个人数众多的自由农民阶层。英国农业在农奴制瓦解后，生产关系在长时期里保持了一种可称为后封建主义和半资本主义混合的结构特征。

使用雇佣劳动力的程度是衡量农业资本主义发展程度的重要标准。如前所述，英国农业中资本主义雇佣剥削关系到19世纪中叶已有相当程度的发展，但已使用雇佣劳动力的农场不过占农场总数的一半稍多，其中还有相当一批是使用极少量雇佣劳动力的农场。这说明，纯粹家庭农场和把雇佣劳动力作为辅助劳动力的农场占农场的多数，即真正的资本主义大农场只占农场的少数。英国的国民经济在资本主义时代并没有实现资本主义的同质化，雇佣劳动关系也

---

① Sir John Sinclair,（ed.），General Report on the Agricultural State and Public Circumstances of Scotland. Edinburgh , 1814. Vol. III. Appendix 4. From. E. J. Hobsbawm,（ed.）, Peasants in History. Essays in Honour of David Thorner：with Witold Kula, Ashok Mitra, K. N. Raj, lanacy Sachs. Oxford U. P., 1980. p. 7.

没有成为各业劳动中的全部形式。正如克劳迪亚·冯·威尔霍夫指出的："所有关于进步和现代化的理论，无论是左派的、右派的或是中间派的，都赞成这样的看法，即自由工资劳动者对于那些还不是工资劳动者的人或是绝大多数人来说，代表了'将来的前景'。但是无产阶级工资劳动者只是少数现象，并且限于地球上少数地区。"[1]在英国和在美国，绝大多数社会经济组织是十分传统的，大多数农场的社会组织仍然是十分传统的。绝大多数农场并非使用成百上千工资劳动者的"乡村工厂"，而不过是家庭农场，他们中有许多根本不雇佣工资劳动者。由于在那里工业并没有与家庭相分离，并且没有高度专门化的劳动分工。[2]

马克思在《资本论》中实际上已经看到了资本主义时代农业经济不同于工业资本主义的特点。他写道："土地所有权的这个形式的前提是：正如在上述各种更古老的土地所有权形式下一样，和城市人口相比，农村人口在数量上还占优势，因此，尽管资本主义生产方式一般已取得统治地位，但相对来说还不太发展，从而在其他部门内，资本的积累也是在狭小界限中进行的，资本的分散人占优势。实际上，农产品的绝大部分，在这里必须作为直接的生活资料，由它的生产者即农民本人消费，并且只有除此以外的余额，才作为商品进入同城市的贸易。"[3]

---

① Claudia Von Werlhof, "Women's work: The Blind Spot in the Critique of political Economy," in Maria Mies, Veronika Bennholdyt' Thomsen, and Claudia von Werlhof, (eds.), Women: The Last Colony. London, Zed Book, 1988.

② Susan Archer Mann, Agrarian Capitalism in Theory and Practice. Chapel Hill and London, University of California Press, 1990. p. 2.

③ ［德］马克思：《资本论》（第三卷），人民出版社1975年版，第907页。

通过对英国自由资本主义盛期农业经济构成的分析，可以窥见英国近代资本主义时期国民经济的结构特征。应当说，英国资本主义的发展比起其他国家要成熟得多。但是，英国近代时期的国民经济仍多元构成的。工业部类是较先进和集中体现资本主义关系的部类，而农业部类则保留了许多旧的成分。大资本主义租佃农场经营、小型的家庭租佃农场经营、传统的大地主地产和有所有权的自耕农私有制等多种经济成分混合在一起，庄园领主制的残余与自由经营交织在一起。①

在英国，使用雇佣劳动力的大资本主义经营单位在农业中没有占据主导地位，一方面与英国特定的政治发展史有关，另一方面与农业经济部类本身的特质有关。农业经济部类是一个传统经济部类，它有自己特定的形式。这种形式常常具有传统的旧特征。因为农业生产往往是一种极为复杂的人力劳动，它受自然和地理条件制约，在技艺和技术层面上显然与工业生产有很大差别。农业劳动不是一种机械操作，因此它的生产组织形式和生产方式不可能与大工厂完全一致。加之英国农村是一个有长期封建前史的国家，农业开发较早，这使得它的农业即使在资本主义关系和资本主义的生产组织形式发展起来后，仍会在它的结构中保留一定的传统经济和封建成分的痕迹，保留一定

---

① 布罗代尔曾对此提出过一般性的看法，"一般说来，农业生产是个惰性领域"。"领主社会虽然不断经受动摇、打击和破坏，却能在几个世纪里维持下来和重新组合，阻挡乡村中一切异己力量的生长。""领主制扎根于农民生活中，并与农民生活相结合，领主既是农民的压迫者，又是农民的保护人。这种双重关系的遗迹今天在西欧各国还依稀可见。""工业革命以前的经济经常出现故障，各经济部门不能相互协调，在任何情况下都不能同步前进。一个部门动了起来，其他部门不一定受他带动。"（［法］费尔南·布罗代尔：《15至18世纪的物质文明、经济和资本主义》（第二卷），顾良译，施康强校，生活·读书·新知三联书店1993年版，第177、178、266、271页。）

的小规模的家庭农场。这些因素都影响到英国近代农业经济发展的道路和农业经济组织的形式。

随着工业化的完成和农产品产地向海外转移，农业部类在国内国民生产总值中的比例日渐降低，成为国民经济中附属性的部类。从农业中工作的人口所占百分比的变化可以说明这种演变趋势。在英国，在农业中工作人口所占的百分比，1840年为22.7%，1850年为21.9%，1860年为18.7%，1870年为14.8%，1880年为12.0%，1890年为10.2%，1900年为8.4%，1910年为8.0%，1920年为7.1%。[1]在国民收入中农业所占的比例也可以衡量农业在国民经济中地位的变化。以美国为例，农业收入在国民收入中占的百分比从19世纪开始后不断下降。1799年为39%，1809年为34%，1819年为34.4%，1829年为34.7%，1839年为34.6%，1849年为31.7%，1859年为30.8%，1869年为24.1%，1879年为20.7%，1889年为15.8%，1899年为21.2%，1909年为22.1%，1919年为22.9%，1929年为12.7%，1937年为12.3%。[2]

如果我们按照马克思主义定义资本主义的方法，把雇佣关系视为资本主义的结构成分，那么，到19世纪末为止的英国农业的个案资料反映在这个国家中，呈现出农业经济结构的发展与工业资本主义不相似的特征。农业经济部类中有50%以上的非资本主义结构成分。同样的情况也发生在美国，诚然，美国农业中非资本主义成分所占的比例比英国要低些。而在其他欧美资本主义国家中，农业中非资本主义所占的比例要比英、美高得多。上述近代非资本主义的农业结构在资

---

① 张培刚：《农业与工业化》，华中科技大学出版社2002年版，第151页。（该书多数资料来自Colin Clark，Conditions of Economic Progress. London，1940.）

② 张培刚：《农业与工业化》，华中科技大学出版社2002年版，第154页，表4-10。

本主义国家的国民经济中占据主导地位（超过50%的比例）的历史事实，提出了一个资本主义时代国民经济中农业部类的结构和性质这样一个一般性的重大问题。它已远远超出了"小农是否被消灭"这样狭窄的争论问题。这是马克思未曾解决的问题。

对这个问题，考茨基和列宁曾有所考虑。考茨基明确提出："要以马克思理论之精神来研究农业问题，只是回答小生产在农业中是否有前途的问题是不够的，最重要的是要研究农村经济在资本主义生产方法下所发生的一切变化。我们必须研究资本能否把握住农村经济，假如把握住，那么是怎样把握，资本在农村是否产生过一种变革，是否捣坏旧的生产形态，是否引出新的生产形态。"[1]考茨基在书中举出英国地产规模的统计资料以及普鲁士等国保护农民土地占有政策后得出结论："在近代社会中大地产要消灭小地产或全部排除小地产是谈不到的。我们已经看到在土地所有权集中进行得很远的地方，就有土地碎分的趋势，国家和大地主本身都帮助这种碎分的趋势，如果这种趋势遇到很大障碍的话。"[2]在一定条件下，"大的农业经营与小的农业经营就不是互相排斥而是互相形成，像资本与无产者一样，但是小农生产者也就更加具有后者（无产者）的性质"。[3]小经营和大经营互为支柱。[4]

工业经济和农业经济与资本主义发展的关系不同。考茨基就这一点写道："资本主义的生产方式往往首先出现在城市内（某些殖民地

①［德］考茨基:《土地问题》（上卷），岑纪译，商务印书馆1936—1937年版，著者序，第5页。
②［德］考茨基:《土地问题》（上卷），岑纪译，商务印书馆1936—1937年版，第223页。
③［德］考茨基:《土地问题》（上卷），岑纪译，商务印书馆1936—1937年版，第234页。
④［德］考茨基:《土地问题》（上卷），岑纪译，商务印书馆1936—1937年版，第2—4页。

除外），首先在工业内发展起来。农民经济大部分仍然为非资本主义的生产，可是农民经济的生产在工业的影响下已带有别的性质。"考茨基注意到资本主义时代工业和农业经济的差别。他分析说："工业和农业经济间一个最重要的差异就在于在农业经济内往往私有的生产和家庭经济间存在着紧密的联系，构成不可分割的一个整体。而在工业内，除了某种残余以外，它们彼此是完全不相依靠的。没有一个农业企业可以没有和它相联系的家庭经济。反过来说，在农村中没有一个独立的家庭经济不在同时从事农业的。"①在谈到地主与资本家的时候，考茨基讨论了土地是不是资本的问题。他指出："无论怎样称土地为资本，可是土地所有者并不因此成为资本家。""在地产内也能够有以满足奢侈为目的的多种设备，这在大地产内尤其常见，和生产没有丝毫关系的这些设备，当然会增加地产的价格，但不增加地租。那些奢侈的设备其价格愈高，则土地资本的利息必愈低。"②"这一切办法都没有使土地所有者变为资本家"，"买和卖只使土地所有成为投资的场所，但不是使他成为资本"。"土地所有者可以出卖他的土地并因而成为资本家，但是当他成为资本家的时候，他已经不是土地所有者了。反之，用自己的全部资本购买地产的资本家，在他成为土地所有者的那个时候起，他已不是资本家了。"③考茨基很好地揭示了土地与资本的本质差别。考茨基的研究著作《土地问题》隐含着两个重要的问题：第一个问题是，为什么资本主义在农业中的发展采取了一种与工业发展不同的形式？第二个问题是，占据统治地位的资本主

---

① ［德］考茨基：《土地问题》（上卷），岑纪译，商务印书馆1936—1937年版，第132页。
② ［德］考茨基：《土地问题》（上卷），岑纪译，商务印书馆1936—1937年版，第116页。
③ ［德］考茨基：《土地问题》（上卷），岑纪译，商务印书馆1936—1937年版，第117页。

义生产形式能与前资本主义生产形式共存，这种共存对社会形态来说有什么重要作用？

考茨基在书中分析了在资本主义条件下，土地形态与资本在形式上和运作上的本质性差别。他写道："土地无论怎样拿它比拟资本，它是完全受另一种规律的支配。土地本身不是劳动创造的价值，并不放在流通过程以内。从物质方面说，土地与采取资本形态的生产工具完全不同。生产工具被消磨，土地却不能毁灭。由于新的发明，生产工具往往变成废物，土地则一成不变地仍然为一切生产的自然基础。资本间的竞争随着资本的积累而增长，也就是随着工业和人口的发展而增长，土地则因这种发达而更加带有垄断的性质。"①考茨基在这里从一个方面揭示了所说的资本主义时代中土地经济形式与资本主义经济形式的本质性差别。这样，他为人们进一步分析了农业经济的发展不同于资本主义工业经济发展的规律，提供了一个理论基点。

列宁在1900年以后研究更广泛的欧洲和俄国土地问题时，他的土地思想有了变化和发展。对于马克思研究资本主义经济结构的理论提出了自己独立的思考。1903年，列宁提出了一个至关重要的研究方法论问题，他指出："马克思关于资本主义生产方式发展的理论，既适用于工业，也适用于农业。但是不应当把资本主义在农业中和工业中的基本特点和不同的形式混淆起来。"列宁对这种差别应当说有很多的考虑和论述。在同一篇文章中，列宁写道："商业性农业的形成过程本身同工厂工业并不完全相同：在工业中，这个过程采取简单的、直线的形式，在农业中，我们看到的却是另一种情况：农业中的主要

---

① ［德］考茨基：《土地问题》（上卷），岑纪译，商务印书馆1936—1937年版，第293—294页。

现象是商业性农业和非商业性农业相互掺杂,各种不同的形式结合在一起,拿每一个地区来说,运往市场的主要是某一种产品。一方面,地主的生产,特别是农民的生产是商品性生产,另一方面,这种生产又保存着自治性质。"①

列宁注意到了奥托·普林斯海姆博士对"农业生产在资本主义时期所采取的形式"的特点的思考。列宁在笔记中记下了"农业形态学问题还几乎没有人研究过","仅仅按照耕地面积来划分大农户和小农户,这是死板的、肤浅的办法"。列宁在这篇笔记中特别注意到大农户即现代农业大生产的性质问题。他特别要人们注意,"农业中的销售主要不是世界性的,而是地方性的"。他写道:"总的说来,大农户的性质同工业的性质不同。"列宁提出了"农业中有没有同资本主义的家庭劳动(手工业和大工业之间的中间环节)类似的做法"的问题。列宁还写下了"现代大农业应当与工场手工业(马克思所说的)相提并论"的结论性的语言。②列宁的意见大体是明确的,即现代资本主义时代的大农业,在经济形态上也不同于或无法与现代资本主义工厂制度相比拟,它们之间存在着性质的差别,它在程度上无法与大工业相比,充其量只能与工场手工业相比。这是非常重要的意见。列宁在《对爱·大卫〈社会主义和农业〉一书的批注》(1903年3—4月)中记下了大卫对马克思的两则批评意见:一是"马克思主义简单地把工业的规律'搬到了'农业方面";二是"马克思在第1卷中对农

---

① [苏]列宁:《对欧洲和俄国土地问题的马克思主义观点》,载《列宁全集》(第6卷),人民出版社1990年版,第304-309页。

② [苏]列宁:《对奥·普林斯海姆〈农业工场手工业和电气化农业〉一文中的资料的分析》(1901年6—9月),载《列宁全集》(第五十六卷),"土地问题笔记",人民出版社1990年版,第101-102页。

业注意得很少"。①列宁在这里再次关注资本主义时代工业的规律和农业规律的差别问题。

一个资本主义国家的国民经济有着它自身的结构组成。一个独立支撑的国家各经济部类之间及各部类内部都有特定的布局。在基本不依靠外来农产品的国家里，农业在国民经济中都占有一定的位置，它负责供给城市和工业人口以必需的农产品。农业经济部类的生产面对的是几乎亘古不变的土地和草场，而农业所进行的又是极其复杂的传统性的生产活动，不是所有的地区都适合于集约化生产的。在地少人多的人口过密化的农业区域，常常靠人力进行精耕细作，因此农业生产常常采取了小规模的形式。由于自然地貌的原因，总有一些地区的农业生产无法采取机器生产。在农业中，为家庭维生而进行的园圃式生产，为地方市场服务的生产和为大城市、首都以及国外进行的农业生产并存，机械化生产与人力劳作并存。所以，就生产关系和生产方式和在国民经济中占的比例来看，农业更显现为异质性结构，它在国民经济中是有异于工业的部类。诚然，资本主义愈是发达，国民经济对农业的依赖性就越小，农业经济部类的发展有其内在的规律。

人们至今对于"什么是农业资本主义"这一问题看法有歧义，这在一定程度上是和马克斯·韦伯派的理论影响分不开的。韦伯的阶级理论强调阶级与市场、分配和消费的关系。他根据人在市场中的地位来定义阶级。他注重考察个人在信贷、商业和劳动市场中的机会。他称："只有在下列条件下我们才能谈论阶级：（1）一定数量的人们共同具有其生活境遇的某一特定组成部分，在此限度内，（2）这一组成

---

① 中共中央马克思、恩格斯、列宁、斯大林著作编译局编译：《列宁全集》（第五十六卷），"土地问题笔记"，人民出版社1990年版，第372页。

部分是有财产占有和收入机会中的经济利益而单独表现出来的，而且（3）是在商业和劳动力市场条件下表现出来的。"①韦伯派的理论使人们看到商业和交往在资本主义发展中的作用，这是其积极方面。但是，由此而来，在宏观经济学的视野下，人们把卷入世界市场的一切经济活动都不加分析地视为资本主义。这种思维方式也影响到富于批判精神的依附论学派。阿明和沃勒斯坦认为，现代世界所有生产方式（工资劳动、非工资劳动等）由于参与了世界资本主义体系治下的市场，因此都是资本主义的了。这种市场倾向的阶级分析方法实际上主要来源于马克斯·韦伯的思想遗产，而不是来源于马克思主义。②按照这种分析方法，在微观层面上，我们将无法对一个国家内国民经济中不同的农业经济组织形式的性质作分析，也无法揭示农业经济在国民经济中的部类特征。不同学者对农业资本主义定义的不同选择会部分修改上述研究数据，但自由资本主义时代英国农业结构的多元构成和非资本主义成分的广泛存在却是明显的历史事实。

① Reinhard Bendix and S. M. Lipset, (eds.), Class, Status, and Power: Social Stratification Comparative Perspective. New York, Free Press, 1966. p. 41.

② Susan Archer Mann, Agrarian Capitalism in Theory and Practice. The University of North Carolina Press, 1990. p. 17.

参考书目

一 中文

马克思. 1844年经济学哲学手稿. 北京：人民出版社，1985.

马克思. 经济学手稿（1857—1858年）：上下册. 北京：人民出版社，1979.

马克思. 资本论：1—3卷. 北京：人民出版社，1975.

中共中央马克思 恩格斯 列宁 斯大林著作编译局. 列宁全集：第五十六卷. 北京：人民出版社，1990.

考茨基. 土地问题：上下卷，岑纪，译. 北京：商务印书馆，1936—1937.

亚当·斯密. 国民财富的性质和原因的研究：上下卷. 北京：商务印书馆，1979.

大卫·李嘉图. 政治经济学及赋税原理. 郭大力，王亚南，译. 北京：商务印书馆，1972.

梅因. 古代法. 沈景一，译，北京：商务印书馆，1984.

维尔纳·桑巴特. 奢侈与资本主义. 王燕平，侯小河，译，刘北成，校. 上海：上海人民出版社，2000.

A. 古列维奇. 中世纪文化范畴. 庞玉洁，李学智，译，庞卓恒，校. 杭州：浙江人民出版社，1992.

A. 恰亚诺夫. 农民经济组织. 萧正洪，译，于东林，校，北京：中央编译出版社，1969.

约翰·希克斯. 经济史理论. 厉以平，译. 北京：商务印书馆，1987.

阿瑟·刘易斯. 二元经济论，施炜，等，译. 北京：北京经济学院出版社，1989.

道格拉斯·诺思，罗伯特·托马斯. 西方世界的兴起. 厉以平，蔡磊，译，北京：华夏出版社，1989.

道格拉斯·C. 诺思. 经济史上的结构和变革. 厉以平，译. 北京：商务印书馆，1992.

波斯坦主编. 剑桥欧洲经济史. 郎立华，等，译，北京：经济科学出版社，2002.

伊·拉蒙德，W. 坎宁安. 亨莱的田庄管理. 高小斯，译，王翼龙，校. 北京：商务印书馆，1995.

约翰·克拉潘. 简明不列颠经济史：从最早时期到一七五〇年. 范定九，王祖廉，译. 上海：上海译文出版社，1980.

克拉潘. 现代英国经济史：上中下卷. 姚曾廙，译. 北京：商务印书馆，1964，1975，1986.

保尔·芒图. 十八世纪产业革命. 杨人楩，陈希秦，吴绪，译，北京：商务印书馆，1983.

S. F. C. 密尔松. 普通法的历史基础. 李显冬，高翔，刘智慧，马呈元，译，北京：中国大百科全书出版社，1999.

爱德华·汤普森. 共有的习惯. 沈汉，王加丰，译，上海：上海人民出版社，2002.

毛泽东. 毛泽东选集：第一、二卷. 北京：人民出版社，2008.

沈汉，王建娥. 欧洲从封建主义向资本主义过渡研究——形态学的考察. 南京：南京大学出版社，1993.

胡如雷. 中国封建社会形态研究. 北京：生活·读书·新知三联书店，1982.

傅衣凌. 明清封建土地所有制论纲. 上海：上海人民出版社，1992.

二　英文

Ministry of Agriculture, Fisheries and Food Department of Agriculture and Fisheries for Scotland, A Century of Agricultural Statistics, Great Britain 1866-1966. London, Her Majesty's Stationery Office, 1968.

Adkin, B. W., Copyholder and Other Land Tenures of England. London, 1919.

Adonis, Andrew, "Aristocracy, Agriculture and Liberalism: the Politics, Finances and Estates of the Third Lord Carrington." Historical Journal, Vol. 31, no. 4, 1988.

Allen, R. C., Enclosure and Yeoman: the Agricultural Development of the South Midland, 1450-1850. New York, 1992.

Anderson, P., Passages from Antiquity to Feudalism. London, 1985.

Appleby, Andrews B., "Agrarian Capitalism or Seignourial Reaction?" American Historical Review, Vol. 23, no. 3, 1975.

Arnold, Ralph, A Yeoman of Kent, An Account of Richard Hayes (1725-1790) and of the Village of Cobham in which He Lived and Farmed. London, 1949.

Ashby, M. K., Joseph Ashby of Tysoe, 1859-1919. A Study of English Village Life. Cambridge U. P., 1967.

Ashley, M. K., The Changing English Village, A History of Bledington, Gloucestershire 1066-1914. Roundwood Press, 1974.

Aston, T. H., and C. H. E. Philpin, (eds.), The Brenner Debate. Agrarian Class Structure and Economic Development in Pre-Industrial Europe. Cambridge U. P., 1987.

Baechler, J., Hall, J. A., and Mann, J. M., (eds.), Europe and the Rise of Capitalism. 1987.

Bailey, J., and G. Culley, General View of the Agriculture of the County of Northumberland. London, 1813.

Bailey, Mark, A Marginal Economy: East Anglian Breckland in the Later Middle Age. Cambridge, 1989.

Bailey, Mark, The English Manor C.1200-C.1500. Selected Sources Translated and Annotated. Manchester University Press, 2002.

Baker, A. R. H., and Butlin, R. A., (eds.), Studies of Field Systems in the British Isles. Cambridge U. P., 1973.

Banaji, Jairus, "The Peasantry in the Feudal Mode of Production: Towards an Economic Model." Journal of Peasant Study, Vol. 3, no. 3. (1976).

Batcherlor, Thomas, General View of the Agriculture of the Courty of Bedford. London, 1813.

Bateman, John, The Great Landlorders of Great Britain and Ireland. Leicester U. P., 1971.

Beckett, J. V., A History of Laxton, England's Last Open Field Village. Oxford, Basil Blackwell, 1989.

Bennett, H. S., Life on the English Manor: A Study of Peasant Condition 1150-1400. Cambridge U. P., 1956.

Beresford, M., and J. G. Hurst, (eds.), Deserted Medieval Villages: Studies. London, Lutterworth. 1971.

Beresford, Maurice, The Lost Villages of England. Sutton, 1998.

Blackstone, W., Commentaries on the Laws of England. London, 1809.

Bland, A. E., Brown, P. A., and Tawney, R. H., (eds.), English Economic History, Select Documents. London, 1914.

Bonfield, Lloyd, "The Nature of Custom Law in the Manor Court of Medieval England." Comparative studies in Society and History, Vol. 31, no. 3. (July 1987).

Boys, John, General View of the Agricultue of the County of Kent. London, 1813.

Brenner, Robert, "Agrarian Class Structure and Economic

Development in Pre-industrial Europe." In Aston, T. H., and C. H. E. Philipin, (eds.), The Brenner Debate, Agrarian Class Structure and Economic Development in Pre-industrial Europe. Cambridge U. P., 1987.

Butlin. R. A., The Transformation of Rural England C.1500-C.1800. A Study in Historical Geography. Oxford U. P., 1982.

Caird, James, English Agriculture in 1850-1851. N. Y., 1967.

Calthorpe, Sir Christise, The Relation between the Lord of Manor and the Copyholder. 1653 (1917).

Campbell, C. M. S., English Seigniorial Agriculture 1250-1450. Cambridge U. P., 2000.

Campbell, Midred, English Yeoman under Elizabeth and the Early Stuarts. Kelly, 1942.

Carpenter, Christine, Locality and Polity. A Study of Warwickshire Landed Society, 1401-1499. Cambridge U. P., 1992.

Chalklin, E. W., and J. R. Wordre, (eds.), Town and Countryside, English Landownering in National Economy, 1660-1860. London, Unwin Hyman, 1989.

Chambers, J. D., and Mingay, G. E., The Agricultural Revolution 1750-1880. London, 1982.

Chayanov, A. V., "On the Theory of Non-Capitalist Economic Systems." in A. V. Chayanov on the theory of Peasant Economy. Manchester U. P., 1986.

Chibnall, A. C., Sherington, Fief and Fields of a Buckinghamshire Village. Cambridge U. P., 1965.

Child, J. W., Molyneux, The Evolution of English Manorial System. Lewis, 1987.

Clay, C. G. A., Economic Expansion and Social Change, England 1500−1700. 2Vols. Cambridge U. P., 1984.

Coke, Sir Edward, The Complete Copy−holder. London, 1644.

Colyer, R. J., "The Size of Farms in Late Eighteenth and Early Nineteenth Century Cardiganshire." Bullentin of the Celtic Studies, Vol. 27, pt1. 1976.

Copper, J. P., "The Social Distribution of Land and Men in England, 1436−1700." Economic History Review, Vol. 21. no. 3. 1976.

Curtler, W. H. R., The Enclosure and Distribution of Our Land. Oxford, Clarendon Press, 1920.

Currie, J. M., The Economic Theory of Agricultural Land Tenure. Cambridge U. P., 1981.

Darby, H. C., A New Historical Geography of England. Cambridge U. P., 1973.

Davenport, F. G., The Economic Development of a Norfolk Manor 1086−1565. Frank Cass, 1967.

Deane, P., and W. A. Cole, British Economic Growth, 1688−1959. Cambridge U. P., 1962.

Denholm−Young, N., Seignorial Administration in England. Oxford U. P., 1937.

Denman, D. R., Origins of Ownership. A Brief History of Land Ownership and Tenure in England. London, 1959.

Dobb, Maurice, Studies in the Development of Capitalism. London, 1954.

Dobb, Maurice, "The English Revolution." Labour Monthly, Vol. 23.

Dodgshon, Robert, A., The Origin of British Field Systems: An Interpretation. London, Academic Press, 1980.

Dodgshon, Robert A., and R. A. Butlin, (eds.), A Historical Geography of England and Wales. London, 1990.

DuBoulay, F. R. H., "Who were Farming the English Demesne at the End of Middle Age?" Economic History Review, ⅩⅩⅩⅥ, no. 3.

Dyer, C. C., Lords and Peasants in a Changing Society. The Estates of the Bishopric of Worcester 680-1540. Cambridge U. P., 1980.

Ellis, Frank, Peasant economics. Cambridge U. P., 1988.

Ellias, Martha J., "A Study in the Manorial History of Halifax Parish in the sixteenth and Early Seventeenth Centuries." Yorkshire Archaeological Journal, vol. 40, part, 1, 2. 1960.

English, Barbara, The Great Landowners of East Yorkshire 1530-1910. Harvester, 1990.

Evans, I. H., (ed.), Steinberg's Dictionary of British History. Edward Arnold, 1970.

Finch, Mary E., The Wealth of Five Northamptonshire Families, 1540-1640. Oxford, 1956.

Firth, C. H. and R. S. Rait, (eds.), Acts and Ordinance of The Interregnum 1640-1660. 3vols. London, 1911.

Fisher, F. J., (ed.), Essays in the Economic and Social History of

Tudor and Stuart England. 1961.

Fisher, J. R., "The Farmers Alliance: An Agricultural Protest Movement of the 1880." Agricultural History Review, Vol. 26, part 1. 1978.

Fisher, J. R., "Landowners and English Tenant Right, 1845-1852." Agricultural History Review, vol. 31. part 1. 1978.

Fox, H. S. A., and R. A. Butlin, (eds.), Change in the Countryside, Essays on Rural England 1500-1900. London, 1979.

Fryde, E. B., Peasants and Landlords in Later Medieval England C. 1380-C. 1525. 1996.

Furnivall, F. J., (ed.), Harrison's Description of England. New Shakespeare Society, 6th series, no. 1. London, 1877.

Gardiner, S. R., (ed.), Constitutional Documents of Puritan Revolution, 1625-1660. Oxford, 1906.

Gay, E. F., "Inclosures in England in the Sixteenth Century." Quarterly Journal of Economics, XVII, 1930.

Gonner, E. C. K, Common Land and Inclosure. London, Macmillan, 1912.

Gooch, W., General View of the Agriculture of the County of Cambridge. London, 1813.

Goody, Jack, Joan Thirsk, E. P. Thompson, (eds.), Family and Inheritance: Rural Society in Western Europe, 1200-1800. Cambridge U. P., 1976.

Gras, Norman S. B., The Evolution of the English Corn Market.

Cambridge, 1915.

Gras, Norman S. B., and Ethel Calbert Gras, The Economic and Social History of an English Villege (Crawley, A. D. 909-1928). Harvard U. P., 1930.

Gray, C. M., Copyholder, Equity and the Common Law. Harvard U. P., 1963.

Gray, H. L., English Field System. Harvard U. P., 1959.

Grigg, David, "Farm Size in England and Wales, from Early Victorian Times to the Present." Agricultural History Review, Vol. 35, part 2, 1987.

Grigg, David, The Agricultural Revolution in South Lincolnshire. Cambridge U. P., 1966.

Grigg, David, English Agriculture, A historical Perspective. Oxford U. P., 1989.

Habakkuk, H. J., Marriage, Debt, and the Estate System, English Landownership, 1659-1950. Oxford, Clarendon Press, 1994.

Hare, J. N., "The Demesne Lessees of Fifteenth-Century Wiltshire." Agricultural History Review, Vol. 29, part 1, 1981.

Hargreaves, A. D., An Introduction to the Principles of Land Law. London, 1963.

Harrison, William, Description of England. Published for the Folger Shakespeare Library. Ithaca, Cornell University Press, 1968.

Harvey, Barbara, "The Leasing of the Abbot of Westminster's Demesne in the Middle Ages." Economic Historical Review, 2nd. ser.

Vol. 22. no. 1., April, 1969.

Harvey, P. D. A., (ed.), The Peasant Land Market in Medieval England. Oxford, Clarendon Press, 1984.

Harvey, P. D. A., Manorial Records. 1999.

Hassall, C., General View of the Agriculture of the County of Monmouth. London, 1815.

Hatcher, J., Rural Economy and Society in the Duchy of Cornwell 300-1500. Cambridge, 1970.

Hatcher, John, Plague, Population and the English Economy 1348-1530. London, 1977.

Hatcher, John, "English Selfdom and Villeinage", Past and Present. 1981.

Havinden, M., Estate Villages Revised Reading. 1999.

Hemmon, Morley de Wolf, Burgage Tenure in Medieval England. Harvard U. P., 1919.

Hey, David G., An English Rural Community Myddle under Tudor and Stuarts. Leicester U. P., 1974.

Hill, C., Puritanism and Revolution. Secker and Warburg, 1958.

Hill, C., Reformation to Industrial Revolution, A Social and Economic History of Britain 1530-1780. London, Weidenfeld & Nicolson, 1967.

Hilton, R. H., "Manor." in Journal of Peasant Studies. Vol. I. no. 1, 1973.

Hilton, R. H., "Freedom and Villeinage in England." Past and

Present, no. 31, 1951.

Hilton, R. H., English Peasantry in the Middle Age. Oxford U. P., 1975.

Hilton, R. H., (ed.), The Transition from Feudalism to Capitalism. London, 1982.

Hilton, R. H., Economic Development of Some Leicestershire Estates in the Fourteenth and Fifteenth Centuries. Oxford U. P., 1947.

Hilton, R. H., The Decline of Selfdom in Medieval England. London, Macmillan, 1969.

Hirst, D. M., "The Seventeenth-Century Freeholder and the Statistician: A Case of Terminologocal Confusion." Economic History Review, 2nd ser. XXIV, 1976.

Hobsbawm, E. J., (ed.), Peasants in History. Essays in Honour of Daniel Thorner. Oxford U. P., 1980.

Holdness, B. A., Pre-Industrial England Economy and Society, 1550-1700. London, 1976.

Holdsworth, W. S. A History of English Law. 14 Vols. London, 1922-1964.

Holland, H., General View of the Agriculture of Cheshire. London, 1813.

Holt, John, General View of the Agriculture of the County of Lancester. London, 1795 (1969).

Holton, R. J., The Transition from Feudalism to Capitalism. Macmillan, 1985.

Homans, C. C., English Villagers of the Thirteenth Century. Cambridge U. P., 1960.

Hoskins, W. G., and L. D. Stamp, The Common Lands of England and Wales. London, 1963.

Hoskins, W. G., The Midland Peasant, the Economic and Social History of a Leicestershire Village. London, 1957.

Howell, C., Land, Family and Inheritance in Transition, Kibworth Harcount, 1280-1700. Cambridge U. P., 1983.

Hoyle, R., "Tenure and the Land Market in Early Modern England: or a Later Contribution in Brenner Debate." Economic Historical Review, sec, ser. Vol. 43. no. 1, 1990.

Hoyle, R. W., "Lord, Tenant Right in Sixteenth Century: Four Studies." Northern History, Vol. 20, 1984.

Hoyle, R. W., (ed.), The Estate of English Crown, 1558-1640. Cambridge U. P., 1992.

Hunt, H. G., "Landownership and Enclosure, 1750-1830." Economic History Review, 2nd. ser XI, 1958-1959.

Hummeon, M. de. W. Burgage, Tenure in Medieval England. Cambridge U. P., 1914.

Hunt, H. G. "Landownership and Enclosure, 1750-1830." Economic History Review. 2nd ser. XI, 1958-1959.

Hussall, C., General View of the Agriculture of the County of Monmouth. London, 1815.

Hussein, Arthur, and Keith Tribe, Marxism and the Agrarian

Question. 2Vols. London, Macmillan, 1981.

Hyams, Paul R., King, Lords and Peasants in Medieval England. Common Law of Villanage in Twelfth and Thirteenth Century. Oxford, Clarendon Press, 1980.

Johnson, A. H., The Disapearence of the Small Landowner. Oxford U. P., 1909.

Jones, A. W., "Glamorgan Custom and Tenant Right." Agricultural History Review, Vol. 31, no. 4, 1983.

Jones, E. J., (ed.), Agriculture and Economic Growth in England 1650−1815. London, 1967.

Kamenka, E., and Neale, R. S., (eds.), Feudalism, Capitalism and Beyond. Edward Arnold, 1975.

Kautsky, Karl, "The Agrarian Question." Economy and Society, vol. 5, no. 1. Feb, 1976.

Kenyon, J. P., A Dictionary of British History. London, 1981.

Kerridge, Eric, Agrarian Problems in the Sixteenth Century and After. London, 1969.

Kerridge, Eric, The Agricultural Revolution London. George Allen & Unwin, 1967.

Kerridge, Eric, The Common Fields of England. Manchester U. P., 1992.

Kosminski, E. A., Studies in the Agrarian History of England in the Thirteenth Century. Oxford, 1956.

Kriedte, Peter, Peasants, Landlords and Merchant Capitalists.

Europe and World Economy 1500−1800. Berg, 1984.

Kuala, Witold, An Economic Theory of Feudal System, Towards a Model of the Polish Economy 1500−1800. London NLB, 1976.

Lachmann, Richard, From Manor to Market, Structural Change in England 1536—1640. Wisconsin U. P., 1987.

Leadam, I. S., The Domesday of Inclosure 1517−1518. Kennikat Press. 2vols, 1971.

Lankin, J. E. and P. L. Hugher, (eds.), Stuart Royal Proclamations. 2vols. Oxford, 1973.

Leconfield, Lord, Peterworth Manor in the Seventeenth Century. Oxford U. P., 1954.

Leconfield, Lord, Sutton and Duncton Manor. Oxford U. P., 1956.

Levy, Hermann, Large and Small Holding, A History of English Agricultural Economics. London, 1966.

Lowe, Robert, General View of the Agriculture of the County of Nottingham. London, 1798.

MacCulloch, D., "Bondmen under the Tudors", in Cross, C. D. Loaders, and J. J. Scansbrick, eds. Law Professor of Modern History in the University of Cambridge on the Occasion of His Retirement. Cambridge U. P., 1988.

MacDonald, Stuart, "The Role of the Individual in Agricultural Change, the Example of George Culley of Fenton, Northumberland", in H. S. A. Fox and B. A. Butlin, eds. Change in the Countryside: Essays on Rural England, 1500−1900. London, Institute of British

Geographers, 1979.

Manchester, A. H., A Modern Legal History of England and Wales, 1750–1950. London, 1980.

Mavor, W., General View of the Agriculture of Berkshire. London, 1813.

Marshall, William, Rural Economy of the West of England. 2vols. London, 1796.

Marshall, William, The Review and Abstract of the County Reports to the Board of Agriculture. 5vols. David Charles, 1813, 1813, 1818, 1817, 1875.

Martin, John E., Feudalism to Capitalism, Peasant and Landlord in English Agrarian Development. Macmillan, 1986.

Martin, Susanna Wade, A Great Estate at Work: The Holkham Estate and Its Inhabitants in the Nineteenth Century. Cambridge U. P., 1980.

McFarlance, K. B., The Nobility of Later Medieval England. Oxford U. P., 1973.

McGarry, R. E., and H. W. R. Wade, Law of Real Property. London, 1984.

McIntosh, M. K., A Community Transformed, The Manor and Liberty of Harving 1500–1620. Cambrdige U. P., 1991.

McIntosh, M. K., Autonomy and Community, Royal Manors of Harving 1200–1500. Cambrdige U. P., 1986.

Mcquiston, Julian R., "Tenant Right: Farmer Against Landlord in

Victorian England." Agricultural History, vol. 47. no. 2.. April, 1973.

Middleton, J., General View of the Agriculture of Middlesex. London, 1813.

Miller, Edward, (ed.), The Agrarian History of England and Wales. 1380−1500. Vol. Ⅲ, Cambridge U. P., 1991.

Miller, E. and J. Hatcher, Medieval England Rural Society and Economic Change 1086−1348. N. Y., 1978.

Mills, Dennis R., Lord and Peasant in Nineteenth Century Britain. London, 1980.

Milson, S. F. C., Historical Foundations of the Common Law. London, 1981.

Milson, S. F. C., The Legal Framework of English Feudalism. Cambridge U. P., 1976.

Mingay G. E., "The Size of Farms in the Eighteenth Century." Economic History Review, vol. 14., 1961−1962.

Mingay, G. E., (ed.), The Agrarian History of England and Wales. 1750−1850. Vol. Ⅵ. Cambridge U. P., 1989.

Mingay, G. E., English Landed Society in the Eighteeth Century. London, 1964.

Mingay, G. E., Victorians Conutryside. 2 Vols. London, Routledge & Kegan Paul, 1981.

Mingay, G. E., The Agricultural Revolution, Changes in Agriculture 1650−1880. London, 1977.

Molynewx−Child, J. W., Evolution of English Manorial System.

Lewis, Book Guild Limited, 1987.

Moreton, C. E., The Townshends and Their World, Country Law and Land in Norfolk C. 1450−C. 1550. Oxford Clarendon Press, 1992.

Nair, Gwyneth, Highley, The Development of a Community 1550−1880. Oxford, Basil Blackwell, 1988.

Nasse, E., The Agricultural Community of Middle Ages and Inclosures of the Sixteenth Century in England. London, 1872.

Nasse, Eywin On the Agriculture of the Sixteenth Century in England. London, 1872.

Neeson, J. M., Commoners: Common Right, Enclosure and Social Change in England, 1700−1820. Cambridge U. P., 1993.

Newby, H., The Deferential Workers: A Study of Farm Workers in East Anglia. London, 1977.

Orwin, C. S., The Open Fields. Oxford, 1954.

Overton, Mark, Agricultural Revolution in England. Cambridge U. P., 1996.

Oxley−oxland, J., and R. T. J. Stein, Understanding Land Law. Sydney, 1985.

Page, F. M., The Eatates of Crowland Abbey: A Study in Manorial Organisation. Cambridge, 1934.

Pakinson, R., General View of the Agriculture of the County of Huntingdon. London, 1813.

Parker, R. A. C., Coke of Norfolk: a financial and agricultural study1707−1848. Oxford, 1975.

Parker, W. N., and E. L. Jones, (eds.), Europen Peasants and their Markets. Princeton, 1975.

Parkinson, Richard, A Survey of County of Routland. London, 1813.

Pitt, William, General View of the Agriculture of the County of Northampton. London, 1813.

Pitt, William, General View of the Agriculture of the County of Leicestershire. London, 1813.

Pitt, William, General View of the Agriculture of Worcester. London, 1813 (1969).

Pitt, William, General View of the Agriculture of The County of Stafford. London, 1813.

Plymley, Joseph, General View of the Agriculture of Shropshire. London, 1813.

Pollock. F., and F. W. Maitland, The History of English Law. Before the Time of EdwardI. Cambridge U. P., 1968.

Porter, Roy, English Society in the Eighteenth Century. Penguin Book, 1984.

Potter, J. M., M. N. Diaz, G. M. Foster, (eds.), Peasant Society, A Reader. Boston, 1967.

Prak, M., Early Modern Capitalism 1400−1800. London, Routledge, 2001.

Pretty, Jules, N., "Sustainable Agriculture in the Middle Ages: the English Manor." Agricultural History Review, Vol. 38, part 1, 1990.

Priest，St. John，General View of the Agriculture of Buckinghamshire. 1813.

Pringle，A.，General View of the Agriculture of Westmoreland. Edinburgh，1797.

Prothero，Sir George Walter，Select Statutes and Other Constitutional Documents. Illustrative of the Reigns of Elizabeth and James I. Oxford，Clarendon Press，1973.

Raftis，J. A.，Peasant Economic Development within the English Manorial System. McGill–Queen's University Press. 1996.

Razi，Z.，and R. M. Smith，（eds.），Medieval Society Manor Court. 2Vols. Oxford，Clarendon Press. 1996.

Riches，Naomi，The Agricultural Revolution in Norfolk. Frank Cass，1967.

Riddall，J. G.，Introduction to Land Law. London，Butterworths，1988.

Rigby，S. H.，English Society in the Later Middle Age：Class，Status and Gender. London，Macmillam，1995.

Rogers，J. E. T.，The History of Agriculture and Prices in England. A. D. 1259–1793. 7 Vols.

Rudge，Thomas，General View of the Agriculture of the County of Gloucester. London，1813.

Savine，Alexander，English Monasteries on the Eve of the Dissolution. Oxford，Clarendon Press，1909.

Searle，C. E.，"Custom，class Conflict and Agrarian Capitalism：

The Cumbrian Customary Economy in the Eighteenth Century." Past and Present, 1986.

Seale, Eleanor, Lordship and Communist. Battle Abbly and Its Baulieu. Toronto, 1974.

Seebohm, F., English Village Community. Cambridge U. P., 1883.

Shanin, Teodor, (ed.), Peasant and Peasant Societies. Harmondoworth, Penguin, 1971.

Simpson, A., An Introduction to the History of the Land Law. Oxford U. P., 1961.

Slater, G., The English Peasantry and the Enclosure of Common Fields. New York, 1907 (1968).

Spring, D., The English Estate in the Nineteenth Century: It's Administration. John Hopkins University Press, 1963.

Spring, Eileen, Law, Land and Family. Aristocratic Inherience in England, 1300−1800. University of North Caroline Press, 1994.

Spufford, Margraret, A Cambridgeshire Community, Chippenham from Settlement to Enclosure. Leicester University Press, 1965.

Spufford, Margaret, Contrasting Communities, English Villagers in the Sixteenth and the Seventeenth Century. Sutton, 2000.

Steremons, W., General View of the Agriculture of Dorset. London, 1815.

Stone, L. and J. C. F., An Open Elite? England 1540−1880. Oxford U. P., 1986.

Tate, W. E., The English Village Community and the Enclosure

Movement. London, 1967.

Tawney, R. H., The Agrarian Problem in the Sixteenth Century. N. Y., 1928.

Thirsk, J., "The Common Field." Past and Present, no. 29 (1964).

Thirsk J., "Agrarian Problems and the English Revolution." in R. C. Richardson, (ed.), Town and Countryside in the English Revolution. Manchester U. P., 1992.

Thirsk, J., The Rural Economy of England Essays. London, 1984.

Thirsk, J., (ed.), The Agrarian History of England and Wales Vol. Ⅳ. 1500–1640. Cambridge U. P., 1967.

Thirsk, Joan, (ed.), The Agrarian History of England and Wales. Vol. Ⅴ. 1640–1750. Cambridge U. P., 1984.

Thirsk, J., and Cooper, J. P., (eds.), 17th Century Economic Documents. Oxford, Clarendon Press. 1972.

Thirsk, J., English Peasant Farming. London, 1957.

Thirsk, J., Tudor Enclosurers. Historical Association, 1958.

Thompson, E. P., Whigs and Hunters. The Origin of the Black Act. Penguin Books, 1977.

Thompson, E. P., Poverty and Theory and Other Eaasys. London, Merlin, 1978.

Thompson, E. P., The Custom in Common. London, Merlin Press, 1992.

Thompson, F. M. L., "A Terminological Confusion Confounded," Economic History Review, 2nd ser. XXIV, 1976.

Thompson, F. M. L., (ed.), Landowners, Capitalists and Entrepreneurs, Essays for Sir. J. Habakkuk. Oxford U. P., 1994.

Thompson, F. M. L., English Landed Society in the Nineteenth Century. London, Routledge and Kagan Paul, 1968.

Torr, D., "The English Revolution," Labour Monthly, Feb. 1941.

Trevor-Roper, H. R., "The Gentry, 1540-1640", Economic History Review, Supplement 1.

Trike, Keith, Genealogies of Capitalism. Macmillan, 1981.

Turner, M. E., English Parliamentary Enclosure. It Historical Geography and Economic History. London, 1980.

Vanceuver, D., General View of the Agriculture of Hampshire Including the Isleof Wright. London, 1813.

Vanceuver, Charles, General View of the Agriculture of Devon. London, 1808 (1969).

Vinogradoff, P., The Growth of the Manor. London, 1911.

Vinogradoff, P., Villainage in England. Oxford U. P., 1927.

Ward, J. T., and R. G. Wilson, (eds.), Land and Industry. 1971.

Watson, James, S. A., "Land Owenship, Farm Tenency and Farm Labor in Britain." Agriculture History, Vol. 17., 1943.

Watts, S. J., "Tenant-Right in Early Seventeenth-Century Northumberland." Northern History, vol. 6., 1971.

Whittle, Jane, The Development of Agrarian Capitalism. Oxford, Clarendon Press, 2000.

Wolf, E. R., Peasant. N. J. Englewood Cliff, 1966.

Wordie, J. R., Estate Management in Eighteenth Century England. London, 1982.

Worgan, G. B., General View of the Agriculture of the County of Cornwall. London, 1815.

Yelling, J. A., Common Field and Enclosure in England 1450–1850. Macmillan, 1977.

Yelling, James, "The Great Age of Yeoman Farmers." Geographical Magazine, Vol. 43, no. 1., 1970.

Youings, Joyce, Sixteenth–Century England. Penguin Books, 1984.

Youings, Joyce, The Dissolution of the Monastery. London, Allen and Unwin, 1971.

Young, Arthur, General View of Agriculture of Hertfordshire. London, 1804 (1971).

Young, Arthur, General View of the Agriculture of Linconshire. London, 1813 (1970).

Young, Arthur, General View of the Agriculture of the County of Sussex. London, 1813 (1970).

Young, Arthur, General View of the Agriculture of the County of Norfolk. 1804 (1969).

Young, Arthur, General View of the Agriculture of the County of Oxfordshire. London, 1813.

Young, Arthur, General View of the Agriculture of the County of Suffork. N. Y., 1969.